KB069714

예술로서의 미술치료

Judith A. Rubin 저　김진숙 역

The Art of Art Therapy

학지사

THE ART OF ART THERAPY

by Judith A. Rubin

Korean Translation Copyright ⓒ **2008** by Hakjisa Publisher

Copyright ⓒ 1984 by Judith A. Rubin

Published by arrangement with Paterson Marsh Ltd
and The Taylor & Francis Group

All rights reserved.

역자 서문

이 책은 미술치료의 '기법'보다는 '시행'하는 데 필요한 전반적인 내용을 다루고 있다. 이 책의 중요성은 치료자와 환자가 예술가로서 함께 작업하는 미술치료현장에서 대두되는 미묘한 임상적인 문제들을 면밀하게 다루고 있다는 것과, 미술치료사들의 임상적인 전문성을 심화하는 것에 실제적인 도움을 주는 풍부하고 자상한 제안들로 채워져 있다는 것 그리고 최고 수준의 전문성과 미학적인 감수성으로 심리치료를 상식적인 차원에서 통합한 저자의 치료자적인 자세를 통하여 다양한 치료대상이나 상황을 대처할 수 있는 혜안을 가지게 된다는 것에 있다.

제1부에서는 미술치료와 다른 심리치료를 구별하는 요소인 미술재료, 창작과정, 작품을 어떻게 이해할 것인지에 대해 다루었다. 저자는 이러한 요소들이 미술치료의 핵심이라고 보았으며 모든 미술치료사들이 이 부분에 대해 깊고 넓은 지식과 이해가 있어야 한다고 강조한다.

제2부는 심리치료 부분으로, 정상과 비정상적인 발달이론, 개인과 인간관계 속의 정신역동과 병리, 치료과정을 이해하는 개념적인 틀 그리고 미술치료사의 정체감 등을 다루었다.

제3부는 미술과 심리치료가 만나는 부분으로, 치료기관과 치료실 선정문제, 적절한 표현 유도하기, 예술적으로 작업하기 등을 다루었다. 저자는 미술치료가 예술적으로 표현하도록 하는 것에만 그치는 것이 아니라 치료방식 자체도 예술적이어야 한다고 주장한다. 치료 작업의 성패는 미술치료사들의 독창성

에 달려 있고, 이 모든 것은 진실된 돌봄과 존중하는 마음으로서만이 가능하다고 강조한다.

제4부에서는 미술치료 분야가 지역사회 속에서 존중받는 전문 분야가 되기 위해서 갖추어야 할 간접적인 부분인 적절한 교육방법, 임상감독, 자문, 연구방법 개발과 이론적인 틀에 대해 다루고 있다.

제5부에서는 미술치료가 환자와 치료기관 및 상황에 적절하게 시행되기 위해서 필요한 다양한 치료대상과 치료환경 그리고 접근방법을 탐구하였다.

이 책은 미술치료 초보자에서 전문가, 나아가서 미술(예술)을 임상에 적용하려는 모든 정신건강전문가와 심리치료사들에게 유용한 책으로서 미술치료 전문화의 초석을 다지고 있는 지금의 한국 현실에서 매우 적절한 책이라 하겠다.

2007년
김진숙

한국어판 저자 서문

한국에서 미술치료가 정착하는 데에 나의 책이 일익을 담당하게 된 것을 기쁘게 생각한다. 미술이 가지는 치유적인 힘은 고대사회부터 인류와 함께 있어 왔으나, 전문 분야로서 정착된 것은 20세기 후반으로 아직도 새로운 분야다.

역자인 김진숙 교수가 이 책이 출판된 이후 미국의 미술치료 분야가 어떻게 변화되었는가를 이 글에 포함시켜 달라고 부탁했다. 달라진 점은 미술치료가 관련 전문인들뿐만 아니라 일반인에게도 잘 알려져서 더 이상 이해시키기 위해 설명을 따로 해야 할 필요가 없어졌다는 것과 미술치료가 빠르게 그러면서도 넓게 확산되었다는 것을 들 수 있겠다.

미국의 경우 내가 이 책을 쓴 이후로 이 분야의 미술치료 교육과정의 수와 미술치료 전문인들의 수가 엄청나게 증가하였다. 참고문헌은 양적인 증가뿐만 아니라 질적으로도 전문적인 수준이 되었다. 내가 쓴 최근의 저서 *Art Therapy: An Introduction*(Bruner/Mazel, 1998)에서 소개한 1940년대부터 1990년대에 출판된 문헌들을 통하여 미술치료 분야는 내용의 범위가 넓어졌을 뿐만 아니라 질적으로 많이 향상되었다는 것을 확인할 수 있다.

미술치료에 대한 이해가 증가함에도 불구하고 다른 인접 분야의 전문인들이나 학도들이 아직도 미술치료와 다른 유사 분야의 차이에 대해서 확실하게 분별하지 못하고 있음을 본다. 따라서 미술치료를 공부하는 학생들은 다른 사람들에게 미술치료의 핵심적인 내용이 무엇인가를 알려 주는 역할을 해야 할 것이다. 그래야만 도움을 받는 측에게 최선의 서비스가 제공될 수 있을 것이기 때문이다.

이런 일이 가능하기 위해서는 미술치료사나 학도들이 수준 높은 미술치료의 임상 지식과 전문성을 명쾌하게 이해해야 할 필요가 있다. 이 책은 바로 미술치료에 대한 미완성의 발표문이나 정확하지 않은 이해를 기반으로 쓰인 논문에 대하여 불편하게 느껴 쓰게 된 것이다.

미국의 경우 이런 면은 많이 향상되어 수준 높은 참고문헌 및 논문들이 출판되고 있다. 그럼에도 불구하고 이 책이 학부와 대학원 학도들에게 교재로서 꾸준히 사용되어 오고 있는데, 이유는 이 책의 제1, 2, 3부에서 다루고 있는 미술치료의 핵심이라고 할 수 있는 미술, 치료 그리고 미술과 치료가 만나는 부분은 변하지 않기 때문이라고 추측해 본다. 이 부분만큼은 문화권을 초월하는 우주성이 있다고 믿고 있으며, 어떤 다른 언어로 번역되어도 마찬가지일 것을 믿어 의심치 않는다.

역자인 김진숙 교수가 이 책의 뒷부분을 번역할 것인가를 주저하다가 전문을 번역하기로 했다는 이야기를 듣고 나 역시 미국이라는 문화권에서 시행되어 오고 있는 교육방침, 임상감독 방법, 임상자문, 연구논문, 이론적으로 생각하기 등의 부분이 다른 문화권에 어떻게 다가갈 것인가를 잠시 궁금하게 생각했던 일이 있다. 그러나 재고해 본 결과 뒷부분에서 다루고 있는 내용 역시 첫 3부에서 다룬 내용을 임상에 잘 적용하기 위해서는 필수적인 내용이라는 점에서 중요하며, 따라서 이러한 내용도 다른 문화환경에서 번역되어 다가갈 수 있을 것이라 생각하게 되었다. 이 책이 미술치료를 전문 분야로 정착시키기 위해 분투하는 학도들에게 간결하면서도 심오한 미술치료의 원칙들을 전체적으로 이해하는 데에 사용되기를 바라는 마음이다.

저자로서 한국 독자들에게 당부하고 싶은 것은 여러분과 도움을 필요로 하는 사람들 모두에게 편안하게 다가갈 수 있는 치료적인 방편을 발견함으로써 미술과 심리치료의 숭고함과 성실성도 수호하고 여러분의 삶도 복되고 건강하기를 바란다는 것이다. 그렇게 해야만이 미술이 가지는 치유적인 힘이 치료 대상들을 도와줄 수 있을 것이다.

김진숙 교수의 노역으로 이 책이 빛을 볼 수 있게 되었고, 이는 내가 했던 노역과 동일하다고 하겠다. 이러한 노역은 살아서 움직이고 있는 '특별한 사명감'에서 비롯된 것으로서 '사랑의 노역'이라 부를 수 있을 것이다.

피츠버그에서

Judith Aron Rubin

저자 서문

　'예술로서의 미술치료'라는 주제로 미술치료를 소개하는 것이 한 사람이 하기에는 힘든 작업이지만 내가 생각하고 있는 미술치료를 소개하는 것에 국한한다는 것을 미리 밝히려 한다.

　이 책은 미술치료가 확고하게 무엇이라는 것을 정의하려는 의도로 쓰인 책은 아니다. 미술치료사가 효율적으로 환자를 치료하기 위해서는 스스로의 개성에 맞는 적절한 스타일을 찾아야만 한다는 점에서 미술치료사 각자의 개성에 따라 다르게 시행되어야 한다고 믿기 때문이다. 그러면서도 나는 다양한 치료대상과 치료상황에서 효율적인 미술치료를 가능하게 하기 위해서 미술치료사가 알아야 할 필수적인 요소가 있다고 믿는다.

　이 책의 전반부에서는 상이한 치료상황에 놓여 있는 특정한 대상들을 치료하기 위한 일반적인 미술치료 기초를 다루고, 후반부에서는 그 기초 위에 쌓아야 하는 특별한 지식을 다루고 있다.

　이 책을 쓰게 된 동기 중 하나는 미술치료라는 분야에 대한 다른 분야 전문인들의 소개문을 읽거나 접했을 때 내가 느꼈던 불편한 마음 때문이었다. 대부분의 정신건강 전문가들이 자신의 분야에 대해서는 관심이 많은 반면 다른 분야에 대해서는 문외한이라는 슬픈 현실을 직시하게 된 것이다.

　나를 가장 화나게 했던 것은 그러한 그들이 자신이 문외한이라는 사실을 알지 못하고 그들 나름대로의 편견을 가지고 있다는 사실이었다. 그때의 내 느낌이 확실했다는 것에는 지금도 의심의 여지가 없다. 나는 아직까지 그들에게 내놓을 수 있는 임상적이고 전문적인 미술치료의 면모를 확연하게 보여 주는 문헌이 없다는 사실이 이러한 사태를 가져다주고 있다고 판단하기에 이르렀고, 이 책은 바로 그러한 필요성에 부응하기 위하여 쓰였다.

이러한 나의 작업에 있어서 생각할 수 있는 유일한 논란의 여지는 치료로서의 미술에 관련된 정보가 없이 개인적인 경험이나 예술가적인 능력에만 의존하여 미술치료를 시행하는 치료자의 전문성에 관한 문제일 것이다. 이러한 여지를 감안하여 나는 본문에서 개별적으로 다르게 나타날 수 있는 다양성을 존중하는 가운데 미술치료사로서 무엇을 알아야 하는지와 어떤 자질을 갖추어야 하는지를 포함시켰다.

솔직히 말해서 나는 미술치료사의 자질은 가르쳐질 수 있는 것이 아니라고 본다. 그러면서도 많은 개인들이 강한 심리치료적인 과정을 거치면서 남들에게 다가갈 수 있는 능력이 향상되는 것을 흔히 보게 된다는 것에서 후천적으로 터득할 수 있는 면도 있다고 본다.

이러한 관점에서 심리치료적인 교육과정은 개인으로 하여금 최소한 부족했던 특정한 심리적인 부분을 강화하고, 필요했던 부분을 보상받음으로써 남을 아끼는 마음을 지닌 보다 유연하고 창조적인 개인이 되게 할 수 있다고 하겠다. 이러한 자질들은 좋은 미술치료사로서 갖추어야 할 필수적인 요소로서 이 책이 제시하는 미술치료사가 갖추어야 할 객관성을 경시해서는 안 된다고 생각한다.

이 책은 미술치료 분야뿐만 아니라 내가 알고 있는 정신분석학자, 심리학자, 정신과 의사, 다른 심리치료자, 교사, 예술가 등 다른 분야의 사람들에게도 존경받는 여러 미술치료사들의 치료적인 모델과 효율적이고 전문적인 미술치료를 가능하게 하는 요소를 서술한 것이다.

어린 시절 사랑과 돌봄의 모델을 나에게 심어 준 아버지, 어머니 그리고 할머니의 기억을 되살리며 그들의 영정에 이 책을 바치려 한다.

Judith Aron Rubin

이 책에 실린 사진들의 대부분은 실제 환자들과 그들의 작품들을 담은 것이지만 주제에 적절한 이미지를 담고 있다고 사료되는 교육현장이나 워크숍 상황의 정상 아동과 성인의 사진도 포함되었다는 것을 밝힌다.

서 론

체계적으로 생각할 때 미술치료는 미술과 치료의 두 부분으로 나눌 수 있으며, 미술치료에 있어서 이 두 부분은 필수적인 것이라 하겠다. 내가 이 두 부분이 '만나는' 부분이라고 정의한 세 번째 부분은 미술치료에서 치료를 가능하게 하는 중심 요소로서 자유로운 표현의 유도와 환자의 작품에 적절하게 반응하기 위한 부분이라 할 것이다. 따라서 이 책에서는 미술, 치료 그리고 이 두 가지가 만나는 부분의 세 가지 주제를 중심적으로 다루기로 한다.

먼저 미술(제1부)은 미술의 형태, 내용 그리고 상징적인 언어에 관련되는 미술재료, 창작과정, 작품에 대한 이해 등 미술에 대하여 알아야 할 세 부분으로 나뉜다. 두 번째, 치료(제2부)에는 모든 다른 심리치료자가 알아야 하는 정신심리발달, 정신역동 그리고 치료적인 변화과정과 컨디션에 대한 지식과 함께 치료에 대한 전반적인 소개와 미술치료사만이 가지는 전문인으로서의 고유한 정체감이 어떤 것이라는 것도 포함되어 있다. 세 번째 미술과 치료의 만남(제3부)에서는 미술치료를 가능하게 하는 치료장소 설정 문제, 적절한 표현 유도와 유지하기 그리고 작품 보기와 이해하기가 논의된다.

미술치료의 '기초'를 소개한 첫 3부 외에도 직접 환자를 치료하는 치료자들을 지도하는 위치에 놓인 사람들이 알아야 한다고 생각한 '부가적인 내용'을 첨가하였다. 이러한 내용들은 '미술치료에서의 간접적인 서비스'라는 제목으로 제4부에서 다루어지며 교육방법, 임상감독, 임상자문, 연구 그리고 이론이라는 소주제로 나누어 다루어진다.

비록 이 책에서 다룬 미술치료의 다양한 주제가 모든 치료상황에 적용된다고 하더라도, 최선의 치료가 가능하기 위해서는 특정한 상황에서의 특정한 '앎' 또는 치료자가 어떻게 '존재' 해야 하는가에 대한 이해가 필요하다. 이 책의 제5부는 '미술치료에서의 임상적 적용' 이라는 주제로 상이한 치료대상, 치료환경 그리고 미술치료의 방식 등으로 나뉘어 세부적으로 다루어진다.

각 치료현장에 대한 특정한 지식의 필요성에도 불구하고 나는 이 책에서 다룬 미술치료에 필수적인 '기초' 요소들은 실제로 어떤 경우에나 적용된다는 세계성이 있다는 것을 믿고 있다. 이 책의 전반부에서 다룬 미술치료의 '기초' 는 물론 '부가적인 내용' 까지도 다양한 방법으로 번역되어 가치 있게 사용될 수 있을 것이다.

치료대상에 있어서도 아동, 청소년, 성인, 신체장애인, 노인에 이르기까지 미술치료의 기초와 부가적인 내용들이 그대로 적용된다. 치료상황에 있어서도 외래진료소, 패쇄병동, 학교, 재활기관 등 미술치료사가 일할 수 있는 모든 기관에 그대로 적용되며, 미술치료의 방식에 있어서도 개인, 가족, 집단을 치료할 때 그대로 적용된다. 그리고 이론적인 이해에 있어서도 게슈탈트, 인본주의적, 통합적 접근법, 행동교정주의 또는 정신분석이든 미술치료사가 어떤 이론적인 틀 속에서 작업하느냐를 막론하고 그대로 적용된다고 할 것이다.

나는 이 책이 미술을 진단 및 평가의 목적으로 사용하는 미술치료사나 치료적으로 사용하는 미술치료사 모두와 미술치료 초보자부터 전문가에 이르기까지 유용하게 사용되기를 소망한다. 비록 이 책이 미술치료 학도들을 위한 것이지만 미술을 임상에 적용하려는 사회사업가, 심리학자, 정신과 의사, 작업 및 재활요법 전문가 등 정신건강 전문인들에게도 도움이 되기를 바란다.

이 책은 미술치료를 어떻게 '할 것인가'를 다루기보다는 여러분이 시행하고 있는 미술치료를 어떻게 '생각할 것인가'에 중점을 두고 있다. 자신의 임상적인 작업을 진지하게 생각하고 되돌아본다는 것은 우리 모두에게 도움이 된다고 할 것이다. 나는 이 책을 쓰면서 그러한 기회를 가졌던 것 같다. 독자들이 나와 비슷한 자극을 받아서 생각하고 행동하는 '예술로서의 미술치료'에 대한 명료화에 도움이 됐으면 하는 것이 나의 소망이다.

제1부 미술

시각예술은 미술사, 미학, 미술평론 그리고 예술가의 작품까지 포함하는 풍부하고 복합적인 영역이다. 이 모든 분야를 세부적으로 아는 것이 미술치료사에게 중요한 것은 사실이지만, 시각예술 각 분야에 전문인 수준이어야 하는 것도 아니고 모든 미술매체에 대한 경험이 있어야 하는 것도 아니다. 한 분야를 전문적으로 연구하기 위해서는 한 사람이 일생을 투신해야 하기 때문이다.

그러나 미술치료사가 되기 위해서는 시각예술 분야 중 특정 영역에 충분한 이해와 지식이 있어야 한다. 이러한 차원에서 시각예술의 여러 영역에 대해서 안다는 것은 미술치료사로서의 자산이라고 할 것이다. 이러한 이유로 이 책의 제1부는 미술 부분으로 시작한다.

제1부는 세 개의 장으로 구성되며, 미술치료에서 미술 부분의 기초인 미술재료, 창작과정, 작품에 대해서 알아야 할 내용이 포함되어 있다. 각 장에서 임상현장에서 일하는 미술치료사들이 필수적으로 알아야 하는 제반 사항을 세부적으로 다루려고 했으나, 나 자신이 전능하지 못하다는 점에서 다른 사람들이 필수적이라고 생각하는 부분이 제외되었을 수도 있다는 점에 미리 양해를 구한다.

미술치료에서 미술이 핵심이 되어야 한다는 것은 확실하다. 나의 개인적인 확신은 미술치료사가 아무리 높은 수준의 언어 차원의 심리치료를 오랫동안 훈련받았다고 하더라도 치료에서는 미술이 중심이 되어야 한다는 것이다. 가끔 미술치료사가 다른 심리치료 보수교육과정을 거치면서 서서히 언어 차원의 치료적인 접근을 하게 되고 결국 미술이 임상에서 사라지는 것을 본다. 나 자신의 경우도 미술치료사로서 정신분석학자가 되기 위한 훈련을 받으면서 언어 차원의 치료에 사로잡히면 미술 부분을 경시하게 되지 않을까 염려한 때도 있었다.

그러나 나에게 정신분석 훈련이 가져다준 결과는 같은 임상자료를 다른 각도로 볼 수 있는 전문성의 강화뿐만 아니라 표현예술 매체가 갖는 임상적인 가치와 그것이 가지는 치료적인 효과에 보다 깊은 감동을 받게 되는 놀라운 발견이었다.

미술이 미술치료와 다른 심리치료를 구별해 준다는 이유에서 이 책의 첫 부분을 미술 부분으로 시작한다. 미술치료에서 미술적인 부분이 어떤 환자들이나 임상전문인들에게는 자존감을 높이고 자기표현 능력을 향상시키는 것이 보통이지만 어떤 개인에게는 위협적으로 다가갈 수도 있기 때문이다.

미술이 강력한 치료성과 위협감을 동시에 줄 수 있다는 취약점이 있음에도 불구하고, 미술은 미술치료사만의 고유하고 생동감 넘치는 매체로서 초보자나 많은 경험을 쌓은 전문 수준에 있는 미술치료사 모두에게 해당된다고 하겠다. 이 책의 첫 3장은 미술재료가 없이는 창작과정도 작품도 있을 수 없다는 점에서 서로가 보완하는 내용이라 하겠다.

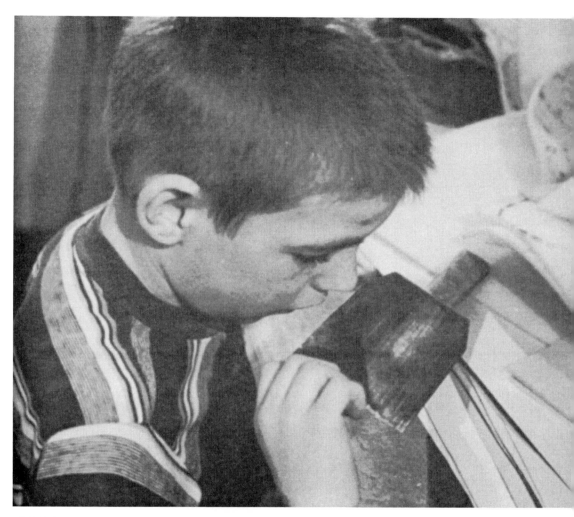

시각장애 아동이 화구를 선택하기 위하여 여러 재료를 만져 보면서 고르고 있다.

맹아가 나뭇조각을 이용하여 조각을 만들고 있다.

제1장 미술재료에 대한 이해

매체와 도구 없이 미술은 존재할 수 없다. 이미지를 통하여 사람들은 사고하며, 이러한 심상이 미술품이 되기 위해서는 어떤 방법이 동원되어야 한다. 이는 미술치료나 시각예술 분야 모두에 적용된다.

미술치료사들이 단순한 매체와 과정을 복잡한 매체와 과정보다 더 선호하는 첫 번째 이유는 덜 구조화된 매체일수록 환자들의 심리적인 투사가 용이하기 때문이다. 미술치료사들은 환자 자신의 심상에 무엇을 부과하지 않으면서 그들에게 의미 있는 창작을 불러일으키고자 한다. 하지만 숫자를 따라 그리거나 이미 만들어진 조형의 모형에 점토를 부어서 만드는 작업은 미술재료가 사용되었다 해도 창작이 아니라는 점에서 미술치료적인 활동이 아니라고 본다. 왜냐하면 이는 단순한 지시만을 따름으로써 엄격하게 부과된 과제를 수행하는 것으로 미술치료의 본질인 창작과정과는 무관하기 때문이다.

냄비집게나 받침 등을 만드는 것은 색깔과 배열에서는 개인적인 선택이 가능하긴 하나 가능한 심상의 종류가 엄격하게 제한된다.

　　반면 모든 미술매체는 그 자체가 갖는 고유한 한계에도 불구하고 개인(작업하는 사람)에게 고도로 개별화된 작업을 가능하게 한다.

　　미술치료사들이 단순한 매체를 선호하는 두 번째 이유는 그 실용성 때문이다. 모든 미술치료 작업(특히 치료적 상황)에는 시간적인 제한이 있다. 미술치료 작업이 며칠, 몇 주 또는 몇 달 동안 계속되는 경우도 있지만, 단순한 평가나 구성원의 유동이 많은 치료집단과 같은 상황에서는 미술치료 작업이 이상적인 치료과정으로 이어지지 않는다. 미술치료가 이루어지는 공간에서 만족할 만한 산출물의 창작을 가능하게 하는 매체에 대해 할 이야기는 많다. 만일 환자가 창작하고자 하는 욕구를 지니고 있다면, 이러한 미술매체를 통해 치료자는 미술치료 세션에서 창작품의 이해 및 평가뿐 아니라 창작과정 또한 고려해야 한다.

　　미술치료사들이 단순하고 직접적인 매체를 선호하는 세 번째 이유는 모든 연령의 사람에게 약간의 또는 아무런 지시 없이도 사용될 수 있기 때문이다. 미술치료사들은 때때로 기술적인 도움을 주어야 하기 때문에 재료를 어떻게 효과적으로 사용할지, 그리고 재료 사용에 대한 지식을 환자에게 어떻게 전달할지를 알아야 한다. 그러나 이러한 가르치는 역할은 치료자의 역할 중 작은 부분으로서 단지 환자를 위한 더 좋은 치료자가 되기 위해 필요한 것일 뿐이다. 환자들이 가끔 우리에게 말하듯이 그들이 사용하는 재료가 '아동들이나 사용하는' 재료라는 것이 사실이다. 왜냐하면 이러한 재료는 모든 연령의 초보자가 그것을 다루는 방법을 신속하고도 성공적으로 배울 수 있기 때문이다.

　　단순하고 비구조적인 재료를 선호하는 것에 덧붙여 미술치료사들은 적당한 품질의 재료들을 선정하는 것에 유의해야 한다. 몇몇 사람들이 생각하는 것처럼 비싼 재료가 우수한 재료라고는 할 수 없다. 실제로 낮은 질의 흰 도화지는 대부분의 매체에 아주 적절하게 사용되나, 값비싼 종이는 오히려 불필요하고 사치스럽게 느껴질 수도 있다. 때로 덜 비싼 재료가 비싼 재료보다 쉽고 다양하게 사용될 수 있는데, 예를 들어 종류가 다른 유성점토나 색분필이 특정 종류의 파스텔보다 유용하게 사용된다. 중요한 것은 재료가 일반적인 압력을 견디어 낼 수 있을 정도로 견고해야 한다는 점이며, 실제 상황에서도 그 견고함이 나타나야 한다는 점이다.

미술치료사가 재료를 소중히 다룬다는 것은 합리적으로 좋은 질의 재료, 잘 사용될 것으로 예상되는 재료를 선택하는 과정에서 나타날 뿐 아니라 모든 매체와 도구를 정성스럽게 다루는 데서 나타난다. 붓은 사용한 후 바로 씻어놓아야 하고, 종이는 깔끔하게 보관되어야 하며, 점토와 템페라 물감은 사용할 수 있는 상태로 보관되어야 한다는 것 등이다. 재료들을 잘 보관하는 것은 제한된 재료를 유용하게 사용하게 할 뿐 아니라 재료의 가치를 환자에게 전달해 준다. 이것은 치료자가 환자의 작품을 다루고 보관하는 모습이 환자에게 더 중요한 메시지를 전달할 수 있는 것과 비슷하다. 환자의 창작물을 부주의하게 다루면서 그것을 사용하는 환자를 존중하는 것이 과연 가능한 일일까?

치료상황에서 매체가 일반적인 요구조건인 단순함, 적당한 품질 및 적절한 보관을 갖추고 있다면 치료자가 그 외에 고려해야 할 점은 무엇인가? 내가 생각하기에 가장 중요한 것은 치료자가 환자에게 제공한 재료를 사용하는 데 대한 충분한 경험을 지니고 있어서 환자들이 재료를 사용하는 기술적 문제에 있어서 도움이 필요할 때 도와줄 수 있어야 한다는 것이다. 환자가 창조적 의도를 현실화하는 데 부딪히는 문제를 적절히 해결해 주기 위해 미술치료사는 서로 다른 매체, 질감, 도구의 독특한 사용법에 대해 알고 있어야 한다는 것도 덧붙이고 싶다.

예를 들어, 미술치료사가 3차원적 조형작업을 도와주기 위해 필요한 재료의 사용방법을 알지 못한다면 환자의 점토로 만든 상이 계속해서 무너질 때 도와주지 못하게 되어 환자가 좌절감을 느끼게 될 것이다. 이와 유사하게 환자가 아크릴 물감으로 입체감 있는 문양을 만들려고 한다면 치료자는 작업의 가능 여부뿐만 아니라 그것을 가능하게 하는 재료를 알고 있어야 한다. 또는 환자가 투명한 재료를 겹쳐서 표현하고자 할 때 환자의 아이디어를 구체화할 수 있는 방법으로 셀로판이나 얇은 색종이인 티슈페이퍼를 추천해 줄 수 있느냐 하는 것은 치료자에게 달려 있다고 하겠다.

미술치료사는 모든 재료의 사용법을 알고 있어야 하는 것은 아니지만 몇 가지 재료는 친숙하게 알고 있어야 한다. 무게, 질감, 색깔, 크기가 다양한 종이와 여러 종류의 마분지, 캔버스, 돌, 나무처럼 일반적으로 표면에 작업을 하는 재료가 있다. 미술치료사는 일반적으로 사용되는 모든 종류의 종이에 익숙해야 하며, 각 형태의 종이가 가지는 한계점과 장점을 잘 파악해야 한다. 그래야만 환자가 그림을 그리거나 색칠할 때 가장 효과적인 크기, 적절한 질감의 종이를 선택하는 데에 도움을 줄 수 있다. 환자가 사용 가능한 형태의 종이를 파악하는 것은 치료자로 하여금 환자가 불필요한 좌절을 겪지 않고 적절한 선택을 하게끔 도울 수 있다.

그리기 재료의 경우 미술치료사는 모든 종류의 연필을 잘 알고 있어야 한다. 즉, 부드러운, 단단한, 색이 들어 있는 연필, 목탄 연필 혹은 보통 거친 표면에 적합한 투명한 연필, 도자기 위에 사용 가능한 사인펜 및 잉크를 사용하는 펜촉이 다양한 펜, 볼펜, 사인펜 등 여러 종류의 펜에 대해서도 알아야 한다. 여러 종류의 잉크와 수성마커도 유용한데, 각각은 크기와 색조(심지어는 향)에 따라 쓰임새가 다르다. 또 천연, 압축, 연필 형태의 목탄이 있다. 그리고 크레용의 경우 크기와 형태 면에서 전통적인 왁스 종류만 있는 것이 아니라 크레파스와 페인트스틱*처럼 고체형 재료와 콩테 크레용같이 분필처럼 부드러운 것도 있다. 끝으로 분필과 파스텔을 들 수가 있는데, 형태와 크기가 여러 가지며, 부드러운 정도에 따라서도 다양한 종류가 있다. 여기서 중요한 것은 미술치료사는 사용할 수 있는 다양한 그리기 도구를 알고 있어야 한다는 점과 어떤 질감의 종이가 그 도구에 가장 적합한지를 알고 있어야 한다는 점이다.

---

* 역자주: Paintsticks, 유성으로 유화물감을 고체화시킨 것.

다양한 형태의 채색도구도 위와 유사하다. 수채물감은 튜브에 들어있는 말랑말랑한 것과 팬에 들어 있는 딱딱한 것이 있고, 템페라 물감은 통에 들어 있거나 액체, 가루로 된 형태의 것이 있으며, 과슈(gouche)와 카제인(casein) 같은 수성매체도 있다. 핑거페인팅을 위한 다양한 재료(비누가루나 액체세제 그리고 액상이나 가루 형태로 만들어진 다양한 재료들을 혼합해서 판매하기도 한다)를 사용함으로써 각기 다른 질감의 효과를 만들어 낼 수도 있다.

끝으로 좀 비싼 매체로는 튜브 또는 액체 형태로 된 유성물감과 아크릴 물감이 있다. 제조업자들은 계속해서 새로운 형태의 물감과 다른 재료들을 만들어 내고 있다. 그 예로 굽지 않은 점토로 만든 작품에 칠하면 표면에 잘 칠해지고 마르면 반짝이고 방수가 되는 액상 크레용(liquid crayon)을 들 수 있다. 미술치료사는 그리기 도구와 마찬가지로 많은 형태의 물감에 대해서도 알고 있어야 한다.

미술치료에 있어서 또 다른 중심적인 창작 형태로 조형(modeling)재료를 사용하는 3차원적 작업을 들 수 있다. 여기에서 미술치료사는 가마에 굽는 점토, 오븐에 굽는 점토, 공기 중에 말리는 점토 등 모든 종류의 점토에 대해서 알아야 한다. 굳는 성질을 지니고 수분을 함유하고 있는 천연 혹은 인공 점토와 단단해지지 않고 다양한 색과 유연성을 지닌 유성점토에 대해서도 알아야 한다. 조형점토도 있는데, 판매용으로 나온 종류도 있고 방법에 다양하게 만들 수도 있다.

종이반죽(paper-mache)의 경우 색깔과 단단함에 따라 다양한 종류가 있다. 합성 혹은 가루 형태의 점토는 다양한 질로 판매되고 있는데, 그 예로 구운 후에도 구부러지는 '일레스티클레이(elasticlay)'와 굳은 상태일 때 붙이고 색칠할 수 있는 '슈퍼우드(superwood)'를 들 수 있다. 미술치료사는 다양한 조형재료뿐 아니라 각 재료의 특성에 대해서 알아야 하고, 그 재료를 다루는 것에 적합한 도구는 어떤 것인가 또는 어떤 자료가 표면을 장식할 때 적절한 것인가를 잘 알고 있어야 한다.

또한 딱딱한 종이부터 철사, 헝겊, 실, 나무, 플라스틱에 이르기까지 3차원적인 구성을 할 수 있는 다양한 재료도 있다. 다시 말하지만, 각 재료의 쓰임새뿐 아니라 각 재료에 적절한 도구와 과정을 아는 것이 미술치료사에게 중요하다. 도구는 가위, 붓, 조형기구와 같은 기본 도구는 물론이고 여러 가지 칼, 호치키스, 끈 그리고 테이프와 풀 같은 접착제를 포함한다. 각 도구는 특별한 용도와 적절한 사용법이 있다. 만약에 나무나 쇠, 돌로 작업을 하고 싶다면 이러한 재료를 사용할 때 필요한 도구와 다루는 방법을 아는 것이 중요하다.

미술작업에 필요한 재료에 대한 새로운 정보를 알기 위해서는 상업적으로 배포되는 카탈로그를 정규적으로 받아보는 것이 도움이 된다.

선택의 기준은 가격뿐 아니라 앞에서 언급했던 단순함이 포함되어야 한다. 누군가를 위해 재료를 선택하거나 추천할 때 미술치료사는 환자 혹은 집단이 재료를 성공적으로 다룰 수 있는지를 고려해야 하며, 창작 의도에 적합한 매체인지를 고려해야 한다. 그러기 위해서는 환자의 지각-운동 능력은 물론 매체의 난이도를 잘 파악하고 있는 것이 도움이 된다. 재료 결정 시 재료를 나누어 주는 방법, 청소 등과 같은 재료관리 측면도 고려해야 한다. 또한 물, 비누 등의 사용이 가능한지, 주어진 시간과 공간 역시 분명히 고려되어야 한다. 거의 모든 미술치료사가 재료 구입에 충분한 예산을 가지고 있지 않으므로 모든 미술치료사가 최적의 환경에서 작업하는 것은 아니다. 그러므로 이상적인 재료와 현실적인 재료 사이의 절충점을 찾는 것이 필요하다.

현실적으로 극심하게 제한된 작업상황에서 미술치료사가 재료를 선택해야 하는 경우, 미술치료사가 최선의 재료 선택을 하기 위해서는 가능성이 있는 미술재료에 대하여 광범위하게 알고 있어야 한다.

단순히 카탈로그를 본다든지, 어떤 매체로 무엇을 하느냐에 대한 책을 읽는 것만으로는 다양한 재료에 대한 광범위한 지식을 얻기 어렵다. 폭넓고 다양한 매체, 도구, 과정들에 대한 직접적이고 개인적인 경험이 있어야 가능한 것이다. 미술치료사는 점토나 물감, 파스텔의 전문가가 될 필요는 없으나, 각 재료가 갖고 있는 역량을 알기 위해 다양한 재료를 사용해 보아야 하고 환자들이 재료들을 가지고 작업할 때 도와줄 수 있어야 한다.

각 매체나 도구가 할 수 있는 부분이 있고 불가능한 부분이 있으므로(사실상 재료를 더 성공적으로 사용할 수 있는 방법과 그렇지 않은 방법이 있다) 재료의 효율성을 안다는 것은 매우 필요하다. 덧붙여 재료에 대하여 여러 가지 정서적, 지적 반응이 있을 수 있다는 것도 고려해야 한다. 핑거페인팅은 부드럽고 축축하고 두껍고 색깔이 다양하게 느껴질 수 있다. 재료의 풍부함 측면에서 볼 때 손을 직접 대는지 대지 않는지에 따라 풍부하게 느껴질 수도 있고 지저분하게 느껴질 수도 있다.

점토는 즐거움 혹은 아주 싫은 감정을 일으킬 수도 있으며, 때로는 차갑고 단단하게 보일 수도 있고, 부드럽고 조작하기 쉽게 보일 수도 있다. 이러한 반응은 환자가 지니고 있는 어떤 경험 및 재료의 질에 따라 다르다.

이러한 투사는 도구나 과정뿐 아니라 매체에 대한 반응으로 나타나서, 예를 들어 두껍고 손잡이가 긴 붓은 강한 성격의 사람에게 강력하게 작용할 수 있다. 못을 나무에 박는 것은 공격적인 에너지를 활기차게 풀어놓는 것으로 느껴질 수도 있고 불안감을 야기시키는 금지된 행동으로 느껴질 수도 있다.

나무를 사포로 문지르는 것은 사랑스럽게 쓰다듬는 것으로 경험될 수 있으나 적대적인 공격으로 느껴질 수도 있다. 교육과정에 있는 사람들의 수련을 위해 유용하게 사용되는 나의 방법은 의미 있는 반응을 이끌어 내기 위한 재료와 과정의 효율성을 보여 주는 데 한 번도 실패한 적이 없다. 연습과정에서 나는 어떤 재료, 도구, 과정이 자신과 일치하는지를 물어본다.

유동적이고 다채로운 것을 원하는 사람들의 경우 편안하게 그림물감과 동일시하지만, 그림물감이 자신을 통제 불능하게 하는 재료라고 느끼고 있는 사람들에게는 위협적으로 다가갈 것이다. 이렇듯 각 재료에 대한 개인의 반응은 그들의 내면세계의 투사라고 볼 수 있다.

미술치료사가 사용하는 기본적인 재료나 도구의 실제적, 상징적 면을 좀 더 자세하게 알기 위한 정보들은 이미 다양한 매체가 가지는 심층적인 치료과정에 대해 집중적으로 쓰인 문헌들에 많이 나와 있다. 미술치료사에게 중요한 것은 사용 가능한 재료에 대한 인지적인 지식뿐 아니라 각 재료, 도구, 과정에 대한 특성을 이해하는 것, 즉 재료, 도구, 과정을 사용함으로써 할 수 있는 부분은 무엇이며 할 수 없는 부분은 무엇인지, 난이도와 상징적 의미에서 볼 때 발달 수준과 어떻게 연관되는지 아는 것이다.

이러한 지식은 매체, 도구, 과정에 대한 개인적이며 본질적인 경험을 통해서만 얻어질 수 있다. 재료가 가지는 가치가 충분히 발휘되도록 하는 데에 필요한 중요한 기술들을 가르칠 수 있는 전문가의 임상감독을 받는 것이 이러한 경험을 쌓는 데 이상적이다. 원칙적으로 임상감독을 할 수 있는 사람은 예술매체를 통하여 환자를 치료하는 전문 미술치료사라야 한다.

미술치료사가 얼마나 환자를 교육하고 얼마나 자신의 방법을 발견하도록 허용해야 하는지에 관한 부분은 바로 교육평가와 임상평가가 필요한 이유 중 하나다. 이 주제에 대해서는 뒷장에서 다룰 것이다. 만약 미술치료사가 다루는 중심적인 미술재료에 대한 전문적 임상에 기반을 둔 기초가 없다면 환자에 대한 어떠한 평가도 가능하지 않다.

또한 우리가 미술재료를 미술작품으로 변형시키는 창작과정은 재료 선정과 마찬가지로 중요하다. 이 부분이 바로 다음 장의 주제가 될 것이다.

와주고 바로 무의식적인 심상에 다가가게 하기 위한 목적으로 개발되었다. 이러한 기법에는 눈을 가리고 만지면서 조형하는 방법과 투사적인 자극을 주기 위해 낙서를 사용하는 것 등이 포함된다. 이러한 기법의 워크숍을 실시한 경우 나는 종종 참여자들에게 만일 빈 종이를 주고 그냥 그리고 싶은 것을 그려 보라고 했다면 그들이 지금과 같은 이미지를 그려낼 수 있었겠는가라고 질문을 한다. 그러면 거의 대다수의 대답은 '아니요' 다. 그들에게 마음대로 그림을 그려 보라는 요구를 했다면 과연 무엇을 그렸을 것인가라는 질문을 하면, 대부분은 그냥 추상적인 디자인들을 생각해 내거나 혹은 연습이 잘 된 도식이나 정형화되고 개인적이지 않은 이미지일 것이라고 대답하고, 낙서라는 기법의 사용은 나타난 이미지에 대한 책임감과 그로 인한 수치감을 덜 느끼게 해 준다고 대답한다.

각 개인들이 좀 더 긴장을 풀고 자유롭게 창작과정으로 들어가도록 도와주는 방법들은 많이 있으나, 오히려 미술치료사의 상상에 의해서 그 가능성이 제한되기도 한다. 나의 개인적인 취향으로서 상상은 단기간의 워크숍이나 진단을 위한 인터뷰와 같이 필요할 때만 사용하는 것이며, 치료상황에서는 개인이나 그룹이 정체되어 보일 때에만 사용한다. 환자들이 고유한 창조과정을 경험하도록 하기 위한 방법 중 가장 자연스러운 방법은 진정으로 자유로울 수 있는 물리적, 심리적 환경을 창조하는 것이다. 다음으로는 재료가 가지는 치료적 가능성을 통하여 탐험하거나 혹은 판단이 배제된 그야말로 자유로운 놀이를 하도록 격려해 주는 것으로 개인이 가장 의미 있는 경험을 하는 것을 가능하게 한다.

자유로워지기 위한 구조를 이루기 위해서 필요한 조건으로는 신뢰와 함께 관심 있고 수용적이고 지지적인 임상가의 자세와 충분하고 조직적이고 미리 예측할 수 있는 공간 및 시간을 들 수 있다. 만일 치료자가 예술에 대한 각 환자의 잠재적인 창의성을 확신한다면 이러한 치료자의 확신을 환자에게 전달하는 것이 가능하다. 창조과정에 대한 개방적인 접근방법은 어떤 환자들에게는 상당한 불안감을 불러일으킬 수도 있다. 그러므로 치료자는 환자들이 상대적인 자유로움을 느끼게 함으로써 스트레스와 좌절감을 해소할 수 있도록 도와주어야 한다. 그렇지만 미술치료사에게 가장 중요한 것은 모든 사람들의 창조과정은 자신의 가능성을 자유롭게 탐험하는 데에서 나와야 한다는 것을 이해하는 것이다. 이 부분이 시작단계에서 가장 중요하고 이후 단계에도 종종 필요하게 된다. 환자가 한 매체를 능숙하게 사용할 수 있게 되더라도 여전히 스스로의 잠재력을 자유롭게 탐험하지 못할 수 있다는 것이 그 예다.

모든 가치 있는 창작과정은 전의식적(혹은 무의식적)으로 작업할 마음을 준비하는 '부화'의 시간을 필요로 한다. 미술치료사는 자연스럽게 문제가 해결되게 하기 위해 '부화' 현상을 신중히 생각해야 할 필요가 있고, 일정 기간 동안 작업을 미루거나 아무런 변화 없이 단순하게 지켜보기만 할 필요도 있다. 어떤 환자는 곰곰이 생각할 시간을 가질 수도 있고 다양한 방법들로 '부화시간'을 촉진시킬 수도 있는데, 불안감으로 인해 환자가 미성숙한 종결상태에서 작품을 마무리하는 것에 대해 압박감을 느낄 때 특히 그렇다.

그리고 모든 창작과정에는 정성껏 계획하고 조합하고 시행하고 마무리하는 것이 필요하다. 재료들은 제반 작업을 통해 얼마나 변화를 가할 수 있느냐에 따라 그 종류가 다양하다. 시간이 지나도 변화를 줄 수 있는 재료(물기가 있는 점토 등)는 미술치료에 있어서 더 큰 가치가 있을 수 있다. 어떤 경우에는 환자가 돌이킬 수 없는 결정(나무를 자르거나 조각하는 것 등)을 하였을 때 가치가 있기는 하지만, 항상 환자가 하는 작업의 기술적인 진행과정을 조정하는 것이 바로 미술치료자의 임무다. 그래서 만족할 수 있는 완성상태에 이르기까지 환자가 최대한의 수정을 할 수 있도록 하게 한다.

여기에는 콜라주나 구조물의 부분들을 풀로 붙이기 전에 먼저 배열해 보기를 제안하는 것과 같은 단순한 개입 또한 포함된다. 이러한 개입을 통해 환자가 최종 결정 전에 원하는 대로 재배열해 볼 수 있도록 돕는다. 미술치료사가 환자에게 주는 조언에서 심미적인 판단을 해도 좋을지에 대해서는 다음과 같

은 제안이 도움이 될 것이다. 예를 들면, 환자에게 작품의 일부분만을 바라보
도록 제안하거나 작품을 멀리서 혹은 다른 시각(위아래가 바뀐)으로 바라보도
록 제안할 수 있다.

기술적인 도움에 관한 나의 생각은 환자에게 의미 있으며 실제로 튼튼한 작
품을 만들도록 도와주어야 할 필요가 있을 때만 제공되어야 한다는 것이다.
그러므로 환자가 재료가 영구적으로 붙어 있을 수 없는 표면에 어떤 재료를
붙이도록 놔두는 것이나 마르는 과정에서 분명히 부서질 형태를 만들도록 그
대로 놔두는 것 또한 옳지 않다. 이와 유사하게 심리치료자가 환자가 작은 붓
이나 가는 사인펜으로 넓은 표면을 다 칠하려고 애쓰는 것을 가만히 보고 있
는 것은 다소 잔인해 보인다. 특히, 보다 큰 붓이나 굵은 사인펜이 그러한 작업
을 하는 데에는 더 유용하다는 것을 치료자가 알고 있을 때는 더욱 비인간적
이다. 미술치료사의 역할은 실용성과는 상관없이 어떤 구체적인 행동을 명령
하거나 금지하는 것이 아니라 예술가로서의 환자를 존중하는 마음으로 이러
한 정보를 나누는 것이다.

지금까지 이 장에서 다룬 것은 미술치료와 관련된 일반적인 창작과정이었
다. 이제부터는 미술치료사들과 연관되는 창의적인 사고와 행동의 특성을 다
루려 한다. 이러한 특성들은 일반적으로 심리학자들에 의해 창조적인 사람들
이 가지고 있다고 알려진 능력으로 유창성, 융통성, 정교성, 독창성 등을 가리
킨다. 이러한 특성들은 환자의 미술치료를 통한 경험을 통해 발전되고 격려된
다. 환자가 자신의 삶에서 창의적인 문제해결 능력이 요구되는 좀 더 큰 과제
를 다룰 때 오히려 위의 특성들이 연결되게 된다.

유창성(fluency)은 한 문제와 관련하여 많은 생각들을 창출해 낼 수 있는 능
력을 가리킨다. 즉, 미술작품에서 모양, 색 혹은 상징적 개념들을 종합하여 환
자의 상황과 결합할 수 있는 능력을 말한다. 많은 아이디어를 창출하는 것이
예술가들에게 본질적인 문제는 아니지만, 인생 문제들을 다루는 데 미술치료
사가 다양한 가능성들을 생각할 수 있는 능력은 환자에게 도움이 된다. 그러

나 환자들의 경우 자신에게 열려 있는 많은 대안들을 보려고 하지 않는 경향
이 있으므로 딜레마에 빠지는 경우도 있을 수 있다. 미술치료는 미술매체의
실험을 통해 위험부담이나 결과에 신경쓰지 않고 실제 삶에서 보다 용기 있게
여러 가지 가능성을 탐험할 수 있는 준비를 할 수 있게 한다. 따라서 예술적으
로 문제를 해결하기 위해서는 아이디어가 다양할수록 치료 가능성이 커진다
는 것은 확실하다.

융통성(flexibility)은 다양한 방법으로 동일한 사물(사건)을 인식하는 능력을
말하며, 최소한의 좌절감을 경험하면서 예기치 않은 사건들을 다루는 능력이
기도 하다. 융통성은 정신건강과 관련된 개념과 밀접한 연관이 있는데, 정신
건강에서 경직과 유동의 양극단에 있다는 것은 바로 질병의 조짐을 보여 주는
것이라고 한다. 만일 환자들의 융통성 있는 행동을 강조하는 미술치료사에 의
해 그 융통성의 가치가 높이 매겨진다면 작업과정에서 재료와 도구를 사용할
때 환자는 좀 더 융통성 있게 될 것이다.

정교성(elaboration)은 미술치료에서의 주된 목적인 정신건강과는 가장 관련
이 적으나 격려와 보상에 있어서는 여전히 관련이 있다. 유창하고 정교(확장하
고 장식하고 세련되게 하는 것 등)할 수 있는 능력은 아름다운 예술작품을 만들
어 내게 할 뿐 아니라 삶의 도전자들에 대해서 좀 더 적응력을 지닌 반응을 보
이게 한다. 심리적인 문제와 예술작품에 초점을 맞추기 위해서는 초기에 경험
했던 순간적인 '상승적 경험'을 뭔가 지속되는 것으로 바꿀 수 있어야 한다.
대부분의 치료기관의 경우 환자들로 하여금 '영감적'이되, 미처 개발되지 못
한 아이디어나 작품을 개발하게 하는 것보다 성공적인 결과물을 만들게 하는
데 중점을 두고 있는 듯하다.

독창성(originality)은 대부분의 사람들이 흔히 생각하는 창의적인 특성을 말
한다. 그러나 "태양 아래 새로울 것이 전혀 없다."라고 구약성경에서 이미 지
적하였듯이 모든 예술가들은 대가나 아마추어에 상관없이 다른 사람들의 작
품에 의해 영감을 받아 왔다. 이것은 소위 원시의 혹은 경험이 없는 화가들에

게도 적용되는 말이다.

미술치료에서 가장 중요한 부분은 환자가 선호하는 매체, 스타일, 주제를 발견하고 발전시켜 자신의 '진정한 자아'를 찾도록 해 주는 것이다. 한 미술작품은 역사가로 하여금 유명한 어떤 예술가를 기억나게 할 수도 있지만, 여기서 중요한 것은 창조를 위해 외부의 영감과 내부의 창조적인 행위가 어떻게 결합되었는가와는 상관없이 그 작품이 환자에게 옳다고 느껴지고 진정으로 느껴져야 한다는 것이다.

만일 미술치료사가 자신이 선호하는 매체, 스타일, 내용이 있다면 이 때문에 교육(훈련)받을 때 어려움을 많이 겪는다. 중요한 것은 이러한 위험요소를 잘 파악하여 치료자 자신의 취향에 따라 환자에게 분명히 혹은 미묘하게 영향을 주는 것을 피해야 한다는 점이다. 어떤 출판물을 살펴보면 각기 다른 개인들의 예술작품이 놀랄 정도로 유사한 것을 볼 수 있다. 이는 의도적인 것은 아니었어도 심리치료자가 그 환자나 학생의 작품에 영향을 주어 왔다는 것을 가정해 볼 수 있다. 환자 개인이 자신의 고유한 스타일을 개발하고 발전시키도록 돕기 위해서, 치료자는 심미적인 요소들에 대해서 가능한 한 중립적이 되어야 하며 그 개인의 미술작품의 진실성에 최고의 가치를 두어야 한다. 나는 이러한 방법만이 환자에 대한 존중, 가치 그리고 자신을 확장시킨 결과물인 작품과 유일하게 조화를 이룬다고 믿는다.

미술매체와 더불어 작업과정에 있어서 미술치료사에게 중요하다고 생각되는 점이 또 있다. 그것은 평범하고 일반적이라고 알려진 어떤 재료에 내포된 가능성들에 대한 것으로서 그것들은 보통 어느 사람들에게도 결코 제한되지 않는다. 미술과정들에 대해서 생각할 때 갖게 되는 그러한 융통성은 장애인들과의 작업에서는 특히 중요하다. 장애인들에게는 그것이 매체와 도구 및 표현을 위한 본질적인 조건들일 수 있기 때문이다. 심지어 장애가 없는 사람들에게도 작업에서 기대하지 못했던 가능성들에 대한 열린 태도는 미술치료사에게 자산이 될 수 있다. 손가락으로 유화를 사용하려고 하는 한 아이의 즉각적인 충동에 대한 반응이나 혹은 어떤 사람이 가느다란 붓을 제대로 사용할 수 없을 때 미술치료사가 인내심을 가지고 긴 손잡이의 면봉이나 굵은 붓을 제대로 사용할 수 있도록 도와주는 방법을 찾아내려고 애쓰는 태도는 도움이 된다고 하겠다.

작업과정에서 나타난 많은 양상들이 완성된 결과로서의 작품에 반영되며, 과정에서의 양상들은 과정 자체를 면밀하게 관찰하는 것을 통해서만 이해될 수 있다. 여기에는 재료들과 관계하여, 즉 작품에 선행하는 것과 뒤따르는 것이 무엇인가를 관찰하는 것뿐 아니라 매개수단들을 사용하는 동안 나타난 행동들이 포함되기도 한다. 즉, 말과 얼굴표정, 몸짓과 음조 및 미술작품 창조자(그림을 그리는 사람)의 행동 형태(통일된 구조)에서 이러한 것들의 상호작용 등이 관찰되어야 한다. 또한 능동/수동, 긴장/이완, 어색함/조화로움, 충동/주도 면밀함, 확산성/포용성 등 미술과정 자체와 관련된 양상들을 관찰해야 한다. 심지어 고지식함/융통성, 강제성/자유로움, 제한/개방 등과 같은 영역들은 작품들과 관련되는 것으로 여겨질 뿐 아니라 작업과정과 연관된 것으로도 생각될 수 있다.

이와 유사하게 창작과정에서 어떤 태도를 보이는지는 개인이 재료를 다루는 방법에 반영된다. 혐오와 즐거움, 마지못해 하는 것과 열성을 갖고 하는 것 등의 반응들은 얼굴표정과 몸짓 그리고 관련된 언어작용을 통해 드러날 수 있다. 이는 진행되는 미술작업과 무관하게 보이기도 한다. 그것이 대개 말로 표현되지 않는 현상들을 포함하고 있어 말하기 어렵다는 점에서 볼 때, 그 요점은 미술치료사는 그 환자의 작업과정의 모든 양상(모습)들에 주의를 기울여야 한다는 것이다. 그렇게 해야 하는 이유는 간단하다. 즉, 모든 것은 주의 깊게 이해해야만 하는 진단 차원의 데이터이기 때문이다.

비교적 간단한 창작과정이라고 대수롭지 않게 취급해서는 안 된다. 치료자는 훈련을 통해 정보(내용)를 기록하고 생각해 보는 법을 배워서 창의적인 작업과정의 순서를 떠올리는 것이 자연스럽고 자율적인 자아기능이 될 때까지 연습해야 한다(Hartmann, 1958). 시리즈로 한 작품의 위치를 기록하는 법을 배우는 것은 그리 어렵지 않다. 또한 특히 개인의 미술치료에서 미술작품의 연속적인 활동의 흐름을 주시하는 것은 중요하다. 만약 치료자가 환자의 모든 행동을 규칙에 맞고 정신적으로 이해 가능한 방법으로 기록한다면, 그러한 관찰은 환자와 그의 작품 모두를 이해하는 데 매우 도움이 될 것이다.

창작과정과 관련된 모든 행동들에 대한 자세한 기록이 실제로 요구되기 때문에 미술치료사들이 종종 어려운 임무에 대해 위축감을 느끼게 되는 것도 당연하다. 그렇지만 수준 높은 주의집중은 환자에 대한 궁극적인 이해를 하게 한다는 점에서 그에 따르는 보상이 상당하며, 적극적인 관찰자가 되는 것 역시 상당히 흥미 있는 일이다. 만약 어떤 사람이 작업과정을 데이터베이스의 일부로서 사용한다면 그는 정확하게 그리고 민감하게 관찰하는 법을 배워야 하며, 동시에 많은 관련 영역(분야)들에 대해서도 배워야 한다.

미술치료사가 적극적인 관찰을 위해 에너지를 집중하는 것은 특히 미술치료에서 흔히 남용 및 오용되는 치료자의 강제 개입, 침입, 간섭뿐 아니라 치료시간 동안 적절한 개입을 할 수 있으려면 환자들과의 시행착오를 수없이 겪어야 한다. 중요한 것은 미술치료사가 창작과정의 유기적인 발전을 방해하지 않기 위해서 환자의 창의적인 과정에 대해 충분히 고려해야 한다는 점이다.

비록 이미 주시된 미묘한 진행 양상들의 종류를 관찰하는 어려움이 클지라도, 창의적인 과정에 대해 충분히 고려하는 것은 치료자가 모든 사람에게 동시에 개입하는 것이 가능하지 않기에 집단을 대상으로 할 경우 그 가능성은 높아진다. 예를 들면, 가족이 대상일 때 치료자는 한 개인의 작업과정을 관찰할 것인가, 아니면 가족구성원들 간의 상호작용에 초점을 맞출 것인가를 선택해야만 한다는 것이다. 그렇지만 어느 경우든지 주의 깊게 관찰하는 데 걸리는 시간은 구성원들의 이해를 위해 소비된 유용한 시간이 되며, 이것은 치료자의 책임이다. 이러한 관찰은 자연스러운 흐름의 창의적인 과정에서 치료자의 개입(간섭) 없이 환자(들)가 작업을 하도록 허락한다. 그러나 이것이 한 환자가 조용히 작업하고 있을 때 절대로 간섭하지 말아야 한다고 제안하는 것은 결코 아니다.

개입이 요구되는 상황들도 상당히 많다. 신경증 환자가 감정전이에서 직면해야 하는 어려운 쟁점들을 피하기 위해 미술과정에 몰입할 때나 한 그룹에서 소외된 구성원이 다른 사람들과의 접촉을 시작할 수 없으면서 치료자로부터 어떤 확신을 필요로 할 때와 같은 상황들이 그러하다. 미술치료사들은 개입의 한 측면에서 지나칠 정도로 실수하게 되는데, 그것은 아마도 그들의 생각에 자신들이 조용히 있다면 그것이 치료자로서의 역할을 제대로 못하고 있는 것이라는 잘못된 생각에서 나오는 것 같다. 하지만 나는 『미술은 조용한 장소다 (Art is a Quiet Place)』라는 책의 멋진 제목과 같이 최소한 미술치료의 현장은 조용한 장소여야 한다고 생각한다.

요약하면, 창작과정 자체는 미술치료의 본질적인 요소이지만 치료자의 특별한 이론적인 방침(태도)과는 상관없다. 미술치료사는 환자들이 이러한 유익한 경험을 하게 하기 위해서 특별한 매체(매개수단)로 하는 작업의 구체적인 과정들을 알아야 할 뿐 아니라 고유한 창의적인 활동에 요구되는 본질적인 조건들을 고려하며, 활동기간 동안 예술적인 자유를 위한 '틀(뼈대, 구조)'을 제공해야 할 필요가 있다. 환자들을 제대로 돕기 위해서는 작업과정을 관찰하는 방법과 작업과정의 완성을 촉진하기 위한 개입방법도 배워야 한다.

참고문헌

Burkhart, R. C. *Spontaneous and deliberate ways of learning.* Scranton, PA: International Textbook, 1962.

Hartmann, H. *Ego psychology and the problem of adaptation.* New York: International Universities Press, 1958.

Rubin, J. A., Schachter, J., & Ragins, N. Intraindividual variability in human figure drawings: A developmental study. *American Journal of Orthopsy-chiatry,* 1983, *53,* 654–667.

많은 경우 창작과정에서의 적극적인 참여는 문제적인 증상을 '떠나보내는' 것으로의 의미를 지닌다.

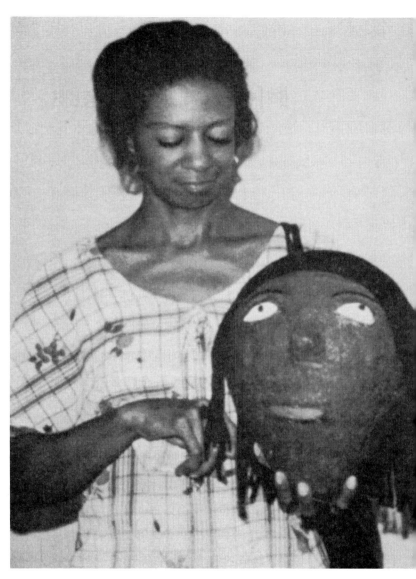

한 여성이 자신이 만든 가면을 보여 주고 있다.

하게 된다.

종종 미술치료사들이 환자나 다른 예술가의 작품을 지나치게 강조하는 경향이 문제되고 있는 것도 사실이지만, 작품에 나타난 언어(예술언어)를 이해하는 방법을 배우는 것은 훌륭한 미술치료를 하는 데 필수적인 요소다. 사실 심리학적으로 작품을 바라보는 시각을 지니지 못한다면 미술치료사는 임상전문인이라 할 수 없다. 심리학적으로 정교하게 발달된 견해가 있어야 심리발달, 이상심리, 정신역동과 관련된 문제들을 파악할 수 있으며, 예술언어를 구성하는 모든 요소인 형태와 내용 그리고 그것의 관계들을 이해할 수 있다.

그러므로 미술치료사들은 심리발달과 역동성에 대해 배워야 하고 또 거기에 새로운 지식을 부여하는 등의 작업을 해야 한다. 일반 심리발달과 미술 발달에 대한 지식이 있어야 정확한 진단과 치료를 할 수 있다. 미술치료사들은 주로 정상에서 벗어난 사람들과 작업하므로 사람 그리기와 같은 제한된 표현활동을 통해 평가하는 것 외에도 환자 내면의 현실을 파악하는 것에 필요한 미술발달에 관한 전반적인 지식이 있어야 한다.

미술표현의 발달지식을 지닌다는 것은 아동발달, 미술교육, 심리학, 정신분석학을 알아야 하기 때문에 쉽지 않은 작업이다. 뛰어난 미술치료사가 되려면 미술발달에서 이미 알려진 내용들을 숙지하고 있어야 하며, 알고 있는 내용을 치료자의 시각으로 통합시켜야 한다. 그래서 발달수준의 결정을 쉽고 안전하게 내릴 수 있어야 한다. 이미 알고 있는 미술표현의 발달지식을 모두 종합하여 소화하지 못할 경우 효율적으로 환자들을 도와주지 못할 것이다.

미술치료사는 환자의 작품을 대할 때 다양한 대처기제, 내적인 노력들과의 관계, 내외적 억제 등 언급할 것이 많다. 이외에도 작품의 상징적인 의미, 심상의 선택, 환자가 작품을 만들 때의 상황 등도 명백히 짚고 넘어가야 한다. 그러나 환자의 작품을 이해하고 싶다면 미술치료사는 진단에 있어서 동전의 양면과 같은 두 가지 측면을 분명히 알고 있어야만 한다. 첫 번째 측면은 미술발달뿐 아니라 모든 발달에 대해 기본적인 이해를 하고 있어야 한다는 것이고, 두 번째 측면은 정신의 역동적 기능에 대한 이론 중 적어도 하나의 이론에 대해 정확한 이해를 하고 있어야 한다는 것이다.

작품을 대할 때는 두 가지 기본적인 방법이 있다. 그것은 발달적인 측면(형태적 면)으로 보느냐, 역동적인 측면(내용적 면)으로 보느냐다. 미술과 치료에서처럼 형태와 내용도 그 사이에 공유하는 영역을 가지게 되어 형태 자체가 작품의 내용이 되기도 한다. 그러나 어떤 미술치료사는 둘 중 하나에 집중하는 편견을 가진다. 이처럼 한 측면을 강조하는 것은 배운 것을 스스로 연습할 때는 매우 유용한 듯하지만 미술작품에 포함되어 있는 풍부한 내용을 제대로 다룰 수 없다. 그러므로 양쪽 모두를 포함하는 것이 필수적이다. 이 두 가지 측면은 치료자에게 각각 중요한 의미를 지니게 된다.

형태에 대한 이해

미술에는 형태적인 요소들이 많이 포함된다. 이러한 형태적인 요소에는 일반적인 요소(예: 구성)와 재료에 따라 나타나는 특별한 요소(예: 색, 음영)가 포함된다. 이 밖에도 모든 재료를 사용할 때 적용되는 요소들로 구성의 각도, 명료함, 완성도, 독창성, 연령 적합 정도, 개방성, 단순함, 움직임, 균형이 포함된다. 여기에서 앞의 5가지(구성의 각도, 명료함, 완성도, 독창성, 연령 적합 정도)는 작품의 속성과 연결시킬 수 있고, 나머지 4가지(개방성, 단순함, 움직임, 균형)는 작품의 스타일과 연결시킬 수 있다. 이러한 분류는 사실상 2, 3차원에 더 적절하게 사용되나 작품에 사용되는 재료의 기능과 연결되면 보다 명백해진다.

재료가 다를 경우 미술치료사가 고려하는 형태적인 속성 또한 달라지게 된다. 미술치료사가 고려하는 모든 형태적 속성은 미술치료사가 작품을 이해하는 데 필요한 치료자 스스로의 점검목록을 만들 때 중요한 문항이 된다. 연필 드로잉에서는 선의 속성을 고려할 수 있다. 선의 속성에는 선의 짙은 정도, 두

꺼움, 날카로움, 부드러움 그리고 선과 다른 형태적 요소(덩어리 표현, 여백 등)의 관계를 포함하게 된다.

드로잉 재료(연필, 크레용, 분필 등)를 사용하여 그린 후 색을 칠한 작품을 볼 때 치료자는 색감이나 색을 칠한 강도와 같은 측면이 어떠한지 살펴볼 수 있다. 마카나 페인트와 같은 유동성이 있는 재료일 경우에는 연필이나 크레용에 적합했던 것과는 다소 다른 측면에서 터치의 질이 고려해야 할 중요한 요소가 된다. 이러한 형식적인 요소들 간의 상호작용은 작품을 이해하는 데 반드시 고려되어야만 한다. 어떤 색이 선으로 칠해졌고 어떤 색이 면으로 칠해졌는가, 공간에서 어떻게 관련되어 있는가, 접해 있는가 분리되어 있는가, 분리되어 있다면 공간에 의해서 분리되었는가 혹은 선에 의해서 분리되었는가, 다른 것들과 비교하였을 때 상대적인 크기는 어떠한가, 작품을 그릴 때 순서는 어떠하였는가 등을 고려할 수 있다.

예술가들은 이러한 모든 형태적인 요소들을 심미적인 기준으로 바라보지만, 미술치료사들은 작품을 볼 때 심미적인 기준 이외에 심리발달, 개인의 독특한 양식과 대처전략 그리고 상징적 의미를 함께 고려해야 한다. 작품의 각 측면에는 다양한 메시지가 포함되어 있어 그 내용이 풍부함을 알 수 있다.

종이 위의 노란색 페인트 한 덩어리는 색의 강도 측면에서 바라볼 수 있지만, 동시에 노란색의 페인트가 종이의 어디에 놓여 있는지, 다른 요소들과의 관계는 어떠한지, 상대적인 크기와 형태 그리고 이 노란색 페인트가 상징적으로 그 개인에게 어떠한 의미인지 또한 고려되어야 한다. 그리고 한 덩어리의 노란색 페인트가 납작한지, 입체적인지, 가벼운지, 무거운지도 고려해야 하며, 치료자가 주관적으로 생각할 때 노란색 페인트 덩어리가 무엇을 의미하는 것 같은지, 무엇을 닮았는지, 전체적인 작품의 순서로 봤을 때 그것이 그 공간에 언제 놓여졌는지, 작업을 완성하는 과정에서 치료자에 의해 어떤 방식으로든 변화가 있었는지도 고려되어야 한다. 더불어 전체적인 맥락에서 봤을 때 그 작품의 형태로서 판단할 수 있는 발달적 수준은 무엇인지, 어떤 발달 수준

제2부 심리치료

이 부분의 내용은 모든 심리치료에 적절한 내용들을 다루고 있어 그 범위가 매우 넓다. 그럼에도 '치료'라는 의미가 표면적으로 여러 가지 형태로 사용되고 있는 이 시점에서 미술치료사로서 필수적으로 알아야 할 심리학, 정신병리학 그리고 심리치료에서 의미하는 치료 부분을 살펴보는 것은 매우 유용한 일이라 하겠다.

제1부 미술 부분에서도 언급했듯이, 치료를 위해서는 특정한 치료상황과 치료대상에 대하여 보다 많은 이해가 있어야 한다는 점에서 여러 영역을 잘 알고 있다는 것은 해가 되지 않는다. 모든 미술치료사는 스스로의 전문적인 치료작업을 위하여 끊임없이 필요한 지식을 연마해야 할 전문적, 윤리적 책임이 있다. 마치 그림만 그리던 화가가 목조조각이 가지는 표현력에 매료되어 있는 청소년을 도와주기 위해 스스로 목조조각에 대하여 배워야 하는 것과 마찬가지로, 아동심리치료 연구소에서 미술을 통한 가족평가를 해야 하는 미술치료사의 경우 가족체계이론, 가족치료 등의 관련 학문을 배워야 한다.

미술에 있어서도 기본적인 기초로 알아야 할 것들이 있다. 이러한 기초는 한 개인의 직관이나 삼투압 같은 식으로 개인의 체계 속으로 스며드는 것이 아닌 정규적 또는 비정규적 교육이 필요하다. 이러한 기본이 이 책의 제1부에서 세 개의 장으로 나뉘어 다루어졌다.

제2부에서는 먼저 정상과 비정상 발달에 대한 이론을 다루고, 두 번째로 개인적 또는 인간 관계 속에서 나타나는 정신병리와 정신역동을 다루고 있다. 세 번째로는 미술치료에 필요한 이론체계, 심리치료에 있어서의 치료적인 관계성 그리고 장기간을 두고 진행되는 치료과정에 초점을 맞추는 이론에 대하여 논하고 있다. 각 장에서 일반적으로 알아야 할 내용들의 간략한 소개와 더불어 미술치료에 국한된 특정한 이슈들에 대한 논의

가 함께 소개될 것이다.

마지막 장에서는 미술치료를 어떻게 이해해야 하며, 미술치료사의 존재를 어떻게 이해해야 하는가를 논하고 있다. 여기에서는 미술치료가 활동요법, 작업요법, 재활요법 등 활동 위주의 치료와 나아가 음악, 연극, 무용 치료와 어떻게 다른가를 앎으로써 각자가 명확한 정체감을 가져야 할 것을 다루고 있다.

마지막으로 좋은 미술치료사의 자질이 된다고 생각되는 자기에 대한 지식을 포함한 좋은 성품이 무엇인가를 다루고 있다. 제1부와 제2부의 기초 위에 비로소 미술치료라는 상황으로 진입할 수 있으며, 제3부에서는 이러한 미술과 치료가 만나는 지점이 다루어질 것이다.

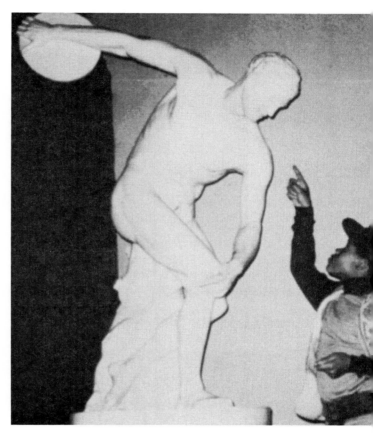

미술치료의 어떤 시점에서 이 소년은 자연스럽게 연극적인 표현을 하게
되었다. 사진에서는 소년이 박물관에 소장되어 있는 그리스의 조각품을
상대로 하여 '지시하는' 어른 행세를 하고 있다.

어머니-아이 공동 미술작업은 발달적인 이슈를 명료화하는 것에 도움을 준다.

제4장 정신심리발달에 대한 이해

정상적인 인간발달을 이해하는 것은 훌륭한 미술치료사가 되기 위해 필수적이다. 그리기, 칠하기, 조형 등의 미술적 접근방법이 갖는 또 다른 수준의 발달에 대한 지식은 정상적인 발달에서 벗어난 사람들을 파악하기 위해 중요하다. 미술치료사는 미술을 통하여 환자를 한 인간으로서 이해하고 도와주어야하는 궁극적인 책임이 있기 때문에 미술표현 발달과 인간 전체적인 발달을 분리하여 생각할 수 없다.

어떤 사람은 일반 발달에 대한 상세한 지식은 아동들과 작업할 때만 필요하다고 생각한다. 이러한 생각은 언뜻 보기에는 타당해 보인다. 하지만 성인의 경우도 그들이 가진 문제들의 원인에 대한 역사적 발달사를 알지 못한다면 전적으로 이해받을 수 없다는 점에서 발달에 대한 지식은 모든 환자들에게 적용된다고 할 것이다. 인간행동의 유전적인 기원에 대하여 거의 혹은 전혀 강조하지 않고 '지금-여기(here and now)'만을 다루는 인성 심리치료이론들이 있기는 하지만, 이는 미술치료사가 미술활동에만 치중하는 것처럼 그 시각이 어쩔 수 없이 편협하고 제한될 수밖에 없다고 생각한다.

환자의 연령에 상관없이 시간의 흐름에 따른 발달을 파악하기 위해서 (부모, 조부모 등 확대가족을 포함한) 환자의 역사를 이해하는 것은 중요하다. 자연은 선천적 또는 환경은 후천적이라는 오래된 이분법은 다양한 인과관계에 대한 한층 복합적인 이해로 서서히 대체되고 있다. 좁게는 형제 서열에서 넓게는 사회경제/문화적인 모형(matrix)의 측면에서 볼 때, 모든 개인의 발달은 유전적인 요인과 환경적인 영향의 역동적인 상호작용을 반영하게 된다. 이러한 두 종류의 정보는 치료자를 만나러 왔을 때의 환자의 연령에 상관없이 미술치료사가 환자에 대한 역사적 관점과 발달관점을 다 지녔을 때라야만 의미가 있다.

그러나 미술치료사가 발달적인 역사를 파악하더라도 거기서 어떤 의미를 발견해야 하는지 모른다면 환자에게 그림그리기를 요구하거나 환자의 그림을 볼 때 그 유용성이 제한되게 된다. 환자의 역사와 정보를 분류하고 완전히 이해하기 위해서는 이론적인 틀(예: 정상 발달, 비정상 발달에 대한)을 만드는 것이 좋다. 너무 단순하게 분류하지 않기 위해 미술치료를 실시할 때 좀 더 유익한 발달이론들이 있다는 것을 알려 주어야 한다. 일반 미술발달을 아는 것에 덧붙여 미술치료사는 우선 사회성 및 정서 발달을 알아야 하고, 어떠한 작업인지 이해하여야 하며, 필요한 특정 지적 능력의 기능에 대해 잘 알고 있어야 한다.

즉, 모든 발달과업을 완수하기 위해 기대되는 연령과 순서에 대해 모두 아는 것도 도움이 되나, 특히 미술치료사에게 중요한 것은 현장에서 테스트하고 통합할 때는 물론이고 감각 및 지각 기능영역에서는 어떤 일이 생기는 것인지를 잘 알고 있어야 한다는 점이다. 특히, 미술치료사가 (연령에 상관없이) 장애가 있는 개별 환자를 맡을 때는 이러한 지식이 결정적으로 필요하다. 왜냐하면 그 환자가 미술재료를 창의적으로 사용하기 위해서 미술재료 사용을 준비하는 작업이나 감각 및 지각 기능을 개선하는 활동을 요구할 수도 있기 때문이다. 이와 유사하게 모든 일반 운동근육 발달을 잘 아는 것 또한 중요하지만, 특히 미술재료를 사용할 때 물리적으로 연관되는 소근육 움직임에 관한 세부적인 지식이 반드시 필요하다.

　인지발달은 정서발달과 분리해서 볼 수도 있으나, 신체발달은 심리발달과 따로 분리해서 이해될 수 없다. 실제로 신체와 정신이 밀접한 관계가 있다는 사실에 대한 증거가 늘어나고 있다. 이러한 증거를 통해 천식, 알레르기 그리고 신체기관에 기반을 둔 문제라고 생각되어 온 여러 종류의 학습장애와 같은 신체적 장애가 정신발생학적인 원인에 있을 수도 있다는 많은 역동적인 가설이 확인되고 있다(Alexander, 1965). 신체적 장애일 경우 신체에 원인이 있다는 사실에 대한 의문의 여지가 없었을 때에도 정신과 육체 기능의 상호관계성이 높아 장애의 정도는 심리적 변수로 인해 높아지기도 하였다.

　내가 치료했던 많은 아동들 중 소위 심리학자들이 '특수학습장애'라고 부르는 장애로 고통받는 아이가 있었다. 그 아동은 사실 청각과 시각 처리와 같은 영역에서 실제로 정상에서 벗어난다고 진단을 받았다. 그러나 많은 아동들이 성공적인 미술치료를 끝낸 후 치료 초기에 생각하였던 것보다 훨씬 높은 수준과 빠른 속도로 수학과 독해를 배울 수 있게 되었다. 이것은 특수학습장애와 연관되는 뇌손상 등의 기질적인 요인이 요술과 같이 회복될 수 있다거나 혹은 아동들이 잘못 진단받았기 때문임을 의미하는 것이 아니다. 여기에서 의미하는 바는 심리적인 이유들로 인해 복합적으로 만들어진 문제는 한번 그 원인이 제거되면 더 이상 아동의 정신적 능력을 억제하지 않는다는 사실이다. 내가 치료했던 시각장애를 지닌 많은 청소년들의 모습이 떠오른다. 그들은 감각적 장애에 고착되어 있었지만 미술치료를 받은 후 좀 더 쉽게 학습할 수 있었고, 이전보다 좀 더 자유롭게 신체를 움직일 수 있었다. 그들의 문제는 시각장애뿐이 아니라 그들이 사용하였던 부적합한 대처기제로 인해 발생한 억압에도 원인이 있었던 것이고, 이러한 억압이 그들로 하여금 점자를 익히는 것과 신체적인 움직임을 힘들게 하였던 것이다.

　어떤 장애를 치료하는 과정에서 장애가 심리적인 문제에 원인이 있었다는 사실이 드러나 다른 종류의 치료가 요구되는 경우를 그 예로 들 수 있다. 의사,

발달심리 전문가, 언어치료자들로부터 고통스러울 정도로 긴 시간 동안 치료
적인 평가를 받아 왔으며 발음장애를 지니고 거의 말을 하지 않는 아동이 있
었다. 비록 그 아이는 몇 번씩이나 신체경련으로 고통받기도 하고 가벼운 신
체적인 지체를 보였으나, 미술치료에서 극적인 반응을 보임으로써 아동의 언
어와 지적 발달을 막고 있었던 것의 대부분이 심리적인 이유였다는 것이 드러
났다. 1년도 채 되지 않는 기간 동안 매주 개인치료를 한 결과 그 아동은 잘 짜
인 언어로 보다 명확하게 말하게 되어 그를 알던 부모, 교사, 이전 언어치료자
그리고 나 자신을 포함한 모든 사람들을 놀라게 하였다. 1년의 치료 끝에 기본
적인 기능도 몇 단계 진보했고, 그 아동의 필요로 개인적인 관심을 받을 수 있
는 특수학급에서 아주 좋은 학습태도를 보여 주었다. 그리하여 더 이상 언어
치료나 약물치료가 필요하지 않았고 거의 정상적으로 성장하여 청소년기에
들어갈 수 있었다.

　또한 표면적으로 드러났던 거의 모든 장애가 심리적인 원인에 있었음이 드
러난 여러 경험들 중에서 18세 된 한 소년을 들 수 있다. 그 소년은 지체아를
대상으로 하는 특수교실에 다녔으며, 지능검사에서 일관적으로 낮은 점수를
보였다. 그는 자살충동과 우울증으로 인해 심리치료를 받게 되었는데, 1년이
좀 넘게 개인적인 표현예술치료를 받은 후 우울증이 없어지고 이전보다 더 활
발해졌을 뿐 아니라 정규 고등학교로 옮길 정도로 지능이 좋아졌다. 그는 인
생에서 처음으로 정상적인 교육궤도에 진입하게 된 것이다. 아마도 그가 시각
장애자였고 신경증적인 발작증세가 있었다는 사실이 그를 진단했던 여러 임
상가들로 하여금 소년 내부의 잠재적인 능력을 잘못 파악하는 데 영향을 주었
을 것이다. 비극적이기도 하고 이율배반적이기도 하지만, 이 사건은 나에게는
미술이 다른 치료가 할 수 없는 환자의 건강한 능력을 이끌어 낼 수 있다는 사
실을 다시 한 번 상기시켜 주는 매우 유익한 경험이 되었다. 미술치료를 경험
하며 그 소년은 유전적인 (지체) 원인이었다고 보였던 장애가 기능발달지체일
수도 있다는 사실을 보여 주었다.

일부 전문가나 부모는 이와 같이 신체적인 증상(야뇨증, 천식)을 신체적인 질환으로 생각해 왔다. 그러나 이는 사실이 아닌 듯 보이며, 학습 및 운동기능의 억압은 심리적인 원인에 기반을 두고 있다고 생각된다. 인간 두뇌의 기능과 유연성에 대해 좀 더 완전하게 이해함에 따라 미술치료와 같은 치료는 심리적인 갈등을 다룰 뿐 아니라 인간의 마음구조의 다른 부분들을 활성화시키므로 더욱 유익해 보인다.

시각적, 언어적 통로를 통하여 잘 짜인 사고와 행동을 통합하고 합성하는 것은 낮은 기능의 정신에서 높은 기능의 정신으로 전환시키는 데에 대단한 위력을 가지고 있다. 따라서 이러한 통합과 합성은 모든 심리치료자가 관심을 갖는 중요한 정신기능이라 할 것이다. 이와 같은 맥락에서 미술치료사로서 알아야 할 가장 중요한 발달의 측면은 정신을 이해함에 있어서 지각과 정서 모두를 포함하는 것이다. 나는 피아제(Piaget; Gruber & Vonéche, 1977)와 프로이트(Freud, 1939)의 발달이론이 지적 및 정서 발달에 있어서 유용한 지침서가 되며, 이들의 발달이론을 정교화하고 확장시킨 여러 학자들의 이론이 유용하다고 생각한다. 에릭슨(Erikson, 1964)은 사회문화 측면을 보다 많이 포함하고 있으므로 특히 도움이 된다고 본다. 안나 프로이트(Anna Freud, 1965)의 발달이론은 일반 성숙과 연관하여 발달을 다양한 선상에서 서술하고 있으며, 정보를 조직화하는 일관적인 방법, 즉 진단적인 방법을 제시하고 있다는 점에서 유용하다고 본다. 지각과 정서를 둘 다 고려하는 것은 대립되는 일이 아닌 듯 보이므로 나는 그린스펀(Greenspan, 1980)의 작업에서처럼 미래에 지각과 정서를 통합하는 시도를 하는 것을 보게 될 것이라고 생각한다. 초기 발달연구에서는 아동기와 청소년기를 강조하지만 체계적인 이론의 틀에 영아기와 성인기에 대한 정보를 보완해 두면 유용하게 사용된다.

이 책은 심리발달에 대한 구체적인 내용을 알려 주는 책이 아니다. 그러나 미술매체와 창작과정과 함께 각 단계와 일반 발달의 어떤 측면의 특수한 중요성을 미술치료사에게 다시 상기시켜 준다. 예를 들면, 아동이 대상일 경우 부

가? 성인이라면 현재 환자의 취미생활에서 미술이 의미하는 것은 무엇인가? 그리고 연령에 상관없이 환자에게 환상, 상상 그리고 백일몽이 가지는 역할은 무엇인가? 미술치료사는 자연스럽게 환자(창작자와 관찰자로서의)와 미술과의 과거와 현재의 관계에 대해 흥미를 가진다. 또한 일반적으로 '시각적 사고'에 대한 환자의 경향에 대해서도 관심을 기울인다.

만일 미술치료사가 환자의 진단평가에 연관되면 창작과정과 창작작품을 통해 발견한 많은 것의 바탕 위에 미술을 사용하여 직접적으로 환자의 내력을 볼 수 있다. 환자가 자신을 드러내도록 하는 다양한 방법들이 소개되어 있다. 예를 들면, 환자로 하여금 긴 종이 위에 일생 동안의 감정, 사건을 그림으로 혹은 추상적으로 나타내도록 할 수 있다. 언어로 내력을 이야기할 때는 어떤 언어를 사용하고 어떻게 표현하는지가 모두 중요하다. 또한 환자가 과거, 현재, 미래의 한순간 혹은 다른 순간의 자신과 다른 사람(가족)을 표현하게 하는(그림으로, 추상적으로) 방법도 있다. 이처럼 강력하고 표현적인 언어의 형태와 색상을 사용하게 되면 내력을 파악하는 작업에 새로운 차원을 더하게 된다.

미술이 자료수집 과정에 사용되든 그렇지 않든 환자의 삶에 대한 정보가 모두 모아지면 환자의 문제를 좀 더 완전히 이해하기 위해 정보를 조직화하는 것이 필요하다. 나는 정신분석적 접근경향으로 치우쳐 있다. 특히, 나의 발달적인 맥락의 기록방법(developmental profile)은 환자의 내력을 포함한 임상정보를 조직화하는 방법으로 매우 유용하다(Eissler et al., 1977). 여기에는 과거와 과거가 현재의 기능에 미치는 영향을 개념화하는 또 다른 형식적·비형식적 방법이 있다. 가장 중요한 것은 특정한 체계적인 이론의 틀이 아니라 치료자에게 환자의 발달적 역사로부터 심리학적 의미를 찾아낼 수 있는 본질적인 이론의 틀이 있어야 한다는 것이다.

미술치료사가 정신적 기능을 역동적으로 뿌리박힌 갈등으로 보는 시각을 믿지 않는다면 왜곡과 이탈이 어디부터 시작되었는지를 알기 위해 정상 발달에 대한 명확한 이해가 반드시 필요하다. '비정상'의 정의가 어떤 접근경향을 지녔느냐에 따라 상당히 다르고 진단 분류가 부적합하다는 사실을 발견하는 경우가 많지만, 미술치료사는 정신병리학의 이해와 다양한 정신질환을 분류하기 위해 사용되는 용어의 이해 없이는 치료상황에서 제대로 기능을 발휘할 수 없다. 이와 유사하게 다양한 비정상의 유형에 대한 현재 통용되는 용어의 명확한 이해 없이는 교육환경 내에서 그 기능을 제대로 발휘할 수 없다.

장애가 선천적이든 신체적·심리적 스트레스로 인해 얻게 된 것이든 발달이 인생의 한 시점에서 잘못될 경우 그 다음의 발달은 당연히 영향을 받게 된다. 문제를 말로 표현하기 위해서뿐만 아니라 그 원인을 이해하기 위해서 치료자는 그 문제가 어디에서 유래되었는지를 알아야 한다. 앞에서 설명한 바를 토대로 할 때만 어떻게 환자를 최선으로 도울 수 있는지를 알 수 있다. 공포증을 행동수정으로 치료하든지, 분석적인 미술치료로 하든지, 치료자는 그 환자의 내력에 대해서 알아야 한다. 나는 발달을 이해해야 가장 의미 있는 정신역동적인 치료방식을 알게 된다고 믿는데, 이러한 역동에 대해서는 다음 장에서 다룰 것이다.

참고문헌

Alexander, F. *Psychosomatic medicine*. New York: W. W. Norton, 1965.

CIBA Foundation. *Temperamental differences in infants and young children*. CIBA Symposium 89. London: Pitman, 1982.

Eissler, R. S., Kris, M., & Solnit, A. J. (Eds.). *Psychoanalytic assessment: The diagnostic profile*. New Haven: Yale University Press, 1977.

Erikson, E. H. *Childhood and society* (2nd ed.). New York: W. W. Norton, 1964.

Freud, A. *Normality and pathology in childhood: Assessments of development*. New York: International Universities Press, 1965.

Freud, S. *An outline of psychoanalysis* (1939). New York: W. W. Norton, 1948.

Getazels, J. W., & Jackson, P. W. *Creativity and intelligence*. New York: Wiley, 1962.

Greespan, S. I. *Intelligence and adaptation: An integration of psychoanalytic and Piagetian developmental psychology.* New York: International Universities Press, 1980.

Gruber, H. E., & Vonéche, J. J. (Eds.). *The essential Piaget: An interpretive reference and guide.* New York: Basic Books, 1977.

Lewis, M., & Rosenblum, L. A. (Eds.). *The effect of the infant on its caregiver.* New York: Wiley, 1974.

정신병동에 입원한 우울증 환자가 자화상을 그리고 있다.

진흙이나 유성점토는 어린이로 하여금 쉽게 양가적인 감정을 친숙한 느낌으로 바꾸어 주고, 자신의 공격적인 느낌을 괴물로 만드는 등의 창작적인 방법으로 해소시킬 수 있다.

제5장 정신역동과 이상심리에 대한 이해

여기에서 사용한 '역동성'이라는 개념은 왜 사람들이 특정한 행동을 하는지 알기 위하여 필요하다. 정신역동에 중점을 두는 심리치료에서 인과론적*으로 인간행동을 보는 것은 역동성을 넓게 보는 것이고, (이상)증상의 심리적 원인을 규명하는 것은 역동성을 좁게 보는 관점이라 하겠다.

미술치료사는 최소한 하나 이상의 발달이론에 대해 깊고 완전한 이해를 해야 하며, 현재 사용되고 있는 임상과 정신병리학의 주요 이론에 익숙해야 한다. 최근 수년간 신경생리학적 본질[1]에 대한 이해가 엄청나게 증진되어 심각한 정신질환들의 치료에 혁명을 일으켜 왔지만, 전문가들은 여전히 이 복잡한 영역에서의 영향과 성과들을 헤아리는 것조차 불가능하다(Wender & Klein,

---

* 역자주: 프로이트의 정신분석학이 가지는 입장으로 인간의 심리적인 모든 문제에는 원인이 있다고 본다.
1) substrate: 효소작용을 받는 물질.

1981). 현재의 이론들은 인간 행동과 사고의 원인에 대한 유용한 가설들을 제시한다. 그리고 이러한 가설들은 다른 임상인 동료들과의 의사소통을 위해서뿐만 아니라 환자들을 미술을 통해 이해하고 도와주는 노력들을 심화하기 위해서 중요하다.

비록 각 이론의 접근들 간에 현저한 차이가 있기도 하지만 공통점들도 있다. 나의 견해로는 각 이론의 접근들 간에는 상호 배타적인 것은 거의 없고 오히려 대개 보완적이다. 각 이론의 접근들은 인간심리의 한 특면에 집중하는 마치 수많은 장님이 코끼리를 탐색하는 것으로 비유될 수도 있고, 각 주제들이 같지 않기 때문에 그들의 시각 차이로 인한 변형된 명제로 생각할 수도 있으며, 연구된 현상들의 다른 측면들을 명확히 볼 수 있게 해 주는 현미경 슬라이드에 사용되는 각기 다른 염료로 생각할 수도 있다. 미술치료사들에게 흥미로운 과제는 미술치료에 대한 특정한 관점으로부터 오는 부분적인 이해들과 창작과정을 통합하는 것이다. 이것이 바로 핵심이다.

미술치료사가 인간행동을 구조적으로 이해하고 수정하는 주요 이론의 접근법을 알지 못하고 오늘날의 정신건강 분야에서 존재할 수 있는 가능성은 없다. 예를 들면, 행동수정학, 인지심리학, 비지시적 인본주의 심리학, 실존주의 심리학, 융 분석심리학, 프로이트 정신분석학, 여러 후기 프로이트 학파들, 특히 펄스(Perls)[2]와 설리반(Sullivan)[3] 등의 이론은 미술치료에 유용하다. 마찬가

---

2) 게슈탈트 치료(Gestalt therapy): F. 펄스에 의해서 주창된 상담과 심리치료 이론. 현재에 나타나는 개인의 욕구를 충족시킴으로써 잠재되어 있는 긍정적 욕구와 동기가 표현될 수 있도록 하는 것이 특징이다. 게슈탈트 치료이론에서는 심리적 과정에서 어떤 두 요소가 상호 대립되거나 양극화되면 부적응행동이 유발되는 것으로 보며, 이러한 불일치 또는 불협화는 한 개인의 심리적 과정 내에서만이 아니라 사람과 사람 사이에도 존재하는 것으로 본다. 상담과 심리치료는 상황이나 문제의 차이에 관계없이 상호 모순되고 대립되는 요소들을 자기 현시적(自己顯示的)으로 직면하도록 하는 활동으로 구성된다. 지금-여기의 행동에 치중하고 치료자의 개인적 참여를 요구하는 것도 특징이다.

3) Harry Stack Sullivan(1892~1949): 미국 정신의학자. 뉴욕 노리치 출생. 시카고 의과대학에서 의학박사 학위를 받았다. 병원에서 근무하던 중 분열증 환자치료에 성공하여 임상의로

지로 교육현장에서 미술치료사는 학습장애와 교육치료에 대한 다른 이론과 설명들에 대해서 알아야 하며, 현재 사용되는 임상병리와 장애의 명칭에 대해 알고 이해해야 한다.

미술치료사들은 자주 이 분야에서 혼동을 경험하기 때문에 비록 인위적이기는 해도 심리역동이론을 질병분류학의 질문들로부터 분리한다. 환자에게 한마디로 병명을 붙이면 그가 왜 그런 행동을 하는지 저절로 아는 것처럼 보이기 위해 매우 자주 진단 전문용어를 방어적으로 사용한다.

꼬리표와 같이 묘사된 병명은 '적대적 행동' 등으로 표출된 행동을 서술하는 것일 수도 있고, '수동적 공격성' 같은 인과관계를 암시하거나 환자가 가지고 있는 문제를 정의하는 것일 수도 있다. 그러나 병명으로 알 수 있는 병의 원인은 모두 단순하거나 이미 알려져 있는 것으로 보이며, 때로는 일부 임상가들이 환자에게 실시하는 치료와는 무관하다. 이러한 혼란은 그 진단명이 '경계선적 성격장애'[4]나 '정신분열증'과 같이 복합적인 내용을 포함하고 있거나 다양한 증상과 병의 원인을 가지고 있을 때 더욱 가중된다. 미술치료사는 현재 임상현장에서 사용되고 있는 진단용어를 이해해야 할 책임이 있지만, 단순한 공식으로 진단용어를 이해하는 현상은 환자의 작품을 단순한 공식으로 이해하는 것과 같다. 현재 이러한 현상이 만연되어 있다.

각 이론들은 환자가 자신의 병의 원인을 이해하는 것에 대한 중요성을 다르게 인식하지만, 정신질환을 앓고 있는 사람들이 몇 가지 이유로 인해 삶의 과

서 유명해졌다. E. 프롬 등과 함께 신프로이트파에 속한다고 하지만 A. 마이어, E. 서피어 등의 영향이 강하며, 인간관계를 중시하는 사회심리학적 성격이론을 정립했다. 생전에 발표된 저서는 『현대정신의학의 개념』(1947)뿐이며, 그 밖의 저서는 죽은 후에 그의 노트를 기초로 편집된 것이다.

4) 경계선적 성격장애(borderline personality disorder)는 원래 신경증과 정신분열증의 경계선상에 있는 환자를 지칭하는 용어였다. DSM에 나타난 경계선적 성격은 더 이상 이러한 개념을 내포하지 않고 있다(Davison, G. C., Neale, J. M. *Abnormal Psychology*, p. 267, New York: John Wiley & Sons, Inc, 1994).

제와 스트레스를 편안하고 효율적으로 대처하지 못한다는 데에 동의한다. 환자가 지닌 장애가 일반적인 것이든, 확장된 것이든, 특정 부분에 한정된 것이든, 모든 접근방법들은 왜 환자들이 건강하게 적응하는 방식으로 대처하지 못하는지 가능한 한 구체적으로 원인(들)을 밝히려 한다. 치료적 접근은 자연히 문제 원인에 대한 치료자의 이해에 전적으로 의존하게 된다. 어떤 사람들은 행동수정이나 인지치료에서 부적응행동들은 학습된 것이므로 재학습으로 교정할 수 있다고 생각한다. 반면 정신분석적인 치료에서는 드러난 증상은 (설사 수정이 가능할지라도) 단지 내면의 그리고 대립하는 빙산의 일각에 불과하며, 환자가 자유롭게 기능하기 위해서는 반드시 해결되어야 한다고 보고 있다.

환자가 개별적으로나 집단에 속해서 혹은 가족과 함께 치료를 받더라도 미술치료사는 환자의 내면에서 어떤 일이 왜 일어나는지를 파악하기 위한 방법을 가지고 있어야 한다. 내 경우는 발달맥락의 이론 중에서 역동적인 정신분석적인 접근방법이 가장 유용하게 사용되었다. 성격이 여러 부분으로 쪼개진 것이 개인을 고통스럽게 한다는 개념이 개인의 임상실험 결과나 미술품에 그대로 반영되고 있는 것을 볼 수 있다. 모든 인간은 욕구와 목적을 위하여 분투하는 속성을 지니고 있으며, 성공적인 삶이란 자신, 주변 환경 그리고 임상적인 시각에서도 수용할 수 있는 욕구를 충족시킬 수 있는 방법을 찾는 것이다. 나뿐 아니라 다른 미술치료사들이 정신분석적 접근을 적절하다고 생각하는 데에는 여러 이유가 있겠지만, 정신분석이론이 유용하게 사용되는 이유는 아마도 그 이론의 포괄성에 있다고 생각된다.

예술가라면 의식 수준에서의 창작재료는 추상적이며 정교하지 않다는 것을 직접 경험해 알고 있다는 것이 그 예가 된다. 예술가는 자신의 내면에서 우러나오는 심상과 형태를 감지하기 때문에 항상 심오한 심리학자가 되어 자기 내면을 탐험하고 표현한다. 그러므로 미술치료사들이 프로이트나 융과 같은 무의식적 역동을 요구하는 심오한 심리학적 이론들에 이끌리는 것을 이해할 수 있다. 나는 아동과 성인에 대한 완전한 전통(프로이트식) 정신분석훈련을 받을 수 있는 개인적인 기회가 거의 없다. 풍부한 경험에는 성격분석과 동시에 이론과 기술에 관한 교육지도, 환자와의 작업에 대한 면밀한 임상감독이 포함된다.

나는 아동들을 분석할 때 광범위하게 미술매체를 사용하였으므로 꿈과 정신적 심상과 같은 여러 형태의 표현방법을 환자에게 적용할 수 있었으며, 정신역동적인 접근방법 또한 환자에게 적용해 볼 수 있었다. 수많은 시간과 정열과 돈을 정신분석 연구에 투자하였으므로 내가 정신분석적 접근방법에 치우쳐 있지 않다고 말하는 것은 불가능하다. 하지만 정신분석이라는 특정 접근방법을 연구하는 데에 빠져들게 된 것은 내가 미술치료사로 일한 처음 10년간 도움을 준 임상감독자들이 모두 정신분석자들이었기 때문이기도 하다.

앞에서 말했듯이 나는 본능, 자아, 초자아의 역동성을 이해하는 데에 치우친 견해를 가지고 있지만, 자신이 무엇을 하고 있는지를 완전히 파악한 미술치료사라면 그들의 상이한 이론들 또한 존중한다. 심리치료의 효과에 관한 많은 초기 연구들에서는 가장 중요한 변인은 치료자의 이론적 경향이 아니라 환자에게 감정이입하여 관계를 맺는 능력과 관련이 있다고 결론을 내렸다(Wolberg, 1977). 이 말을 극단적으로 받아들이면 중요한 것은 미술이나 치료에 대한 지식이 아니라 올바른 사람이 되는 것이라고 생각할 수도 있다. 그러나 이는 어리석은 결론이다. 효과적인 치료를 위해서는 개인의 자질이 중요하다는 사실을 확인해 주는 것이지 명확히 개념화된 지식의 이해와 도움이 필요하지 않다는 말은 아니기 때문이다.

내가 지식이나 훈련이 거의 없었던 초기에 환자와 함께 한 미술치료 작업들을 돌아볼 때 성공적인 경험이 있었다면 그것은 치료 형태의 치유능력과 개인의 자질에 기인한 것이라고 생각한다. 하지만 그 당시 내가 치료했던 환자들을 오늘 만났다면 좀 더 잘 도울 수 있었을 것이라는 아쉬움은 남는다. 비록 내가 임상과 다른 경험을 통해 이론과 기술 모두에 대해 많은 부분을 배워 왔지만 나의 작업에서 가장 유용하게 사용되었던 부분은 정신역동 영역이었다. 그

중 발달상의 틀을 사용하여 내면심리의 기능에 대해 풍부하고 명확한 이해를 한 부분이 도움이 되었다.

미술치료사는 일반 혹은 병리가 있는 상태의 정신역동적 기능과 그 발달에 대한 일반적인 부분을 알아야 하며, 특히 시각예술 부분일 경우 창작행위의 특별한 역동성에 대해 구체적이고 깊이 있게 알 필요가 있다. 모든 정신역동 이론의 가설들과 마찬가지로 왜 인간에게는 창작하고자 하는 동기가 생기는 것인지는 우리의 작업과 가장 많은 관련이 있다. 일반적으로 사용되고 있는 심리치료에 관련된 이론 모두를 잘 파악하는 것은 중요하다. 창작행위를 중요한 보상행위로 보든 자기실현을 위한 노력으로 보든, 이는 창조적 행동의 의미와 그 동기를 알아내는 다양한 방법들을 아는 것보다 중요하지 않다.

게다가 인류는 고립되어 성장·발달할 수 없고 다른 사람과의 관계 속에서 성장·발달하게 되므로 개인 상호 간의 관계를 고려하지 않고 정신역동성을 생각하는 것은 불가능하다. 심지어 심리적 문제를 내면화할 수 있다고 여겨지는 사람들조차 그들이 가족, 동료 혹은 어떤 치료적인 쌍(dyad)에 속해 있든 그렇지 않든 간에 개인 상호 간의 관계의 역동이 중요하다는 사실은 부정하지 않는다. 일부 이론들은 다른 요인보다 환경요인에 보다 비중을 싣고, 일부 접근법들은 개인 간의 관계의 틀 사이에 직접적으로 개입하지만(가족치료와 같이) 심리기능과 스트레스를 이해하기 위한 모든 방법에는 개인 그리고 개인과 관계된 사람들이 모두 포함된다.

그러므로 미술치료사는 개인 내면의 역동은 물론이고 개인 상호 간의 역동을 이해하는 것 또한 중요하다. 사람들이 왜 그리고 어떻게 그렇게 연관되게 되었는지에 대해 읽고 배우는 것과 더불어 사람들 사이에 관계를 맺어가는 과정을 볼 수 있는 비구조화된 집단의 구성원이 되어 보는 것은 매우 도움이 된다. 그 집단이 학습경험을 위한 집단이든 심리치료를 위한 집단이든, 미리 정해진 구조가 없으면 그룹의 역동은 자연스럽게 조직적이며 극적으로 발생하게 된다. 그런 강력한 집단경험에 참여해 본 사람이라면 누구나 그 경험이 현장에서 지니는 힘은 어떤 양의 독서로도 따라잡을 수 없다는 사실을 안다. 비록 개인의 역동성과 발달수준을 고려하는 것이 그룹 내의 관계 발달과정을 이해하는 것과 관련이 있지만, 여기에는 구성원들 간의 역동을 설명하기 위해 가족과 다른 체계를 개념화하는 부가적인 방법들이 있다.

환자 개인의 발달역사와 함께 그의 가족, 혈연집단에 대한 의미 있는 자료들을 얻기 위해서 미술재료들이 다양한 방법으로 사용될 수 있다. 가족미술치료 평가에서 미술치료사는 대부분 각 가족원들에게 난화, 자신의 이름의 첫 자를 딴 디자인 등의 다소 개방적인 작업들을 통하여 각 구성원에게 각각 가족 소개하기, 모든 가족원이 참가해 공동 미술과제 만들기를 요구한다. 창작품의 상징적 내용 속에서 명백하게 드러나는 가족원 상호 간의 역동과 함께, 가족구성원의 자료는 가족구성원 간의 형식적 · 비형식적 반응을 관찰해 온 미술치료사에게는 유용하다.

집단치료의 과정과 역동에 대한 이해는 집단미술치료에 있어서 결정적으로 중요하며, 가족체계에 관해 아는 것은 가족미술치료에 있어서 필수적이다. 이러한 이해는 개인대상으로 미술치료를 하는 경우에도 동일하게 요구된다. 그러므로 실제로 개별적인 치료상황이라 해도 집단, 즉 환자의 내면세계에 관계하는 사람들을 함께 대면하고 있다고 볼 수 있다. 치료실에서 일어나는 실제적인 현실에서는 치료자와 환자뿐인 듯하지만 '심리적인 현실'에서는 다른 여러 사람들이 함께 다양하고 복합적인 관계로 참여하고 있다는 말이다. 다음 장에서는 미술치료에 필요한 개념적인 틀, 관계성 그리고 치료과정의 본질, 즉 치료상황에서 무엇이 일어나고 있는가를 이해하고 어떤 요소가 어떤 특정한 고유 사건과 치료에 관계되는지에 대해서 다룰 것이다.

참고문헌

Bion, W. R. *Experiences in groups*. New York: Basic Books, 1959.

Wender, P. H., & Klein, D. F. *Mind, mood and medicine: A guide to the new biopsychiatry*. New York: Farrar, Straus & Giroux, 1981.

Wolberg, L. *The technique of psychotherapy, Volume 2* (3rd ed.). New York: Grune & Statton, 1977, pp. 55-59.

미술치료는 뭔가 새로운 것을 만들게 할 뿐 아니라 작품을 사려 깊게 반영하는 것을 포함한다. 이 사진에서 미술치료사는 콜라주 작품에 대한 아동의 이야기를 종이에 적고 있다.

제6장 심리치료에 대한 이해

개념적인 틀에 대한 이해

　미술치료나 그 밖의 치료에서 흔히 무시되고 있는 영역 중의 하나는 치료를 가능하게 하는 개념적인 틀로서의 물리적, 심리적 조건들이다. 어떤 연령의 사람이라도 명확한 경계가 있고 개념화된 틀 속에서는 언어 혹은 예술을 사용하여 자신의 일상생활에서의 억압을 충분히 자유롭게 발산할 수 있다. 환자가 느끼는 안정감과 연속감(예상 가능한 환경)은 자신의 개인적인 측면을 타인에게 드러내기 위해 필요한 요소다. 이러한 안정감과 연속감이 갖추어진 환경은 환자가 미술매체를 가지고 자유롭고 완전하게 자신을 표현하기 위해서도 필요하다.

　치료자는 산만함을 줄이고 창조성의 촉진을 극대화할 수 있는 환경을 조성해야 한다. 여기에는 적절한 조명, 좌석, 작업공간 그리고 매력적으로 정렬된 그리기, 색칠, 조각, 구성을 위한 다양한 미술재료가 포함된다. 이러한 환경은 가능한 한 변화 없이 유지되어야 환자들에게 가능성과 안정감을 줄 수 있다. 이러한 요소들은 그들이 독립적으로 기능하는 것에 도움을 준다. 공간의 측면에서 보는 근접성과 거리감, 개방성과 은둔성 모두를 가능하게 하는 것이 이상적이다.

환자에게 타인과 가까이 혹은 멀리 있을 수 있는 충분한 선택권을 주는 것도 중요하다. 치료자가 특정 상황(간단한 평가)에 있을 때는 그 공간을 조절하여 환자를 관찰할 수 있는 가능성을 최대한으로 높여야 한다. 치료의 초기단계에는 특히 환자가 근접성의 정도를 스스로 결정하는 자유를 주는 것이 좋다.

가족치료나 집단치료 시에도 이와 유사한 사항들이 고려되어야 한다. 적절한 조명, 작업공간, 청결하게 정돈된 다양한 자료들을 배치해야 하며, 위의 모든 조건들이 계속해서 유지되어야 한다. 반면 진단이나 치료를 위해 어떤 임상가는 상호작용을 최대화할 수 있는 환경을 만들기도 한다. 그 예로서 둥근 탁자를 제공한다든지, 나눔(sharing)을 반드시 하도록 시간적으로 적절하게 쓰일 미술재료로 제한하는 것을 들 수 있다. 나는 대체적으로 가족과 집단 미술치료에서 개념적인 틀 안에서의 융통성(flexibility)을 선호한다. 즉, 환자로 하여금 치료자는 물론 다른 환자들과의 거리, 상호작용 정도를 스스로 결정하게 하기 위해 매체, 주제는 물론이고 작업공간에 대한 선택권을 제공하는 것이다.

치료 시 정신분석학적 접근방법이 적합한 또 다른 이유는 앞에서 설명했듯이 결론을 내리지 않는 접근법을 선호하기 때문이다. 정신분석학적 접근에서는 최대한의 (언어의) 자유가 주어진다면 환자들은 자신이 초점을 맞추고 있는 고민과 갈등을 이해하기 위해 요구되는 것을 표현할 수 있다고 가정한다. 미술치료 상황은 환자가 소파에 앉아 언어에 제한을 받는 성인분석과는 근본적으로 다르지만 자유로운 표현(자유연상)을 하도록 하는 것이 억압된 환자에게는 최선이라는 기본적인 전제는 동일하다. 이러한 개방적인 태도는 마음 가는 대로 놀이하고 말하고 그림 그리게 하는 아동분석에서도 중요하게 사용되는 방법이다.

미술치료의 개념적인 체계는 정신분석의 경우처럼 명백하고 엄격할 필요는 없지만 환자가 완전한 안전감을 느끼게 하기 위해 치료자 스스로가 확실히 이해하고 준비하여야 한다. 환자의 연령에 관계없이 스스로 억압해 왔던 내용이 억압되어 왔던 만큼 강력하게 나타나는 것은 피할 수 없는 반응이기에 인간의 신체적인 문제보다 심리적인 문제를 다루는 것이 더 힘들다. 그러므로 미술치료사는 스스로가 지니고 있는 미술치료의 본질과 치료자로서의 역할에 대한 개념이 드러나는 경계선을 명확히 해야 한다.

치료자 개인과 중심적으로 사용하는 이론에 따라 시각이 다르겠지만, 미술치료에서 가장 중요한 것은 치료자의 일관성 있는 태도라 할 수 있다. 치료자는 환자와 관계된 모든 행동과 치료자가 정한 '규칙'에 대해서도 일관적인 태도를 지녀야 한다. 여기서 규칙이란 치료자의 행동(환자와 개인적으로 연관되지 말아야 함)과 환자의 행동(기물을 파손하지 않음)에 대한 제한을 의미한다. 이러한 규칙은 치료자가 계속적으로 해석, 질문, 대면, 이해 중 무엇을 하든 스스로의 언어적 개입을 감시할 수 있는 폭넓고 복합적인 방법을 포함하고 있다. 또한 미술치료에서는 특히 창작과정과 창작물에 대한 치료자의 비언어적인 개입에 대한 지침을 명확히 할 필요가 있다.

어떤 사람들은 환자와 환자의 창작품에 대해 자연스럽고 자유롭고 융통성 있게 직관적으로 반응하는 것이 치료자의 최고의 자세라고 생각한다. 그러나 이러한 자세는 치료적인 측면을 지닐 수는 있어도 인지적, 교육적으로 도움이 되지 않고 특히 비치료적이라는 사실이 중요하다. 자신의 이론적 신념이 무엇이든 미술치료사는 환자가 치료과정에서 어떤 단계에 있는지를 고려해 자신이 전반적으로 어떤 자세를 취하고 있는지를 파악해야 한다. 미술치료의 효과는 경직되어 구부러지지 않거나 너무 유동적이어서 예측 불가능한 것보다는 지침서 내에서 융통성을 지니는 데 있다. 모든 심리치료의 이론과 기법의 궁극적인 목표는 사람들이 가지고 있는 에너지와 능력을 책임감 있게 사용할 수 있도록 하는 데 있다. 위에서 설명한 극단적 태도는 고통받는 환자, 즉 질서 있는 자유와 통제할 수 있는 에너지를 필요로 하는 환자에게 유용한 방법을 제시해 주지 못한다.

직관적으로 반응하는 치료자에 대한 낭만적인 시각에 덧붙여 이와 동일하게 비치료적이라고 생각하는 태도(기존의 어떤 치료자들은 빈번히 사용하기도 하지만)가 있는데, 그것은 자신의 '진정한 자아'를 환자와 나누는 진정한 치료자의 자세를 말한다. 치료자의 개인적인 정보를 전달해야 하는 시간, 장소, 환자가 있을 수 있지만 이러한 상황은 규칙이라고 보기보다는 예외에 속한다. 자신의 정보를 환자와 나누지 말아야 하는 가장 중요한 이유는 이러한 정보는 치료자가 환자의 유용한 투사(전이)대상이 되는 것을 방해하기 때문이다. 두 번째 이유는 치료자는 환자가 관심이 있었으므로 정보를 나눈 것이라고 합리화할지라도 그것은 자기과시적이고 자아방종적인 마음에서 나온 행동이기 때문이다. 결국 미술치료사는 자신의 시간과 기술을 자기 자신이 아닌 환자를 위해 사용해야 하므로 자신의 정보를 환자에게 알려서는 안 된다. 그러나 어떤 보고서에서는 환자의 요구는 물론 치료자의 요구도 충족되어야 한다고 주장하고 있어 심히 우려가 된다.

물론 치료행위가 치료자 스스로의 순수한 욕구를 충족시키지 못한다면 아무도 미술치료사가 되고자 하지 않을 것이다. 그러나 실제적인 치료상황에서 치료자는 자신의 이기적인 목적을 위한 노력을 배제할 수 있어야 한다. 그러나 환자가 환자 자신과 치료자 모두를 만족시킬 수 있는 치료자의 행동(치료시간 후에 환자가 그림을 도와달라고 부탁하거나 커피를 마시러 같이 나가자고 요청하는 등)을 요구 혹은 간청할 수도 있어서 치료자가 이러한 자세를 지키는 것이 어려울 수 있다. 여기서 기억해야 할 중요한 사실은 작업의 긴장과 좌절을 견디기 위해서는 두 사람 모두에게 어떤 순수한 기쁨이 있어야 하지만, 근본적으로 치료는 환자와 치료자를 만족시키기 위한 것이 아니라는 것이다.

치료관계에 대한 이해

치료자는 오랜 시간 동안 어떤 종류의 치료관계를 설정하지 않고서는 환자와 함께 작업할 수 없다. 치료관계가 형식적인 계약(문자나 구두의)으로 이루어졌든 비형식적이든, 구체적이든 추상적이든 환자의 내적 변화과정에서의 불가피한 스트레스와 긴장을 견디기 위해서라면 치료는 협력관계가 되어야 한다. 어떤 사람들은 견고한 치료관계를 설정하는 것을 치료나 혹은 치료동맹이라고 하는 유용한 개념으로 불러 왔다. 환자가 표현하는 것에 대해 중립을 지키려는 노력은 치료자가 해야겠지만, 치료작업은 치료자와 환자 모두가 힘을 합쳐 노력하여 환자가 호전되고 보다 향상된 생활을 하도록 하는 것을 포함한다. 집단이나 가족 치료의 경우에는 일종의 작업 동의뿐 아니라 모든 구성원들 사이에 협력관계가 있어야만 한다.

대부분의 저자들은 이러한 협력관계로 환자를 끌어들이는 방법에 대해서 강조하지만, 나는 진정한 협력관계를 위해서는 치료자, 환자 모두에게 시간이 필요하다고 생각한다. 사실 환자는 새로운 인물에게서 느낄 수 있는 불안과 불신을 극복해야 한다.

두 사람이 순수한 약속을 하는 데는 어느 정도의 시간이 소요될 것이다. 환자는 새로운 사람과 낯선 모험에 대해 느끼는 불안과 불신을 극복해야 한다. 치료자 또한 공동의 과제를 완전히 떠맡기 위해 환자와 환자의 요구, 잠재력을 점차 이해해 가는 과정을 겪는다. 그러므로 환자와 치료자는 둘 다 불안, 좌절, 낙심, 상대방의 욕구와 잠재성을 점진적으로 이해하게 된다. 그렇게 함으로써 공동의 과제를 완전히 맡을 수 있게 되는 것이다. 치료자와 환자 모두는 지속되는 치료과정에서 불안, 좌절, 실망, 심지어 절망까지도 경험하기 쉽다. 협력관계는 치료자와 환자가 이러한 긴장을 이겨내게 하고, 치료자와 환자가 가장 힘든 시간을 겪을 때에도 서로의 관계를 높은 신뢰와 약속에 기반을 둔

관계로 정의하게 한다.

　미술치료사들은 환자와 협력관계를 만드는 것이 다소 유리한데, 이는 치료자 자신만이 아니라 미술이라는 매체도 함께 제공되기 때문이다. 그러므로 환자는 치료자와 창조과정 모두와 협력관계를 형성한다고 볼 수 있다. 미술재료들이 위협적일 수도 있지만 이러한 재료들은 당장 환자들로 하여금 과거를 말하게 하지는 않는다. 환자의 기술이 증가하면서 환자가 미술재료를 가지고 자신을 원하는 대로 표현하도록 함에 따라 환자가 미술재료를 가지고 자신을 원하는 대로 표현하도록, 즉 미술재료가 말하도록 할 수 있게 되었다. 환자는 미술재료들이 자신을 이해하고 표현하도록 돕는다는 사실과 이러한 미술재료는 미술치료사가 자신에게 제공한 것들 중 한 부분이라는 사실을 알게 된다. 결국 환자는 호전되기 위해 편안하면서도 목표지향적인 방법으로 치료자는 물론 미술재료에 애착을 가지게 된다.

　덧붙여 말하자면, 미술매체는 본질적으로 만지고 조작하는 즐거움을 주므로 협력관계를 설정하는 데 유용할 수 있다. 이러한 미술매체들은 평가부터 치료의 종결에 이르기까지의 수많은 단계에서 겪는 치료과정의 고통을 최소화할 수 있다. 그러나 스스로가 자랑스러워할 만한 창작품을 만드는 방법을 배울 수 있는 환자에게는 또 다른 긍정적인 측면이 있다. 즉, 창조활동 자체가 주는 보상이 있어서 환자는 예술가로서 계속해서 창조에 대한 강화를 받게 되는 것이다. 창조활동이 주는 보상은 감각운동적 즐거움 이상의 것이며, 진정으로 환자의 자기 신뢰감과 자존감을 강화시켜 준다. 이 모든 보상들은 미술치료에서 영속적, 간헐적으로 치료를 강화시키는 요인이 되며 환자가 자신과 연관된 행동(창작)을 계속하도록 도와주므로, 환자의 창작과정과 미술치료에 대한 신념이 시간이 갈수록 커지는 것을 보는 것은 그다지 놀라운 일이 아니다. 치료자가 창작의 기회를 제공해 줌으로써 환자는 치료자를 긍정적인 시각으로 바라보게 될 뿐 아니라 이러한 기회 자체가 충분한 만족감을 가지게 하여 치료자와의 협력관계를 비교적 빠르게 그리고 시간이 지날수록 견고하게 만들어 준다.

어떤 종류의 치료도(심지어 행동치료, 인지치료까지도) 환자와 치료자에게 덜 합리적인 감정이나 희망을 갖는 것을 부추기지 않는다(환자-전이, 치료자-역전이). 다른 책에서도 언급한 바 있지만(Rubin, 1982), 전이의 개념은 특히 미술치료사에게 적절하다. 왜냐하면 전이는 시각적 표현의 상징에 대해서 우리가 이미 알고 있는 바와 비슷하기 때문이다. 어떤 색과 심상이 어떤 개인에게는 과거의 경험을 나타내듯이, 사람은 생각과 감정을 다른 사람에게 투사할 수 있다. 사람은 자신의 경험을 유용하게 사용하려는 필요성을 지니고 있기 때문에 완성되지 않은 시각적 형태를 완성하려고 애쓰는 것처럼 새로운 사람에 대해 모르는 부분을 채우려고 한다. 인간은 외부세계, 내부 대립으로 인한 압박을 조직화하고자 하는 필요에 의해 움직이므로, 새로운 사람을 지각할 때 중요한 타인과의 과거 경험과 자아실현을 위해 정체된 또는 능동적인 노력에 기반을 두는 경향이 있다.

전이반응을 촉진하는 상황은 미술에서 개인 재료의 등장을 촉진하는 상황과 매우 유사하다. 개인 재료의 등장을 촉진하기 위해서는 제한적이지만 자유로운 상황에서 비구조화된 매체를 제시하여 환자가 자신의 고유한 심상을 발견하고 표현하도록 격려한다. 이와 유사한 방법으로 치료자가 비교적 중립적인 방법으로 스스로를 표현하여 환자가 자신의 내면의 풀리지 않은 갈등을 반영하는 감정과 생각을 미술치료사에게 투사하는 방법이 있다. 미술치료사는 환자가 자신이 인지하는 것들을 스스로 내면의 시각으로 왜곡해서 인지하려는 경향이나 과거의 경험으로 채색된 렌즈를 통해 현재를 보는 경향들을 잘 사용할 수 있다.

환자에게 재료를 제공할 때 미술치료사는 '먹을 것의 제공자(feeder)'가 된다. 이때 환자는 그 재료가 좋고 충분하다고 느낄 수도 있고, 나쁘고 부족하다고 느낄 수도 있다. 환자가 재료들을 사용하여 창작품을 만들 것이라는 치료자의 기대는 환자에 대한 터무니없는 요구처럼 보일 수도 있고, 환자의 가능성과 창조력을 확신하고 있는 것처럼 보일 수도 있다. 또 스스로 생각해 보라는 치료자의 행동은 환자의 자율성을 지지하는 듯이 느껴질 수도 있고, 불공평하게 내버려두는 것으로 느껴질 수도 있다. 허용적인 환경에서 주변을 지저분하게 만들 수 있는 재료들을 제공하는 치료자는 감각놀이를 허용하는 따뜻한 부모처럼 받아들여지기도 하고, 환자들로 하여금 금지된 쾌락을 추구하게 하는 유혹하는 자로 받아들여지기도 한다. 재료를 파괴적으로 사용하지 못하도록 제한하는 치료자는 구속하는 경찰 혹은 위험한 충동을 조절해 주는 보호자로 느껴지기도 한다. 그리고 미술매체나 작업과정에 대해 가르쳐 줄 때는 너그러워 보이거나 혹은 방해하는 것처럼 느껴질 수 있다.

미술작품을 바라보는 미술치료사가 때로는 환자에게 훔쳐보는 것에 만족하는 관음증(voyeurism)적 또는 자신의 신체를 노출함으로써 만족감을 느끼는 노출증(exhibitionism)적 성도착의 대상이 된 것 같은 경험을 할 수도 있다. 어떤 경우에는 긍정적으로(원하는 행동을 허용하게 하는 것으로) 혹은 부정적으로(금지된 행동으로 유혹하는 것으로) 보일 수도 있다. 환자에게는 치료자의 질문이 치료자를 개인적, 창조적 세계에 반갑지 않은 방법으로 들어와 교묘히 캐내는 심문하는 자로 인지될 수 있다. 반대로 이러한 질문은 환자와 환자의 작품이 치료자에게 중요하다는 것을 나타내 주는 창작활동의 확인으로 느껴질 수도 있다. 위에서 설명한 부분은 언어가 아닌 미술을 통한 치료에서 본질적으로 나타나는데, 환자는 실제적이고 왜곡된 방법으로 미술치료사에게 반응을 보이게 되며, 이러한 과정에서 치료자의 역할과 이에 대한 환자의 반응이 함께 드러나게 된다.

미술치료에서 전이의 또 다른 독특한 면은 치료자뿐 아니라 매체, 창작과정, 창작품에 대해 왜곡된 반응을 보일 수 있는 가능성이다. 점토나 핑거페인트 같은 재료는 즐거움은 물론이고 불쾌한 감정 또한 일으킬 수 있다. 나무에 못을 박는 과정은 치료자가 자신의 잠재력을 느낄 수 있게 하며, 못을 박는 행위의 공격성이 지나치게 위협적으로 느껴지면 공격성이 표출되는 것이 불안감에 의해 억압될 수 있다. 창작품 또한 전이의 상태에 관련되어 환자에게 의미를 지닌다.

미술은 구체적, 때로는 창의적 방법을 사용하여 환자가 치료자에게 전이를 표현할 수 있게 한다. 생각을 말로 바꾸고 생각을 몸짓이나 행태로 바꾸는 방법은 사랑 혹은 적대적인 충동이 직접 행동으로 나오려고 하는 압력을 감소시킬 수 있다. 예를 들면, 점토를 가지고는 애정을 가지고 쓰다듬을 수도 있고 적대감을 가지고 마구 칠 수도 있다. 분노는 재료 사용을 거절하거나 작품을 치료자가 보지 못하도록 감추는 행동으로 표현될 수 있다. 희망이나 공포의 전이는 좀 더 혹은 덜 위장된 방법으로 표현된다. 즉, 환자는 치료자나 다른 권위적인 인물을 아름답거나 혹은 못생기게 표현할 수 있다. 환자가 덫에 걸린 듯 느낄 때는 치료가 감옥으로 표현되고, 편안하게 느낄 때는 피난처로 표현된다. 환자는 치료과정에서 각 단계에서 필요하다고 느끼는 정도의 위장을 하기 때문에 미술치료 상황에서 환자는 자신이 진정으로 바라는 것을 표현하는 대신에 행복한 결혼, 폭력적인 전쟁 등을 표현할 수 있다.

때때로 위와 같이 표현하는 것을 통해 환자는 간접적 만족감을 충분히 느낄 수 있고 승화가 될 때까지 불안감을 잘 보존할 수 있게 된다. 성공적인 승화가 의미하는 것은 에너지를 자유롭게 하여 건설적인 작업을 가능하게 하는 것이다. 어떤 미술치료사는 치료자의 비교적 중립적인 태도를 통해 환자의 전이를 촉진하면 승화될 수 있는 가능성이 줄어든다고 믿는다. 사실상 개인 상호 간(치료자와 환자)의 억압이 심할 경우 전이는 승화과정을 방해할 수 있다. 그러나 더 위험하고 잘 드러나지 않는 위험은 치료과정에서 환자로 하여금 강하게 저항하도록 만드는 명백한 전이반응을 치료자가 인식하지 못하는 것이다.

환자의 전이를 감지하게 되면 미술치료사는 환자가 미술재료로 하는 행동, 작업 스타일 자체가 환자 자신에게 반갑지 않은 내면의 전이를 방어하는 수단이 되고 있다는 것을 알게 된다. 예를 들면, 환자는 물감을 모두 가지고 싶은 강한 충동을 부정하기 위해 불충분한 양의 물감만을 사용할 수 있다. 혹은 환자는 예쁘고 스스로가 의식할 수 있을 정도로 표현적인 창작품을 만들어 환자 자신이 이상화한 미술치료사를 기쁘게 하려고 노력할 수 있다. 이런 행동을 통해 내면의 대립되고 불안감을 가져다주는 충동들을 인식하는 것을 환자는 거부하게 된다. 여기서 전이반응을 좀 더 직접적으로 객관화하는 것과 더불어, 미술치료사는 환자의 숨겨진 주제 본능적 · 방어적 주제를 파악하는 것이 중요하다.

마찬가지로 치료자 자신의 해결되지 못한 갈등으로 인해 환자나 환자의 창작품에 대하여 부적절하게 반응하는 것, 말하자면 역전이에 대한 인식도 필요하다. 미술치료사는 또한 화가이기 때문에 작품의 양이나 질에 대한 자신의 미술에 대한 열정이 환자에게 부당하게 영향을 미치지 않도록 주의해야 한다. 미술치료사는 창조하는 환자의 편에 서야 하며, 창작품을 과장하거나 평가절하해서는 안 된다. 치료자는 미적인 시각의 평가 없이 환자의 진정한 작품을 있는 그대로 지지하고, 작품에 대한 치료자의 호의적인 감상을 표현해야 한다. 미술치료사가 조심해야 할 또 다른 점은 치료자가 선호하는 매체, 내용, 형식을 묘하게 장려하여 환자 자신의 고유한 표현방법을 방해해서는 안 된다는 것이다. 종종 미술치료사는 자신이 사용하지 못하는 표현매체를 타인에게 제공하기도 하는데, 이는 치료자에게 좌절과 심지어는 부러움의 감정(자신이 사용하지 못하는 재료를 사용하는 환자에 대한)을 생기게 할 수 있다.

'역전이'라는 말에 대해서는 잘 알고 있다 해도 역전이로 인해 왜곡된 부분을 스스로의 힘으로 찾아낼 수 있을 만큼 자신을 잘 안다는 것은 무척이나 어려운 과제다. 어떻게 기능하고 왜 그렇게 느끼고 생각하고 행동하는지를 아는 것, 즉 자신의 내면을 안다는 것은 개인이 평생 동안 해야 할 힘든 과제이기도 하다. 치료자가 자신을 스스로 분석한 프로이트나 융처럼 뛰어나지 않다면 다른 사람, 좀 더 객관적인 임상가로부터 도움을 받아야 한다. 내가 선호하는 자신에 대해 알 수 있는 방법은 정신분석을 통한 세부적인 내면의 여행방법이지만 모든 미술치료사에게 이와 같은 길을 추천하지는 않는다. 하지만 강력한 미술이라는 도구를 사용하여 다른 사람들의 정신을 수정해야 하는 책임을 가지고 있는 사람들은 개인 정신분석을 받아야 할 책임이 있다. 이렇게 생각하게 된 가장 중요한 이유는 이러한 과정을 거친 미술치료사는 자신의 갈등과 왜곡 그리고 성격적 문제, 갈등을 일으키는 심리적 문제가 전적으로 환자와 공감되거나 돕고자 하는 자신의 능력을 방해하지 않게 되기 때문이다. 환자의 전이반응을 살펴보는 것이 환자의 내면세계로 들어가는 상징적인 통로를 찾는 데 도움을 주는 것처럼, 역전이도 환자의 전이 혹은 성격이 다른 측면을 이해하는 데 중요한 단서를 제공한다.

　언어상담만을 하는 치료자와는 달리, 미술치료사는 자신의 창작작업이 환자를 돕는 것과 더불어 스스로를 이해하는 데 도움을 준다. 예를 들어, 치료 밖 상황에서 그린 환자들의 얼굴 그림은 특히 다른 치료자나 임상감독자의 도움이 있을 경우 치료자의 역전이반응을 이해하고 찾을 수 있도록 돕는다. 치료 상황에서 협동작업을 하든 번갈아 작업을 하든, 환자 옆에 나란히 앉아 작업을 하든, 치료자는 자신의 창조적 심상을 통하여 다양한 방법으로 상호작용을 할 수 있다. 개입 측면에서 미술을 통해 환자와 대립하기로 선택한 미술치료사는 그러한 행동이 자신에게 의미하는 것은 무엇이고 대립되는 활동과 심상이 자신이 돕고자 하는 환자에게 미치는 영향은 무엇인지를 반드시 고려해야 한다. 치료자 자신의 창작물을 치료과정에 사용하는 치료자들은 특히 이러한 비언어적 상호작용의 전이와 역전이가 암시하는 것에 대해서 방심하지 말아야 한다.

　감정을 조절하는 것은 생산적 작업을 위해 필요하지만 나는 개인적으로 미술치료에서 전이를 제한하려고 노력하는 것은 무의미하다고 생각한다. 치료자에 대한 왜곡된 반응, 즉 사랑하지만(긍정적) 적대적인(부정적) 태도가 매우 강하게 나타나는데, 때로는 이러한 태도가 이해나 변화의 요인으로 사용되기도 한다. 미술치료사들이 행할 수 있는 가장 큰 위험은 전이를 무시하거나 최소화하는 것이다. 분석되지 않은 전이는 미술치료에서나 정신분석에서나 강한 저항을 일으켜 미숙한 종결을 초래할 수 있다. 환자의 표현을 격려하고 환자가 표현하는 것을 이해하기 위해 최선을 다하는 것이 가장 현명한 치료과정이다. 이러한 부분들이 충족될 때 미술치료사는 전이를 어떻게 조절하고 해석할지, 심지어는 어떻게 환자의 전이의 욕구를 만족시킬지 결정지을 수 있다.

분석중심 미술치료의 선구자인 마가렛 나움버그(Magaret Naumburg, 1953)는 미술치료에서의 미술대상 자체에 리비도를 사용하게 되므로 전이의 강도가 감소한다고 하였다. 어떤 의미에서 작품은 걸음마기 아기가 항상 가지고 다니는 담요가 의미하는 바와 같은 중간대상(transitional object)으로서 기능한다. 즉, 환자/아이, 치료자/어머니 사이를 연결해 주는 중간대상인 것이다. 미술작업이 어떤 종류의 치료에서도 반드시 발달하는(치료의 종류에 따라 다른 속도로) 전이를 희석시킨다고 믿지는 않는다. 그러나 창작물은 앞에서 말했듯이 치료상황에서 발생하는 것들을 완화시키지만 어떤 형태의 투사는 억압한다. 왜냐하면 애초에 긍정적인 선호도가 있었을 것이고 그렇게 하는 것이 매우 큰 만족감을 가져다줄 것이기 때문이다. 24명의 아동을 대상으로 미술과 드라마 인터뷰를 비교한 연구에서는 아동들의 미술작품의 경우 애정적인 보살핌에 관한 내용의 긍정적인 주제가 높은 빈도로 발견되었고, 드라마의 경우는 대부분 자신의 손상에 대한 주제로 부정적인 내용이 많이 나타났다(Rubin & Irwin, 1975). 눈을 반짝이며 칭찬하는 어머니—자신의 작품(항문기/미술)을 조절하는 것을 인정해 주고 작품을 전시하는(남근기/미술) 것에 박수를 보내는—의 역할뿐 아니라 음식을 제공하는 자로서의 미술치료사의 역할은 합쳐져서 특히 초기 치료단계일 경우 미술치료 재료를 통한 전이가 높은 빈도로 발생하게 한다.

치료단계에 대한 이해

치료기간이 길든 짧든, 상당히 강력하든 피상적이든, 모든 치료상황에서는 예상 가능한 단계가 존재한다. 치료가 개인적으로 이루어지든 가족이나 집단으로 이루어지든 상관없이 이러한 단계가 나타난다. 미술치료사가 치료의 개념적인 체계와 치료관계를 아는 것이 중요한 것처럼, 치료가 전개되는 순서와 과정에서 어떤 일이 일어날 것인지를 아는 것은 중요하다. 상담이나 심리치료에 대한 책은 이 부분에 대해서는 전체적으로 다루고 있어 명확한 시작단계, 좀 더 다양성이 있는 중간단계 그리고 차별화된 종결단계에 대해 언급한다. 이러한 세 가지 주요 단계가 일단 존재하기만 하면 치료자는 더 나아가 이러한 단계들을 변화시킬 수 있다. 사실 그렇게 하는 것이 치료자에게 유용하다. 이러한 단계들은 환자가 치료를 망설이는지 치료과정에 완전히 포함되었는지를 파악할 수 있는 능력을 발전시키도록 도와줄 뿐 아니라 다음 치료단계를 기대하고 촉진하는 안내자의 역할을 함으로써 도움을 준다. 일반적으로 치료가 진행될 경우 진행과 퇴행이 발생하게 된다. 치료 전 과정에 있어서 치료단계는 겹쳐지기도 하고 계속적으로 강력한 힘을 가지고 존재한다. 아동대상의 개별작업에 대한 초기 연구(Rubin, 1984)에서 소개한 단계는 (특정 집단, 가족일 경우는 각 단계마다 부가되는 부분이 있어야 하지만) 모든 수준, 종류의 사람들과 작업할 때 적용 가능한 듯하다.

치료를 시작하는 초기단계에서 치료자는 우선 환자와 좋은 관계를 만들도록 힘쓰고, 이전의 진단정보가 있다 하더라도 환자의 문제를 보다 완전하게 이해하기 위한 노력을 게을리해서는 안 된다. 치료의 초기단계는 되도록이면 편안해야 하고, 환자의 마음을 움직이도록 하기 위해서 좀 더 지지적이어야 하고, 환자에 대한 요구나 저항의 직면 등의 작업은 뒤로 미루어야 한다. 다행히 개입을 최소화하는 것은 환자에 대한 진단정보를 모를 때, 즉 환자, 가족,

집단의 문제를 초래하는 특정 원인을 찾을 때에도 유용하다. 시작단계에서 중요한 한 가지는 환자의 편안함을 증진시키는 것이 필요하다고 느끼는 것이다. 환자는 시작단계에서 자신에게 무엇이 기대되는지를 알아내고 치료자, 매체, 미술치료의 특성을 알아간다. 그리고 시작단계는 치료라는 특정 상황의 성격과 경계를 명확히 파악하기 위해서 실험하는 단계다. 앞에서 설명하였듯이 제한은 명쾌하고 확고하며 개방적일 때 최선이다. 이러한 제한은 치료자와 치료 형태는 물론이고 개념적인 틀에 신뢰감을 발달시킬 필요가 있는 환자의 경우 매우 유용하다.

상황이 잘 진행된다면 환자는 점차 안정감과 안락감을 느끼고 치료자에 대한 신뢰감(건강한 협력관계를 위해 가장 중요한 지표인)을 발달시키기 시작한다. 신뢰가 형성되었다는 것은 환자들이 어떻게 행동하는지, 언어로 무엇을 노출하는지뿐 아니라 시각적으로 무엇을 표현할 수 있는지를 통해 알 수 있다. 신뢰감의 발달 속도는 어떤 사람은 빠르게, 어떤 사람은 느리게 형성된다. 충분한 신뢰감이 형성되었을 때 비로소 환자는 타인으로부터 혹은 자신으로부터 감추었던 바람과 두려움을 언어적, 비언어적으로 표현하는 모험을 감행할 수 있다. 의사소통 과정이 계속되고 환자가 대화하고 창조하는 새로운 방법을 시도함에 따라, 환자는 드러난 문제들을 직면할 수 있게 된다. 위협적인 생각들을 계속해서 의식에서 이끌어 내게 만드는 불안감은 겉으로 드러남에 따라 다시 자극받게 된다.

이러한 두려움은 보통 자극에서 나오게 되며, 이는 자연스럽게 많은 투사반응을 일으키게 한다. 그래서 방어와 저항은 치료의 시작단계에서는 감소하는 듯하다가 다시 완전히 회복된다. 나는 환자에게 자기보호적인 반응이 없다면 어떤 종류의 치료도 유용하지 않다고 믿는다. 즉, 갈등으로 손상된 부분으로 근접해 올 수 있는 사람은 치료의 목적이 교육이든 통찰력 학습이든 그러한 손상된 부분을 극복할 수 있을 것이다. 미술치료에서 저항의 시기에는 방어적 특성을 띤 다양한 언어표현이 나타나며, 마지못해 작업하는 듯하고, 자신과 관계

없는 심상들을 사용하고(만화), 익살스러운 행동을 하고, 치료 초기단계의 (미술)행동으로 퇴행하고, 사소한 일에 야단법석을 떠는 행동 등이 나타난다. 환자들은 창작은 하고 싶으나 창작과정이나 창작물에 자신을 반영시키고 싶지 않을 수 있다. 때로 환자들은 작업하고 이야기를 나눌 때 겉으로 보기에는 유순히 따르는 듯하다. 이는 개인적이고 감정적인 일을 드러내는 것에 대한 내면의 거부를 감추기 위한 행동일 수 있다. 이러한 달갑지 않은 충동이 치료자에게 초점이 맞추어지든(전이와 저항), 다른 사람들에게 향하든(나타나는 적대감을 아이, 배우자 혹은 부모에게 향하게 하는 것처럼) 간에, 계속되는 저항은 자연스러운 방어반응으로 이해해야 한다. 이러한 방법들은 견딜 수 없는 것 같은 결과들, 즉 좌절이나 통제의 상실, 의미 있는 타자나 그 사랑의 상실, 경쟁자의 극단적인 복수 혹은 압도하는 죄책감으로부터 자신을 보호하는 방법이다. 이러한 내면의 충동은 반드시 표현되어야 한다.

환자가 이전에 부정했던 생각이나 감정에 대해 말하고 이에 뒤따라 오는 대립을 각오할 때 심리치료에서 많은 변화가 일어나게 된다. 이러한 변화를 위해서는 대부분 어느 정도의 시간이 필요하다. 그리고 진정한 작업이 일어날 수 있도록 치료적 접촉이 오랫동안 계속될 때 변화가 일어나기 가장 좋다. 치료적 접촉이 오래 지속되면 다양한 문제를 여러 번 대할 수 있으므로 환자가 두려워하는 충동뿐 아니라 환자가 갈등을 극복하는 습관적인 방법(방어) 등 이전에 다루어 보지 않은 것들을 다루게 된다.

또한 이때 강화된 감정이 순화되어 나타나는 것이 일반적이어서, 폐쇄적인 세션 후에는 개방적 세션이 오게 되거나 일련의 억압과 퇴행이 비교적 자유롭게 나타나기도 한다. 이는 마치 인간의 정신이 계속해서 개방과 폐쇄의 균형을 맞춰야 하는 듯 보이며, 한순간의 균형뿐 아니라 시간의 흐름에 따른 균형을 유지하기 위한 필요도 있는 듯하다. 때때로 저항은 끝없이 힘든 상태로 느껴지기도 하고, 미술치료사에게 강력한 역전이가 일어나도록 자극하기도 한다. 환자가 두려워해 왔던 부분을 직면, 이해 및 수용하는 이와 같은 시기에 가장 도움이 되는 것은 치료자가 환자의 불안의 깊이를 지속적으로 공감하며 이해하는 것이다. 때로는 적절한 시간과 말로 해석해 주는 것이 상황을 진전시킬 수 있으며, 때로는 단순히 기다려야 하고 치료자가 이러한 과정에서 나타나는 스스로의 좌절감을 다루어야 한다. 치료자가 각 단계에 걸친 작업에서 나타나는 긴장을 이겨내고 살아남을 수 있어야만 환자 또한 견딜 수 있다.

두 번째 단계는 수동적이면서 능동적인 감각으로 자아의 새로운 이미지를 발전·통합하는 단계다. 자기 자신을 분리되고 통합된 또는 유능한(일할 수 있고, 놀 수 있고, 사랑할 수 있는) 사람으로 볼 수 있는 것은 자신이 그러한 사람이라는 자기 지각이 행동에서 나타났을 때만 가능하다. '단순한 시도행위'인 생각이 행동으로 옮겨지는 데는 시간이 걸린다. 이러한 과정에서 환자는 종종 치료자의 도움을 필요로 하는데, 이때 좋은 부모가 그러하듯이 치료자는 새롭게 발전하기 시작한 환자의 자아가 첫걸음을 안전하고 효과적으로 내딛도록 도와준다. 말할 필요도 없이 치료과정의 단계를 직면하고 이해하는 과정에서 발견한 것을 전적으로 수용하기 위해 환자 자신의 부적합한 대처기제를 포기할 수 있을 때만이 환자는 자아에 대한 새로운 이미지와 의미를 획득할 수 있다. 수용한다는 것은 아는 것과 매우 다르다. 이는 마치 정서적 사건과 지각적 사건의 차이와 같다. 행동과 정서가 다르게 나타난다는 것이 이 차이를 보여 주는 유일한 지표이며, 따라서 단순히 그 단어를 말하는 것은 아무런 의미가 없다.

이전에 부정하고 평가절하하였던 자신의 어떤 부분을 수용하는 과정에 있다면 반드시 이전 세상에서의 자기 모습을 포기해야 한다. 과거의 구조가 해체되고 새로운 것이 형성되는 시기 사이에 위협적이 될 수 있는 시간, 즉 과거의 대처기제는 더 이상 사용할 수 없고 미래의 새로운 방법은 아직 실행에 옮길 수 없는 시간이 일반적으로 존재한다. 이때는 고통스럽고 때로는 감정이 소진되었다고 느끼며 자아와 통제능력이 상실의 위협으로 압도당하는 시기다. 환자나 가족의 불행 정도와는 상관없이 이전의 방법으로 인지하고 감정을 느끼고 행동하는 것을 포기하는 것은 무척 힘들다. 나는 치료과정에서 동반되는 무력증이 결코 나태함이나 혼돈에서 오는 것이 아니고 환자가 익히 알고 있는 것, 예상할 수 있는 것에 매달림으로써 자신을 보호하는 것이라고 믿고 있다. 어떤 일이 일어날지 모르는 사람들은 모험에 대한 신나는 매력을 느끼면서도 항상 두려움으로 가득 차 있기 마련이다. 개인 성장을 위한 미술치료 집단에 참여하는 사람들은 자신의 삶의 질을 증진시키기 위해 높이 동기화된 사람이며, 심각한 질병보다는 일반적 불만으로 고통받는 사람들이다. 그렇지만 이렇게 비교적 건강하고 안정감이 있는 개인들조차 피할 수 없이 표현과 반영을 해야 하는 시간에는 상당한 내면의 저항이 있다는 것을 발견하게 된다. 변화하는 것에 대한 불안의 이유가 무엇이든지 불안은 어디에나 있으며, 사람들이 새로운 방법을 연습하고 완전히 통합하여 편안해지는 데에는 시간이 필요하다. 또한 지나간 환상, 목표, 심상들에 대한 애도과정도 필요한데, 여기에도 어느 정도의 시간이 걸린다. 불가능하고 부적절한 노력을 포기하는 것은 오래된 방어기제를 사용하지 않는 것과 마찬가지로 힘들다.

어떤 치료에서도 불가피한 가장 큰 상실은 치료자의 상실—분리과업이 명확해지는 종결과정—이다. 다른 형태의 치료와는 달리 미술치료는 환자가 공상으로부터 현실을, 실제로부터 환상을 분리하도록 도우며, 좀 더 심층적 측면에서는 환자의 질병으로부터 그것으로 인해 발생한 2차적 문제를 분리하도록 돕는다. 환자는 이러한 모든 분리를 수용하기 위해 실제 치료자와 전이대상으로서의 치료자 모두에게 강한 애착을 지녀야 한다. 환자/아이와 치료자/부모의 분리—개별화 과정은 강력한 잠재적 학습으로 변화를 만드는 경험이며 고통스럽고 긴장되는 경험이다. 특히, 환자가 집단에 속해 있을 경우 종결에 더 많은 주의를 기울여야 한다. 치료자와의 전이가 강력하지 않더라도 환자에게 종결은 강력한 영향을 미친다. 치료자와의 전이관계가 비교적 적게 이루어졌더라도 환자의 모든 느낌, 환상, 특히 이별로 인한 공포에 주의를 기울여야 할 필요가 있다.

때때로 치료자는 선택권이 거의 없다. 목표가 달성되어서가 아니라 외부 요인—보험금이 바닥났거나, 치료자가 기관을 떠나거나, 프로그램이 중단되었거나, 부모가 아이를 데려가기로 결정하는 등—으로 인해 치료가 끝날 때가 있다. 외래환자의 상황처럼 좀 더 이상적인 조건이 갖추어진다면 종결날짜를 정하는 데 환자가 참여할 수 있다.

이때 양가감정과 우유부단함이 많이 나타나겠지만 나는 이 방법이 최선이라고 생각한다. 종결날짜를 정하는 것이 환자의 결정 밖의 일이라 하더라도 어떻게 종결시간이 진행되기를 원하는지에 대해 환자가 말하도록 격려해야 한다. 환자가 종결시간에 무엇을 할지 결정하도록 하는 것은 준비되지 않았지만 종결해야 하는 현재의 상황을 능동적으로 통제할 수 있는 기회를 제공해 줄 수 있다.

환자가 만든 창작품들은 종결시간에 특별한 역할을 하는 듯 보인다. 작품들이 치료의 한 부분으로 보관되어 왔다면 그것은 기간과 범위에 상관없이 그때까지의 치료과정을 멋지고 생생하게 보여 줄 수 있다. 환자는 자신의 창작품 모두 혹은 일부분을 가지는 것을 선택할 것이고 치료자에게 작품 모두나 일부를 줄 수 있다. 이런 경우에 창작품은 치료자와 환자 모두에게 중간대상이 된다. 환자가 지니는 창작품에는 치료의 한 부분이 내포되어 있고, 치료자가 지니는 창작품에는 환자의 일부분이 들어 있다. 환자의 창조능력에 대한 치료자의 확인을 통해서는 물론 환자의 직접적인 경험을 통해, 환자는 예술가로서 자신의 고유한 창의적 잠재력을 강하게 의식하면서 미술치료를 종결할 수 있다. 환자는 창작품은 물론 스스로의 꿈과 심상을 보는 시각을 연습과 모방을 통해 배워 더욱더 자신을 이해하는 방법으로 사용할 수 있다. 환자가 표현할 수 없었던 금지되어 있던 환상과 소망들이 표현되게 하기 위해 치료자가 인내하였듯이, 환자 자신의 미술의 불완전함에 대해서도 그러한 인내를 가져야 한다. 환자가 미술에 소질이 있다고 생각하든지, 앞으로 더 훈련을 받고자 하든지, 혹은 미술을 통해 표현할 수 있고 즐길 수 있고 이해할 수 있는 것을 찾아

나가고자 하든지, 환자는 어떤 성공적인 치료(스스로를 감시하고 편안하게 책임 질 수 있는 능력)결과를 가져와야 하는 자기 치료뿐 아니라 미술을 사용하는 방식을 계속하고자 할 것이다.

　　환자가 미술치료를 끝내도록 돕는 또 다른 방법은 창조적 성장을 계속할 수 있는 가능성을 촉진시키는 것이다(모든 정신치료의 목표인 계속하여 자신을 성찰하고 이해하는 것과 마찬가지로). 너무 가난하여 미술재료를 살 수 없거나 치료자의 관심을 구체적으로 확인해야 할 필요가 있는 환자에게 미술재료는 좋은 작별 선물이 될 수 있다. 혹은 치료자는 어디서 적절한 재료를 살 수 있는지, 어디서 어떻게 계속적인 미술교육을 받거나 취미로 미술경험을 할 수 있는지에 대한 자료를 환자와 가족에게 제공해 줄 수 있다. 환자에게 다른 치료자를 소개시켜 주듯이 특정 교사나 미술센터를 소개시켜 주는 것이 적절하다. 미술의 특성으로 인해 환자는 스스로 혹은 예술가나 교사(반드시 치료자일 필요는 없다)의 전문적인 도움을 통하여 실제적으로 창작을 계속해 나갈 것이다. 비록 미술활동이 입원환자, 외래환자를 치료하기 위한 방법으로 사용되었지만, 미술활동을 일상생활로 가져와 균형을 유지하고 건강하고 생산적인 인간으로서의 만족감을 발견하기 위한 일반적이고 창의적인 방법으로도 사용할 수 있다. 이처럼 미술치료를 통해 종종 종결을 쉽게 다룰 수 있을 뿐 아니라 좀 더 성공적으로 만들 수 있다.

참고문헌

Naumburg, M. *Psychoneurotic art: Its function in psychology.* New York: Grune & Stratton, 1953.

Rubin, J. A. The role of transfernece and countertransference in art therapy. *American Journal of Art Therapy*, 1982, *21*, 10-12.

Rubin, J. A. *Child art therapy: Understanding and helping children grow through art* (2nd ed.). New York: Van Nostrand Reinhold, 1984.

Rubin, J. A., & Irwin, E. C. Art and drama: Parts of a puzzle. In I. Jakab (Ed.), *Psychiatry and art, Vol. IV.* New York: S. Karger, 1975, pp. 193−200.

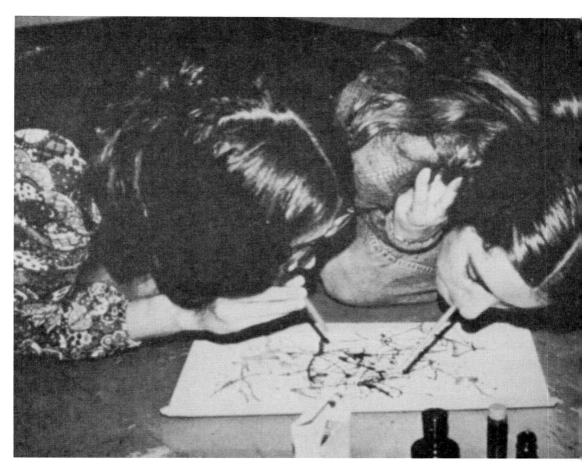

두 명의 학생이 잉크를 묻힌 빨대를 이용하여 구강기 수준의 놀이를 하면서 새로운 이미지를 창출하고 있다.

제7장 미술치료에 대한 이해

미술치료사가 알아야 할 것

앞서 언급했듯이 훌륭한 예술가와 좋은 사람이라고 해서 좋은 미술치료사가 되는 것은 아니다. 치료의 목적을 위해 미술을 최대한 활용하기 위해서 미술치료사는 어떤 부분의 지식을 알아야 하고, 사람을 신뢰해야 하고, 특정한 종류의 사람이 되어야 한다. 이러한 세 조건이 부합되면 미술치료사로서의 독창성을 성취할 수 있게 된다. 환자와 내담자를 대상으로 미술치료사로서 기능하기 위해서는 반드시 미술에 대해서 잘 알고 있어야 한다. 가장 중요한 것은 이 책의 제1, 2, 3장에서 자세하게 다루었던 미술재료, 과정, 창작품에 대한 이해와 정보다. 치료의 영역에서 치료자는 발달(정상, 비정상), 역동(개인, 집단), 치료과정(개념적인 체계와 치료관계 및 치료단계)에 대해서 잘 알아야 한다.

미술치료사가 미술과 치료에 대해서 아는 것을 종합하기 위해서는 미술치료사로서 신분을 분명히 하는 것이 도움이 된다. 이는 동료와 공적으로 의견을 교환할 때는 물론 환자와 개별작업을 할 때도 필요하다. 미술치료 자체가 여러 가지가 합쳐진 복합적인 학문이기 때문에 표면적으로는 다양한 다른 분야—미술교육에서 놀이치료, 직업, 여가, 활동치료—와 유사해 보인다. 이런 유사 분야에서 모두 개인이나 집단에 따라 미술재료를 사용하므로 치료자가 단순한 관찰자처럼 보일 수도 있다. 재료를 적절하게 사용하도록 도와주든, 창조과정이나 창작품에 대해 질문하든, 치료자의 행동은 비슷해 보일 수 있다. 그러나 미술치료는 여러 영역들과 겹치기는 하나 동일한 것은 아니다.

미술치료와 다른 행동치료(여가, 활동, 작업요법)가 표면적으로 비슷한 부분이 있으나, 미술과 다른 창조활동을 통한 치료(음악, 운동, 드라마, 사진 치료) 간에는 보다 심층적인 유사점이 있다. 각 치료의 일차적인 표현 형태는 구분되지만, 특히 표현의 자유를 촉진하는 상황에서 하나의 표현 형태에서 다른 형태로 환자가 자연스럽게 옮겨가는 것은 사실이다.

아이들은 그림을 그리거나 조각을 할 때 자주 드라마 상황을 만들어 낸다. 성인이나 청년들은 때로 자신들의 그림에 대한 시를 쓰기도 한다. 이러한 자연스러운 전이가 일어나는 것을 보고 다양한 예술매체를 사용하는 접근방법에 이끌리게 되었는데, 이러한 방법은 특히 유아에게 적합하나 청소년, 성인, 가족, 집단에게도 적용할 수 있다. 나는 이를 단지 '표현치료'로 생각하지는 않는다. 나는 작업하는 과정에서 다른 매체로의 변화를 격려하거나 허용하는 것을 편안하게 느낀다.

그러나 내 역량이 미술매체라는 창조영역에 제한되어 있으므로 다른 매체로 작업하는 전문가와 함께 작업하는 것을 선호한다. 나 자신을 표현예술치료자, 놀이치료자, 행동치료자가 아닌 미술치료사라고 생각하는 데에는 미술과정이 항상 내 작업의 중심에 있기 때문이다.

예술치료와 같이 시너지 효과가 있는 학문의 정체성에 대한 문제는 당연히 가장 중요한 관심이 된다. 정체성을 위해 미술과 치료라는 두 가지 요소를 관런짓는 것뿐만 아니라 미술치료를 이와 비슷한 창의적 재료를 사용하는 치료들과 구별해 보는 것이 필요하다. 이전에는 동료와 환자를 위해서 미술치료와 다른 치료자들이 미술을 사용하는 것을 구분할 필요가 있었다(심리학자는 진단을 위해 그리기를 사용하고, 정신과 의사 또한 그림을 사용한다). 심리학자, 심리치료사, 사회사업가, 상담가가 광범위하게 미술을 사용한다고 해서 그가 미술치료사인가? 이는 매우 답하기 힘든 문제다. 왜냐하면 게슈탈트 상담의 조셉 징커(Joseph Zinker)나 정신과 의사인 마르디 호로비츠(Mardi Horowitz)나 정신분석학자인 매리언 밀너(Marion Milner)와 같이 미술을 많이 사용하는 경우 미술치료사와 매우 유사하기 때문이다. 그러나 미술과 진정으로 친밀하여 임상에서 미술을 사용한다 해도 근본적인 정체성은 미술치료사가 아니다.

왜냐하면 그들에게 미술은 유용하고 적절하다고 생각될 때 사용하는 하나의 부속품으로 보이기 때문이다. 반면에 미술치료사의 경우 말하는 시간이 작업하는 시간보다 길 수 있고, 환자의 말하고자 하는 욕구가 크거나 우울증이 심히 미술재료로 창작을 하지 않을 수는 있어도 미술치료사의 일차적 매체는 미술이다. 대부분의 미술치료의 경우 모든 혹은 대부분의 시간을 창작/창작품을 보며 보내야 한다는 규칙이 있으나, 위에서 설명한 경우는 그 예외에 속한다. 미술을 승화를 위한 일차적 도구로 생각하든지(창작과정을 통한 치료), 대화를 위한 도구로 생각하든지(심리치료에서의 미술), 창작과정과 창작물은 언제나 상당한 시간과 공간을 차지하게 된다.

미술치료에서 미술의 사용에 중점을 두면서도 앞에서 언급한 다른 관련된 분야에 대해 자세히 아는 것이 중요하다. 그래야만 미술치료를 뚜렷하게 구분할 수 있고 자신과 사회를 위해 전문적으로 일할 수 있다. 미술치료가 무엇인지를 아는 것과 더불어 중요한 것은 미술치료가 아닌 것이 무엇인지를 아는 것이다. 인접 분야에 대해 잘 알고 있어야 미술치료가 어떻게 다른지 알 수 있는 것이다. 그러므로 미술치료사는 인접 분야, 특히 다른 예술매체와 활동을 통한 치료에 대해 알고 있어야 한다. 미술치료가 직업, 여가 혹은 놀이치료와 어떻게 유사하고 어떻게 다른지에 대해 알아야만 미술치료가 무엇을 특별히 제공해 줄 수 있는지에 대해 지식을 가지고 동료나 환자들과 이야기할 수 있게 된다.

미술치료사가 지녀야 할 신념

대부분의 사람들이 자신이 믿는 바를 정당화시키기 위해 이론적 근거에 바탕을 두고자 노력하지만 신념이란 지식과는 같지 않다. 나의 신념은 미술치료사로 하여금 모든 인간은 창조적인 작업을 할 필요, 권리, 능력이 있음을 고려하도록 하는 것으로서 매우 중요한 것이다. 만일 치료자가 창조의 '필요성'에 대해서 확신만 한다면 처음에 냉담하고 저항하던 환자에게 동기를 부여할 수 있다. 만일 모든 사람이 가진 창조의 권리에 대해서 확신한다면 창작물을 완성하는 것이 불가능해 보이는 중증장애를 지닌 환자들과 효과적으로 작업하여 환자들의 감각적, 창의적 잠재력이 무엇이든지 최고로 발전시킬 수 있는 기회를 제공할 수 있다. 그리고 모든 사람이 창의적인 예술가가 될 수 있는 능력이 있다고 확신한다면 환자에게서 매체에 상관없이 영혼의 노래나 시를 발견하기를 진실로 노력하게 될 것이다. 또 다른 신념은 미술 자체에 연관된 것으로 미술치료는 사람들에게 도움을 줄 수 있다는 진실된 믿음이 필요하다.

진실로 미술치료에 대한 확신이 없다면 잘못된 방향으로 가게 되어 흔히 단기적인 개인목표와 정략적인 목표만을 수행하게 된다. 만일 치료자가 되기 위한 훈련을 받고 치료자가 되기 전까지는 치료를 하지 않아야 한다고 믿는다면, 그는 치료상황에서 비정상인을 대상으로 미술치료를 제공한다 하여도 미술치료사인 것처럼 행동하지 않을 것이다. 여기서 중요한 것은 치료자의 목표(치료)가 무엇이고 인간성장이라는 목표를 달성하기 위한 일차적인 방법으로 미술을(일시적인 방법 이상으로) 사용하는지의 여부다.

어떤 경우에는 '치료'라는 말이 주는 넘치는 불안감 때문에 다르게 부르는 경우도 있다. 요구되는 배경이 없이 자신을 치료자로 부르는 사람으로 인해 환자는 고통스러운 방법으로 자신의 내면이 드러나고 다루어져야 한다는 일반적인 두려움을 갖게 된다. 불행하게도 많은 경우에 행정담당자들은 심리검사나 피를 뽑도록 허용하지는 않지만 심리학적 배경 없이 미술대학을 졸업한 경우에도 이상할 정도로 쉽게 치료자라고 부른다. 이러한 상황은 잘 훈련된 치료자들과 관련 전문단체가 가장 우려하고 있는 상황이다. 미술의 치유의 힘과 모든 인간의 창조의 권리를 믿는 모든 사람들이 이러한 상황을 함께 고민하기를 바란다(Reamer, 1982).

미술치료사의 자세

앞에서 언급한 신념을 가져야 하는 것보다 더 중요한 것은 옳은 사람이 되는 것이다. 훌륭한 미술치료사가 되기 위해 하나의 옳은 성격이란 존재하지 않으며, 단지 미술치료사로서 바르게 행동하는 길뿐이다. 미술치료사로서 어떤 특성은 매우 필요한데, 대부분의 사람들에게는 잠재해 있으나 슬프게도 이런 성품은 개발되지 못하거나 억압되고 있는 듯하다. 미술치료사로서 필요한 특성들은 창의적인 사고와 관련되는 것으로 보인다(유창성, 융통성, 독창성, 위험 대처능력, 불명확함과 자아로의 퇴행을 견디는 것). 실제로 효율적인 치료자가 되기 위해서는 그 자신이 창조과정을 경험해야 한다. 그러나 적극적으로 그림을 그리고 전시하는 미술가가 되어야 한다고 생각하지는 않는다. 오히려 꼭 필요한 것은 환자가 미술매체로 창조하는 것이 환자 개인에게 무엇—기쁨만이 아닌 고통, 이완만이 아닌 긴장— 을 의미하는지 정확하게 아는 것이다.

미술치료사는 대부분 실제 활동하는 미술가이지만 작업 시 항상 창조적으로 행동하지 않는다는 것이 매우 흥미로운 일이다. 환자는 편안하게 예상치 못한 재료들을 잘 다루고 창조과정에서 불가피한 긴장을 잘 견디고 심지어 즐기기까지 하는데 왜 창조과정에서 미술치료사와 같은 태도를 가지지 못할까? 그들은 치료자가 되기 전에 미술가였기 때문에 자신이 아는 것을 약간만 건드리면 강력해지며, 동시에 새로운 자아로부터 나오는 내면의 에너지를 쉽게 통제할 수 없다는 것을 알기 때문에 조심스러워한다. 이런 강력한 부분으로 접근하는 것도 중요하나, 자신의 표현을 명확한 경계가 있는 개념적인 틀 내에서 통제하는 것 또한 중요하기 때문에 조심스러운 태도는 바람직하다. 미술에서는 이런 개념적인 틀은 대부분 매체에 의해 결정되고 치료자의 의도에 따라 형태를 드러내게 된다. 치료 시에는 치료적인 맥락과 치료자가 참고로 하는 이론틀 내의 치료자의 역할에 의해 제공된다.

이러한 조심스러움과 미술과 치료 모두에 대한 충분한 지식을 치료자의 정신적 보고에 지니고 있는 한, 나는 효율적인 미술치료사는 현재의 치료상황에서 창의적인 사고를 도전적으로 사용하는 것을 즐기는 사람이라고 생각한다. 임상적 질문—상징적 의미가 무엇인지, 왜 그런 행동을 하였는지, 혹은 어떻게 그리고 언제 개입해야 하는지—이 무엇이든지 이것은 사실이다. 어떤 미술치료사들은 복합적인 질문에 대해 단순한 해답을 찾기 위해 계속해서 애쓰는데, 이는 아직 고유한 창조성을 사용하여 해답을 찾는 것을 편안하게 여기지 않는다는 것을 보여 준다.

새로운 사람을 이해하고 돕는 도전, 즉 어떻게 각 환자를 도와 스스로의 창조적 잠재력을 즐길 수 있게 할 것인지에 대한 도전(창작과정과 삶에서)은 나를 포함한 많은 미술치료사에게 미술치료 작업 시 끊이지 않는 자극과 기쁨을 제공하는 원천이 된다.

물론 사람을 진심으로 좋아하지 않는다면 어떤 치료자도 될 수 없을 것이다. 그러므로 미술치료사는 미술작품에서 일반 현실상황에서 저항하거나 억압할 수 있는 사람들과 관계를 맺는 것을 즐길 수 있는 사람이 되는 것이 필수적이다. 미술치료사는 또한 진심으로, 인간적으로 행동해야 하므로 진실해야 한다. 나는 교육생 한 명과 가족미술평가를 실시하곤 하는데, 평가에 참여한 교육생들의 일관된 의견을 듣고 종종 놀란다. 그들은 "환자와 이렇게 자연스러울 수 있다는 사실을 몰랐습니다."라고 말한다. 치료자는 매력적이거나 자신의 내면을 분출하지 않고서도 환자를 진심으로 다정하게 대할 수 있으며, 치료자 개인의 자아와 연관 있는 치료거리와 중립성을 훌륭하게 유지할 수 있다. 치료자의 자아에 대해서는 앞에서 언급하였듯이, 치료자가 미술치료를 통해 내면세계를 탐험하든 다른 형태의 치료를 받든 가능한 한 자신을 많이 이해하고 아는 것이 중요하다. 이러한 자아인식이 중요한 이유는 부분적으로는 환자의 시기를 경험하지 못하면 완전히 환자와 공감하는 것이 힘들기 때문이고, 이보다 더 중요한 이유로는 치료자의 미해결된 갈등과 같은 끝나지 않은 과업이 무의식적으로 반응하면 치료자는 자신을 '치료를 위한 도구'로 사용할 수 없기 때문이다.

나는 언제 이러한 자기인식 과정을 거치는 것이 가장 좋을지 모르지만 미술치료를 실시할 동안에 치료를 병행하는 것도 도움이 된다고 생각한다. 내가 점차적으로 확신하게 된 것은 공감력과 진정으로 환자와 함께 하는 치료자의 능력을 통해서 미술 창작과정이 진실하게 이루어진다는 사실이다. 그러나 자신 내면의 모든 측면이 진정으로 편안하지 않다면 타인을 깊이 있게 공감할 수 없다.

또한 나는 옳은 지식이 아무리 많다고 해도 그 지식만으로는 훌륭한 치료자가 되기에 불충분하다고 믿는다. 지식 자체도 중요하기는 하나 치료자는 지식에 대한 확신을 가지고 작업현장에서 환자에게 반드시 적용해야 한다. 미술을 통하여 이루어진 뛰어난 치료에서 찾을 수 있는 미술의 효과는 최종적으로 치료자의 기술과 인품에 달려 있다. 성공적인 치료를 위해 자신만의 특별한 방법으로 환자들과 효율적으로 관계를 맺는 치료자가 민감하고 예술적인 방법으로 과학적 지식을 적용할 때만이 많은 양의 과학적 지식이 미술치료를 위해 유용하게 사용될 것이다.

미술치료사가 무엇을 알아야 하는지, 무엇을 믿어야 하는지, 어떤 사람이
되어야 하는지, 이 모든 것에 대해 관심을 가지는 것은 주제인 '예술로서의 미
술치료'에서 벗어나는 것처럼 보이나, 이러한 것들은 미술치료의 기초를 이
루는 것이다. 바람직한 미술치료사라면 반드시 이러한 기초 위에서 기능해야
한다. 이는 시간이 흐른다고 이러한 기초가 되는 것들이 알아진다는 것이나
미리 짜인 행동계획에 따라 순서적으로 배우고 믿고 어떤 사람이 되어야 한다
는 것을 의미하는 것은 아니다. 오히려 개인의 전 생애를 통해 이러한 모든 영
역에서 계속적으로 성장하는 것이 필요하다.

마치 성장하는 사람이 자연스럽게 자신의 가치와 인간으로서의 자신을 확
장하고 깊이 있게 성숙되어 가는 것처럼, 미술과 치료 모두를 배우고 알아가
는 과정은 오랜 시간을 거치면서 확장되고 깊이가 있게 된다. 그러나 치료자
가 기본적인 내용을 알지 못하거나, 인간의 잠재력을 진실로 믿지 못하거나,
올바른 인성과 치료자의 역할을 유지할 수 있는 능력을 지니지 못한다면 참다
운 치료자가 될 수 없을 것이다. 실제로 미술의 효과를 가능하게 하기 위한 조
건들이 있으나, 이러한 효과만으로 좋은 예술품을 만들지 못한다. 적절하게
준비되어 있는 사람이라야 좋은 예술품을 만들 수 있다는 점에서 미술치료사
는 화가가 가지는 예술성 이상이 요구된다.

참고문헌

Reamer, F. G. *Ethical dilemmas in social service.* New York: Columbia University
        Press, 1982.

제3부 미술과 치료의 만남

한의 스트레스를 유발하는 방법을 아는 것이 미술치료사로서 미술자료에 대해서 많이 아는 것이나 인터뷰하는 기술보다 중요하다.

표현을 용이하도록 세팅한다는 것은 환자들로 하여금 덜 불안하고 덜 혼란스럽게 한다는 것은 사실이지만, 그들이 가지고 있는 유아적인 느낌이나 부적절하다고 생각하는 부분을 바라봐야 하는 것에서 파생되는 불안은 덜어지지 않는다. 이러한 염려는 대부분의 청소년과 성인에게서 나타나며, 심지어는 아동이나 기능적으로 쇠퇴한 노인, 질병으로 인하여 자신의 기능이 떨어져 형편없는 작품을 만들었다는 느낌을 가지는 환자, 또는 스스로를 통제하지 못한다고 생각하는 사람에게서 나타난다. 이러한 걱정들은 잘 다루어져야 하고 조심스럽게 지적되어야 하며, 치료상황이 명쾌한 만큼 명쾌하게 다루어져야 한다. 이러한 부분을 개방적으로 다루는 것이 앞으로 진행될 치료에 대하여 보다 편안하게 받아들이는 것이다.

물론 환자들이 가지는 불안이나 한계성 등은 금방 사라지지는 않을 것이다. 미술치료사가 그 문제를 개방적으로 다루고 탐색했다고 해서 그러한 문제점이 즉석에서 사라지게 할 수는 없다. 대부분의 환자의 경우 그들의 문제는 첫 세션에서 해결되지 않고 당분간 그대로 있을 것이다.

이러한 불안감은 치료적인 무대를 세팅하는 것뿐만 아니라 미술치료사의 두 번째 작업이라 할 수 있는 자연스러운 표현의 유도로 세심하게 고려되어야 한다.

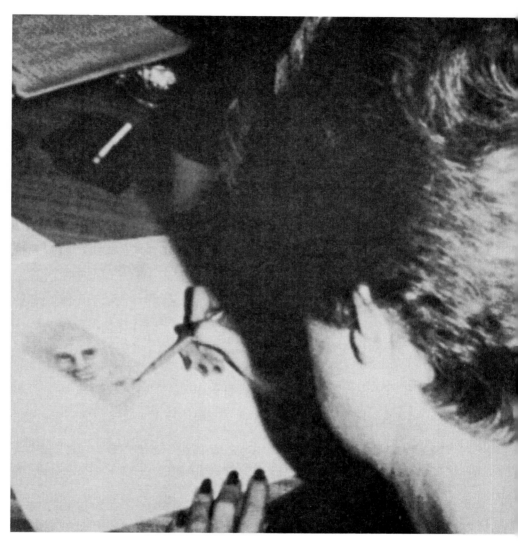

정신병동에 입원한 우울증 환자가 자화상을 그리고 있다.

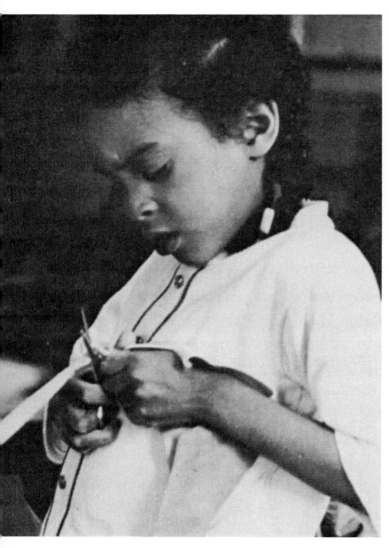

이상적으로 설정된 치료환경은 집중력을 높여 준다.

제8장 치료장소 설정 문제

미술치료를 실시하기 위해서는 적절한 장소가 마련되어야 하므로 미술치료사는 우선적으로 치료를 지원할 수 있는 기관을 찾아야 한다. 치료기관에서 일하는 미술치료사는 치료기관에서의 자신의 처신을 가족이나 집단체계의 구성원과 같은 차원으로 생각해야 한다. 미술치료사가 체제 내부로 들어가 프로그램의 성장과 발달에 도움이 되는 방법으로 에너지를 사용하려면 미술치료에 관한 지식 이상의 것이 요구된다. 가족을 대상으로 치료적인 작업을 할 때와 같이, 미술치료사는 보다 넓은 맥락에서 직원과 프로그램을 현명하게 살필 수 있어야 한다. 일단 그 기관의 가치기준과 세력구조를 파악할 수 있어야 바람직한 방향으로 미술치료 프로그램을 이끌어 갈 수 있기 때문이다. 개인이나 가족을 평가할 때와 마찬가지로 발달적이고 역동적인 시각을 지니는 것은 병원이나 학교와 같은 기관의 체제를 개념화하기 위한 유용한 방법이다.

나는 임상에서 아동을 치료해 오다가 입원환자 병동의 행정 및 임상을 감독하게 되면서 이 두 가지 상황에는 많은 차이점이 있다는 것을 깨달았다. 아동심리치료센터에서 개발했던 프로그램이 정신병원 환자들의 치유방침과 성장을 위해서 그다지 적절하지 않다는 것을 발견한 것이다. 그러나 두 상황의 공통점은 그 모두가 체제의 발달단계, 정신역동, 정신적인 힘 그리고 가치를 이해하는 것과 많은 관계가 있다는 것이다. 치료기관의 문을 열고 들어간다는 것은 현실적으로 환자를 직접 치료하게 된다는 의미가 아닐 수도 있다. 미술치료사는 점진적으로 치료기관의 책임자들과 치료장소, 시간, 재료 및 치료기관 전체와 자신의 관계를 설정해 가면서 적절한 치료 형태를 만들어 가야 한다.

치료에서 실용적으로 타당한 원리는 시설의 변화를 위해서도 도움이 된다. 어떤 변화가 일어나기 위해서는 시간이 필요하다. 그리고 그것이 전체 체제와 통합되는 데에는 훨씬 더 많은 시간이 필요하다. 미술치료사가 현재 이 체제가 어떻게 그리고 왜 기능하는지에 관한 명확한 이해를 하고 있으며, 그 체제의 요구를 결국에는 채워 주게 될 미술치료 프로그램에 대한 확신을 지니고 있다면, 미술치료는 바로 그곳에서 시작하여(치료의 경우 환자가 있는 바로 그곳에서) 목표를 향해 차근차근 접근해 가야 한다. 이때 개인 혹은 집단 치료에서 그렇듯이 기존의 체계에서 나타날 수 있는 저항 또한 다루어야 한다.

미술치료를 시작해도 좋다는 파란불이 일단 켜지면 실제적인 만남을 위한 계획을 세우는 것이 첫 번째로 해야 할 일이다. 상황이 어떠하든 미술치료사는 환자를 의뢰해 올 사람들이나 환자 및 부모와 대화하게 될 것이며, 이때 미술치료자는 개인이나 집단을 만나도록 부탁받는 이유와 미술치료사가 제공할 수 있는 것들에 대해서 환자들이 알아야 하는 것을 미리 이야기해야 한다. 이는 미술치료실 밖에서 미술치료사의 예술적 능력을 필요로 하는 미묘한 사안으로 볼 수 있다. 대상과 상황에 따라 말해야 하는 세부적인 내용은 다르겠지만, 일반적으로 유익하다고 보는 원칙은 사람들이 하는 말을 주의 깊게 듣고 그들이 명백하게 그리고 은연중에 무엇을 요구하는지를 파악하는 것과 불확실한 부분에 대해 분명하고 요령 있게 설명할 수 있어야 한다는 것이다. 첫 번째로 접촉하게 된 사람이 환자나 부모라면, 이는 치료과정의 시작이므로 치료

상황의 첫 만남과 마찬가지로 조심스럽게 다루어져야 한다. 환자를 맡는 것이 적절한지의 여부를 결정하는 것에 연관된 일로 대화를 해야 하는 경우 나는 전화로 대화하는 것을 가능하면 피하려고 하는데, 이는 가능한 한 직접 얼굴을 대면하며 대화하는 것을 선호하기 때문이다.

환자를 의뢰하는 임상전문가와 함께 미술치료 프로그램을 기획해 가는 경우 임상전문가가 환자나 가족에게 필요 없는 말을 할 수도 있으므로 해도 되는 말이 무엇이고 해서는 안 될 말이 무엇인지에 관한 교육이 필요하다. 환자가 자신을 위해 미술치료사와 다른 치료팀 사람들이 어떻게 준비하는지를 안다면 미술치료 방식에 있어서 적어도 초기에는 영향을 미치게 된다. 어떤 상황에서 너무 많은 정보는 환자를 의뢰하는 임상전문가, 부모, 환자에게 혼란과 두려움을 줄 수 있으므로 말을 하고 싶은 경우에도 침묵을 지킬 필요가 있다. 초기단계의 만남에서 치료자는 가능한 한 위협적이지 않고 주의 깊은 태도로 경청하며, 특히 언어의 이면에 담긴 의미를 파악하기 위해 노력해야 하고 가능한 한 많은 초기 협력관계를 형성하도록 해야 한다.

먼저 결정되어야 할 것은 시간과 공간 문제로서 두 경우 모두 현실적인 제약을 가질 수 있다. 일부 미술치료사들은 시간이나 공간의 문제에 관하여 매우 수동적이고 무력감을 가지고 있다. 최적의 것이 아니더라도 만족해야 하는 경우가 있는 것이 사실이지만, 이때 반드시 필요한 최소치에 대하여 자신의 생각을 분명히 갖는 것은 작업할 수 있는 준비를 하는 데에 많은 도움이 된다. 예를 들어, 한 시간 이내에 의미 있는 가족미술평가를 수행하는 것은 솔직히 불가능하고, 한 시간 반이나 두 시간이 주어질 경우 훨씬 더 많은 결실을 거둘 수 있다. 나는 시간을 절약하기 위해 가족의 상호작용 형태를 단순히 한 번 파악하는 방식으로 가족구성원들의 그림들을 벽에 걸어놓고 함께 이야기하는 작업에 동의할 수도 있으나, 30분 동안에 가족미술평가를 실시하는 것에는 동의하지 않을 것이다. 환자를 의뢰한 임상전문인에게 한 번의 작업으로 평가된 가족관계는 다른 구성원들에 의하여 다르게 규정되거나 반박될 수도 있기에,

좀 더 오랜 시간 동안 여러 번 평가하는 것이 더욱 풍부한 내용의 파악과 명료화를 가능하게 한다는 사실을 주지시킬 것이다.

때로는 시간은 덜 중요하거나 융통성이 있는 문제로 보이기도 한다. 그렇지만 이는 중요한 문제다. 개인이나 집단 치료에 소요되는 최적의 시간은 환자의 주의집중 시간, 구성원의 수, 미술치료 활동의 목표 등을 포함하는 여러 관련 변수들에 따라 다를 것이다. 한계가 어떻게 설정되든 설정된 한계에 관해서는 확고해야 하지만, 시간에 대해 개방적이고 융통성 있는 사고를 갖는 것이 가장 좋다. 우리가 알아낸 최근의 경험 중 놀랍게도 정신분열증 입원환자가 창작과정과 그에 따른 토론에 깊이 집중하여 한 세션이 3시간 동안이나 지속된 경우가 있었다. 이 경험은 특정한 대상을 일률적으로 보는 경직된 사고와 기대는 피해야 한다는 사실을 확인하게 했다. 한 세션이 지속되는 시간은 가능한 한 현실적으로 생각되고 계획되어야 한다. 그러나 정신분열증 환자의 경우 집단치료 시간을 점차적으로 증가시키는 것처럼 시간의 변화에 대한 개방성을 필요로 한다. 만남의 빈도 또한 중요하며 융통성과 상상력을 가지고 접근해야 한다. 광범위하고 다양한 입원환자를 대상으로 하는 프로그램을 만들 때 우리는 다양한 시간적 간격(매일에서 매주)을 두고 집단이나 개인을 만나서 치료할 수 있는 기회를 가졌는데, 단기치료의 경우 환자를 매일 만날 수 있으므로 많은 도움이 되었다.

미술치료를 위한 장소를 설정할 때는 사용 가능한 공간의 크기, 위치 그리고 종류를 고려해야 한다. 경우에 따라 한 곳의 혹은 여러 선택 장소가 제공된다. 내가 농아학생들을 상담하기 위해 한 학교에 갔을 때 주어진 공간은 미술치료연구 프로그램을 위해 만들어진 방으로 관리자에게는 최적의 공간으로 보였던 모양이다. 그렇지만 나는 전체 건물을 돌아보다가 일광이 좋고, 편안한 느낌이 들어 개인작업에 적합하며, 물을 사용하기에 용이한 더 적절하다고 생각되는 방을 찾았다. 내가 일하는 정신병원이나 대부분의 정신병동의 경우 미술치료사들이 치료실이라기에는 우스꽝스러운 장소인 부엌에서 작업을 하는 것을 보게 된다. 대부분의 부엌은 큰 원형 탁자와 몇몇 작은 탁자, 훌륭한 조명, 재료와 환자의 창작품 보관을 할 수 있는 커다란 저장고를 갖춘 넓은 방으로 물이 근처에 있어 사용하기 쉽게 되어 있다. 그러나 부엌에는 냉장고, 커피 등 음료수를 공급하기 위한 집기들이 있어서 직원들이 치료시간마다 그것을 치워야 하는 불편함이 있을 수 있는데도 입원환자의 미술치료를 위한 공간으로 선택되었다. 이상적으로 갖추어진 미술 스튜디오를 갖추고 있다 해도 병동 내에서 생활해야 하는 환자는 참여할 수 없다는 점에서 문제가 될 수 있다.

내가 일했던 병원의 스튜디오는 세 명의 미술치료사들이 함께 사용했는데, 각자의 치료 스케줄에 맞추느라 갈등이 있었던 것으로 기억한다. 이러한 사실이 시사하는 것은 미술치료사는 시간뿐 아니라 공간에 관해서도 개방된 태도를 가져야 하며 융통성 있는 사고를 해야 한다는 것, 그러면서도 미술치료사의 최소한의 요구라 할 수 있는 충분한 조명, 작업공간, 보관장소, 미술치료를 위한 시간에 관해서는 확고해야 한다는 것이다.

일단 시간과 공간이 결정되면 미술치료사의 창조적 능력을 드러나게 하는 가장 중요한 '장소 준비'를 하게 된다. 사용 가능한 공간 내에 가구, 이젤 그리고 미술재료들을 실제로 배치한다. 이러한 작업은 신중하고 세션이 바뀔 때에도 가능한 한 일관성 있게 진행되어야 한다. 일반적으로 공간은 환자에게 기대되는 것을 쉽게 할 수 있도록 배치되어야 한다. 각각의 특정한 미술치료를 위한 '장소'를 어떻게 준비할 것인지를 결정할 때는 참여할 환자의 능력(발달수준, 질병 정도 등)과 치료목표를 고려한다. 정돈되어 있으면서도 자극적이고, 안전하게 보이면서도 권유하는 느낌이 드는 환경이 이상적이다. 같은 점토 덩어리나 수채화 물감상자라 하더라도 지저분하고 정리되지 않은 것보다 깨끗하고 정리되어 있는 것이 좀 더 매력적으로 보인다.

다양한 환경에서 많은 미술치료를 관찰해 왔지만, 나는 미술치료사가 작업하는 물리적 환경을 재창조하는 데 좀 더 많은 관심을 보여야 한다고 믿는다. 물론 사려 깊게 공간과 물건들을 배치하여 강한 인상을 주는 경우는 예외가 될 수 있다. 많은 상황에서 미술치료를 하는 공간은 다른 사람들과 함께 사용해야 하는데, 다른 심리치료자들은 마치 물건들이 제자리에 있는지의 여부가 별로 문제가 되지 않는 듯 무관심한 것을 종종 본다. 그러나 미술치료사가 준비하는 장소는 일반적으로 생각하는 것보다 치료상황에서 발생하는 것들에 더 많은 영향을 미친다. 이러한 문제는 치료 후반보다 초반에서 더욱 문제가 된다.

최근에 관찰하였던 치료 세션이 떠오른다. 노인정신병 환자를 대상으로 하는 미술치료사가 4개의 탁자를 붙여서 약 2m 크기의 장방형의 탁자를 만들었다. 그곳에서 각 집단구성원이 서로 쉽게 쳐다보며 상호관계를 맺을 수 있었다는 것에서는 성공적이었다. 그러나 치료자는 탁자 위 8명의 환자 개개인에게 4절지 정도의 큰 종이를 나누어 주었고, 탁자는 종이를 놓기에 충분한 공간이 아니었기 때문에 환자들은 당황하게 되었다. 노인정신병 환자들에게 심각한 문제를 제공한 것이다. 이때 몇몇은 종이를 접어서 이 문제를 해결했으나, 나머지 사람들은 치료 세션 동안 그림 그리려는 노력이 좌절되었던 것으로 기억된다.

이러한 딜레마가 사소하게 들릴 수 있겠지만, 그 미술치료사는 집단구성원에게 재료를 제시하는 것과 환자들이 그림을 그리도록 동기를 유발하는 것에만 깊이 몰두하여 자신이 무의식적으로 환자들을 좌절하게 한 것을 거의 깨닫지 못하였다. 치료자가 적당한 작은 크기의 종이를 제공하였다면 작업공간에 대한 걱정으로 환자들의 창작활동을 좌절시킴으로써 환자를 방해하지 않았을 것이다. 창작에 사용되어야 할 정신적, 육체적 에너지가 불필요하게 낭비되었던 것이다. 에너지가 한정된 환자의 경우 가능하다면 그들이 할 수 있는 한도의 활동을 촉진하는 것은 도움이 되겠지만 에너지가 들어가야 하는 미술활동은 이치에 맞지 않는다. 왜냐하면 미술활동은 에너지를 필요로 하기 때문이다.

공간이 충분할지라도 작업공간 위에 다양한 재료들과 관계없는 물건들이 있어 불필요하게 복잡해진 미술치료 상황을 흔히 관찰할 수 있다. 이런 곳은 환자를 산만하게 만들고, 심지어는 작업의 시작이나 집중을 방해할 수 있다. 만일 미술치료사가 공간과 물품들을 창의적 과업으로 배치하고자 한다면 콜라주 작업 시 어디에 놓을 것인가에 대한 계획을 세우듯 많은 주의와 융통성을 지니고 접근해야 한다. 이러한 배치를 창출하는 질서는 아마도 환자의 창조능력에 중요한 영향력을 미칠 것이다. 촉진적인 환경의 틀은 공간과 재료를 선택할 수 있게 하지만, 동시에 미술활동에 집중할 수 있도록 반드시 정리되고 방해받지 않도록 해야 한다.

　미술치료에 있어서 마련된 장소는 자연스럽게 그 치료의 특징을 반영하게 된다. 독자적인 결정을 증진시키기 위해서 마련된 집단미술치료의 경우 다른 조건이 필요할 것이다. 이때 미술치료사는 집단을 동기유발하여 특정 주제나 활동에 대해 생각할 수 있도록 하기 위해 특별한 과제를 제공하게 된다. 만일 환자가 개인적으로 동조하는 결정을 내리기를 바란다면 깨끗하고 정돈되게 배열하여 환자가 다양한 매체를 사용 가능하도록 해야 하며, 다른 사람에게 개방할 수도 있고 폐쇄할 수도 있는 어질러지지 않은 작업공간이 반드시 있어야 한다. 그러나 미술치료사가 독자적인 의사결정을 위한 동기를 유발시키는 데 환자의 관심과 흥미를 모으고자 하더라도, 적어도 초기에는 같은 테이블에 둘러앉아 주의가 트러지지 않도록 하는 것이 가장 바람직하다.

　치료자로서 환자가 재료를 가지고 작업하는 과정을 자세히 관찰할 필요가 있다면 관찰 가능하도록 공간을 준비하는 것이 이치에 맞다. 위치에 대한 선택권이 있든 없든 치료자의 시야 내에서 앉고 작업하게 한다는 것을 예로 들 수 있다. 만일 가족 내에 있을 수 있는 하위집단과 동료관계에 관한 관찰을 원한다면 공간 내에서 움직임을 허용함으로써 습관적인 상호작용의 유형이 자연스러운 방식으로 나타나도록 하는 것이 도움이 된다. 미술치료에서 동기유발이 필요한 집단을 위해 공간을 준비하는 경우와 작업시간을 제공하기 위해 준비하는 경우는 필요로 하는 것이 매우 다르다. 후자를 목적으로 하는 집단일 경우 처음에 집단구성원들이 탁자 주변에 둘러앉아 과제에 대한 소개를 받은 후 각 구성원에게 원하는 매력적인 작업공간—개인에게 가장 편안하고 창의적인 과정을 만들기 위한 다른 탁자나 이젤이 있는 공간 등—으로 이동하도록 권유하는 것이 좋을 것이다. 반대로 사회화가 집단의 목표 중 가장 우선이라면 작업시간 동안 환자로 하여금 같은 탁자에 모여 있게 하면 작업 중에 나타나게 되는 비공식적인 의사교환을 증진시킬 수 있을 것이다.

물론 미술치료집단에서 논의와 반영을 위한 공간은 동기유발이나 창작활동에 최적인 공간과는 달라야 한다. 이전에 나는 한 동료가 집단을 위해 준비한 멋진 공간을 관찰한 적이 있다. 각 환자들은 우선 벽에 부착된 이젤에서 개별적으로 그림작업을 하였는데, 이러한 공간을 통해 환자들이 최소한의 상호작용만 가능하게 하여 개별작업에의 집중을 촉진하게 했다. 개별작업이 끝났을 때 환자들은 자신의 그림을 가지고 미술치료실 내의 다른 공간으로 이동하였다. 그들은 벽에 그림들을 고정시켜 두고는 벽을 중심으로 반원형을 만들어 편안한 의자에 앉았고, 모두가 모이자 언어화를 위한 시간이 시작되었다.

어떤 경우 창작품을 보고 적절하게 반영하는 상황에 대한 주의와 관심이 놀라울 정도로 부족한 경우가 있다. 개별적으로 그림을 들고 있게 하는 것은 어색하고 좌절감을 불러일으킬 수 있다. 또한 그림을 그린 사람은 타인들에게 자신의 작품을 보여 주는 동안 자신은 볼 수가 없다. 각자의 작품을 독립적으로 타인들에게 보여 주는 것이 토론을 위해 최선이라고 여겨진다면 탁자 옆에 있는 이젤을 사용하는 것이 하나의 해결방법이 될 수 있다. 모든 그림을 동시에 볼 수 있게 하는 것이 보다 생산적이라고 여겨진다면 보다 큰 공간인 움직이는 흑판이나 전시공간 및 게시판 등을 사용하는 것이 더 적합하다. 물론 모든 집단구성원이 작품 모두를 보려면 환자가 앉아 있는 위치를 바꾸어야 할 것이다. 이러한 것들이 불필요한 소동같이 보일 수 있지만 미술치료 세션에서의 치료의 효과는 부분적으로는 이러한 환경의 영향과 그 결과에 있다고 믿는다.

새로운 환자를 위한 공간을 준비할 때 그 환자가 미술치료에 관한 바람과 두려움을 포함한 어떤 기대든지 자유롭게 탐험할 수 있도록 하는 것이 치료장소 선정의 마지막 요소가 된다. 어떻게 미술치료사가 환자들이 상상하는 것을 볼 수 있고, 그들이 생각하는 것에 대해서 적절한 질문을 할 수 있을까? 그들이 하는 질문은 무엇이든지 격려해 주고 이 공간에 있는 이유와 목적이 무엇인지에 대해 지니고 있는 환상을 이끌어 내는 것이 중요하다. 환자들이 상상하는 것을 아는 것이 진단에 도움이 되므로 항상 먼저 환자의 생각을 말해 달라고 부탁하지만, 나는 환자들의 정당한 질문이라고 보는 자신이 왜 여기에 왔으며 앞으로 어떤 일이 생길 것인지에 대해서는 가능한 한 정직하고 개방적으로 대답한다. 미술 평가 혹은 치료의 참여 여부를 결정할 때 환자가 전적으로 참여하지 않았을 경우 이는 매우 중요하다.

미술치료에서 가장 흔히 볼 수 있는 환자들의 불안감은 자신의 미술작업을 통해 미술치료사가 환자 자신이 인식하지 못하는 어떤 것을 '읽을' 수 있을 것이라는 사실이다. 미술작품 해석 시 남들이 만들어 놓은 요령을 그대로 적용하는 방법으로 접근하는 사람들은 이러한 환자의 잘못된 이해를 조장할 수 있다. 사실 환자 자신의 연상에 의한 명료화와 확인 작업이 없다면 환자의 작품을 보는 것만으로는 진정으로 정확한 작품의 '의미'를 알 수 없다. 그러므로 나는 환자들에게 환자가 만든 창작품의 의미를 이해하기 위해서는 치료자와 환자의 협력된 노력이 필요하며, 이러한 이해과정에서 중심역할을 하는 것이 환자의 생각과 연상이라고 말해 준다. 그리고 그림이 상징하는 것에 관하여 내가 알고 있는 것에 부분적으로 근거하며, 환자가 창조한 작품에 대해서 언급한 말에 대해 내가 가지고 있는 모든 견해를 가능한 한 개방적으로 그들과 나눌 것이라고 말한다. 물론 너무 위협적으로 보이는 가설들, 특히 단순히 치료자의 감에 따른 것이라면 환자에게 성급하게 전달되어서는 안 된다. 미술치료사는 환자의 작품을 통해 환자들을 파악하는 능력이 부족함을 솔직하게 말함으로써 환자를 안심시킬 수 있다. 환자의 의구심이나 두려움은 치료자의 노력을 성공적으로 이끌어 갈 수 없게 한다. 물론 환자는 치료자가 모든 해답을 지니고 있기를 기대하고 환자의 그림, 꿈, 정신병적 증상에 깔려 있는 행동의 의미들을 쉽게 이해하도록 바꾸어 줄 것이라고 기대할지도 모른다.

미술치료를 처음 경험하는 환자들에게 나타나는 또 다른 근심은 자신들이 선 하나도 똑바로 그리지 못할 정도로 무능하고 재능이 없다는 것이다. 어린 아동들의 경우 자신이 미술에 재능이 있다고 생각하는 사람들처럼 자신감이 있는 반면, 대부분의 환자들은 자신이 다른 분야에서는 현명하다고 느낄 수도 있지만 사인펜이나 그림붓이나 연필을 손에 쥘 때에는 손재주가 없다거나 스스로 서투르고 우둔하다고 생각하는 것이 보통이다. 이때 이러한 환자의 불안을 밖으로 드러낼 수 있게 하고 익숙하지 않은 방법으로 의사소통을 하는 데 따르는 환자의 어려움을 공감해 주는 것이 중요하다.

미술치료의 유용성은 미술적인 재능에 있는 것이 아니다. 진지한 미술가는 순수하고 자유롭게 시각적으로 표현하는 것이 더 힘들 수도 있다. 그리고 환자 스스로가 미술가로서 적절하지 않다고 느끼는 데서 오는 피할 수 없는 불편함과 자기비판과 이로 인한 자기연민을 이해해야 한다. 이때 치료자는 미술치료에서 미술은 미술 자체에 목적이 있지 않고, 미술은 자신을 좀 더 이해하는 방법 중 하나이며, 창조성을 포함한 자신의 자원이 가지는 능력을 느끼게 하는 하나의 방편이기에 이는 별 문제가 아니라고 정직하게 말할 수 있다. 환자의 연령과 질병을 고려하여 치료자는 창작과정의 필요성과 상징언어(우리가 말로 표현할 수 없는 것을 표현해 주는)로서의 시각적 표현의 가치에 있어서 창작과정의 필요성을 언어로도 설명할 수 있다. 사실 나는 미술치료, 전달(심리치료의 도구와 같이)의 효과에 대한 신념을 가지고 있으므로 내가 지니고 있는 이러한 믿음을 환자들에게 나누어 주는 것을 편안하게 생각한다. 그리고 이러한 차원에서 시각예술에 대한 소질, 기술, 경험은 없어도 된다고 볼 수 있다.

대부분의 환자들은 무력해 보이는 것, 기술이 결핍되어 보이는 것을 두려워하는 반면, 대부분의 성인과 청소년들은 자신이 유치해 보이는 것을 두려워한다. 이와 같이 퇴행으로 향하는 것을 두려워하여 저항하는 환자를 다루는 한 가지 방법은 목탄, 잉크, 아크릴 물감 혹은 석재와 같이 '성숙해' 보이는 재료들을 선택하는 것이다. 만일 미술치료사가 아이들 또한 사용할 수 있는 재료를 제공하고자 한다면 성인용으로 보이고 느껴지도록 재료를 제시하는 것이 도움이 된다. 수성 사인펜의 경우 만화 속의 인물 등이 빙긋 웃는 모습이 그려진 유치하게 포장된 구입 당시의 상자를 그대로 사용하기보다는 '중성적인' 느낌이 드는 상자에 담는 것이 도움이 된다. 또 어떤 미술치료사는 전문 미술가들이 사용하는 상표와 모양의 크레용을 선택하기도 하고, 반대로 어린 시절에 누구나 사용했던 재료를 사용함으로써 재미와 편안함을 느끼게도 한다.

  미술치료사는 활동이 유치해 보여 거부하는 환자들에 한해서는 재료의 선택과 제시를 보다 세심하게 다루어야 한다. 다른 종류의 불안과 같이 미술에서 무엇이 유치해 보이는지와 염려되는 것이 무엇인지를 구체적으로 생각해 보도록 격려하는 것이 도움이 된다. 환자들의 생각과 연상을 이해하고, 퇴행과 잠재적인 통제의 상실로 인한 그들의 불안감에 대해서 공감하고, 창작적 미술작업에서 나타나는 '유치한' 부분이 성숙한 성인이 되는 것과 반드시 대립하는 것은 아님을 설명해 주는 것도 유용하다. 나는 환자의 명랑한 자아, 바보 같은 자아, 심지어 화가 난 자아와 접하는 것을 통해 환자의 모든 개인적인 재료와 감정에 보다 책임감을 갖게 하는 것에 도움을 받는 경우가 종종 있다. 환자의 목표가 자신의 유치한 부분을 없애는 것이든, 자신의 놀이적인 차원에 좀 더 근접하는 것이든, 미술매체와 과정에서 나타나는 퇴행적인 측면은 모두 유용하다. 퇴행이 불안감을 야기시킬 수도 있지만 그렇다고 언제나 불안감을 초래하는 것은 아니다. 환자는 재료와 편안해질수록 퇴행하는 행동을 재미로 느낄 수도 있다.

  일반적으로 초기의 불안에 의해 초래된 저항들을 회피하려 하는 것은 어리석고 근시안적인 안목이며 비치료적인 것이다. 많은 미술치료사들이 종종 시각적 심상(정신적 혹은 미술적)을 언어적인 의사소통 같은 방어 형태로 생각하지 않는 것이 사실이지만, 미술은 여전히 꿈(충동과 억압 간에 형성된 타협)과 같은 것으로 볼 수 있다. 그러므로 그려지거나 조각된 작품의 형태가 방어나 타협 없이 만들어진 것이라고 생각하는 것은 단순한 생각이다. 불안과 저항을 인식하지 않고 환자가 매체를 사용하게 하는 데에 성공하는 것이 훌륭한 치료라고 생각하는 것 또한 단순한 생각이다. 불안과 억압 그리고 그 뒤에 숨어 있는 두려움에도 불구하고 창작을 하도록 강요하지 않고 편안하게 작업을 하게 하면서 이러한 환자의 불안, 억압, 두려움에 주의를 기울인다면 미술치료는 보다 진전될 수 있을 것이다.

　미술치료를 위한 공간 준비의 중요성을 묘사하는 데 이렇게 많은 시간과 에너지를 들이는 것을 의아하게 생각할 수도 있다. 잘 준비된 공간은 일반적으로 예측할 수 있는 불안과 억압을 극복하는 데 일조를 하는 것처럼 미술 평가와 치료를 실질적으로 최대한 가능하게 하고 심리적인 스트레스를 가장 적게 받을 수 있는 상황을 만든다. 이러한 측면에서 미술매체에 대해서 알거나 인터뷰 기술을 가진다는 것은 좋은 미술치료자가 되기 위해서 간과할 수 없는 중요한 부분이다. 치료를 촉진하는 공간을 준비하는 것은 환자가 불안감을 덜 느끼고 덜 혼란스러워하도록 도와준다. 그러나 미술치료를 위한 좋은 공간이 준비되어도 환자 스스로가 부적합해 보인다거나 유치하게 보일 것에 대한 미술치료사의 두려움은 없앨 수 없다. 이러한 환자들의 걱정은 청소년, 성인 심지어 아동들에게서도 거의 대부분 나타난다. 그들 중에는 미술에 대해 긍정적인 생각을 가져야만 하는 사람들도 있고, 장애나 질병으로 인해 수준 이하로 수행할 것을 두려워하거나, 스스로 통제하지 못하는 것을 두려워하거나, 노인 환자들처럼 스스로를 지나치게 규제하는 환자들도 있다. 이러한 환자들의 근심은 미술치료를 위한 장소를 준비하는 것처럼 조심스럽고 명쾌하게 검토되고 처리되어야 하며, 그들의 근심을 후속 작업에서 공개적으로 다루면 조금 더 편안함을 느낄 수 있을 것이다.

　물론 환자가 초기에 가질 수 있는 불안과 억압들은 어느 정도 계속될 것이다. 미술치료사가 그것들을 끄집어내어 개방적으로 다루고 탐색한다고 즉시 없애지는 못한다. 그것들은 대부분의 환자의 경우 치료의 초기뿐 아니라 후반기에 가서도 나타날 것이다. 이런 불안들은 이해되어야 한다. 이는 미술치료를 위한 공간 준비뿐 아니라 미술치료사의 과업으로 가장 중요한 요인인 '자유로운 표현의 유도'를 이해하는 것으로서 다음 장에서 다루게 된다.

미술치료실은 홀로 작업할 수 있되 다른 구성원들과 친밀감을 느끼도록 배치하는 것이 이상적이다.

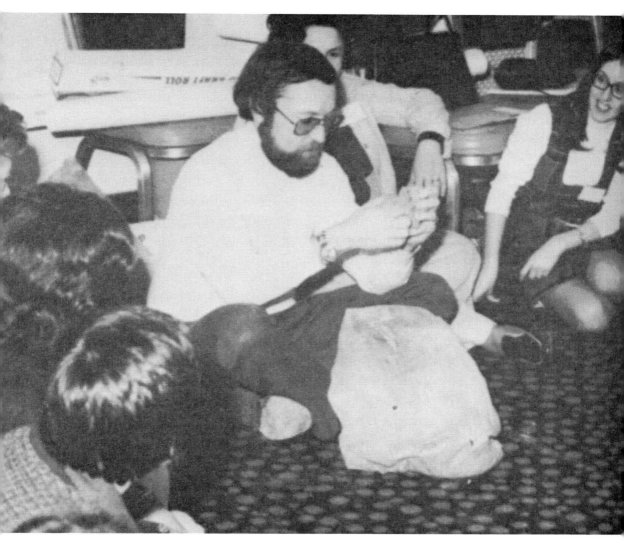

둘러앉아 있는 구성원들에게 큼직한 점토 조각을 차례로 돌리면서 각자가 짧은 시간 동안 만져서 변형시키게 하는 것은 워밍
업으로 좋다.

제9장 자유로운 표현의 유도

개인이나 소집단이 표현을 하거나 표현하도록 자극한다는 사실에는 자유롭게 혹은 특정한 과제를 수행하는 것에 상관없이 무엇인가를 만들도록 한다는 것이 포함된다. 많은 미술치료자들의 가장 어려운 이슈는 특정 세션에서 어떠한 기회, 자극 혹은 과제를 환자에게 제안해야 하는가, 즉 무엇을 할 것인가다.

내 생각에 모든 치료의 순간에 가장 훌륭한 작업이란 가능한 시간과 공간 안에서 특정한 환자에 의해 수행 가능한, 미술치료사가 판단하기에 장·단기간의 목표를 성취하는 데 가장 초점이 잘 맞추어질 수 있는 것을 의미한다. 이외에 도움이 되는 원칙들이 있다면 경제성과 용이함의 원칙으로서 의도하는 목표를 달성하기 위한 (시간과 노력에 있어서) 가장 간단하고 비용이 적게 드는 방식을 말한다. 필요한 것보다 더 많은 재료를 사용하거나, 과제를 더욱 어렵거나 위협적으로 만들 필요는 없다.

미술치료의 일반적인 경향은 사용되는 재료, 과업의 특성, 다른 설명적인 개념(descriptive concept)에 따라 기법들을 분류하는 것이다. 이렇게 분류하여 접근하는 방법 자체는 나쁘지 않으며, 종종 '다양한 예술매체를 사용하는 표현예술 전문가'(Kagan & Lusebrink, 1978)와 몇몇 임상전문가(Furrer, 1982; Paraskevas, 1979; Robbins & Sibley, 1976)가 제시한 활동들을 개념화할 때 도움이 될 수 있다. 그러나 미술치료에서 무엇을 할 것인가를 결정하는 데 필요한 단계의 측면에서, 그리고 최종결정을 하기 위해 고려해야 할 변인들의 측면에서 생각하는 것이 가장 도움을 준다. 무엇을 얼마나 제공할 수 있는지에 영향을 미치게 되는 물리적 공간 구성과 경제적 제한이 존재하고 또 이에 영향을 미치게 되는 특정한 현실적인 제약들(시간, 공간, 가구 등)이 존재하는 것과 유사하게, 활동을 결정할 때도 그 맥락을 구성하게 되는 개념적인 경계와 지침이 존재하게 된다. 가능한 한 명확하게 답변될 필요가 있는 가장 중요한 질문은 미술치료 세션의 목표다. 목표가 명확해지면 무엇을 할 것인지에 대한 창조적인 의사결정을 위해서 필요한 '분류하기'와 각자의 아이디어를 내놓아 최선책을 고르는 창조능력 개발법인 '브레인스토밍(brainstorming)'을 통하여 일정한 방향성을 가지게 한다.

예를 들면, 활동의 목표가 주로 진단하고자 하는 것이라면 치료자는 가장 짧은 시간 안에 원하는 정보를 얻을 가능성을 최대로 바랄 것이다. 그러므로 개인면담을 통해 어떤 사람이 자신의 가족에 대해 어떻게 지각하는지를 알아내려 한다면 다른 어느 주제보다 가족의 초상화를 그리도록 하는 것이 더 의미가 있다.

만약 치료자가 이러한 주제를 확장하기 위해 다른 사람들이 생각한 몇 가지 변형된 방법을 알고 있다면 이러한 요청(가족에 대해 어떻게 지각하는지를 표현)에 응할 수 있게 하기 위해 변형된 방법을 이용할 것이다. 예컨대, 나는 사람의 모습을 그리는 데 불편을 느끼는 사람들에게 퀴아토스카(Kwiatowska, 1978)의 '추상적 가족 초상화(Abstract Family Portrait)'를 종종 권유한다. 또한 그룹 내에서의 상호작용의 성격을 알아보기 위해 번스와 카우프만(Burns & Kaufman,

1970)의 '동적 가족화(Kinetic Family Drawing)'를 권유한다. 또 그리는 것보다 형태를 만드는 것을 좋아하는 사람들에 대해서는 키스(Keyes, 1974)의 아이디어인 '가족 조각(Family Sculpture)'을 이용한다.

또한 환자가 심하게 방어하고 있다는 사실이 감지되어 약간의 위장이 유용할 것 같다고 생각되는 경우에는 동물가족에 대한 아이디어를 제시하거나, 과일의 사용을 제시하거나, 또는 실제적인 묘사와 관념적인 형태의 중간에 존재하는 어떤 다른 범주의 사용을 제시할 것이다. 환자가 어느 정도 선택함으로써(재료, 종이 크기 또는 진흙 색깔) 환자 스스로 가장 편안하게 느끼는 방식으로 작업할 수 있도록 하는 것이 언제나 최선이기는 하지만, 환자에게 제공되는 매체는 이용 가능한 시간과 환자의 특성에 의존하여 정할 수밖에 없다.

더불어 독립적으로 기능하는 환자의 능력을 평가하고 싶다면 선택하라는 것 외에는 지시가 없는 완전한 자유선택 절차가 가장 유용하다. 환자에게 제공되는 선택의 수는 이용 가능한 시간 및 공간과 관계가 있을 것이고, 어느 정도는 그 환자의 연령 및 진단적 분류와 관계가 있을 것이다. 한편 환자가 가족이나 또래집단과 같은 타인들과 어떻게 작업하는지를 평가할 수 있다.

이러한 경우에는 사람들로 하여금 어떤 것을 함께 만들도록 하는 것이 의미가 있을 것이므로 우선 그것에 대해 논의하도록 하고 나서 그룹으로 작업하게 한다. 공간, 크기, 장소, 시간, 매체 혹은 주제 등을 제한하느냐의 여부는 현실적으로 사용 가능한 변수가 무엇인지와 그 그룹을 이해하는 데 중요한 것이 무엇인지에 달려 있다. 매우 실제적인 이유가 있다면 내가 가족미술평가에서 그랬던 것처럼 매체를 지정해 버릴 수도 있다. 예를 들면, 두꺼운 파스텔 등을 사용하면 매우 짧은 시간 내에 넓은 면을 칠할 수 있다. 혹은 그룹이 어떻게 상호작용하는지, 특정한 테마에 어떻게 반응하는지 알고자 한다면 입원환자 그룹에게 병원에 대한 벽화를 그리도록 하는 것처럼 주제를 구체화시킬 수도 있다.

미술치료자가 진단을 통해서 알아내기를 원하는 것이 무엇인지 명확하다면 무엇을 할 것인지를 결정하는 것은 그렇게 어렵지 않다. 환자가 신체기관에 손상을 입었는지 여부를 결정하는 데 목적이 있다면 신경증으로 인한 왜곡된 신체의 이미지를 가졌는지를 알아내는 것과는 다른 종류의 아트인터뷰를 하도록 제안할 것이다. 신체기관의 손상을 입은 경우나 그렇지 않은 경우 면담을 어떻게 할 것인가에 대한 대답은 비구조적인 미술치료 세션에서 찾을 수 있겠지만, 나는 앞에서 제기된 문제들과 관련되어 있는 의미 있는 '자유로운' 과제(신체기관을 모방하여 그리기 혹은 신체 이미지에 대한 자신의 초상화를 그리기와 같은)들과 더불어 몇몇 특정한 과제들을 포함시키고자 한다. 만약 알아내고자 하는 내용이 보다 광범위하고 환자가 겪고 있는 갈등이 무엇인지와 환자가 그것을 어떻게 극복해 내고 있는지를 폭넓은 방식으로 알아내고 싶다면 그때는 비구조화된 아트인터뷰가 적어도 나에게는 가장 최선의 것으로 보인다.

다른 치료자들은 더 구조화된 과제나 진행을 좋아하는 듯 보이며, 또 그러한 더 구조화된 인터뷰가 개인을 다른 사람과 보다 손쉽게 비교할 수 있는 이점이 있는 것을 부정할 수 없다. 그러나 비구조화된 인터뷰를 할수록 그 또한 개인 간의 비교를 가능하게 만들며, 대부분의 환자들에 대해 가장 풍부한 정보를 알아내는 원천이 될 것이다.

중요한 것은 미술치료사들이 스스로의 목적을 위해서건 타인의 요청에 의해서건, 치료의 시작단계이건 진행 도중이건 종료시기건 간에 자신이 알아내길 원하는 것이 무엇인지 명확하게 인식해야 한다는 것이다. 문제가 명확하고 미술치료사가 자신의 지적인 '보물뽑기' 주머니에 다양한 재료에 대한 인식 및 그 사용법과 다른 접근법들과 구별될 수 있는 접근법을 축적했다면, 이제 수중에 있는 진단적 질문에 대해 어떻게 답변할지를 생각하는 것은 정말로 재미나는 일이다. 흔히 그렇듯이 하나의 옳은 해답은 없다. 선택된 해답은 상황에 적절할 뿐 아니라 치료자에게 가장 편안한 매체를 의미한다.

이는 사람들이 생각하는 것 이상으로 매우 중요한 일이다. 왜냐하면 나는 수년간 사람(치료자)들을 관찰하고 훈련시킨 후 그 누구도 자신에게 적절하지 않은 접근방법을 사용할 수 없다는 것을 확신하게 되었다. 선반 위의 옷들처럼 환자의 요구와 직면한 문제에 적절한(맞는 사이즈의) 많은 활동들이 있다. 선택된 활동은 가능한 한 언제든지 실제 작업을 하려고 하는 개별적 미술치료사에게 가장 매력적이고 편안한 활동이어야 한다. 옷의 경우처럼 한 사람은 중요한 다른 사람의 반응에 종종 관심을 갖게 된다. 내가 나에게 어울리면서 내 남편에게 매력적으로 보일 옷을 찾는 것과 마찬가지로, 나는 미술평가나 치료에 있어서 통상 나에게 편안할 뿐만 아니라 일을 진행해 가는 데 필요한 도움을 주는 사람들이 받아들일 수 있는 접근을 사용한다.

　진단에서처럼 치료도 마찬가지다. 치료 또한 치료자 자신의 스타일과 맞지 않는 방식이나 그 치료에 연관된 다른 사람들이 꺼리는 방식으로는 이루어질 수 없다. 필요조건이 갖추어질 경우 치료의 목적이 진단의 목적과 유사하다면 미술치료에서 무엇을 할 것인지에 대해 의사결정을 할 수 있다.

　예를 들면, 긴장을 풀도록 도와주는 것이 목표라면 아마도 플로렌스 케인 (Florence Cane, 1951)이 제시한 접근법인 난화를 그리는 중에 팔과 몸의 움직이기와 같은 방법을 생각해 볼 수 있다. 또는 매체의 관점에서 생각해 본다. 항상 '깨끗한' 재료만을 사용하는 사람에게 페인트나 핑거페인트 혹은 점토 작업을 해 보도록 격려할 수 있다. 그리고 아마도 첫 단계에서는 붓이나 다른 도구를 사용하여 작업하도록 할 수 있다. 환자를 이완시키기 위하여 많은 미술치료사들이 설명한 바 있는 여러 가지 워밍업 활동들을 할 수 있는데(Rubin & Levy, 1975), 신체나 재료를 사용하는 접근법을 고려하는 것에 덧붙여 재미와 긴장완화를 도와줄 수 있는 주제에 대해 고려해 볼 수도 있다.

　미술치료사는 환자의 자아존중감을 증가시키는 것과 같은 또 다른 종류의 목표를 가질 수가 있는데, 이때는 성공할 가능성이 많은 과제나 재료를 선택할 것이다. 그렇다고 이미 그려진 밑그림에 숫자를 따라서 색칠해 나가는 기법, 소조용의 주형, 세트로 만들어져서 지시대로 조합하는 기법, 개인의 감정을 주입하지 않는 기법 등 제한적인 접근법 등을 말하고자 하는 것이 아니다.

그것들은 진정한 의미에서의 예술이 아닐 뿐더러, 부모와 치료팀의 다른 전문
인들에게는 널리 인기가 있지만 다른 사람이 생각해 낸 것을 조립하는 것은
아무리 완성되지 않은 것을 조립하는 것이라 해도 자신이 직접 작업하였을 때
얻을 수 있는 만족감과 자기실현감 같은 감정을 결코 제공할 수 없다.

한편 셀로판지나 티슈페이퍼에서의 자극적이고 신나는 색조와 같이 그 자
체가 본질적으로 아름다운 재료들이 있다. 자르거나 찢어서 하얀 표면에 붙이
는 방법은 '매력적'이라는 말 말고는 표현할 말이 없다. 이들 재료와 유사하
게 신중히 선택한 유성점토는 무엇에 사용하든 무엇을 하든 매력적으로 보이
며, 아름다운 다양한 색상을 가지고 있는 다루기 쉬운 매체이기 때문에 '성공
적인 결과'를 촉진할 수 있다.

만약에 미술치료사와 함께 작업하는 환자들이 다른 사람에게 감명을 주거
나 자기 스스로에 대한 만족감을 느끼기 위해 뭔가 '유용한' 것을 만들 필요가
있다면, 길게 만든 점토의 띠로 쌓아올려 그릇을 만드는 기법(coil pots)이나 넓
적하게 민점토를 적당한 크기로 잘라서 그릇을 만드는 기법(slab pots) 또는 등
고선 등의 곡선을 사용한 그림(contour drawings)과 같이 누구라도 할 수 있는
아주 간단한 테크닉을 가르치는 것이 의미가 있다. 환자가 자신의 능력에 대
해 너무 의기소침해 있어서 심리적인 '버팀목' 같은 것이 필요할 정도라면 작
품 자체보다 자기가 만들어 냈다는 것에 보다 만족스러워할 수 있도록 이끌어
가야 한다.

예컨대, 간단한 흰색 조립식 연이나 실제로 사용할 수 있는 프리스비*는 사
춘기 또래에게 인기가 있다. 게다가 각 청소년들이 장식한 부분은 자신의 개
인적 그림이나 디자인으로서 남아 있게 된다. 나의 환자들에게 매우 인기가
있었던 또 다른 활동 중 하나는 원형으로 자른 특수한 종이에 그림을 그려서

---

* 역자주: 둥근 원반으로 던지면 되돌아오는 레저용 놀이기구.

공장으로 직접 보내어 저렴한 비용으로 접시 닦는 기계에서도 사용 가능한 플라스틱 접시를 만들었던 것이다. 작은 원형 종이에 그림을 그려서 금속배지로 만들어 환자의 가슴에 달 수 있게 하는 것도 유사한 방법이다. 이러한 경우에 모든 미술작품은 언제나 독창적이며 개인에 따라 다양하게 나타난다. 그리고 최종 작품은 언제나 자부심의 근원이 되는데, 그리기나 칠하기에서 찾아보기 힘든 유용성이 있고 그 가치가 있기 때문이다.

미술치료에서의 다른 일반적인 목적은 공격적인 충동과 같은 강한 감정을 표출하거나 풀어내도록 돕는 것이다. 정화(catharsis)만으로는 충분하지 않기에 어떤 감정의 표현을 진정으로 경험하고 그것이 통제될 수 있고 파괴적일 필요가 없다는 것을 발견하면 매우 유용한 경험을 가능하게 한다. 이런 유용한 경험은 부러지지 않고 무거운 압력을 견딜 수 있는 두꺼운 크레용을 사용하거나, 못을 박아 나무로 무엇을 만들거나, 진흙을 바닥에 내리쳐서 어떤 모양을 만드는 것과 같은 공격적 에너지를 필요로 하는 특별한 활동을 제안하는 것 등은 미술치료에서 쉽게 제공될 수 있는 경험이다. 만약 환자가 상징적인 파괴를 안전하게 경험할 필요가 있다면 나무나 종이나 진흙을 자르는 것이 가장 만족스러운 예술활동이 될 수 있다. 그 활동 자체를 위해서가 아니라 어떤 것을 창조하는 일이라는 점에서 그러하다. 혹은 미술치료사는 매체나 과정보다는 주제에 초점을 맞추어서 분노나 싸움에 관한 그림을 그릴 것을 제안할 수도 있다.

또한 억압의 표출이 목적이라면 보다 많은 시간과 정교함을 요구하는 것보다 쉽게 표현할 수 있는 매체를 사용하는 것이 더 효과가 있을 것이다. 하나의 새롭게 창조된 생각에서 다음에 무엇이 떠오르든지 그 생각으로 옮겨가는 심상의 자유연상과 같은 종류의 방법을 제안하는 것도 유용한데, 이때 논리적인 과정(고전적인 심리분석가의 언어적 자유연상에 기초한 과정)과 같은 종류의 어떤 것에 대해서 신경쓰지 않도록 노력한다. 개인이 자아정체감을 발견하도록 돕는 경우에는 비구조화된 매체를 선택하는 것이 개인들에게 필요한 자기 정의와 진정한 자기 확실성을 갖도록 할 가능성이 가장 큰 것으로 여겨진다.

반면에 개인이 다른 사람들과의 관계 속에서의 자신을 스스로 어떻게 인식하고 있는지를 신중하게 생각해 보도록 도와주는 것과 같이 보다 제한되고 초점이 맞추어진 접근법을 요구하는 매우 구체적인 목적을 가질 경우가 있다. 이러한 경우에는 그 순간 그 사람의 삶의 공간에 대한 그림을 그리도록 하는 것이 가장 적절할 것이다. 그리고 환상에 빠진 환자가 현실에 초점을 두도록 돕기 원한다면 환자 앞에 놓인 정물이나 마주보고 있는 환자의 초상화를 그리라고 제안하는 것이 적절하다. 거꾸로 환자의 환각의 내용과 상징성을 더 잘 이해하는 것이 목적이라면 환자에게 환각의 순간에 보거나 듣는 것을 그리라고 할 수 있다.

서로의 의사소통 패턴을 더 잘 인식해 가고 있는 두 사람과 작업하는 데 있어서는 말없이 하나의 종이 위에 함께 그림을 그리게 하고 그러한 과정에서 무엇을 생각하고 느꼈는지를 토의하게 하는 것을 제안할 수 있다. 혹은 치료자가 서로에 대해 잘못 지각하고 있는 부분을 인식하도록 돕기를 원한다면 이젤의 양쪽 끝에서 '개별적으로' 상대를 그리도록 요구할 수 있을 것이다. 그런 다음 상대방이 그린 자신의 초상화를 원하는 대로 수정하고 나서 자신과 상대방이 지각하고 있는 것에 관해서 함께 이야기를 나눈다. 웨이드슨(Wadeson, 1973)에 의해 개발된 기법처럼, 부모가 문제를 일으키는 자녀를 서로 다르게 지각한다고 느낄 경우 부모가 각각 아이를 그리고 나서 서로 비교해 보도록 하는 것이 적절하다.

이 기법의 목적은 자신과 타인에 대한 지각을 변화시키거나 촉진하는 것이 아니라 필요하지만 회피할 수 있는 경험을 하도록 촉진하는 데 있다. 기법들이 유쾌하고 재미있건, 공격성을 개방적이고 직접적으로 표현할 수 있건 간에 환자의 경험을 풍부하게 해 주는 미술매체를 사용하는 많은 활동들이 있다. 이상의 모든 예에서 살펴본 바와 같이 임상가의 마음속에 목적이 분명하면 미술과 치료 및 환자에 대하여 알고 있는 것을 사용하여 적절한 활동을 창조해

낼 수 있다.

만약 치료자가 치료의 특정 순간에 무엇이 필요한지 확신하지 못한다면 어떻게 할 것인가? 환자들이 무엇을 알고 경험할 필요가 있는지를 나 자신이 잘 알고 있다고 확신하지 못하므로 나는 재료와 주제의 선택권을 환자에게 주는 개방적 접근법을 더 선호한다.

내가 특정한 방법을 제안하기로 결정한 경우는 드물었고, 보통은 그 특정한 순간에 진행되는 것에 반응하여 결정했다. 내가 사전계획을 세운 경우는 훨씬 더 드물었고, 환자에 관해 강하게 그러한 필요를 느꼈을 때를 제외하고는 대개는 바로 전의 세션을 기초로 한 것이다.

사전에 계획을 세우는 것은 위험하다. 비록 치료자가 환자들과 오랫동안 작업해 왔다고 하더라도 그 전 작업(세션)에서 만나기 전에는 개인, 가족 또는 그룹이 어디로 갈지 알 수 없기 때문이다. 그러나 내가 도움을 주어도 스스로 시작할 수 없는 환자라면 그 대안으로 내가 마음에 두고 있었던 특정 매체, 주제 혹은 과제를 제안할 수 있다. 위에서 설명한 방법을 사용할 수 없는 경우는 진단을 위한 세션과 시간이 제한된 혹은 주제 중심적인 치료일 경우다. 이러한 두 가지 경우(시간제한 치료, 주제중심 치료)는 치료의 목적이 무엇이든지 발생할 수 있는 더 자연스러운 치료적 상황을 기다리기보다 일관적으로 제한을 하는 것이 그 목적에 초점을 맞출 수 있기 때문에 보다 적절한 방법이다.

우리가 종종 '미술치료기법'이라고 부르는 구조화된 접근방법은 영리하고 창의적이고 무해한 것이지만 환자들로 하여금 자신만의 창의적인 방식을 찾는 것을 방해하거나 진정한 미술경험의 진수를 박탈할 수 있다. 나는 널리 쓰이는 즐겁고 활기를 띠게 하는 여러 가지 기법들이 환자의 능력을 창의적으로, 상호작용적으로 고양시킬 것이라고 믿고 싶다.

그러나 치료의 어떤 시점에서 환자에게 어떤 것이 최상이라고 결정을 내리는 많은 임상전문가들의 오만함에 대해서는 걱정이 된다. 스스로 전지전능하다고 생각하는 일부 미술치료사들 중에서 환자에게 더 많은 선택을 주는 것을 선호해야 할 상황임에도 불구하고 주제와 작업하는 방법을 제한하고 환자에게 최상이 무엇이라는 것을 결정해 주는 유감스러운 경향이 있음을 볼 수 있다.

많은 미술치료사들이 "그것은 우리의 치료영역의 일부가 아닌가? 치료과업들은 미술치료사들의 치료의 자원이 아닌? 의사가 환자에 대하여 심사숙고하여 처방할 책임이 있는 것처럼, 미술치료사도 환자에게 창의적인 활동 중에서 가장 필요하고 적절한 것을 선택할 책임이 있다."라고 말할 것이다. 이러한 처방적인 형태로 행해져 오고 있는 오용된 의학적인 모델을 지지하는 미술치료사들의 태도에는 경악을 금치 못한다.

위에서 말한 것처럼 특정 과제를 선택하거나 창조하는 것이 진단 혹은 치료의 의미에서 매우 좋을 때가 있다. 그러나 미술치료에서 미술의 가치를 승화에 두든지 또는 의사소통 증진에 두든지, 진정한 미술작업을 가능하게 하기 위해서는 환자가 독립적으로 결정하게 하는 것이 우선되어야 한다. 일반적인 상황에서 나는 내가 엄격한 미술치료사라고 생각하지는 않는다. 그러나 나는 환자가 선택할 능력이 있다고 여겨질 때는 언제나 미술과 관련된 개인적인 선택을 하도록 보호하는 것이 중요하다는 사실에 관해서는 꽤 강경하다고 생각한다. 심하게 손상된 환자조차도 올바른 도움을 받으면 자신의 의사결정을 할 수 있었던 즐거운 경험이 있다. 물론 시간제한이나 작업공간 등의 제한 등으로 선택하게 하는 것이 어렵거나 불가능한 때도 있다. 그러나 인간은 누구나, 특히 미술과 같은 개인적인 영역에서는 선택할 권리가 있다는 윤리 문제에 대해서는 확신을 가지고 있다.

미술치료자는 매체, 과제의 특수성과 구조, 개인이 작업에 개입할 수 있는 수준에 따라 많은 선택을 할 수 있다. 그 순간의 주요한 목적이 무엇이든지 그 목적을 성취하기 위해 하나의 매체를 선택한다. 둘 혹은 그 이상의 대안들 중 하나를 개방적으로 선택하도록 하거나 그리기, 칠하기, 만들기 중 한 종류의 재료를 사용하도록 구체화시키거나, 혹은 구체적인 한 가지를 사용하도록 선

정할 수 있다. 또한 주제에 대해서도 유사한 범위의 선택을 하는데, 다소 개방
적인 것일 수도 있고 구체적인 것일 수도 있다. 우리는 감정을 그림으로 표현
하거나 혹은 슬픔이나 분노 등을 설명하라고 요구할 수 있다. 또한 과제를 수
행하는 방법에서도 좀 더 구체적일 수 있다. 예를 들면, 추상적인 형태를 사용
하여 감정을 표현하도록 요구하거나 혹은 감정을 표현하는 모습을 보여 달라
고 요구할 수 있다. 특정한 상황을 위해서라면 매체, 주제 그리고 방식을 결합
하여 하나의 과제로 만들 수 있는 다양한 방법들이 있다. 그 목적은 환자들이
서로 협력하며 작업하도록 돕는 것이다. 그러나 참여하는 어떤 그룹은 심각한
긴장이나 싸움 없이는 토의하고 벽화를 그릴 준비가 되어 있지 않을 것이다.
이럴 때는 집단구성원들이 협력할 수 있는 정도를 결정하고 원하는 목표로 천
천히 그들을 이끄는 것이 필요하다(연속적인 접근방법).

　　예를 들면, 정서장애 청소년들과 함께 작업하기를 원했지만 그러한 기회를
실제로 제공했을 때 그들은 함께 작업할 수 없었다. 그래서 첫 단계로는 각 아
이로 하여금 각각 건물을 그리게 한 후 그것을 잘라서 동시에 배경 위에 놓게
하였다. 그런 다음 개인적으로 만든 집 주위에 순서대로 주변 환경을 그리게
하였다. 그리고는 본질적으로 동일한 방법이지만 3차원 프로젝트로 접근하
여, 아이들은 점토로 동물을 만들고 그것을 두꺼운 마분지 위에 놓고 나중에
사인펜으로 장식하였다. 각 활동에서 어떠한 의견의 불일치에 대해 이야기할
때에도 굉장한 주의를 기울였고, 일부는 침묵 속에 숨어 있는 상처를 드러낸
것으로 볼 수 있는 작업에 대한 최소한의 언어화 현상을 보이기도 했다.

　　다음 단계는 각자가 다른 청소년과 함께 그림을 그리는 것으로서 의사결정
이나 프로젝트 수행과정에서 필요할 때는 성인의 도움을 받았다. 청소년들이
어느 정도 성공적으로 해내었으므로 점점 더 큰 그룹으로 그림을 그리기로 결
정하였는데, 작업과정에 대하여 이야기하는 각 시간에 어떻게 진행되었는지,
어느 부분이 어려웠는지, 그리고 고려할 수 있는 대안으로는 무엇이 있는지
등에 대하여 주의를 기울였다. 여기서의 초점은 결과물이 아닌 팀 구성원들

간의 상호작용이었다. 이러한 작업에 대한 반응은 확고하게 지시를 기억하고 그에 따른 상호작용으로 나타나게 되었다.

충동통제를 제대로 못하는 문제를 일으키는 청소년 4명이 공동 프로젝트를 계획하고 실행할 때, 그들이 함께 작업할 수 있도록 돕기 위해서는 몇 번의 세션이 필요했다. 청소년들은 2차원과 3차원의 결과물을 만들기 위해 그룹작업을 연습하였으며, 일련의 세션이 끝날 무렵에는 많은 것을 배울 수 있었다. 그들은 함께 작업할 수 있었다는 것에 대하여 강한 자부심을 느꼈으며, 치료팀들은 정말로 놀라워하고 감탄하였다. 특히, 청소년들은 정신병동에서 다른 대부분의 상황에 매우 비협조적이었기 때문이었다. 이러한 경우 그들이 배운 것은 미술작업보다는 사회성 증진이었다. 이러한 경험은 관련된 치료대상이 가지는 변인들(이 경우에는 혼란 정도와 협력목표 간의 관계)이 미술치료 현장에서 무엇이 제공되어야 하는가를 결정하는 데에 중요한 영향을 미친다는 것을 보여 준다.

환자에 대하여, 그리고 환자에게 필요한 성장에 대하여 진정으로 이해한다면 이러한 결정을 하는 것은 그렇게 어렵지 않다. 이러한 결정들을 할 때 요구되는 것은 그 순간 환자의 요구와 가장 잘 부합하는 미술활동을 제공하는 것이다. 환자들이 스스로의 힘으로 재료나 주제를 정하게 하기 위해 도와주어야 하는 상황에서도 나는 매체와 주제를 환자가 개방적으로 선택하는 것이 최선이라고 생각한다. 구조화된 과제가 적절할 것으로 보일 때에는 과제를 환자에게 명확하게 격려하는 비위협적인 형태로 제공하면서도 그 과제와 연관된 활동을 선택하고 창조해 내는 것에 대한 즐거움 또한 동반되어야 한다.

미술치료사는 미술과 치료 모두에 관한 풍부한 기초적인 이해가 없이는 무엇을 할 것이며 어떻게 할 것인지에 관한 결정을 할 수가 없다. 그렇지 않다면 다른 사람들이 만든 창작활동을 모방할 수밖에 없는데, 그러한 경우 원래 그 활동의 의도나 자신이 맡고 있는 환자에게 그 활동이 필요한지를 확실하게 이해하지 못한 채 편리하게 모방하고자 하는 유혹에 이끌리게 된다. 물론 다른

사람의 아이디어를 결코 사용하지 말라는 것은 아니다. 다른 사람의 아이디어
가 그 목적이 '진정으로 좋게 봐주려는 것이고 동시에 매우 적절한 것'이라면
사용하라. 원래 계획했던 미술활동 자체가 새로운 치료 맥락에 적합하지 않을
때에는 상황에 맞추기 위해 자유롭게 수정하는 것이 바람직하다. 아마도 창의
적인 미술치료사들에게 가장 즐거운 작업은 자신의 임상작업에서 요구되는
활동에 관련된 아이디어를 만들어 내는 것일 것이다.

　나는 미술치료사들이 이러한 작업을 왜 하는지에 대하여 뚜렷하게 알지 못
하며, 또 환자의 미술표현에서 나타나는 것이 무엇을 의미하며 그것을 어떻게
다루어야 하는지에 대한 명확한 감각이 없이 무턱대고 치료적인 접근을 하는
것은 환자의 권리를 부당하게 침해하는 행위라고 본다. 나는 무엇이 진행되고
있는지에 대하여 치료자가 느끼는 혼란을 감추기 위해서 자극적인 재료와 교
묘하게 구조화된 활동을 사용하는지 염려된다. 종종 환자들이 작업을 시작할
때 도움이 필요하고 어떤 환자들은 다른 환자들보다 더 많은 도움이 필요하다
는 것도 물론 인정한다.

　지체되거나 억압되고 혼란스러운 환자들이 신경증 환자들처럼 자기 동기화
되거나 독립적인 개인이 되기를 기대하는 사람은 아무도 없을 것이다. 그러나
많은 자극적인 기법을 사용함으로써 환자에게 부족한 동기를 다루려고 할 필
요는 없다. 어떤 개인이나 집단의 경우 생산적으로 작업할 수 있기 전에 보다
적극적으로 '시계태엽을 감아야'(Linderman & Heberholz, 1979) 할 필요가 있
다. 그러나 이러한 적극적인 격려가 때때로는 지나치게 과용되는 듯하다.

　최근 정신병원에서 고령의 환자들을 대상으로 한 경험으로 다시 한 번 자기
동기화의 힘을 확신하게 되었다. 고령, 절망, 혼란이라는 매우 실제적인 장애
를 가지고 있더라도 적절하게 자극을 주는 치료단계가 마련되는 경우 가능하
다는 사실을 경험한 것이다.

　여러 달 동안 고령의 환자들을 대상으로 무엇을 사용하고 무엇을 표현하고
어떻게 해야 할지 등에 중점을 둔 구조적인 접근이 필요하다고 생각한 한 미

술치료사는 보다 젊고 독립적인 약물남용 그룹에게 가능했던 작업을 노령환자들에게 동일하게 제공했다면 어떤 일이 일어났을 것인가라는 질문을 받았다. 그 미술치료사는 고령의 환자들이 아무것도 하지 않을 것이라고 했다. 그러나 그녀는 실제로 대부분의 노인환자들이 스스로 선택할 수 있다는 것을 발견했을 때 신선한 충격을 받았다. 다만 그들이 작업을 시작하는 데 있어서 미술치료사로부터 좀 더 많은 도움을 필요로 하였을 뿐이다. 미술치료사가 그들이 필요로 하는 도움을 주었을 때, 그들은 그녀가 세심하게 계획된 구조적인 접근의 세션에서 만들어 낸 작품보다 훨씬 더 고유하고 표현적인 감명을 주는 다양한 작품들을 만들어 냈다.

만약 내가 어떻게 해야 하는 것에 대하여 비중을 가지고 생각하는 것이 있다면 그것은 '유연성'이다. 치료적이고 진단적인 목적을 위해서 사용되는 미술 활동은 개방적인 선택이 최선이라고 확신을 가지고 있으며, 평가 및 단기간의 치료보다 구체적인 과정으로 진행되는 주제 중심의 작업에서도 개방적인 선택을 하도록 함으로써 얻게 되는 이점을 발견하게 된다.

나는 결론을 내리지 않는 방향으로(open-ended) 작업을 진행할 때 매우 드물지만 구체적인 매체, 주제 혹은 과제를 제안하는 것이 진정한 순간을 경험하는 것을 볼 수 있다. 아이디어를 제시하는 데 있어서(개방적이든 구조화되었든) 가장 중요한 것 중 하나는 제시하는 치료자의 자세다. 치료자가 어떻게 환자가 선택하고 작업하도록 초대하느냐에 따라 환자들이 다소 쉽게 따라올 수도 있고 그렇지 않을 수도 있다.

일반적으로 볼 때 작업으로 초대하는 미술치료사의 마음이 편안하고 확신이 있을수록 그것을 받아들이는 환자의 능력이 보다 긍정적이라는 것을 예상할 수 있다. 나는 어떤 사람이나 집단일 경우에도 미술매체를 창조적으로 사용할 수 있다는 신념이 있다. 사람들이 시작하는 것을 돕기 위해, 혹은 의사결정 과정의 단계들을 지나도록 돕기 위해 운전 기어를 여러 번 바꾸는 것이 필요할 수도 있다. 그러나 미술치료사가 모든 사람들이 뭔가 자신에게 맞는 것을 찾을 수 있다는 기대를 가질 때 그러한 것을 찾는 것은 가능할 수 있다. 여기에서 보다 중요한 것은 그것(창조적으로 매체를 사용함)이 빨리 일어나야 한다는 압박을 느낄 필요가 없으며, 그룹이나 개인 환자들은 종종 자기 자신에 몰두하기 전에 상당한 시간을 관찰하고 말하고 방을 둘러보고 다른 사람을 바라보는 데 사용한다.

　이러한 순간에 나는 종종 얼룩덜룩한 피리(Pied Piper) 접근법[5]을 적용하는데, 이 방법은 나 자신을 모델로 사용하여 나 자신이 분명한 즐거움을 가지고 작업함으로써 다른 사람들을 창조활동에 참여시키기 위해 시도하는 기법이다. 나는 다른 사람들이 내가 선택한 재료를 사용하게 하기 위해 말로 요청한 적은 거의 없다. 단지 환자들이 재료에 접근하기 쉬운지를 확인하는데, 나의 활동 자체가 충분한 자극인 것 같다. 작업을 하는 환자가 순종적인지, 경쟁적인지, 혹은 모든 모방적인 태도를 지녔는지는 문제가 되지 않는다. 미술치료에서 치료자가 예술적인 자아(artistic-self)를 사용하는 가장 유용한 방법은 환자의 표현을 불러내는 것이다. 환자에게 무엇을 요구하는지를 명확히 하는 것은 중요하다. 그러므로 일단 무엇을 할 것인지 말하고 나서 환자들이 할 것인지 하지 않을 것인지를 물은 후, 만약 시작하는 것을 어려워한다면 도움을 제공한다. 비록 진단적인 혹은 치료적인 목적으로 인해 덜 지원적인 구조로 이끈다 하더라도 환자들이 작업을 시작하는 것을 불필요하게 그리고 어렵게 만들어서 얻어지는 것은 거의 없다. 미술치료사는 언제나, 특히 과제가 꽤 위협적인 것일 때 도움을 줄 수 있다. 과제나 주제를 제시하는 것은 가능한 한 쉬운

---

5) 옛날에 쥐떼들에 의하여 괴롭힘을 당하는 마을이 있었다. 어느 날 피리 부는 사람이 나타나서 피리를 불자 쥐들이 모여들었고, 그가 숲 속으로 들어가자 모두 그의 뒤를 따라 숲 속으로 사라졌다. 그런데 마을사람들이 주겠다던 선물을 주지 않자, 피리 부는 사람은 같은 방법으로 마을의 어린이들을 숲 속으로 사라지게 했다는 민담에서 유래된 표현이다. 이는 미술치료에서 치료대상을 참여시키기 위한 방법으로 뭔가 앞장서서 해 보이는 기법이라는 의미를 가지고 있다.

미술적인 방법으로 이루어질 수 있는데, 그렇게 하려면 시간과 생각하는 것이
필요하다. 내 생각에는 미술적인 방법으로 과제, 주제를 제시하는 것은 매체
와 작업공간을 창출하고 환자의 관심을 끄는 것과 같다고 본다. 이러한 작업
은 환자로 하여금 창조적인 표현을 하게 하기 위한 미술치료사의 역할 중 한
부분이라 할 것이다.

물론 그것은 창조과정의 시작일 뿐이다. 공간을 준비하고 무엇을 할 것인지
를 결정하고 사람들이 시작하도록 돕는 것은 미술치료의 중요한 핵심을 시작
하는 데 필요한 일이다. 미술치료가 개인적으로 이루어지든 집단 차원에서 이
루어지든 간에 미술치료사의 존재가 미술가(환자)들이 재료 사용 중에 창의적
인 자기 발언을 하도록 하기 위한 중요하고 결정적인 역할을 하기에 자신의
위치를 지키는 것 또한 매우 중요하다.

세션이 진행되는 과정에서 시시각각으로 변화해야 하는 미술치료사의 역
할의 복합성, 그에 따르는 과제를 바꾸고 변화시키기 위해서는 '적절한 표현
을 유지'할 수 있는 능력이 요구된다. 이에 관한 주제는 다음 장에서 다룰 것
이다.

참고문헌

Burns, R. C., & Kaufman, S. H. *Kinetic family drawings.* New York: Brunner/Mazel, 1970.

Cane, F. *The artist in each of us.* New York: Pantheon Books, 1951.

Furrer, P. J. *Art therapy activities and lesson plans for individuals and groups.* Springfield, IL: Charles C Thomas, 1982.

Kagin, S., & Lusebrink, V. Expressive therapies continuum. *Art psychotherapy,* 1978, *5,* 171−180.

Keyes, M. F. *The inward journey: Art as therapy for you.* Millbrae, CA: Celestial Arts, 1974.

Kwiatkowska, H. Y. *Family therapy and evaluation through art.* Springfield, IL: Charles C Thomas, 1978.

Linderman, E. W., & Heberholz, D. W. *Developing artistic and perceptual awareness* (4th ed.). Dubuque, IA: William C. Brown, 1979.

Paraskevas, C. B. *A structural approach to art therapy methods.* New York: Collegium, 1979.

Robbins, A., & Sibley, L. B. *Creative art therapy.* New York: Brunner/Mazel, 1976.

Rubin, J. A., & Levy, P. Art−awareness: A method for working with groups. *Group psychotherapy and psychodrama,* 1975, *28,* 108−117.

Wadeson, H. S. Art techniques used in conjoint material therapy. *American Journal of Art Therapy,* 1973, *12,* 147−164.

뇌성마비로 신체지체자이자 시각장애인 소년에게 자투리 나뭇조각과 풀이 제공
되었을 때 침체되어 있던 에너지가 풀려 나오는 놀라운 반응을 보였다.

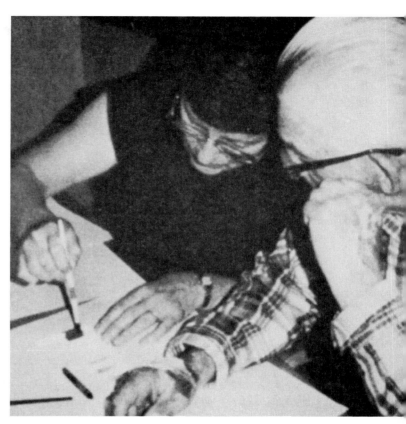

양로원에서 일하는 미술치료사가 한 노인환자가 원하는 색깔을 섞는 방법을 가르치고 있다.

제10장 적절한 표현 유지하기

적절한 표현을 지원하고 유지하기 위한 치료자의 작업은 환자가 작업을 시작하는 순간부터 끝마칠 때까지 계속되어야 한다. 창작작업을 언제 시작하고 언제 끝마칠 것인가를 결정하는 동안 환자는 어느 정도 독립적이 되는 경험을 한다고 가정할 수 있다. 창작작업을 할 수 있는 개인에게는 공간이나 시간에 의한 제한을 받지 않고 자율적으로 작업하는 것이 필요하다. 어떤 미술치료사는 조용히 앉아서 환자를 관찰하고 있는 것만으로는 자신의 역할을 완수하지 못한다고 느끼는 듯하다. 그러나 치료자들이 환자의 얼굴표정이나 신체적인 언어 그리고 창작과정을 주의 깊게 관찰하는 것에 편안해질 수 있게 되면 많은 정보를 얻어낼 수 있다.

관찰할 것이 너무 많으므로 모든 것을 상세히 관찰할 수는 없다 해도 각 개인이 미술매체와 대면할 때 연출하는 독특한 분위기는 개인 또는 집단을 파악하는 것에 도움이 된다. 개인이 어떻게 매체를 선정하고 선택한 재료들로 어떻게 작업을 시작하는지는 관찰을 통해 알 수 있다. 관찰해야 할 내용으로는 다음과 같은 것들이 있다. 환자가 천천히 조심스럽게 시작하는가 곧바로 시작하는가? 금방 시작한다면 그것이 충동적인 것인가 의도적인 것인가? 선택적으로 재료를 사용하는가, 우연히 사용하는 것처럼 보이는가? 무엇인가를 만들때 의도적인 것처럼 보이는가, 재료를 조작하는 것 자체에 더 흥미를 느끼는가? 환자의 몰입하는 정도와 이러한 몰입이 시간이 경과함에 따라 어떻게 변하는가? 주위 환경이나 다른 사람에 대해서 관심을 보이는가, 자신의 생각에 빠져 있는 듯 보이는가? 관심의 집중도가 얼마나 높으며 얼마나 오래 지속되는가? 주의가 산만한 것 같다면 언제 그리고 무엇 때문에 산만한 것 같은가?미술작업이 인정받기 위해서인 것 같은가, 사회적 접촉을 갖기 위해서인가, 또는 그 자체가 목적인 것 같은가?

환자가 창작하는 동안 치료자는 환자의 작업속도와 재료의 조작 그리고 신체의 움직임과 언어화하는 데 소요되는 에너지의 수준을 관찰할 수 있다. 작업속도에 있어서 관찰해야 할 내용으로는 시간이 경과함에 따라 환자의 작업속도에 변화가 있었다면 어떻게 변했는가, 작업과정에서 점진적으로 더 자유로워지는가 혹은 자유롭게 시작하여 점차 통제적이 되는가, 작업 전반과 동일한 방법에 머물러 있는가, 작업과정에서 신체 움직임과 언어 혹은 분위기에서 어떤 변화가 있는가 등을 들 수 있다.

환자가 재료를 사용할 때 환자의 신체동작에 대한 관찰내용으로는 그의 동작이 자유로운가, 긴장되어 있는가, 조심스러운가 혹은 조심스럽지 않는가, 재료를 사용할 때 동작의 폭이 큰가 작은가, 갑작스러운가 부드러운가, 확실한가 확실치 않은가, 경직되었는가 이완되어 있는가, 일관적인가 일관적이지 않은가, 느린가 빠른가 등을 들 수 있다.

작업하는 동안 환자가 하는 말에 대한 관찰내용으로는 어떤 음성의 톤을 사용하며 발음은 분명한가, 미술치료사나 다른 환자 또는 자신 중 누구와 이야기하는가 등 언뜻 보기에는 관련없는 듯해도 작업하는 동안 하는 자발적인 이야기에 주목해야 한다. 그것은 환자가 하고 있는 작업과 반드시 연관되기 때문이다. 만약 환자가 작업하는 동안 결과물이나 그 과정에 대해서 묘사하거나 이야기하고자 한다면 존중하고 그의 창조적인 작업공간에 끼어들지 않도록 주의하면서 경청한다. 환자가 무엇을 거부하고 어떤 재료를 선호하는지를 관찰하고 최종 작품에 이르는 전 과정을 가능한 한 가까운 곳에서 지켜보는 것이 환자와 그의 예술 모두를 이해하는 데 중요하다.

창작과정에서 드러난 환자의 메시지가 작품을 완성하는 것이 중요하지 않다고 판단된 경우 완성하지 않아도 좋은 점토나 핑거페인팅과 같은 허용하는 재료 혹은 덧칠할 수 있는 재료(템페라 페인트)를 사용하게 되는데, 특히 이러한 상황에서는 창작과정을 관찰하는 것이 더욱 중요하다.

미술작업 과정 동안 관찰을 하면서 개입할 경우가 있는데, 지나친 개입은 창작과정을 방해하기 때문에 환자가 언어적으로든 비언어적으로든 도움을 요청하지 않는 한 자제하는 것이 좋다. 그것도 환자가 스스로 그 답을 발견하도록 도울 수 있다면 이상적이다. 미술치료사에게 요구되는 것은 환자가 문제나 해결책을 발견할 수 있도록 이끌어 주는 것이다. 만일 환자가 자신의 그림이 전체적으로 균형 있게 느껴지는지를 알고 싶어 한다면 그림의 위아래를 돌려주는 것과 같은 비언어적인 개입이 필요할 수도 있고, 환자로 하여금 새로운 것을 인식하도록 도와주는 코멘트나 질문 등의 언어적 개입이 필요할 수도 있다. 예를 들면, 어떤 환자는 '잘못 그렸다' 혹은 '좋게 보이지 않는다' 와 같이 자신의 작업에 대해 절망이나 좌절을 표현할 수도 있다. 이때 미술치료사는 환자가 그렇게 생각하는 좌절의 원인을 명확히 하도록 도울 필요가 있다. 미술치료사는 환자가 자신이 한 작업에서 무엇이 마음에 들지 않는지를 가능한 한 구체적으로 말하도록 요구할 수 있다. 환자의 마음에 들지 않는 것이 드러나면 미술치료사는 환자로 하여금 그 문제를 제거할 수 있는 최선의 방법을 결정하는 것을 가능하게 하는 질문이나 행동을 할 수 있다.

미술재료를 사용하는 요령에 있어서 미술치료사는 환자보다 더 많이 알고 있다고 가정할 수 있다. 그것을 알려 준다면 환자의 창작작업이 훨씬 용이할 것이라는 것을 알면서도 알려 주지 않는 것은 비인간적인 것처럼 보인다. 진정으로 환자를 예술가로서 존중하는 마음이 있다면 사용방법에 대한 가르침이 지시가 아닌 하나의 선택으로 제공되어야 할 것이다. 만약 환자가 특정 재료나 방법을 사용할 때 성공적인 작업의 기회가 최소화된다는 것을 미술치료사가 알고 있는 경우 환자에게 더 작은 붓이나 더 강력한 접착제를 사용하라고 요청한다. 그러나 환자가 작업과정이나 또 다른 부분을 통해 올 수 있는 가능한 결과를 알도록 하는 것은 미술치료사의 책임이며, 환자 스스로 최종 결정을 내리도록 허용하는 것 또한 중요하다. 이는 마치 부모가 자녀를 고통 자체로부터 보호할 수 없는 것과 같이 치료자와 환자의 경우도 마찬가지다. 자녀가 스스로 독립적이고 자유롭게 변화하려면 어떤 고통을 확실하게 경험하도록 하는 것이 궁극적으로 더욱 유용한 것이다. 미술치료의 기술적 방법에 연관해서 치료자와 환자 간에 진행되는 것은 실제 생활에서 얻게 되는 경험과 흡사하다. 그러나 이러한 치료적인 경험은 환자가 안전하게 미술치료사가 제안한 방법을 받아들였거나, 다른 방법을 사용하는 것으로 반응하였을 때 무슨 일이 발생할 수 있는지를 환자가 편안하게 탐색할 수 있는 보호된 상황에서만 발생한다.

　다른 사람의 창작활동을 촉진시키는 것은 간단한 작업이 아니다. 능동적 혹은 수동적으로 행동할 것인지, 신체적으로나 심리적으로 가까워야 할 것인지 거리를 둘 것인지, 얼마나 따뜻하게 혹은 냉정하게 행동할 것인지, 코멘트를 할 것인지 조용히 있을 것인지, 바라볼 것인지 바라보지 않을 것인지 등은 임상작업에서 순간마다 이루어져야 하는 어려운 결정들이다. 언제 어떻게 개입할 것인가에 관한 결정을 할 때는 예술적인 태도뿐만 아니라 지식 또한 필요하다. 이러한 종류의 결정을 하는 데 예술과 치료에 관한 지식은 필수적이며, 특히 환자가 적절한 목표를 이해하도록 하는 데는 더욱 그러하다. 직관만으로는 부족하고 미술과 치료에 대한 지식을 자신의 한 부분으로 통합시켜 자연스럽게 사용할 수 있어야 한다. 임상적인 지식을 포함하고 있는 직관은 충동적인 직관과는 아주 다르다.

개인의 본질이 주도적으로 행해졌든, 외부 요청에 의한 반응으로 행해졌든 간에 환자의 예술성을 촉진하는 것은 일반적으로 환자 스스로를 지지해 주는 소위 말하는 보조자아를 제공해 주는 것이다. 미술치료사가 환자의 창조하고 자 하는 의도를 사실화시키는 데 도움을 준다고 느껴질 때, 이는 곧 치료자의 자아(지식과 계획하는 능력)를 환자에게 대여해 주는 것을 의미한다. 이렇게 미 술치료사의 자아를 대여해 주는 것은 선택사항일 수도 있으나, 장애를 가졌거 나 정신병 환자에게는 필수적이다. 환자가 스스로 기능할 능력이 있거나 혼자 서 생각하고 행동하기 위해 약간의 도움만이 필요한 경우에는 치료자가 주도 하거나 환자를 위해 대신 작업해 주는 것은 바람직하지 않다. 환자의 자아가 심한 손상을 받은 듯이 보이더라도 개개인의 선택과 예술적 기호를 존중하는 것이 중요하다. 이러한 태도는 타인에 대한 존중을 반영해 주는 것이기 때문 이다. 이와 같은 태도는 다른 종류의 순수 예술작업 과정에서도 마찬가지다. 이는 미술이 치료의 도구 혹은 치료에서의 대화수단이라는 사실을 믿든 믿지 않든 사실이다. 미술작품과 작업이 진실될수록 그것은 진정한 승화 혹은 정직 한 의사소통이 가능하다는 것을 입증한다.

작업과정의 처음부터 끝까지 미술치료사가 지켜야 할 치료의 원칙은 '최소 한 개입하라.'다. 이 말을 정신건강 분야와 특수교육 분야의 용어로 바꾸면 '최소한으로 제한된 치료환경'을 의미한다. 이 말은 특정 개인이나 단체에 대 해서는 가장 촉진적인 개입과 환경을 제공해야만 한다는 의미를 포함하고 있 다. 그러기 위해서는 기술, 예술적 재능 그리고 최소한의 제한과 개입으로 환 자의 창의적 노력을 도와줄 수 있는 재치가 필요하다. 아마도 가장 필요한 것 은 모성의 눈으로 바라보는 말없는 눈빛이나 환자의 작업 자체에 대해서 그리 고 작업과정 동안 환자의 모든 행동을 인정해 주는 치료자의 코멘트일 것이 다. 때때로 환자가 명백하게 혹은 모호하게 도움을 요청할 때 좀 더 적극적인 도움을 제공하는 것이 필요하다.

그렇지만 상황이 위협적으로 되어 걷잡을 수 없게 되면 치료자는 환자의 행동이나 말에 제한을 가하기 위해, 그리고 통제력을 상실하고 있는 환자가 다시 스스로를 통제하도록 돕기 위해 요청이 없더라도 개입할 필요가 있다. 이러한 종류의 개입은 최소한으로 제한된 것이어야 한다. 어떤 미술치료사는 단지 한 번 슬쩍 봄으로써, 어떤 하나의 행동이나 몇 마디의 부드러운 말로써 문제를 해결할 수 있고, 상황에 따라서는 미술치료사가 더욱 적극적인 방법으로 주도권을 잡을 필요가 있다. 미술치료사는 어떤 제한을 설정하고 실행하고 있더라도 제한적인 것같이 보일 필요가 없다. 환자가 자유롭게 기능하기 위한 개념적인 틀의 재설정도 같은 시각으로 볼 수 있다. 미술치료사가 침묵을 지키든 능동적인 주장을 하든, 환자들이 미술경험 모두를 하도록 돕기 위해서 미술치료사는 스스로 경험해 본 것을 사용해야 한다. 맥락으로 시행되는 이러한 미술치료 세션은 모든 순간을 주의 깊게 관찰해야 하므로 치료자가 치료장소를 떠나서는 안 된다.

미술치료사가 치료적인 개입을 할 때는 적절하게 개입하는 것뿐 아니라 예술적으로 개입해야 한다. 미술치료사의 독창성은 단순한 능력과는 구분되며, 개입하는 방법의 문제보다 내용의 문제다. 미술치료사들이 많은 실수를 하면서도 여전히 환자들을 도울 수 있는 이유는 그 태도에서 도와주고자 하는 진실한 소망이 전달되기 때문이다.

작업과정에서 미술치료사의 행동은 치료의 성공 여부에 결정적인 영향을 미치지만, 보통 그것은 기법의 논의과정에서 무시되거나 최소화된다. 미술치료의 각 단계에 따라 시작단계(적절한 표현 일깨우기)와 마지막 단계(되새겨 보기)에는 많은 관심을 가지지만, 중간단계에서는 무엇이 진행되는지에 대해서 종종 갈피를 못 잡는다.

사실상 개입을 할 수 있는 가능성의 범위는 매우 커서 일반화하기는 어렵다. 미술치료사가 개인이나 가족 및 집단을 대할 때 무엇을 어떻게 개입하느냐는 무한하게 많은 변수에 따라 다르므로 간단하게 나열하기 힘들다. 치료장소의 설정과 표현을 불러일으키기 위해 무엇이 적절한가에 대해 생각하는 것은 치료에 있어서 미술표현을 촉진시키는 작업과도 관련이 있다. 즉, 미술치료사는 목표를 향하여 치료가 진행되게 하기 위해 특정 환자나 집단에게 특정 순간에 적절하게 개입해야 한다. 그리고 개입은 최소한의 제한된 원리에 따라 미술치료사가 장기적인 목표는 물론이고 단기적 또는 그 순간에 도달할 수 있는 목표를 설정하는 등 치밀하고 정교하게 시행되어야 한다.

환자로 하여금 자신의 욕구로부터 놓여나게 하는 것이 항상 필요하다. 이러한 과업은 환자가 자기 인식의 단계에 도달하게 되면 쉽게 완수될 수 있다. 또한 계속적으로 자기 감시를 하는 것도 필요하다. 완성된 작품을 보기를 원하는 미술치료사 자신의 필요로 인해 환자가 자유롭게 미술매체를 사용하는 것을 방해하지 않는 것이 중요하다. 이렇게 해서 만들어진 것은 창작품이라기보다는 조작된 것, 심지어는 파괴를 의미할 수 있다. 예술가에게 조용히 앉아서 작품의 형태가 허물어지기 시작하는 것을 지켜본다는 것은 쉽지 않다. 이런 경우 나는 개입하는 경우도 있었지만 개입하지 않는 경우가 많았는데, 나의 예술가적 자아보다는 치료자적 자아가 더 강하게 작용한 때라 하겠다.

크레머(Kramer, 1958)가 말했듯이 미술치료사는 예술가, 치료자, 교사가 하나로 통합되는 능력을 가지고 있다. 미술치료사의 작업과정에서 중요한 것은 치료자가 자신의 이 세 가지 능력에서 어떤 측면을 가장 많이 사용하느냐를 아는 것이다. 내가 선호하는 것은 유연성이다. 대부분의 경우 미술치료사의 마음은 승화로서의 미술을 강조하다가 의사소통으로서의 미술을 강조하는 것으로 움직인다고 확신하고 있는데, 때로는 한 세션에서 이런 변화가 일어나기도 하고 시간적인 간격을 두고 나타나기도 한다. 나는 환자가 의미 있는 작품을 만들 때에는 교사적 자아를 좀 더 많이 사용하게 되고, 작품 속에 내재되어 있는 의미를 이해하고자 할 때는 치료자적 자아가 더 많이 사용된다고 본다. 나는 나의 예술가적 자아가 환자의 창작작업을 촉진하고 반응하는 데 쓰이기를 바란다.

미술치료사는 예술가적 자아를 미술치료에서 다양한 방법으로 사용할 수 있다. 아마도 가장 중요한 것은 첫 의사결정 순간부터 여러 차례의 기복을 거쳐 환자가 작업을 '마쳤다'고 느낄 때까지의 창작과정을 통해 환자가 경험하는 것에 대해 공감하는 것이다. 미술재료에 대한 장에서 살펴보았듯이, 미술치료에서 치료자의 환자에 대한 공감능력은 환자에게 제공한 모든 재료들을 치료자가 직접 작업해 봄으로써 환자가 사용한 각 재료, 도구, 과정의 특성들을 경험하여 환자의 의도를 순수하게 느낄 수 있게 되는 것을 의미한다. 훌륭한 미술치료사가 되기 위해서 전시회를 열 정도의 예술가여야 할 필요는 없지만, 기분전환이나 좀 더 진지한 목표를 위해 자신의 삶에서 어느 정도의 시간과 공간을 할애하여 재료를 사용하여 작업해 보는 것이 필요하다.

특정 환자나 집단(치료팀을 포함하여)에게 미술치료사가 경험하게 되는 것을 반영하는 도구로서 예술가적 자아를 사용하는 것도 도움이 된다. 개인에게 일어난 감정이나 환상을 나타내기 위해 미술매체를 사용하는 것은 개인의 내적 경험을 반영하는 가장 강력한 방법이다. 미술치료사가 환자나 집단에게 반응할 때는 자신의 역전이반응을 감지하든 그렇지 않든 환자나 집단으로 인해 자극되는 것과 접촉을 유지하기 위해 끊임없이 노력해야 한다. 이는 좀 더 나아가 자기 인식의 근원일 뿐 아니라 자신이 함께 작업하는 사람들을 더 잘 이해하게 하는 근원이기도 하다. 미술치료사가 물감, 분필, 진흙을 사용하느냐 종이를 잘라서 쓰느냐의 문제는 중요하지 않다. 중요한 것은 자신을 이해하는 수단으로 예술가적 자아를 포함하여 자신의 다양한 측면을 사용하는 것이다.

아마도 미술치료에 있어서 예술가적 자아는 하나 혹은 다른 목적을 위해 환자와 함께 매체를 사용할 때 가장 흔하게 나타난다. 환자와 함께 재료를 선택하여 작업을 하는 또 다른 이유는 환자 자신이 관찰되는 것을 덜 의식하게 하기 위해서다. 이러한 목적으로 환자에게 기법을 보여 주는 다른 한 가지 방법으로는 '낙서'를 들 수 있다. 마음 내키지 않아 하는 환자와의 상호작용을 증진시키기 위해서, 혹은 평가작업에서 가족구성원이 불편함을 덜 느끼도록 하기 위해서 계속 낙서를 할 때도 있다. 유사한 이유로 환자가 선택한 재료를 손으로 다루어 보기도 하는데, 이는 재료 사용을 자극하거나 가능한 사용방법을 보여 주는 것뿐 아니라 많은 환자가 작업하는 동안 치료자가 앉아서 자신을 지켜볼 때 느끼는 긴장을 완화시켜 주기 위해서다.

미술치료사가 자신의 예술가적 자아를 사용하는 또 다른 방법은 실제로 환자와 함께 하나의 그림을 그리거나 조각하는 것이다. 환자와 함께 작업하는 것으로 심하게 억압된 미술치료사들과 위축된 환자들이 비언어적인 대화를 할 수 있게 된다. 내 경험 중 그림을 통한 대화에서 개입을 원했던 유일한 사례는 선택적인 함묵증(selective mutism) 환자와 작업을 할 때였다. 그녀의 강한 저항에도 불구하고 나는 환자와 연결하기 위한 개입을 원했다. 그리고 이 환자는 나에게 그녀의 자화상을 몇 장 그리고 싶다는 강한 충동을 느끼게 했는데, 아마도 그 확실하게 규정 지을 수 없는 충동은 그녀와의 연결을 원했던 나의 무의식적인 시도였을 것이다.

해석을 명료화하기 위해 나는 가끔 환자가 환자와 치료자 사이에 벽을 놓았거나 분리된 공간에 환자 자신을 가두어 버린 모습의 그림을 그려 보여 주기도 한다. 가족이 미술치료에 참여할 때는 종종 내가 그 가족의 상호작용 형태를 어떻게 보는지를 그림으로 그려 보는데, 이러한 작업은 내가 언어만으로 달성할 수 있었던 차원보다 더 정교하고 더 진실에 가까운 작업이었던 것 같다.

드문 경우이지만 환자의 두려움이 너무 강해서 치료자의 적극적인 도움이 없이는 창작하지 못할 때, 치료자의 도움이 환자의 창작성을 드러내는 것을 가능하게 한다면 환자와 함께 창작활동을 하는 것은 유용하게 보인다. 예술가적 자아를 사용하는 다른 방법으로 '마감(closure)' 이라는 기법이 있다. 이 기법은 미술교육자 빅터 로웬펠드(Vitor Lowenfeld, 1957)가 장애가 심한 아동의 마음을 움직이기 위해 개발한 것이다. 이것은 미술치료사가 재료(진흙덩어리와 같은)를 가지고 부분적으로 작업하는 데서 시작하여 나중에 환자에게 그 재료를 주어 완성하도록 한다. 마감기법은 스스로 재료를 완전히 조직화할 수 없는 환자에게 필요한 일종의 자극이나 작업의 시작을 돕는 역할을 한다. 비

록 대부분 낙서나 잉크 얼룩을 내는 것을 도와주는 것일지라도, 이와 유사한
시작을 하도록 하는 접근방법은 억압된 환자가 시작하도록 돕는 데 사용될 수
있다. 어떤 환자들에게는 치료자가 종이 위에 그려 준 점, 선 혹은 형태가 더
쉽게 작업을 시작할 수 있게 해 준다. 허용에 대한 요구나 융합에 대한 열망 또
는 다른 이유로 환자가 작업을 시작하는 것에 도움이 필요한지는 모르겠지만,
이러한 방법은 예술가이기도 한 미술치료사가 치료과정에서 자신의 전문화된
기술을 사용할 수 있게 한다. 예술가로서 자신을 사용할 수 있는 또 다른 방법
은 창작을 위해 환자의 지시를 따르는 것이다. 나는 이런 종류의 기법을 모든
방법들이 실패하였을 때 사용하는 마지막 수단으로 생각하는데, 이는 연극놀
이, 역할놀이, 인형극 혹은 사이코드라마에서 환자의 지시에 따르는 것과 유
사하다. 치료자가 재료 사용을 거부한 환자와 함께 작업하는 것을 결정하였다
면 치료자의 기분에 따르기보다는 환자가 원하는 방식으로 이끌어 가는 것이
타당하다. 한 예로 내가 맡았던 한 아동은 여러 가지 방법으로 나의 상관이 되
고 싶어 하였다. 그 아동은 교사인 척하면서 특정 만화 주인공을 어떻게 그리
는지 나에게 가르쳐 주었다. 그리고 과정에서 나는 A⁻ 라는 평가를 받았을 뿐
아니라 아동과 치료자 모두 강압적이고 비판적인 상관을 가지고 있다는 것이
어떤 것인지를 경험하였다. 그러고 나서 그 아동은 이러한 경험을 엄격하게
벌했던 어머니로부터 받은 훈육경험과 연관시켰다.

환자에게 치료자의 예술가적 자아를 사용할 때 가장 위험하면서도 흥미로
운 방법 중의 하나는 미술치료사 밀드레드 래치먼-채핀(Mildred Lachman-
Chapin, 1983)*에 의해서 보고된 방법이다. 그녀의 기법은 환자가 자신의 작업
에 참여하는 동안 미술치료사가 자발적인 형태로 자신의 창작작업에 참여하
는 것이다. 두 사람(환자와 치료자)의 작업은 세션을 시작하면서 토론을 통하여

---

* 역자주: 자기심리학적 미술치료의 선구자.

그날의 주제를 결정한 후 이루어지며, 각자 환자를 위한 주제에 초점을 맞추게 된다. 이러한 방법은 치료자로서 전의식 차원의 사고를 허용하는 또 다른 방법으로, 내가 환자와 함께 있을 때 나의 마음속에 흐르는 정신적인 심상을 떠오르게 하거나 혹은 정신분석을 받는 환자가 소파에 앉아 있을 동안에 노트에 아무렇게나 한 낙서를 떠오르게 한다. 그러나 이러한 기법은 자기 인식이 불충분한 치료자들에 의해 남용될 위험성도 있다.

미술치료사와 어린 환자들이 함께 단순히 낙서한 그림을 순서를 바꿔가며 그리는 위니콧(Winnicott, 1971)의 '스퀴글(Squiggle) 기법'은 경험을 가지고 있는 아이들의 경우에만 적합하다. 그렇지만 세련된 미술치료사와 자아가 건강한 환자에게 사용할 경우, 이 접근은 치료자로서 작업 시 순수한 형태의 예술가적 자아를 사용하게 하는 방법으로서 상당한 잠재력을 지닌 방법이라 하겠다.

이제까지 미술치료에서 자아의 예술적 사용에 상당한 초점을 맞추어 왔는데, 그 이유는 그것이 다른 형태의 치료가 지니지 못한 미술치료만의 고유한 부분이기 때문이다. 환자가 미술매체를 어떻게 사용하고 작품을 어떻게 바라보고 생각하는지에 대해 가르치는 측면에서 미술치료를 본다면 교육적 기능 또한 명백할 것이다. 다른 치료의 경우는 인지치료에서처럼 명백하게 드러나든, 내담자중심 혹은 실존 치료에서처럼 암시적이든 임상적인 측면에서의 환자의 교육이 필요하다. 치료자가 어떤 접근을 하든 환자는 그 접근방법의 규칙과 방침을 배워야 한다.

다른 치료뿐만 아니라 미술치료와 관련된 한 가지 질문은 무엇이 그리고 왜 일어나는지에 대해 얼마나 솔직할 것인가다. 나는 거의 말을 하지 않고 환자들이 그것을 경험함으로써 미술치료의 진수를 파악해 가기를 희망하면서 나의 작업을 시작하지만 서서히 개방적인 자세를 취한다. 이것은 다루기 힘든 아이일 경우에도 왜 여기에 오게 되었는지, 그리고 여기에 오게 된 이유가 무엇이라고 생각하는지를 물어보는 것과 같이 문제를 직접적으로 다루는 방법과 유사하다. 개인이나 집단 환자에게 왜 미술매체를 제공하고 왜 재료를 선택하고 어떤 작업을 하도록 하는지를 설명해 주는 것이 미술치료사에게는 적절한 듯 보인다. 이러한 개방적인 접근법은 보다 정직하고 도덕적인 방법일 뿐 아니라 모든 연령의 환자들에게도 도움이 되며, 진단을 위한 분류를 위해서도 도움이 된다.

그러므로 미술치료사의 교육적 역할은 환자들이 매체를 사용하거나 미술작품을 보는 것만 도와주는 것에 한정되어서는 안 된다. 환자와 치료를 위해서 미술치료의 의미와 목적을 이해하도록 돕는 것을 포함해야 한다. 미술재료 사용에 대해 대부분의 성인들이 지니는 본능적인 거부감은 이런 활동이 자신의 회복에 도움이 된다는 것이 이해되었을 때 쉽게 극복될 것이다. 그렇게 되면 환자들은 활동에 진지하게 임할 수 있고 자신의 어리석음이나 당황함의 감정에 덜 압도되기 때문에 자신이 놀이와 창작을 통하여 심리적으로 잠시 퇴행하는 것을 허용할 수 있을 것이다. 이런 교육적 과업에 있어서 가장 어려운 점은 위협적이 아니면서도 이해할 수 있는 언어로 미술이 가지는 평가와 치료적인 목적을 제시하는 것이다. 미술은 전문성을 갖춘 미술치료사에게 다양한 연령과 시각으로 파장을 맞출 수 있게 해 주고, 언어를 통해서 모든 사람과 편안하고 효율적으로 대화할 수 있게 해 준다. 미술치료의 강점 중 하나는 치료자와 환자에게 또 다른 형태의 대화방법을 제시한다는 데 있다. 즉, 미술은 완전한 침묵 속에서 사용될 수도 있고, 앞에서 설명하였듯이 대면, 반영 또는 다른 형태의 대화방법으로도 사용될 수 있다.

미술치료사의 미술교육자적 측면은 창작 결과물을 통하여 배우게 하는 것뿐 아니라 미술 재료 및 도구 그리고 창작과정에 대해서 알고 있는 교사로서의 측면을 말한다. 재료의 사용을 가르치는 데 있어서 내가 선호하는 방법은 필요할 때만 가르치는 것이다. 대부분의 사람에게는 가장 기본적인 매체를 사용하기 위해서는 형식적인 교육이 거의 혹은 전혀 필요 없다. 왜냐하면 그들에게는 최소한의 설명이나 시범이면 충분하기 때문이다. 집단이나 가족이 함께 작업하는 경우 재료로 뭔가를 하는 것을 다른 구성원으로부터 배우는 것을 본다. 미술치료사가 필요에 따라 성공적으로 환자들에게 미술수업을 제공할 수 있지만 그 역할이 교사는 아니라는 것을 명심해야 한다. 미술치료사가 교사의 역할을 해야 하는 경우는 앞서 밝힌 바대로 명백히 필요성이 드러난 상황에만 해당된다.

그러므로 미술치료에서 가르친다는 것은 작업의 핵심이라고 하기보다는 목적에 이르는 수단이라 하겠다. 미술치료의 목적은 예술이 아닌 치료라는 것을 기억하는 것이 중요하므로 미술에 관한 어떠한 교육도 항상 치료를 위해서 실시되어야 한다. 어떤 환자의 경우 매체 사용상의 기술발달이 치료를 위한 것이 될 수도 있고 편안함과 능력을 높여 주는 구체적인 기법을 배우는 것이 치료적일 수도 있지만, 미술치료의 목적이 환자들을 미술가로 만드는 경우는 거의 없다. 그렇게 된다 해도 그것은 이차적인 소득이 될 것이다. 미술치료의 목적은 환자들이 스스로 유능하다고 느끼도록 돕는 것 또는 환자들의 내면에 대해 좀 더 이해하는 것에 있다. 환자가 더욱더 정교한 작품을 창조해 나가는 것이 이 두 가지의 목적을 가능하게 하는 것으로 보일 경우에만 미술치료사는 목적을 달성하기 위해 자신의 교사적 자아를 사용하는 것이 적절하다.

이 책의 첫 부분이 미술 부분이었다는 사실을 상기하면서 미술치료에 있어서 미술교육의 역할에 대해서 언급하려 한다. 나는 미술치료사가 미술재료, 창작과정 그리고 창작품을 알지 못하고는 환자가 미술치료 중에 말하고 싶어하고 알고 싶어 하는 것들을 가르쳐 줄 수 없으므로 효율적인 미술치료를 할 수 없다고 생각한다. 미술치료사의 역할 중 예술적인 부분은 선택적이며 최소한으로 개입하되, 필요할 때만 교사로서의 자아를 제공해야 한다. 미술치료사가 환자로 하여금 빠르고 쉽게 기술적인 문제를 스스로 해결할 수 있도록 도울 수 있다면 환자들에게 좋은 학습경험이 될 것이고 한 개인으로서 그리고 예술가로서 궁극적인 자율성을 증진시킬 것이다.

미술치료사의 치료적인 목적이 환자의 미술작업을 촉진하는 것이라면 미술치료사는 어떤 역할을 해야 할 것인가? 환자들이 창작을 하고 있는 동안에는 표면상으로는 예술적이고 교육적인 측면이 더욱 중심이 되는 듯이 보일 수 있다. 그러나 이것은 그렇게 간단한 문제가 아니다. 치료자로서 해야 할 작업의 중요한 부분은 적극적인 관찰 외에도 임상가로서 진정으로 모든 것을 투입하는 것에 있다. 즉, 작업에서 환자를 관찰할 때는 임상적으로 훈련된 눈, 즉 심리학적인 측면으로 미술재료나 환자 그리고 구성원들의 행동을 관찰해야 한다는 것이다. 누군가가 미술치료 세션이 진행되고 있는 중에 미술치료실을 본다면 미술수업이나 오락활동을 하고 있다고 볼 수 있다. 학습과 오락 둘 다 실제 일어나고 있는 것의 한 부분이 될 수는 있으나, 그 어느 것도 일차적인 치료의 목적은 아니다.

다른 형태의 심리치료와 마찬가지로 미술치료에서도 작업과정 동안 환자와 상호작용하느냐 하지 않느냐, 그리고 어떻게 시작하고 어떻게 반응하느냐는 항상 대두되는 어려운 임상적 질문이다. 이러한 질문에 답할 수 있는 것은 미술치료의 본질 중 치료적인 측면이며, 잘 훈련된 사람만이 사려 깊은 방법으로 답할 수 있을 것이다. 어느 환자와의 어느 순간에도 이러한 문제에 답하기 위해서 고려해야 할 두 가지 주요 변인이 있다. 첫째, 개인의 치료에 대한 장기 및 단기 목표를 갖고 그에 도달하기 위한 최선책을 찾는 것이다. 예를 들어, 치료자가 환자가 작업에서 표출하지 못하는 어떤 현실 문제에 대해 작업할 필요가 있다고 결정을 내리면 때때로 환자가 작업하는 동안 그 문제에 관해서 이야기하는 것이 적절할 수 있다. 둘째, 특수한 방법을 사용하여 환자의 상태를 알아냄으로써 치료적으로 보는 적절한 방향으로 이동할 수 있는 준비가 되었는지를 알아내는 것이다.

어떤 환자는 작업하는 동안 아주 편안하게 이야기할 수 있는 반면, 어떤 환자는 자연적인 대화로 인해 환자의 창작과정이 매우 억제된다는 것을 알 수 있다. 그러나 치료자는 자발적으로 시작하지 않는 환자에게 작업 중에 이야기하는 것이 적절한지의 여부를 미리 알 수 없으며 예측하기 힘들다. 그러므로 치료자는 시도해 보고 그 결과가 어떤지 살피는 것에서 방도를 찾아야 한다.

시행착오는 어떤 작업에서든 필요하다. 미술치료와 같은 여러 차원이 함께 작업되는 경우는 더욱 그러하다. 많은 치료자들은 실패를 두려워하는 것 같다. 사실 임상감독자로서 해야 하는 역할 중에는 실패할 것에 대해 두려워하는 피감독자들을 지지하는 것이 큰 몫을 차지한다. 대부분의 경우 환자가 전혀 반응을 하지 않거나 화를 낼 것이라는 것이 그들이 상상할 수 있는 최악의 사태였다. 신체적으로 공격적인 사람을 조심하는 것은 현명하지만 그중 어느 것도 그렇게 열악하게 생각하지 않아도 된다.

실패에 대한 불안이 극복되어 새로운 활동을 시도할 수 있게 되면 창의적인 치료자는 동일한 목표를 이룰 수 있는 또 다른 방법을 발견하기 위해 그의 정신적 화실로 되돌아갈 것이다. 예를 들어, 위기상황에 대해 이야기할 필요가 있는 환자가 그리는 동안이나 자신의 작품에 대해서 이야기할 때 그 주제를 꺼낼 수 없다면, 치료자는 세션의 나머지 시간에 지난주의 중요 뉴스(예: 위기상황)를 논의하는 것을 나누어서 세션의 처음이나 끝부분에 하는 것과 같이 다른 선택사항을 생각해 볼 수 있다. 바꾸어 말한다면, 환자에게 결정적 문제를 논의할 수 있는 다른 방법이 있을 것이고, 여기에서 문제는 시행착오를 통해서만이 그것을 알아낼 수 있다는 사실이다.

단기적인 치료목표가 치료자가 보기에 몇 달 동안 심리적인 방어를 하며 자기 세계 속에서 머물러 있던 환자를 보다 자유롭고 덜 정형화된 미술표현을 할 수 있도록 도와주는 것이라면, 그 환자에게 맞는 한두 가지의 방법을 찾을 때까지 모든 종류의 접근이 시도되어야 한다. 그것은 낙서 그림이 될 수도 있고, 액체로 된 매체 사용일 수도 있고, 심상을 생각하게 하는 것일 수도 있다. 그러나 방법이 무엇이든지 중요한 것은 개방된 마음으로 도움이 될 많은 것을 찾기 위해서 계속 생각하고 노력해야 한다는 것이다. 반면에 치료자는 환자를 자유로워지게 하고 현실 속의 고민에 대해 논의하게 하기 위해 모든 방법을 시도해 볼 수 있지만 어느 것도 도움이 되지 않을 수 있다. 치료자의 과업 중 또 다른 부분은 자신이 전능하지 않다는 점, 동료와 상의하는 것의 필요성 그

리고 미술을 통한 치료에 있어서 섬세한 훈련을 하면서도 항상 실패할 가능성
이 있다는 자신의 한계를 깨닫는 것이다.

실패하였기 때문에 영원히 혹은 당분간 포기하는 것이 아니라 성공을 기대
하기 때문에 포기하는 경우가 더 많다. 매체를 사용하여 적극적으로 작업하는
환자의 경우 언제 미술적 결과물이 이루어지고 끝나고 완성되는지를 결정할
필요가 있다. 어떤 환자에게는 이러한 결정이 쉽게 직관적으로 얻어지고 갈등
을 느끼게 하지 않지만, 어떤 환자에게는 강력하고 강박적인 논쟁을 일으키게
하거나 방해의 원인이 된다. 많은 환자의 경우 적어도 처음에는 미술재료에
대한 경험이 제한되어 있으므로 스스로 결정을 내리기에 자신이 부적절하다
고 느낀다. 이에 환자는 종종 치료자에게 자신이 작업을 잘하고 있는지를 말
해 주기를 요구할 뿐 아니라 어떤 것이 완성되어 보이는지 아닌지를 말해 줄
것을 요구한다. 그 외의 다른 해석을 요구하는 경우 나는 환자가 스스로 평가
해 보게 하는 것을 선호한다. 미술치료사는 절대로 확고한 판단을 해서는 안
되며, 작품의 내용과 완성도를 결정하기 위해서 작품에 대해 생각할 수 있는
부분과 작품을 바라보는 방법에 대해 세심한 주의를 요한다. 이러한 결정의
순간에 미술치료사는 말을 자제해야 하는데, 이는 환자의 작품에 대해 치료자
가 미적 반응을 하는 것을 피하기가 어렵기 때문이다. 그러나 미술치료사가
훌륭한 치료자이자 교사라면 환자를 위해 평가를 해 주는 것보다 환자가 스스
로를 평가하도록 도와줌으로써 성장을 촉진시킬 수 있다.

환자가 자신의 작품의 비평가가 되는 방법을 배울 때, 그는 자신의 작품을
공식적인 방법으로 인식하는 방법과 더불어 자신의 작업을 인식하는 다양한
방법을 터득하게 될 것이다. 대부분의 미술치료(개인이든 집단이든)의 마지막
단계는 결과물과 그 뒤에 숨겨진 과정을 반영하고 되새겨 보는 것이다. 이때
치료자의 과업은 환자가 결과물과 그 뒤에 숨겨진 과정을 반영하고 되새겨 보
도록 도와 치료자와 환자가 치료과정을 더 잘 이해하고 알 수 있게 하는 것이
다. 이 부분은 '작품 보기와 이해하기'에 관한 다음 장에서 다루어지게 된다.

참고문헌

Kramer, E. *Art therapy in children's community.* Springfield, IL: Charles C Thomas, 1958.

Lachman-Chapin, M. Empathic response through art: The art therapist as an active artist in the therapeutic relationship. In L. Gantt & S. Whitman (Eds.), *The fine art of therapy.* Alexandria, VA: American Art Therapy Association, 1983, pp. 80-81.

Lowenfeld, V. *Creative and mental growth* (3rd ed.). New York: Macmillan, 1957.

Winnicott, D. W. *Therapeutic consultations in child psychiatry.* New York: Basic Books, 1971.

두 사람이 묵언으로 함께 작업한 후 토론하는 것은 예술과 인간관계를 탐구할 수 있는 매우 효율적인 방법이다.

제11장 작품 보기와 이해하기

미술작업을 하고 그것을 되돌아보게 하는 작업은 환자의 연령과 상관없이 치료적인 가치가 있다. 미술치료에서의 미술활동이 다른 미술활동과 다른 점은 창작을 통해 어떤 반영의 경험을 하게 된다는 것이다. 환자의 연령과 작업의 내용에 따라 이러한 반영이 간단한 것일 수도 있고 광범위한 것일 수도 있으나, 그것은 치료에 있어서 매우 중요한 요소라 할 것이다. 특히, 미술을 기본적으로 의사소통이라고 보는 사람에게 반영의 의미는 더욱 중요하고, 미술을 통한 승화의 가능성에 가치를 두는 사람에게는 덜 중요하다 하겠다. 그러나 치료로서의 미술이라는 입장을 취하고 있는 임상치료자도 내담자가 창조한 작품과 그 과정에서 경험한 것에 대해 스스로가 무엇이라고 말하는지에 관심을 갖는다.

개인 인터뷰든, 가족 또는 집단 인터뷰든 창작과정이나 그 결과물에 대해 환자와 이야기하는 것은 미술치료 초보자들에게 가장 어려운 부분이다. 대부분의 미술치료사들은 미술가로서의 자질을 가지고 있기 때문에 적절한 환경을 마련하고 표현을 촉진하는 것이 작품을 보고 그에 대하여 이야기하는 것보다 더 쉽다고 느낀다. 환자의 작품이나 창작과정에 대해 한 걸음 물러서서 말로 이야기한다는 것은 환자뿐 아니라 훈련과정에 있는 미술치료사에게는 새로운 경험으로, 이 부분을 효율적으로 시행하기 위해서는 새로운 기술과 감수성에 관한 학습이 필요하다. 왜냐하면 미술에 의해 부분적으로 내담자가 보이는 저항이라는 강력한 힘이 무마되기는 하지만, 대부분의 환자는 치료자로 하여금 자신이 만든 작품으로부터 진정한 의미를 끌어내는 것을 어렵게 만들기 때문이다. 한 개인이 살아가면서 여러 가지 역할을 해야 하듯이, 정신장애나 기능적으로 수준이 낮은 환자들을 도와주기 위해서 치료자는 언제나 그들의 수준에 맞추는 조정을 해야 한다.

다양한 사람들의 작품이나 그 작품을 만든 경험에 대해 이야기하도록 만들 수 있는 적당한 언어를 찾는 것은 아주 까다롭다. 아트인터뷰 방법에는 다른 치료에서와 마찬가지로 막다른 길에 처하거나 환자가 좌절감을 느끼는 반응을 접하게 되는 시행착오가 포함되어 있다. 여기에서 중요한 점은 환자가 자신의 예술경험을 의미 있게 반영하는 것을 도울 수 있도록 열정과 낙관적인 마음을 유지하는 것이다. 인터뷰 형식으로 접근하는 치료자는 기꺼이 다양한 언어적 수단뿐만 아니라 다른 표현양식까지도 시도하려고 노력해야 한다. 다른 시도가 실패했을 때, 예를 들어 미술작품을 극화하는 것도 환자의 연상작업을 돕는다.

내가 몇 년 전에 실시하였던 진단을 위한 아트인터뷰(diagnostic art interview) 비디오를 보면 연상을 통해 매우 방어적인 열 살짜리 여아로부터 의미 있는 뭔가를 찾아내기 위해 내가 실제로 잔재주를 부리는 것이 엿보인다. 나는 그것을 다른 사람들에게 보여 줄 때마다 당황하면서 시범적인 인터뷰 상황에서 많은 사람들이 관찰하고 있었기 때문이라고 변명하곤 한다. 내담자가 어른이든 아이든 저항이 심한 사람들은 있기 마련이다. 그들로부터 중요한 반응을 끌어내려면 미술치료사가 보통 사람을 다룰 때보다 더 많은 활동방식을 고안해야 한다. 유창하고 자유롭게 연상하는 환자의 경우에 최소한의 질문과 개방식 질문을 하는 것이 창의적인 것처럼, 환자의 저항에 부딪힐 경우 연기나 드라마 활동을 시도하는 것은 창의적이다. 이는 조각가의 조형작업에서 어떤 재료를 사용하더라도 힘차게 재료를 깎고 잘라낸 다음에는 사포로 문질러 매끄럽고 부드럽게 만든다는 것과 흡사하다고 하겠다. 각각의 환자들 고유의 창조적인 전개의 중요성을 존중하기 위해서는 조각가보다는 정원사의 비유가 더 적절할 것이다. 정원사는 자신의 방법대로 최고의 꽃을 피울 수 있는 적합한 환경, 영양 그리고 보살핌을 제공한다. 이런 정원사의 작업을 환자를 위해 최적의 장소를 마련하고 환자의 미적 표현을 촉진하는 치료자의 작업과 비교할 수 있다. 환자들을 도와주는 작업에 있어서 작품을 보고 이해하기는 치료환경을 촉진하는 작업보다 더 난해할 수가 있다. 그러나 아트인터뷰는 환자로 하여금 자신의 마음속에 있는 것을 진실되게 이야기하고 환자 내면에 있는 것을 밖으로 끄집어내어 개방하도록 도와주므로 이 두 작업은 상당히 유사하다. 왜냐하면 인터뷰에서도 미술작업에서와 마찬가지로 치료자가 환자 자신의 개인적인 심상을 불러일으키고 그것을 구체적인 형태로 표현하도록 내담자를 돕기 때문이다.

환자의 작품과 행동에서 의미를 발견하는 작업은 미술치료의 전 과정을 통해 계속된다. 환자의 선택, 회피, 심상, 순서 등을 관찰하려면 미술치료사에게는 '제3의 눈으로 보는' 능력이 필요하다. 미술치료사는 가능한 한 가까운 곳에서 개인이 작업해 나가는 방식과 작업방법을 관찰할 필요가 있다. 여기에는 최종 결과물을 완성하기 위해 필요한 모든 단계들 또한 포함되는데, 이 역시 '제3의 귀로 듣는' 능력이 필요하다(Reik, 1948). 특히, 작업과정 중에 무의식적으로 나타는 언어적 표현을 제3의 귀로 듣는 능력이 필요하다. 환자가 주먹으로 찰흙을 세게 칠 때 얼굴에 떠오르는 즐거움처럼, 비언어적 표현 또한 환자를 잘 나타내 줄 수 있다. 때때로 환자들은 작업하는 중에 만들어 낸 결과물이나 과정에 대해 묘사하고 토론하기를 원한다. 그때 이런 행동을 수용하는 것이 중요하며, 방해하지 않고 들어주어야 한다. 그러나 결과물과 작업과정에 관한 정말 흥미로운 탐험은 보통 작업이 끝난 후, 즉 미술치료 세션의 토론과 정에서 나타난다.

물론 결과물을 바라보고 연상하고 반영하는 것은 작업과정에서도 일어나지 만, 가능하다면 작업과정과 토론과정을 시간 및 공간적으로 구분하는 것이 좋 다. 제8장 '치료장소 설정 문제'에서 살펴보았듯이 개인과 집단이 어떤 심미 적 거리를 두고 미술작품을 바라볼 수 있는 물리적 환경을 창조하는 것은 경 험으로부터 좀 더 심화되고 초점이 맞춰진 학습을 가능하게 한다. 치료자(또는 다른 집단구성원)와 눈마주침의 기회를 최소화할 수 있는 장소에 작품을 전시 함으로써 인터뷰 과정에서 남의 눈을 의식하는 데서 오는 환자의 불안감을 줄 일 수 있다. 환자의 완성품이 벽에 걸렸는지, 이젤이나 테이블 또는 바닥 어디 에 있는지는 중요하지 않다. 중요한 것은 참여자 모두가 그 작품을 쉽게 볼 수 있어야 하고, 환자들이 작품을 선택하는 경우라면 환자가 구성원을 바라보는 것이 아니라 미술작품을 바라볼 수 있어야 한다는 것이다.

시각적인 측면에서 보면 공동작업으로 혹은 개별적으로 만들어진 미술작품 을 명확하게 바라볼 수 있는 장소에 두는 것이 중요하다. 작품이 그것을 바라 보는 사람들의 중앙에 오게 하고, 작품과 사람 사이의 거리가 너무 가깝지도 멀지도 않은 장소를 찾는 것 또한 중요하다. 일시적이든 영구적이든 그림을 넣을 수 있는 액자가 있다면 역시 도움이 된다. 액자는 정교한 것일 필요는 없 고 환자가 작품을 올려놓을 수 있을 만한 크기의 색깔이 있는 종이면 충분하 며, 그중에서 가장 마음에 드는 색을 선택하면 된다.

다른 대안으로 색채는 덜 다채롭지만 좀 더 전문적으로 보이게 하는 것으로 적절한 크기로 미리 잘라져 시판되고 있는 종이를 사용할 수 있는데, 이는 환 자의 작품을 좀 더 완성되어 보이게 한다. 여기에서 가장 중요한 점은 환자의 미술작품을 감상할 때 다른 시각적 자극으로부터 방해받지 않게 하여 진정으 로 모든 측면에서 환자의 작품에만 집중할 수 있게 하는 것이다.

3차원 작품에도 평면적 작품과 같은 배려를 할 수 있다. 환자의 조각품을 전시할 매력적인 상황을 마련함으로써 바라보고 반영하고 논의하는 과정을 무한히 촉진할 수 있다. 최고의 '무대'는 색깔 있는 공작종이가 될 수 있는데, 탁자 표면에서 조각을 구분하고 모양과 톤으로 주변 자극을 만들기 때문이다. 때로는 작품과 환경 간의 좀 더 강력한 구분이 필요하다. 이때는 작품에 적절한 정리함 정도의 크기와 모양이 최선이며, 표면에서 조금 올라오게 전시하는 것이 좋다. 천조각으로 만든 전시대 같은 것이 있다면 보다 매력적이고 유용한 조각 전시를 할 수 있을 것이다. 또 3차원적 작품을 밝거나 어두운 색의 종이로 덮인 딱딱한 벽이나 판 위에 전시하는 것도 도움이 된다. 나의 사무실에는 색깔 있는 종이를 접어 벽과 탁자가 만나는 지점에 똑바로 세워 놓았는데, 이것은 진흙, 철사 또는 나무로 만든 모든 작품을 전시할 때 매력적이고 분명한 배경이 된다.

그 다음에 결정해야 할 문제는 어떻게 반영하느냐다. 내담자는 그의 작품에 관해 이야기하라는 요구에 곧잘 무반응이나 부정적 반응을 보이기 때문이다. 비록 내담자가 자신의 작품에 관해 이야기하지 않을 권리를 갖고 있지만, 어떤 창조적인 활동을 하도록 하기 위해 자극을 제공하는 것처럼 어떤 반영을 하도록 권할 수 있다. 환자는 집단 내에 있을 때는 다른 사람의 그림에 관해 이야기하고자 할 수도 있고, 또는 작품이 아닌 재료 사용에 관해 이야기하고자 할 수도 있다. 미술치료의 토론과정에서 반드시 염두에 두어야 할 점은 제9장에서 논의한 '표현을 촉진'하는 과정에서 필요한 부분과 유사하다. 치료자는 모든 환자들이 뭔가 말하고 싶은 것(언어로든 창조적인 방법으로든)이 있다는 사실을 확신하고 그렇게 되기를 기대하는데, 이때 치료자의 할 일은 환자가 편안하게 이야기할 수 있는 방법을 찾는 것이다.

반영과정에서 치료자가 할 수 있는 첫 제안은 단순히 작품을 바라보고 필요한 시간만큼 차분히 생각하고 무슨 생각이나 아이디어가 떠오르는지 보라는 것이다. 이러한 방법은 환자가 가능한 한 개방적으로 반영하도록 도와줌으로

써 환자들이 언제나 원하는 시간만큼 자신에게 가장 편한 방법으로 반영하게
한다. 물론 환자가 창조과정과 미술작품의 요소, 표상하고 있는 메시지에 초
점을 맞출 수도 있지만, 환자가 방향을 정하도록 허용하는 것(미적 표현에서와
마찬가지로)은 더욱 가치가 있다. 이러한 이유로 첫 번째 질문이나 제안은 비구
조적이어서 환자들에게 반응할 수 있는 여지를 남겨 주어야 하는데, 그 예로
"당신의 그림에 관해 이야기해 주겠어요?" 혹은 "이 그림에 따른 이야기가 있
을까요?"를 들 수 있다. 작품에 대해 함께 이야기하기를 원하고 일종의 과시하
기를 즐기는 환자와 언변이 좋은 환자의 경우, 실제적으로 개방적인 방법이
묘사적이고 연상적인 부분을 이야기하도록 자극하는 데 충분하다.

　어려우면서도 재미있는 작업 중 하나는 환자로 하여금 자신의 작품에 관해
이야기하도록 하는 것이다. 이때 치료자의 견해가 내담자의 시각에 영향을 주
어서는 안 된다. 다행히도 환자의 반응에 어떤 영향을 미치지 않으면서 치료
자가 자신이 만든 작품을 보다 잘 관련시키도록 돕는 특정한 질문들이 있다.
예를 들어, 추상적인 작품이 있다면 그 작품이 무엇을 연상시키는지, 무엇처
럼 보이는지 물어볼 수 있다. 그래도 어떤 한계에 부딪힌다면 작품을 뒤집는
다거나 돌려줌으로써 다른 관점에서 감상하게 할 수 있다. 때때로 작품의 일
부를 가림으로써 일부분에만 초점을 맞출 수도 있다.

　만약 작품은 구성적이지만 의미하는 내용이 명확치 않다면 솔직하게 이야
기해 주고 설명을 부탁하는 것이 안전하다. 그렇지 않고 치료자가 틀리게 추
측해서 말했고 또 그 추측이 환자가 생각하고 있는 어떤 것과 틀릴 경우 환자
는 언짢게 생각할 수 있다. 자신이 만든 것이 무엇인지를 치료자가 알아내지
못하는 것은 환자의 나르시시즘을 약간 손상시킬 수 있지만, 환자가 전혀 예
상치 못한 것을 치료자가 말한다면 덜 고통스러울 수 있다.

　환자가 작품을 통해 무엇을 이야기하고자 하는지를 치료자가 항상 알지 못
한다는 사실은 오히려 인간적으로 보이며, 모른다는 사실을 수용하는 태도는
모든 것을 아는 듯이 보이는 것보다 환자에게 더 도움이 된다. 다 알고 있지 못

한 상황을 우리는 두려워하지만 환자에게는 도움이 된다는 것이다. 대부분의 사람들은 치료자가 모든 것을 알고 전능하여서 마술처럼 자신들의 괴로움을 없어지게 해 주기를 바란다. 마치 말로 설명하는 것을 이해하지 못하는 것처럼 그림을 이해하지 못한다는 사실을 치료자가 시인하는 것은 환자로 하여금 치료자가 완벽한 사람이 아닌 동시에 스스로의 한계를 인정하는 사람으로 바라보게 하는 데 도움을 준다.

일단 작품 속에 무엇이 표현되었고 반영되었는지에 관해 생각이 있다면, 환자는 지도와 지원을 받아 새로운 여행에 참여하는 즐거운 활동에 참여할 수 있게 된다. 자신의 작품에 대해 이야기를 나누는 것은 치료자와 내담자 모두에게 도전이자 하나의 항해로서 연상과 심상을 통해 기대치 않았던 영역을 경험할 수 있다. 이 과정에 내담자를 참여시키려 할 때는 반영의 유용성을 설명하고 치료와 어떤 관계가 있는지 설명하여 타당성을 인식시켜야 한다. 자원하지 않거나 저항적인 내담자에게는 더욱 그렇다. 나는 모든 연령의 사람들에게 미술에 대해 이야기함으로써 미술과 개인에 대해 많은 것을 발견할 수 있고 미술작업 또한 매력적인 것이라고 설명하기도 한다. 이런 생각이 여러 가능성을 불러올 수 있다고 생각했기 때문이다.

앞서 말한 것처럼 인터뷰를 시작하는 질문으로서 가장 좋은 것은 개방형 질문이다. 이것은 내담자에게 최대한의 여유를 준다. 그러나 개방형 질문에 따른 반응으로 최소한의 응답이나 무응답인 경우도 있다. 그래서 치료자는 내담자의 생각에 영향을 주지 않는 범위 내에서 자신의 창조적 자원을 사용해야 한다. 만일 끊임없이 계속되는 자기감시(self-monitoring) 과정이 있다면 자기 자신의 생각을 환자에게 주입하는 일이 거의 없어질 것이다. 그리고 나서 내담자와 함께 다른 방법을 탐험하는 자유를 얻게 될 것이다. 이런 자세는 인터뷰에도 도움이 되고 창조적인 작품을 위해서도 도움이 된다. 만약 치료자가 모든 환자는 결과물이나 과정에 관해 할 말이 있다는 기대를 가지고 접근한다면 환자가 그렇게 할 수 있도록 열심히 방법을 찾아야 할 것이다. 그리고 치료자가 난관이나 문제에 낙심하지 않는다면 내담자와의 새로운 대화방법을 찾기 위해 계속 노력해야 할 것이다. 물론 포기해야 할 때도 있다. 그러나 너무 많은 미술치료사들이 인터뷰 과정을 못 넘기고 너무 자주 그리고 너무 쉽게 포기한다. 아마 그것은 그들이 미술에는 익숙하지만 언어적 인터뷰에는 부담을 느끼기 때문일 것이다. 그리고 그들이 인터뷰를 기본적인 작업으로 보지 않고 부차적인 것 또는 선택적인 것쯤으로 보기 때문이다. 내 생각으로 미술치료에 특별한 잠재력을 주는 것은 능동적으로 뭔가 하는 것과 반영하는 작업인데, 표현하고 사고하는 치료과정에서 우리는 뇌의 두 반구 모두를 사용하게 되고 결국 '통합'과 '종합'에 이르게 된다. 게다가 우리는 자아를 촉진하여 창작과정에서 선택하고 조직하고 종합하는 모든 능력을 이용하게 될 뿐만 아니라 미술을 감상하고 토론하는 데 포함된 '보는 것'과 반영과정에 필요한 '관찰적인 기술(관찰적 자아)의 발달'도 촉진한다.

미술치료자이자 인터뷰하는 자로서 필요한 능력으로는 미술에 대한 긍정적인 자세와 인내심 외에 창의력을 들 수 있다. 치료자의 창의력이 전제된다면 미술 속에 반영된 아이디어를 알아낼 여러 가능성이 있다. 예를 들어, 어떤 작품이 어떤 장소를 표현한 것일 때 거기서 무슨 일이 일어났는가, 환자는 어디에 있는가 등의 질문은 풍부한 연상을 이끌어 낼 수 있다. 만일 생물이 표현된 작품이라면 치료자는 그 캐릭터가 말을 한다면 뭐라고 할 것 같은가와 같은 질문을 통해 이에 관한 이야기나 실제 역할을 이끌어 낼 수 있다. 설사 작품에 표현된 것이 무생물이라 하더라도 그것이 뭐라고 말할 것 같은가라고 물어보는 것도 좋다.

또한 환자에게 그림 속에 뭔가 움직이거나 변하고 있다고 상상해 보게 하고 어떻게 되었는지 물어보는 것도 가능하다(그림 속 사람이 집 밖으로 나왔다거나 그림 속 집의 내부를 환자가 들여다볼 수 있다고 가정하는 것). 방금 묘사한 장면 이전에는 무슨 일이 일어났는가 혹은 앞으로 어떤 일이 일어날 것인가를 물을 수도 있다. 환자에게 머릿속에 떠오른 첫 단어를 말하게 하거나 특정한 모양,

색상, 대상을 보고 머릿속에 떠오르는 것이 있는지, 무엇이 생각나는지 물을 수도 있다.

무언가에 '관해' 말하는 것이 너무 부담스럽다면 무언가를 '위해' 말하게 할 수도 있다. 특히 아동이 그러한데, 그들은 무엇에 관해 말하는 것보다는 그 무엇이 되어 말하는 것을 더 좋아한다. 공연예술에 조예가 깊은 사람을 위해서 가상 라디오쇼나 TV쇼를 만들고, 붓이나 여러 다른 물건으로 마이크를 대체하고, '이번 주의 화가'로서 환자를 초대해 그가 만든 작품에 관해 청중에게 말하게 하는 것도 재미있는 방법이다.

하기 싫어하는 환자를 인터뷰하는 또 다른 접근으로는 그에게 논리적 대안 중에서 선택하게 하는 것이다. 그리하여 자기 작품에 관해 생각을 명확하고 정교하게 하도록 하는 것이다. 예를 들면, 환자가 사람을 그리고 나서 '이건 그냥 사람이에요.'라고 반응한다면 치료자는 성은 뭐고 나이는 몇이고 대부분의 시간에 무엇을 하며 보내는 사람인지 물을 수 있다. 그리고 그 사람이 어떤 기분인지, 어디를 가거나 어디서 오고 있는지, 무엇을 생각하는지, 말을 한다면 어떤 내용일지 물어보는 것도 자연스럽다. 다시 말하지만, 여기서 중요한 것은 치료자의 생각을 제시하거나 부여하는 것이 아니라 있는 그대로의 성격적인 특성을 부여하는 질문을 통해 내담자가 자신의 이야기를 만들도록 돕는 것이고, 가능한 한 가까운 곳에서 내담자의 지시를 따르는 것이다.

다른 인터뷰를 성공하기 위한 또 다른 보조도구로는 마이크와 녹음기를 들 수 있다. 이는 자기 자신의 이야기에 귀 기울일 수 있게 하고 다른 단계에서 다시 듣고 회고해 볼 수 있게 해 주기 때문이다. 지난 수년 동안 나는 사무실에 녹음재생겸용의 속기용 닥터폰을 구비해 두고 미술에 관한 인터뷰를 녹음하는 데도 사용하고 있다. 특히 유용한 부분은 playback과 speaker playback인데, playback은 마이크를 낮게 줄이고 귀에 꽂아놓으면 개인적인 용도로 사용할 수 있고 speaker playback은 볼륨과 톤, 속도를 다양하게 조절할 수 있다. 그러나 이런 장치 없이도 마이크 달린 녹음기 하나만 있다면 생각했던 것보다 작품에 관해 훨씬 풍부한 묘사를 할 수 있다.

어떤 사람들은 말로 하는 것보다 글로 나타내는 것을 더 쉽게 여긴다. 제목은 작품에 관한 초기 연상과 반영의 가장 단순한 형태의 것을 붙인다. 만약 환자가 말로는 할 수 있어도 글로 표현하지 못하면 이것은 치료자나 보조자 또는 다른 환자 등 가장 적절하다고 생각되는 사람의 일이 된다. 자연스럽게 흘러나오는 운율이 없는 시도 언어적 연상을 이끌어 내는 또 다른 방법인데, 이 또한 환자가 써내려가거나 구술할 수 있다. 또 다른 접근은 환자로 하여금 작품이나 다른 종이에 그 작품을 설명할 수 있는 말을 쓰도록 하는 것이다. 이야기는 자유로운 언어적 연상의 가장 정교한 형태의 것이 될 것이고, 모든 연령의 환자가 좋아하는 것이 될 것이다. 개인이나 집단이 만든 작품에 관해 집단으로 이야기 만들기를 하는 것도 생산적일 뿐더러 무척 재미있다.

아동에게는 인형이나 모형장난감을 사용하는 것도 좋다. 이것은 지적으로 아동 수준을 넘어서지 못한 어른이나 놀기를 좋아하는 어른에게도 사용할 수 있다. 인형 또는 사람이나 동물모형 장난감은 인터뷰를 하는 사람으로 이용할 수도 있는데, 이때 환자는 위압적으로 인터뷰하는 실제적인 인물보다 편안함을 느낄 수 있다. 또는 인형이나 모형이 또 다른 인물이나 치료자가 던지는 질문에 대답하는 사람의 역할을 할 수도 있다. 한 아이와 나는 올빼미 인형을 사용해서 좋은 분석시간을 가진 적이 있다(아이가 없다고 가정하고). 올빼미가 아이를 대신해서 작품과 다른 주제에 관한 질문에 대답을 했다. 그 올빼미는 아이의 상징적 작품에 관해 나와 다른 인형들에게 중요한 질문을 던졌는데, 그것은 그 아이의 또 다른 관심을 반영한 것이었다.

사람들에게서 자신의 작품에 대한 연상을 일으킬 수 있는 방법은 수없이 많다. 이것은 인터뷰하는 사람의 상상력이 전제되었을 때 일어나는 일이다. 많은 미술치료자들이 관련 활동을 계획하거나 의미 있는 코멘트를 하는 자신의 창의력을 신뢰하지 못하는 경우가 종종 있다. 그러나 필요한 지식, 이해, 융통성과 창의적 사고만 있다면 미술치료자는 시각적 표현의 촉진자인 동시에 언어적 표현의 촉진자가 될 수 있다. 그러기 위해서 치료자는 환자에 초점을 맞추고 그 사람 내부에 이미 가지고 있는 것, 잠재되어 있는 것을 끄집어내는 기본적인 임무에 충실해야 한다. 설사 치료자가 자신의 일을 더하거나 채우는 것으로 본다고 할지라도, 그것은 미술치료의 가장 타당한 목표라 할 수 있는 창의력 발달, 자아통제력 발달 차원 내에서 받아들여져야 한다.

좋은 인터뷰를 하기 위해서는 주위 환경에 따라 자신의 몸의 색을 바꾸는 카멜레온이 되어야 한다. 이 말은 자신과 이야기하는 사람을 흉내 내거나 자신의 정체성을 버리고 다른 사람이 되라는 의미가 아니다. 단지 다른 사람과 긍정적인 전기파장을 유지하기 위해 자신의 방법을 알면서도 가끔 다른 사람의 의사소통 양식의 색깔 가운데서 일부를 받아들이고 따라하라는 것이다. 치료자는 내담자가 하는 말의 운율을 따라하거나 신체언어를 흉내 내거나 내담자의 다채로운 표현을 따라 쓸 수도 있다. 이것은 내담자가 누군가가 자신의 말을 경청하고 있다고 느낄 때 이해받고 있다는 느낌을 가지기 시작하기 때문에 중요하다. 많은 영리한 치료자들이 사실 환자가 말하고 있는 것을 이해함에도 불구하고 환자와의 의사소통에 실패한다. 바꾸어 말해서, 치료자의 언어와 양식이 환자에게 이해할 수 없게 되면 자신의 메시지가 받아들여지고 있지 않다고 느끼게 되고, 따라서 혼자 있다고 생각하게 된다는 것이다. 치료자의 입장에서 카멜레온 같은 행동은 직관적인 것으로서 환자의 입장에서 환자를 이해하고자 하는 시도의 일부다. 미술치료자는 이렇게 함으로써 일상적인 통제와 자신의 성격유형에서도 약간 벗어나는 것을 편하게 느낄 수 있어야만 자신과 매우 다른 타인과 의사소통을 통한 실제적 접촉을 할 수 있다.

다행히도 미술치료에서의 나눔은 표현을 불러일으키거나 촉진하는 단계인 미술치료자와 내담자 사이의 비언어적인 상호작용이 일어난 후에 이루어진다. 두 사람이 내담자의 작품에 관해 이야기하기 시작할 때는 이미 서로 간에 어떤 관계가 형성되었고 의사소통할 방법을 가지고 있는 상태다. 그러므로 치료자가 미술집단에서 눈으로, 손으로, 또는 언어로 개개인의 정신세계에 접촉하는 것은 심리치료를 전제한 집단토론의 성취요인과 밀접한 관련이 있다.

치료자에게 가장 중요한 문제 중 하나는 환자가 자신의 작품에 관해 말한 것을 그 환자의 현실과 관련시킬 것인가 하는 것이다. 때때로 그 답은 환자로부터 나오기도 하는데, 그림이나 조각이 자신의 생활 중 무엇을 생각나게 한다고 말하거나, 자신의 작품을 보고 느끼는 실망감에 반응하는 방식이 다른 상황에서도 잘 나타난다고 말하는 경우다. 미술치료자들에게 어려운 부분은 미술을 환자의 삶의 내력과 연관시키는 문제다.

심리적으로 도움을 주기 위해 지켜야 할 규칙 중 하나는 특정 작품을 논의하는 데 있어서 가능한 한 오랫동안 상징적인 단계에 머물러 있으라는 것이다. 상상과 연상 상황에 머물러 있는 것이 최고의 방법으로, 작품 속에 무엇이 있으며 무엇이 반영되어 있는지 등의 상징적인 수준에서 가능한 한 많은 이야기를 하도록 유도하는 것이 바람직하다. 이 방법은 특히 적절한데, 그 이유는 이미지가 많이 상상되어 있을수록 내담자는 보다 안전감과 편안함을 느끼면서 자신의 느낌을 드러낼 수 있기 때문이다. 이야기 만들기와 연상을 통해 많은 상상을 해 본 뒤에야 그 내용과 환자와 관련 있는 뭔가가 내포되었을지도 모른다는 가능성을 탐색해야 한다.

환자가 상상을 통해서 만든 이야기가 사실은 자기 자신에 관한 이야기라는 것을 깨닫게 되면 그는 남의 시선을 의식하여 자아가 견딜 수 있는 정도만을 드러낸다. 물론 치료자는 그의 작품과 현실 사이에 어떤 관계가 있는지 물을 수 있다. 만약 환자의 반응이 관련없다는 식의 부정적인 반응이라면, 이것은 환자가 관계성을 파악할 준비가 되지 않았으며, 이때의 치료적 조치는 그것을 그대로 받아들이라는 것이다. 반면에 환자의 반응이 긍정적이거나 불확실하다면, 치료자는 개방적인 질문을 통해 환자가 스스로 통제감, 주도감, 책임감을 느낄 수 있게 하면서 작품과 현실 간의 관계를 찾아내도록 도와야 한다.

미술치료자는 환자의 작품에 대해서 질문을 할 때 지나치게 소심해도 안 되지만 방어를 허물기 위한 지나친 언어화 역시 필요치 않다. 이것은 심리적인 방어라는 것이 환자에게는 얼마나 '실감나고 강력한 정신현상' 인지를 모르는 순진한 발상에서 나온 것이라고 할 수 있다. 많은 경우 환자가 자신의 작품에 나타난 상징성을 확연하게 공개적으로 언급하면서도 자신이 무슨 말을 했는지 모르고 있는 것을 본다. 이것이 바로 '상징화(symbolization)'의 진면모다. 대부분의 심층심리치료에서 의미하는 진정한 상징은 작가(환자)가 알지 못하는 충동이 위장된 것의 표현이다.* 이는 적어도 부분적으로는 작가(환자)의 말로 표현할 수 없는, 또 금기시된 무의식의 내용을 적응 또는 방어하려는 힘으로부터 온다고 하겠다(Jones, 1916).

이러한 종류의 상징화는 환자가 말하는 색상, 형태 그리고 인물이나 특정한 느낌에 대한 표상과는 전혀 다를 수 있다. 내가 여기서 말하는 것은 이러한 의도적인 상징화를 유도하는 차원의 미술치료가 유용하지 않다는 것은 아니다. 다만 스스로를 전혀 억압 · 통제하지 못하는 정신병 환자의 경우 깊이 억압되어 있는 내용이 별로 없기 때문에 상징화의 유도 차원의 미술치료는 별 의미가 없다는 것이다. 아트인터뷰를 통해서 정신병 환자들로부터 유추할 수 있는 것은 의식도 무의식도 아닌 초의식상태에서 완전히 억압된 것, 그렇다고 의식세계에서 항상 알고 있는 것도 아닌 그들의 생각과 아이디어 그리고 느낌들이다.

만약 치료자가 상징을 알고 방어기제의 역할을 이해한다면 발달과 역동에 관해 알고 있는 것이며, 그는 환자의 작품에 위장된 무의식적 메시지를 발견하게 될 것이다. 마치 경험이 많은 분석가가 환자의 꿈으로부터 숨겨진 의미를 제대로 추측하는 것처럼 말이다. 상징의 의미를 제대로 이해하기 위해서는 환자 자신의 연사에 유의할 필요가 있다.

설사 치료자의 추측이 처음에는 제대로 맞았다고 하더라도 어떤 이미지가

---

* 역자주: 저자 루빈은 전통적인 정신분석학자로서 상징을 보는 프로이트의 입장을 설명하고 있다.

항상 특정한 것을 의미한다고 생각해서는 안 되고, 또 그 이미지가 특정인에게 항상 같은 의미를 가지고 있을 것이라 생각해서도 안 된다. 압축, 치환, 반전 그리고 상징으로 인해 시각적 이미지는 항상 여러 가지 의미를 갖게 된다. 이 풍부하고 다양한 수준의 성격을 가진 시각적인 이미지가 바로 미술치료가 가진 잠재력의 일부다. 그리고 이것은 모든 미술치료자들이 염두에 두어야 하는 것이며, 특히 치료자가 간단하면서도 제대로 된 의미의 해석을 하고자 한다면 더욱 그러하다.

여러 차원의 성격을 지니는 시각적인 상징은 배우는 것을 좋아하는 환자에게는 가르쳐질 수 있다. 이것은 나로 하여금 미술치료자들이 개념적으로 잘못 이해하고 있는 해석이라는 것이 무엇이냐라는 것으로 이끌어 간다. 이러한 혼선이 빚어지는 것은 미술치료를 보는 두 가지 다른 개념 때문이다.

하나는 작품에 중점을 두고 환자에게 작품을 해석해 주는 좁은 차원의 개념이고, 다른 하나는 환자의 역사와 유전적인 차원을 포함한 환자의 정신역동에 관련된 모든 발언과 설명이 포함되는 넓은 차원의 개념이다. 나는 이 두 가지 개념을 상이한 것이 아닌 연관된 것이라 본다. 정신분석의 경우도 해석이 중심적인 치료도구이기는 하지만 치료현장에서 해석을 하는 경우는 극히 드물다. 대부분의 정신분석자의 경우 그들의 코멘트는 도입적인 성격의 것으로, 환자가 말한 것에 그저 코멘트를 하거나 한 말을 '반복' 해 주면서 그들에게 자신이 한 말에 명료함을 제공할 뿐이다. 내담자 중심의 치료의 경우에도 환자가 내비치기는 했으나 미처 알지 못하고 있는 느낌이나 부분을 '반영' 할 뿐이며, 환자에게 그때 필요하다고 생각하는 지원적인 발언을 하는 것에 머문다. 이러한 차원의 반영은 미술치료 현장에서 환자에게 창조적인 행동이나 작품을 지지하기 위한 미술치료자의 태도와 비슷하다.

그러나 이러한 모든 것은 결코 해석하는 것이 아니다. 성찰 중심의 심리치료에서의 해석은 설명일 뿐 문자 그대로 직역하는 것은 아니다. 전문적으로 시행되고 있는 정신분석 과정에서 분석자는 환자가 해석을 받아들일 준비가 되었을 때만 해석하며, 해석할 때 그럴 수도 있는 가능성이나 아마도 그럴 것이라는 표현을 사용함으로써 확고하게 규정 짓는 해석은 피하고 있다. 그들은 환자에게 어떤 연결의 가능성을 제시하면서 고려해 보도록 권유하지, 결코 그들의 해석이 옳다고 주장하지 않는다.

불행하게도 방어는 쉽게 허물어지지 않아서 많은 환자들이 해석에 대해 부정을 하게 된다. 해석에 대한 부정의 가장 간단한 예는 침묵을 지키는 것이다. 그러나 환자가 해석을 부정한다고 해석이 틀렸다고 할 수는 없다. 정신분석이나 미술치료에서 이러한 상황에 놓였을 때 가장 가치 있는 자료는 그 치료 세션과 다음 치료 세션에서 부가적으로 입수한 자료다. 만약 해석에서 제시했던 방어가 완화되고 갈등이 명료화되고 있다면 환자가 무슨 말을 했든지 치료가 바람직한 방향으로 진행되는 것으로 볼 수 있다. 미술치료의 경우 부가적인 자료인 작품이 정신분석에서의 언어 차원과 합쳐져서 환자의 위장된 무의식의 내용을 보다 효율적으로 작업하게 해 줄 것이라는 것은 자명한 일이다.

미술작품과 과정에 대한 논의 중에 일어나는 치료자의 간섭은 창조성을 일깨우거나 창작을 용이하게 하는 단계에 일어나는 간섭보다 부담스럽다. 결국 언어가 실생활의 의사소통에 가장 일반적인 도구이기 때문에 보다 강렬하게 다가가는 것이다. 특히, 치료자가 언급한 내담자의 작품이 자신의 일부를 나타낸다고 느낄 때는 더욱 그렇다. 모든 사람이 자신의 작품에 가지는 자애적인 측면 때문에 환자의 작품을 논의할 때 그가 민감하게 반응할 수 있다는 것에 주의해야 한다. 창조적이고 인내심을 갖는 것 외에 언제 그리고 어떻게 환자가 자신의 작품 속의 의미를 발견하도록 도울 것인가를 명확히 하는 것 역시 기술이 필요한 일이다.

이러한 기술은 미술치료의 모든 단계에서 필수적이다. 그 어떤 때보다도 나눔의 단계에서 이 기술은 더욱 명확히 드러나고 치명적이다. 누군가에게 어떤 메시지를 받아들이게 하려면 메시지를 이해할 수 있고 받아들일 수 있는 형태로 만들어야 한다. 만일 그것이 비교적 호소력이 있고 덜 위협적인 것이라면 사람들이 훨씬 쉽게 듣고자 하고 잘 받아들일 수 있을 것이다. 이것은 깨어진 유리 조각을 주워내는 것과 같다. 조심스럽고 신중하게 할 때 가장 잘 되는 것이다. 그래서 고통은 최소화시키고 상처가 안전하고 잘 아물 가능성을 최대로 만들 수 있다. 이것은 설탕을 바른 약을 제공하는 것처럼 저항이 극복되고 있는 과정이나 미술치료자의 작업과정으로 단순히 볼 수 있다. 그러나 미술치료에서는 독창성이 중요한데, 우리는 다음 장에서 그 중요성에 관하여 논하게 될 것이다.

참고문헌

Jones, E. The Theory of Symbolism (1916). In *papers on psycho-analysis* (5th ed.). Baltimore: Williams & Wilkins, 1948.

Reik, T. *Listening with the third ear*. New York: Farrar, Straus, 1948.

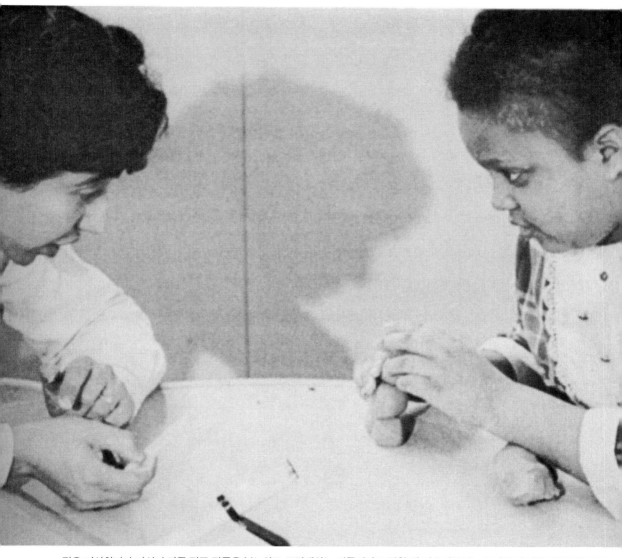

젊은 여성환자가 자신이 만든 점토 작품을 분노하고 고단해하는 인물이라고 말할 때 미술치료사는 그녀가 자신의 이야기를 하고 있다고 이해한다.

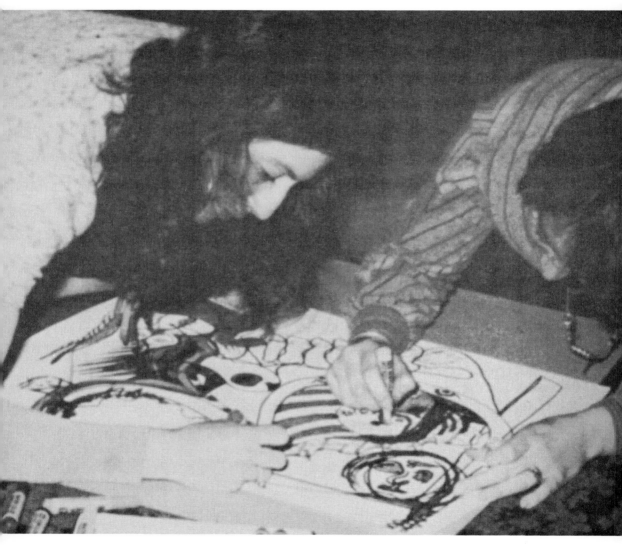

두 사람이 말을 하지 않고 같은 종이에 그림을 그리는 동안 창작적인 경험을 통하여 깊은 차원의 상호 감정교류를 가져
올 수 있다.

제12장 예술적으로 치료하기

이 책의 목적은 미술치료사로서 알아야 할 기초적인 지식에 대해서 논의하는 것이지만, 치료적인 작업에서는 지식보다는 자신만이 가지는 독창성 (artistry)이 필요하다. 이 두 가지의 차이는 미미해 보일 수 있지만 실제로 지대하다. 어떤 사람은 피아노 치는 것, 요리하기, 수놓기 등에서 기술적으로 유능하게 일을 수행할 수 있음에도 불구하고 자신의 피아노 연주, 자신이 만든 요리, 수를 놓아 벽에 걸어 놓은 벽걸이를 보면서 따분해할 수 있다. 이러한 측면에서 우리는 예술의 형식에 숙련되는 것 이상인 독창성이라는 것이 인간정신에 필요하다는 점을 인정할 수밖에 없다.

많은 사람들이 예술 분야에서 두각을 나타내려면 타고난 재주가 있어야 한다고 주장한다. 이런 주장도 일리가 있기는 하다. 그러나 미술치료사의 경우 타고난 자질이라고 볼 수 있는 다정함, 공감할 수 있는 능력, 감수성, 지적인 능력이 탁월하다고 하더라도 그것이 치료적인 작업에 사용되지 않으며 그 자체만으로는 별 의미가 없다. 그런 재능은 이 책에서 지금까지 이야기했던 미술과 치료에 대한 적절한 이해가 없이는 스스로 지닌 가치를 발휘하지 못한다고 할 것이다. 미술치료사는 결코 치료를 소홀히 해서는 안 되며, 경험 부족으로 내담자에게 부담을 주는 일이 있어서도 안 된다. 미술치료의 매력 중 하나는 치료가 어설프게 이루어졌을지라도 여전히 진단적이고 치료적인 안전한 양식이라는 것이다. 이는 미술치료를 배우고 있는 학생들이 임상감독을 받아가며 무난하게 치료업무를 수행해 가는 것을 보면 알 수 있다.

예술가에서 치료자로 변신한 나로서는 내 작품보다는 창의적으로 치료하는 일 자체에 관심을 가지고 있다. 사람들이 점점 나아지는 것에서도 즐거움을 얻지만, 그 사람들이 예술적이고 창의적인 방법으로 일할 수 있도록 도와주는 것에 대한 나의 역할이 더 큰 만족감을 준다. 이 책을 쓴 것도 내 안에 있는 예술가적인 기질인 것 같다. 몇 년 전 한 동료가 나에게 "당신은 예술가입니까 치료자입니까?(Are you an artist or therapist?)"라는 질문을 한 적이 있다(Ault, 1977). 나는 이 질문은 적절하지 않다고 본다. 오히려 "당신은 예술가인 동시에 치료자입니까?(Are you an artist and therapist?)" 또는 "당신은 치료자로서 예술가입니까?(Are you an artist as a therapist?)"라고 물어야 할 것이다.

좋은 치료, 특히 미술활동을 통한 치료는 언제나 창의적인 모험이다. 사람들을 가르치거나 강의에 임하거나 임상감독을 하는 것은 싫증이 나는 경우가 더러 있지만 치료적인 작업은 결코 싫증이 나지 않는다. 그러기에 나는 20년이나 해 오고 있다. 새로운 환자가 가지고 있는 문제나 각각의 환자들이 좀 더 잘 적응하도록 하기 위해서 어떻게 도와야 하는지를 결정하는 까다로운 치료과정에서 제기되는 모든 문제들은 예측할 수 없으면서도 고무적이고 한없이 환상적이다. 사람들과 그들이 가지고 있는 문제와 그들을 치료하는 과정을 통해서 나는 계속적으로 새로운 것을 발견하고 배우고 있다. 사람들이 지니고 있는 문제와 미술적 상징이 보편성이 있음에도 불구하고 사람들이 지니고 있는 다양성과 그들의 상상력은 끝이 없다. 치료적 여행의 길목과 과정은 언제나 예측 불가능하고 독특하며, 성공적이든 부담스러운 과정이었든 간에 거의 언제나 매혹적이다.

　물론 내가 만족을 얻는 부분은 다른 사람을 어려운 상황으로부터 구출해 준다거나 그들의 비밀을 찾아낼 수 있게 하는 살아 있다는 느낌을 가질 때다. 말할 것도 없이 치료의 과정에는 무거운 물건을 옮기거나 어질러진 것들을 치워야 하는 것과 같이 즐겁지 않은 일도 있다. 나이가 들면서 에너지가 넘치고 파괴적인 유아들은 나에게 스트레스를 주고 즐거운 마음을 감소시키는 것도 사실이다. 또 어떤 매체에 몰입하거나 나를 받아들여 주지 않는 사람을 만났을 때나 내가 힘들고 피곤한 상태일 때는 인내심의 한계를 느끼기도 한다. 그러나 치료가 내재적으로 지니고 있는 많은 심리적 부담감에도 불구하고 사람들에게서 발전의 징후가 보이거나 그들이 미적인 성취에 대해 반응해 줄 때 나는 흥분을 느끼고 치료라는 것이 매일의 일을 기대하게 되는 매혹적인 일이 된다.

　나는 다른 치료자들도 나와 마찬가지이기를 바란다. 치료가 신체적, 심리적으로 요구되는 것이 많기 때문에 치료자로서 계속 남아 있을 수 있기 위해서는 지속적인 만족감을 느낄 수 있어야 한다. 특히, 경제적인 면에서의 보상이 미흡하기 때문에 치료자들은 자신들이 받는 보수보다 치료를 통하여 느끼는 의미가 더 강화되어야 한다. 내가 여기서 감사함을 표현하는 것은 미술치료는 창의적인 모험이고 예술적으로 수행할 수 있다는 점 때문이다.

　비록 모든 변인을 배제한 사실을 증명해 낼 수는 없지만, 나는 예술치료를 통해서 환자가 발전할 수 있는 정도는 치료자가 지닌 예술성만큼이라고 생각한다. 그리고 환자가 지닌 잠재적인 발달상의 제한이 무엇이든 치료자가 더 많이 알수록 더 예술적이 될 수 있다고 생각한다. 환자의 나이나 상황에 관계없이 예술치료자들은 자신이 예술과 치료에 대해서 알고 있는 것을 다 이양해서 환자가 정신적 고통을 극복할 수 있도록 도와주고자 한다. 치료자들이 지식을 잘 종합하여 사용한다면 그들은 예술과 치료가 만나는 부분을 알아냈다고 볼 수 있다. 잘 종합되고 완전히 통합된 지식이 예술적인 방법으로 사용된다면 부담스럽고 부주의하게 일을 하는 것보다 훨씬 효과적이다.

언제 어떻게 개입할 것인가 하는 문제는 지속적인 추적을 필요로 하는 어려운 문제로서 치료자의 입장에서 환자와 조율된 상태에 있기를 원한다면 끊임없이 경각심을 가지고 깨어 있어야 한다. 이런 관찰을 토대로 치료자는 때로 어떤 방식(언어적 또는 비언어적)으로라도 개입해야 된다는 것을 느낄 수 있을 것이다. 그러나 언제 어떻게 개입할 것인지를 정확하게 결정하는 것은 어려운 일이다.

개입을 할 것인지 아닌지의 결정은 인지적 지각, 즉 환자의 욕구라는 측면에서 치료적 또는 창의적 순환을 이해하는 것에 기초를 두고 이루어진다. 그러나 어떻게(중재 형태) 그리고 언제(적절한 시간과 속도)와 스타일(말이나 행동을 하는 방법)을 결정하는 것은 임상적인 결정이기도 하지만 예술적인 결정이기도 하다. 그런 결정이 그 순간 환자의 치료적인 공간에 딱 들어맞지 않으면 효과적이지 못할 것이다. 모든 대면이 그렇듯이 치료과정 또한 불편하기 마련이므로 언제 어떻게 개입하느냐가 환자의 반응과 많은 관계가 있다.

잠시 언제 어떻게 개입할 것인지의 문제를 다른 예술의 형태에 비유해서 생각해 보자. 추적은 대체로 시각적인 것으로 세부적인 것(표정이나 손동작 같은)도 볼 필요가 있지만 큰 그림도 보아야 한다. 그리고 사진사가 하듯이 렌즈의 초점을 멀리 또는 가까이 수시로 움직이면서 보아야 한다. 마치 교향곡이나 오페라 연극 또는 춤 공연에 앉아 있는 것 같다고 볼 수 있다. 사람들은 특정한 부분에서 전체에 이르기까지 옮겨가면서 볼 것이며, 전체적인 감각적 의식이란 시각적인 것뿐만 아니라 소리나 말 또는 공간에서 신체의 움직임 같은 것까지를 전부 포함하게 된다. 치료집단의 경우 다른 점이 있다면 관찰대상과 가까이 있다는 점에서 마치 응접실에서 실내악을 듣는 것과 같다고 볼 수 있다. 치료자는 소리의 화음과 각 개인의 연주를 위해서 항상 경계를 늦추지 않고 지도력을 발휘하거나 그들을 안내하고 개인뿐만 아니라 집단의 노력에 지지를 보내기도 하는 실내악 공연의 지휘자처럼 느껴지기도 한다.

그렇지만 이런 비유를 너무 확대해서는 안 된다. 치료자는 조화와 제한된 상황이 필요한 상황을 제외하고는 지휘자와 같은 독재성을 가질 필요는 없다. 그렇지만 치료자의 말을 듣기, 관찰하기, 느끼기는 가족과 집단구성원 간의 공명뿐만 아니라 치료자 자신과 개인 간의 음악을 인식하는 것이다. 치료자는 일이 같은 종류의 것인지 다른 것인지를 느낄 수 있으며 사람들, 특히 사회화가 필요한 사람들이 조화를 이룰 수 있도록 도와준다. 치료자는 때로 환자의 말을 메아리처럼 따르려고도 한다. 어떤 경우에는 섞기도 하고 때로는 서로 관련된 상태로, 그러나 서로 다른 방법으로 함께 일하기도 한다. 치료자는 때로 현대 음악에서처럼 내담자와 매우 다르게 불협화음처럼 자기 자신을 드러내 보이기도 한다. 또한 치료자는 환자의 리듬에 맞추기도 하며, 환자의 리듬에 대해 반응하고, 도전과 직면이 되도록 리듬을 바꾸기도 한다.

치료자는 때로 환자가 연주하는 음악, 즉 자아실현을 위해 애쓰는 환자 내부의 노력 그리고 조화로운 마지막에 도달하기 위해서 극복해야 할 긴장과 불협화음 등의 해석자가 되기도 한다. 치료의 과정은 또한 서로 다른 동기와 소절을 지니고 있으나, 서로 공통적인 주제가 지속적으로 흐르고 또 다른 모습으로 반복되고 통일된 중심 모티브가 있는 교향곡에 비유되기도 하다. 교향곡의 동기처럼 환자의 모든 측면이나 단계가 수용되고 완전하게 발달될 수 있으면 가장 좋을 것이다. 단, 이는 치료에 시간제한이 없을 때 가능하다. 치료과정에 나타나는 음악적 아이디어는 갈등 또는 성격의 부분이 탐색되어 전체 작품 안에서 자연스럽게 융화되도록 하여야 한다. 마지막은 앞에서 나온 주제를 다시 연주할 수도 있고, 조용할 수도 있고, 폭풍과 같을 수도 있고, 예술치료의 종결처럼 점점 강하게 또는 점점 약하게 연주를 끝낼 수도 있다.

그러나 치료는 완전하게 작곡된 악보나 대본에 의존하는 드라마와는 달리 하나의 즉흥공연이다. 음악(재즈), 드라마(노천극장), 미술(자유회화) 등 모든 즉흥적인 작업이 그렇듯이 치료자는 어떤 것이 나타나든지 거기에서 사람들이 형태를 찾는 것을 도와야 한다. 개인 환자의 경우 형태를 찾는 데 또는 과정을 세분화하는 데 정열을 쏟을 수도 있다. 집단의 경우 서로 간에 일치된 미적인 관계를 지닌 상태에 머무르도록 도와주어야 한다. 화가 몬드리안처럼 기하학적으로 조직되었든지, 폴록처럼 흐르듯이 자연스럽게 작품이 만들어지든지 그런 것은 중요하지 않다. 중요한 것은 환자가 자신과 관련된 조직원리를 영속적이고 통합적인 것으로, 그리고 실제적인 삶 속에서 개인적인 것으로 경험한다는 것이다.

예술은 환자의 것이 되어야 하기 때문에 치료자는 연주자가 다른 사람이 작곡한 곡일지라도 자기 스타일로 연주할 수 있도록 돕는 교사나 코치가 되어야 한다. 치료자는 또한 집단이나 가족치료에서 안무가와 같이 역할은 있으나 보이지 않는 상태로 남아 있기도 한다. 치료자는 환자가 동작을 통해서 보여 주는 힌트에 대해 반응하고 좀 더 발전시키도록 도와주며 방향 잡는 것을 도와준다. 치료자가 하는 일은 발레 지도자와 마찬가지로 명료화하고 해석해 주는 일이다. 모든 예술 형태가 그렇듯이 이런 일들은 혼란스러움 속에서 전체적인 의미를 파악해 내고 상대적으로 특정 부분을 강조해 주는 일이다. 이런 연결작업은 혼란스럽게 엉켜 있는 부분을 풀어내는 실마리를 찾아주기 때문에 중요한 부분이다.

예술을 말로 표현할 수 없지만 명백한 인간감정의 표출이라고 본 랭거(Suanne Langer, 1953)의 견해는 예술치료와 가장 가깝다. 예술치료자가 하는 일은 예술을 통해서 환자가 자신의 감정을 표현하고 붙잡아 주는 일을 도와주며, 말뿐만 아니라 비언어적인 행동(미소, 울음, 찡그림 등)과도 연결해 주고 스스로 책임을 지도록 도와준다. 보다 복잡한 언어적 구성이나 시각적 창조작업처럼 말은 모든 복잡한 감정과 생각과 인상을 전달하며, 모든 중요한 생각을 나타내는 예술의 형태와도 같다. 말은 구체적이고 독립적인 것을 외면화시켜 주기 때문에 내면의 긴장을 완화시킨다. 치료자가 언어와 예술을 통해서 환자가 자기 감정을 표현하려는 것을 도와줄 수 있다면 환자의 삶의 에너지를 자신의 존재를 위하여 사용할 수 있도록 도와주는 것이 된다.

드라마는 음악이나 춤보다는 말이 더 많이 포함된 예술의 형태다. 나는 가끔 치료과정이 드라마적인 사건이라고 느끼기도 하며, 예술을 통한 심리치료는 하나의 드라마처럼 느껴진다. 시각적 예술은 정적이어서 드라마처럼 시간의 흐름에 따른 감정의 변화를 포착하기가 어렵다. 반면에 개인 또는 집단의 치료과정은 드라마에서 일어나는 일과 흡사하다. 갈등과 근심이 있고 긴장이 고조되기도 하며 갈등을 해결함으로써 구성이 끝나게 되어 있다. 미술 분야의 시각적인 작품에서는 외형적인 것뿐만 아니라 의미상으로 무엇이 중심이냐가 문제가 된다. 어떤 예술의 형태에서든 이것을 표현하고 포착하기는 어렵지만 이 작업이 이루어진 후(의미의 중심을 파악하는 것)에야 비로소 다음의 과정이 가능하다.

치료적인 만남이 교차되는 순간순간은 마치 치료자와 환자가 함께 춤을 추는 것과 같다. 이러한 순간은 개인치료에서 더욱 뚜렷하게 나타나지만 집단치료에서도 종종 나타난다. 치료적인 춤에 있어서는 상대방이 가장 필요로 하는 적절한 순간에 반응해야 한다. 예를 들면, 치료자에게는 분명해 보이는 것도 환자에게는 그렇지 않을 수 있기 때문에 예술적 과정을 통해서 그들이 볼 수 있도록 도와주어야 한다. 반면에 언제 환자에게 자유롭게 자기 자신의 스텝, 리듬, 형태(예술의 형태)를 밟아 볼 수 있도록 물러나 줄 것인지를 결정하는 것도 중요하다. 어떤 사람은 연결하는 것에 도움이 필요하고, 어떤 사람은 끊어야 하는 것에 도움이 필요하다. 예술치료자의 역할은 각자의 치료과정을 다르게 이끌어 간다는 것이다.

영화, 연극, 음악을 쓰는 사람들처럼 치료자는 사람들이 무엇을 찾고 무엇을 보아야 하는지를 배울 수 있도록 도와준다. 한 발 뒤로 물러서서 전체적인 흐름을 볼 수 있는 관망능력을 키워 주고 도와주며, 치료 중에 있는 자신의 작품이나 자기 자신을 볼 수 있도록 도와준다. 훌륭한 비평가가 예술의 과거와 현재의 관계를 보여 주듯이, 치료자는 환자가 자기의 과거와 현재의 관계를 볼 수 있도록 도와준다. 또한 치료자는 환자가 표현한 예술과 현재의 관계, 예를 들면, 지난 치료기간 동안에 환자가 그린 그림을 보도록 도와주기도 한다. 더 중요한 것은 과거에 그들이 표현한 예술과 그들의 개인적, 사회적, 문화적 상황에서 발생한 일 간의 관계를 보도록 도와준다는 것이다. 예술과 연상은 과거의 삶 속에서 일어난 문제나 기억을 말해 주는 때가 종종 있다.

이와 같은 계보적, 역사적, 유전적 틀은 심리역동 또는 학습을 위한 구조를 설립한다는 점에서 환자에게 유용하다. 이 세 가지 측면은 모두 중요하며, 환자와 치료자는 이를 종합하여 이해해야 한다. 나는 치료적 변화는 경험적 요소를 강하게 지니고 있다고 확신한다. 말로 표현되거나 설명할 수 없을지라도 환자가 진정으로 그리고 강렬하게 무엇인가를 느꼈다면 그 경험은 매우 강력한 힘을 지닌다. 환자가 그 경험을 설명하고 해석할 수 있다면 그 경험은 더욱 더 강력하게 자기 자신을 통제할 수 있게 해 준다.

그러나 환자들이 통찰력을 갖기는 쉽지 않으므로 환자에게 통찰력을 강조하게 되면 경험 차원이 가지는 치료의 위력을 희석시킬 수도 있다. 통찰력은 대단히 지적인 것이라서 그 자체를 믿거나 되어 보지 않고 알기만 하는 것은 단순하고 1차원적이다. 예술치료가 강력한 치유적인 힘을 가지고 있는 이유는 강하고 깊이 있는 경험을 거리를 두고 조직적인 관점으로 바라볼 수 있기 때문이다. 비전과 언어적 표현 모두를 통해 경험을 바라보기, 고려하기, 포착하기가 가능해질 때 진정한 통찰인 '들여다보기(in-sight)'가 가능해질 것이다.

루돌프 아른하임(Rudolf Arnheim, 1982)은 사람과 예술은 세상을 (황소의 눈처럼) 중심으로부터 또는 (지도처럼) 멀리서 본다고 하였다. 예술 부분의 치료과정에서 환자는 감정이나 인간관계에 대해서 멀리서 보지 않고 마치 소용돌이 속이나 과녁의 중심이 있는 것처럼 안으로 들어가서 느낀다. 반영적인 부분의 치료적 측면에서는 거리감과 관망하는 차원에 머물 가능성이 크다. 미술치료에서 이 두 가지 차원의 다른 경험은 전체적인 악보나 대본의 한 부분으로서 환자로 하여금 여러 영역에서 자신을 '알게' 하는 기회를 제공한다. 거리감을 두고 인지적인 측면으로 바라보는 것과 정서적으로 가까운 경험이 통합되면 개인은 자신의 내부에서 그리고 다른 사람과의 관계에서 어떤 일이 일어나는 지를 완전하게 이해할 수 있게 된다.

예술치료가 유용한 이유는 바로 이러한 개입과 반영의 두 측면을 모두 가지고 있기 때문이다. 따라서 정화작용만이 도움을 주는 것이 아니며, 통제된 상황에서의 강한 정서적 경험은 안전하고 참을 수 있고 수용적으로 이해될 수 있는 것이기 때문에 도움이 된다. 치료적인 역할을 하는 것은 통찰력만이 아니고, 한 개인으로 하여금 스스로의 내면의 존재를 확인한 후 그것을 들여다 보는 것과 두려움을 주었던 충동이나 생각 및 회상 등을 이해하고 잡아 주는 것이다. 때로는 이러한 능력이 말을 통해서가 아니라 과거의 작품이나 과정을 멀리서 반영해 보고 살펴봄으로써 가능해질 때도 있다.

승화가 성공적으로 이루어지면 자신과 타인에게 매력적인 작품을 만들기 위해서 열심히 참여하게 된다. 승화는 금지된 감정을 가장 방어적이고 수용적으로 표출하는 것이다. 금지된 충동이나 생각을 미학적으로 표현하는 것은 예술에 숨겨진 것을 이해하는 지적인 활동과 마찬가지로 자기 완성감을 불러일으켜 준다. 그러나 이런 바람을 화폭에 담는 것이 그것을 알고 완전히 받아들이는 것만큼 매우 유용한지는 알 수 없다. 신경증은 자연스러운 창의적인 과정을 방해할 수 있다고 말하는 사람도 있고, 갈등과 긴장이 창의적 활동의 연료로 작용한다고 말하는 사람도 있다. 이에 대한 진실은 그 중간쯤 어딘가에 있을 것이다.

창의적인 활동에의 참여와 최소한의 반영 또는 창의적인 활동 자체가 어떤 사람들에게는 정신건강을 증진시킨다고 보는 것은 일리가 있어 보인다. 이때 치료적인 요소로 작용하는 것은 승화(감정의 승화)라 할 수 있다. 그러나 많은 환자들의 경우 진정한 창의적인 참여가 거의 불가능하다. 또 어떤 사람들에게는 창의적인 활동에 진정으로 참여했음에도 불구하고 일시적인 긴장완화밖에 이루어지지 않는 경우도 있다. 그럼에도 많은 사람들이 예술작품을 만드는 과정을 되돌아봄으로써 의미 있는 심리적인 성장을 이루는 것을 본다. 모든 되돌아봄이 통찰력이라고 부를 만한 수준의 의식적인 차원에서 이루어지지는 않는다. 그러나 자신을 바라봄으로써 자신을 더 많이 이해하면 할수록 더 나아지게 되는 것을 볼 수 있다. 행동과 느낌 부분이 가깝게 연결될수록 예술치료는 풍요로운 결실을 맺을 수 있고, 잠재력을 최대한 살리기 위해서는 지식과 예술성이 모두 필요하다.

나는 모든 예술치료 현장에서 치료 대상과 상황에 관계없이 모든 환자들에게 어떤 상황이나 어떤 경우에라도 예술이나 치료가 예술적인 만큼 치료의 효과도 비례한다고 믿는다. 그와 같은 예술성의 형태는 치료자가 진정으로 환자와 함께 할 수 있는 능력으로 나타난다. 환자가 이끄는 대로 따라가는 데는 언제나 긴장이 있고, 언제 어떻게 개입할 것인지의 문제도 긴장을 유발시킨다. 가장 효율적으로 중재한다는 것은 지휘자나 연극감독처럼 예술적으로 중재하는 것이다.

여러 방향 중에서 어느 한 방향을 선택할 때는 환자의 문제에서 가장 결정적이면서도 그 순간에 가장 절실한 이슈를 선택하는 것이다. 예를 들면, 모든 일에는 눈에 보이는 것과 보이지 않는 의미가 내포되어 있다. 눈에 보이는 부분이 속임수라면 이것은 부분적인 것이다. 그래서 그런 점을 고려함으로써 더 많은 것을 알 수 있다. 그리고 접근하기 쉬운 방법만이 실제로 표현되기 때문에 환자의 자아를 통해 쉽게 받아들여지게 된다.

치료자는 환자가 그 문제를 다룰 준비가 되어 있지 않으면 그 문제를 다룰 수 없다. 준비가 되어 있더라도 중요한 부분은 아프게 느껴질 수 있다. 그래서 치료자가 보다 정교하고 예술적으로 하게 되면 환자는 치료자가 전달하려는 것을 보다 더 잘 받아들일 수 있다. 임상적으로 적절한 결정을 내릴 수 있는 기술은(예술치료의 기술) 자신의 일(예술과 치료)을 잘 아는 것이다. 예술성은 능력 이상의 것으로서 마치 소나타 한 곡을 음악적으로 잘 해석하듯이 그 결정들이 임상적으로 잘 수행되도록 하는 것이다.

나는 예술치료에서 치료자가 스스로의 독창성에 많은 관심을 가지기를 촉구하고 싶다. 인간의 재능이 때로는 천부적이고 자연스러운 것처럼 보일지라도, 대부분의 사람들에게는 잠재해 있으며 그것을 촉진해 줄 수 있는 자문을 받아야 개발되고 발달될 수 있다. 자신의 예술성을 희미하게 인식하고 있는 많은 치료자들은 자기가 하고 있는 일의 예술성을 관찰해 봄으로써 발전시킬 수 있다고 생각한다. 자신의 예술성이 발전하면 환자나 환자 가족 그리고 동료들로부터 자신을 강화시켜 주는 반응들을 받게 될 것이다. 예술적인 임상작업에서 받는 강화는 동기를 강하게 유발시켜 주고 만족을 주며 내적인 보상을 주는 자극제로 작용한다.

  그림을 그리는 작업처럼 치료란 때로 느리게 진행되고 지루하고 좌절을 주기도 하며 어렵고 고통스럽지만, 여러 가지 측면에서 커다란 보상을 가져다주는 일이 될 수 있다. 그리고 미술과 치료의 두 가지 경우 모두 예술적일 수 있는 만큼 더 좋다는 것은 진리다.

참고문헌

Arnheim, T. *The power of the center: A theory of visual composition.* Berkeley: University of California Press, 1982.

Ault, R. Are you an artist or a therapist? A professional dilemma of art therapists. In R. H. Shoemaker & S. E. Gonick-Barris (Eds.), *Creativity and the art therapist's identity.* Baltimore: American Art Therapy Association, 1977, pp. 53-56.

Langer, S. K. *Feeling and form.* New York: Scribner's, 1953.

제4부 미술치료에서의 간접적인 서비스

이 책의 제1, 2, 3부에서는 미술치료의 기초라고 볼 수 있는 미술과 치료 그리고 이 두 가지가 임상에서 만나는 부분이 다루어졌다. 이외에도 필수적이지는 않을지라도 특히 전문인의 위치를 굳힌 미술치료사들이 알아두면 도움이 된다고 보는 부분들이 있다.

어떤 전문 분야가 살아남기 위해서는 그 분야를 전공하려는 사람들이 필수적으로 알아야 하는 그 무엇을 제공할 수 있어야 한다. 그들 대부분이 교육과정에 있는 사람들로서 그들로 하여금 미술치료적인 제반 내용을 습득하게 하기 위해서는 임상적인 치료모델을 가르치는 것 이상을 요한다. 구체적으로 말한다면, 그들은 적절한 교육과 함께 임상감독을 받아야 한다는 것이다. 이러한 차원에서 후학들의 교육을 담당하는 위치에 있는 미술치료사는 교육과 임상감독을 아는 것이 필수적이라고 하겠다.

미술치료 학생 외에도 미술치료에 자신의 환자를 의뢰하거나 진단 또는 치료를 하고자 하는 인접 분야 전문인들에 대한 교육도 염두에 두어야 할 부분이다. 이러한 전문인들은 같은 기관에서 일하는 직원일 수도 있는데, 이런 경우를 대처할 수 있는 방법으로는 기관 내의 보수교육을 들 수 있다. 관심을 가진 전문인들이 다른 치료기관의 직원들일 경우에는 임상자문자로서 그들의 이해를 촉구시킬 수 있다. 이 둘 중 어떤 상황이건 간에 이러한 활동은 환자를 직접 치료하는 미술치료사의 직접적인 기능이 아닌 간접적인 기능으로서 이에 대처할 수 있는 능력을 갖추는 것이 중요하다. 치료와 임상감독이 다르지만 직접 및 간접 기능 모두가 상호관계를 증진시킨다는 점에서는 동일하게 중요하기 때문이다. 따라서 미술치료사는 자신의 역할이 어디에 해당하는가에 대하여 확실히 이해해야 하고, 어떤 점이 중첩되며 어떤 부분이 구별되어야 하는가를 알아야 한다.

나는 얼마 동안 혼자서 고심하다가 간접적인 기능에 관련된 내용을 첨가하기로 결심했다. 이 내용은 초보자들에게는 '부가적인' 것이 될 것이지만 간접적인 서비스 차원의 임무를 수행해야 하는 미술치료사들에게는 필수적인 내용이 될 것이다. 제13, 14, 15장은 교육, 임상감독, 자문으로 구성되어 있다. 또한 큰 안목으로 보아서는 미술치료에 필수적인 부분인데도 특정한 분야로 취급하고 있는 연구 부분을 빠뜨릴 수 없다. 개인적으로 전반적인 미술치료 교육과정 중에 연구 부분이 가장 부진하고 나태한 영역이 아닌가 생각한다. 연구는 어쩌면 미술심리치료 분야가 전문 분야로 정착하기 위해서 가장 필요한 부분이라고 볼 수 있다. 제16장에서 나는 미술치료 연구에 적절하다고 생각하는 이슈들을 포함하여 미술치료사들이 인접 분야의 연구결과를 이해하기 위해서 알아야 하는 부분을 다룰 것이다.

비록 환자들을 위한 독창적인 미술치료 방법의 개발이 우리의 직접적인 작업이자 이 분야의 성장을 위해서 필요한 작업이지만, 이 부분에서 논하는 간접적인 작업도 환자들을 의뢰하고 미술치료사를 고용하는 사람들과 이루어지는 부분인 만큼 정신건강 분야에서 살아남기 위해서는 필수적인 부분이다. 정책적으로 잔재주를 부리는 것보다는 인내하는 마음으로 독창적인 미술치료교육, 임상감독, 자문 그리고 연구를 하는 것이 막강한 힘을 가진 예술매체에 대한 보다 확고한 이해와 사용을 가능하게 할 것이다. 여기서 논하는 '부가적' 내용이 비록 개별적인 치료자에게는 필수적인 것이 아닐지라도, 개인이 보다 큰 안목을 가져야 하는 위치에 있는 미술치료사에게는 매우 중요한 것일 수 있다.

제17장은 소수의 미술치료사에 한한 주제일 수도 있지만 이 분야의 발전을 위해서는 중요한 부분이라고 할 수 있는 이론에 관한 것이다. 이

장에서는 다양한 인격발달에 대한 이론들과 현대 심리치료의 형태가 논의된다. 미술치료 분야 자체를 위한 적절한 이론의 정립은 '부가적인' 내용 중 가장 중요한 부분이다. 만약 우리가 논리적이고 효율적인 상호소통방법을 가지고 있지 않다면 우리를 보는 사람의 시각에 따라서 미술치료사가 매력적이고 낭만적이지만 머리가 텅 빈 치료자나 가망 없는 사람들로 비춰질 것이다. 이론에 대한 장에서는 미술치료에 적절하다고 보는 일종의 이론 구축에 대한 내용과 그러한 방향으로 가기 위하여 알아야 하는 제반 내용을 다루고 있다. 나는 임상치료자들이 연구에 흥미를 가지는 만큼 이론가가 되는 것에 흥미를 느낀다고 생각하지는 않는다. 그러나 예술적 치료를 훈련받은 미술치료사로서 남들을 훈련, 지도, 감독 또는 정보를 제공해야 하는 위치에 있는 경우, 마치 연관된 분야의 연구자료를 읽고 내용을 파악하듯이 스스로의 분야와 인접 분야의 이론을 이해해야 할 필요가 있다고 본다.

부가적인 부분을 첨가한 또 하나의 이유는 수많은 미술치료사들이 정규적인 교육자, 감독자, 자문자, 연구자, 이론가적인 배경이 없다는 것이다. 그들이 이러한 임무를 이미 수행하고 있는 경우에도 자신이 그 역할을 하고 있다는 것조차 모르고 있을 경우가 많다. 그러므로 이 부분의 내용은 적어도 각 장에서 제기된 이슈를 보다 의식적인 차원으로 끌어올릴 수 있게 하고, 독자에게 간접적인 서비스에 관련된 보수교육을 받을 것인지 또는 부분적인 내용을 세부적으로 공부하고 싶은지를 결정할 수 있는 기회가 될 것으로 생각된다.

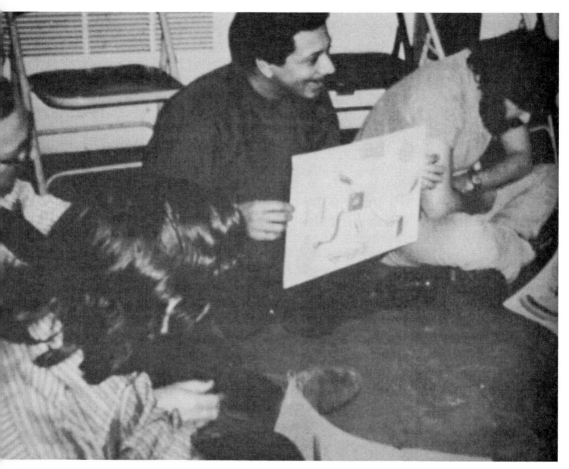

미술치료 교육과정에 있는 학생들이 각자의 작품을 보여 주면서 나눔의 시간을 가지고 있다.

제13장 교육에 대하여

　대부분의 미술치료사들은 별 준비도 없는 상태에서 가르쳐야 하는 위치에 놓이게 된다. 나를 포함한 미술치료 분야의 많은 사람들은 정규적으로 미술치료 교육을 받은 적이 없다. 내가 경험을 쌓아가던 시절에는 미술치료 교육과정이 따로 없었기 때문이다. 나는 교육대학원에서 공부했고 아동에서 대학생에 이르는 다양한 대상들에게 미술교육을 가르쳐 온 경험이 있지만, 현재 미술치료 분야의 교육을 담당하는 대부분의 미술치료사들은 교육에 대한 정규적인 훈련을 받지 못했다.

　이러한 현상은 다른 심리치료 분야에서도 마찬가지다. 그들 역시 교육에 대해 잘 알지 못하는 미술치료사들처럼 사람들이 배울 수 있게 하는 방법에 대한 지식이 없는 상태에서 고등교육에 대한 어떤 배경이나 경험도 없이 교육과정을 제안해야 하고 세미나를 이끌어 가야 했기 때문에 종종 자신의 분야에 대해 알고 있는 바를 적절하게 전달하지 못한다.

　이 책이 미술치료의 기초 영역을 다룬다는 점에서 교육원리나 교육방법에 대해서 상세하게 다루지는 않겠다. 이러한 정보는 다른 분야들과 마찬가지로 관련 문헌이나 교육과정 내에서 경험 있는 교사의 안내를 활용할 수 있기 때문이다. 여기에서 다루는 내용이 특별히 학습과 관련된 문제들을 준비 없이 가르치고 있는 자신을 발견하고 있는 미술치료사들에게 경각심을 촉구하는 차원이 된다면 충분하다고 생각한다. 피교육자들이 일회적인 워크숍 참석자든지 석사과정 학생이든지, 기간의 차이는 있으나 가르쳐야 하는 상황이라는 것에는 동일하다는 점에서 목적은 다를 수 있어도 학습의 요령은 같다고 하겠다.

모든 종류의 가르치는 상황에서 가장 중요한 것은 '전달하고자 하는 것이 무엇인가를 분명하게 아는 것'이다. 그것은 단순하게 교육과정, 워크숍, 강의 주제에 의해 이미 정의된다고 생각할 수 있다. 그러나 미술치료의 많은 측면들 중에서 특정 주제를 선택해야 한다는 점에서 그리 간단한 문제는 아니다. 주제 선택에 있어서 하나의 기준이 될 수 있는 것은 사람들이 특정한 주제를 배우기 위해서 이해해야 하는 가장 중요한 것이 무엇인가를 알아야 한다는 것이다.

그러나 정확한 판단들을 내리기 위해서는 학생들이나 청중이 '기존에 알고 있는 것과 그들의 특정한 주제에 대한 이해 정도'를 알아야만 한다. 비록 사람들이 어떤 주제에 대해, 심지어는 체계적으로 고안된 교육과정에서도 이해능력과 지식 수준이 다양하지만 그들이 이미 어떤 학습경험을 했는가를 조사함으로써 이해할 수 있다. 따라서 우리가 먼저 해야 할 작업은 적절한 교육과정, 강연, 워크숍의 수준을 정하는 것이다. 나는 가장 지적 수준이 높은 사람과 최소한의 정보만을 가진 사람들의 중간 정도의 수준에서 의사전달을 시도하여 후반에 가서 양극단에 있는 사람들을 위한 부가적인 정보를 제공하는 방법을 사용해 오고 있다.

어떤 분야에 있어서 중요한 교육은 그 수준에 대한 생각과 함께 피교육자들의 필요와 흥미에 따라 가르치는 것을 조정하는 것이다. 미술치료의 영역 안에서 넓은 범위의 주제가 주어질 경우 주제의 선택을 결정하는 변인이 될 수 있는 것은 학생의 가장 큰 관심이 무엇인가를 고려하는 것이다. 교육과정이

길든 짧든 현실적으로 이것이 의미하는 것은 어떤 학습경험이 시작되는 초기에는 피교육자들이 어떤 영역에 관심을 가지고 있는가를 이해하는 데 상당한 시간이 소요되어야 한다는 것이다. 이는 치료에서 환자를 다룰 때와 비슷하다. 왜냐하면 두 가지 경우에서 치료자가 제공하는 것은 오직 환자의 수준에 맞고 환자의 동기와 일치할 때만 그들에게 수용되기 때문이다.

이러한 모든 것은 자명한 것처럼 보일 수도 있지만 학생들로부터 그러한 질문을 받아 본 적이 없다는 이야기를 들은 바 있다. 내가 학생들의 수준과 흥미를 평가하면서 발견한 것은 마치 미술치료에서의 환자들처럼 학생들도 무엇을 읽을 것인지, 무엇을 쓰고 그려야 하는지 등 종종 숟가락으로 먹여 주는 식의 주입식 교육, 심지어는 그들을 위해 마련된 학문적인 '차림표'를 통한 제공받기를 좋아한다는 것이다.

예술치료에서 어떤 '음식'이 공급되어야 할 것인가에 있어서는 자신보다 앞서간 누군가에 의해 결정될 필요가 있다. 이러한 현상에서 생각나는 것은 연구기간 동안 질 좋고 균형 잡힌 음식만을 제공받아 온 유아가 주기적으로 트집을 잡았다고 발표한 한 아동심리학자의 고전적인 연구다(Davis, 1928). 주말 워크숍이나 학기 중에 운영되는 교육과정 참여자들의 경우도 이와 비슷하다. 그들에게 제공되는 주제와 내용은 영양이 풍부한 좋은 자료였음에도 교육과정에서 제공되는 자료가 섭취되는 양상은 다양하게 나타난다는 점에서, 참가자들이 얼마나 개인적으로 흥미를 느끼는가 하는 것은 교육적인 성취도와 관계가 있다고 하겠다.

자기 동기화된 학습이 훨씬 더 확실하게 뿌리를 내리게 하며 더 지속적인 효과를 갖는다는 것이 이러한 교수법을 권장하는 이유다. 심지어는 주제의 순서 또는 하나의 주제가 가지는 다양한 측면들에 소요되는 상대적인 시간을 결정하는 데 있어서 학생들의 자유를 제한할 때조차도 이러한 학습활동이 도움이 된다. 만일 어떤 이유로 교육과정의 주제나 순서의 융통성이 제한되어야 하는 경우, 학생들이 자신의 특정한 흥미에 따라 기말 과제물이나 프로젝트 주제와 같은 것들을 선택하게 할 수 있다. 내가 제안하는 것은 모든 결정이 학습자로 부터 이루어져야 한다는 것이 아니며, 교사의 교육적인 구조 내에서 어떤 주제의 본질적이고 선택적인 측면들을 감안하여 제공되면서도 학생 개개인들로 하여금 그들을 매혹시키는 방향으로 나아갈 수 있는 자유가 보장되어야 한다는 것이다.

우리는 주제를 바꾸면서 한 학기에 3학점 과목을 듣는 것이 가장 좋은 것이라고 말할 수 있다. 그런데 3시간의 일회적인 세미나나 하루 동안의 워크숍으로 제한된다면 어떻게 해야 할까? 이렇게 꽉 짜인 시간적인 구조에서 사람들이 배워야 할 가장 중요한 것을 결정하는 것이 곧 교사의 책임이다. 교사는 교육의 형태에 관계없이 이러한 시도에 관한 책임을 지게 된다.

학습자의 수준과 필요에 대한 정보수집은 미술치료사를 초청한 사람들에게 그 집단의 지적 수준과 특별한 흥미와 요구에 대해 질문함으로써 미리 이루어질 수 있을 것이다. 나는 섭외담당자에게 사람들이 미술치료의 어떤 측면들에 대해 가장 알기를 원하는가를 조사할 것을 제안한다. 심지어는 짧은 만남 동안에도 우리는 하나의 방향 또는 다른 방향으로 가도록 준비될 수 있으며, 그것은 그때마다 평가될 수 있다. 나는 종종 모임 후 참여자들에게 사용할 자료와 보여 줄 필름을 꼼꼼하게 결정한다. 우리는 비록 짧은 발표를 하더라도 특정한 활동을 위한 필름이나 다양한 자료들을 이용할 수 있어야 한다.

강의를 듣게 될 대상의 특성도 중요하지만 그들의 지적 수준을 아는 것도 중요하다. 강의대상이 아마추어든지 다른 분야의 전문가든지 그들에게 의미 있고 친숙한 언어와 아이디어를 사용하는 것이 중요하다. 나는 부모, 교사 또는 정신과 의사에게는 똑같은 종류의 슬라이드를 사용하지만, 항상 청중에게 의미 있고 이해할 수 있는 용어로 말하고자 했기 때문에 슬라이드에 대해 각각의 집단에게 매우 다른 종류의 반응을 보였던 것으로 기억한다. 어린이와 관련된 사람들이나 심리학자 집단에게는 비슷한 미술활동(낙서, 말하지 않고 둘이서 그리기)에 참가하게 하는 것도 그러한 경우다. 그러나 각각의 집단과 그것에 대해 토의할 때의 용어는 아마도 약간 다를 것이다. 경험을 위해 주어지는 원리(이론적인 설명) 또한 그 구성원들의 특성에 따라 달라질 것이다. 물론 이후의 토론은 참여자들이 자신의 경험에 대해 이야기한 것에 기초한다.

가르치는 상황에서는 내용뿐만 아니라 전달되는 방법 또한 결정되어야 한다. 나는 예술활동을 문헌에 있는 이론과 기법에 관련시켜 보면서 예술활동에 적극적으로 참여하는 것이 가장 좋은 방법이라고 확신한다. 교육자로서 그러한 직접적인 참여가 항상 가능한 것은 아니지만, 강의실 의자에 부착된 작은 탁자에 종이를 놓고 그 위에 연필로 그림을 그리거나 강당에 앉아서 점토작업을 할 때 나는 적극적으로 참여하려고 노력한다. 예술치료는 행함(doing)과 반영(reflecting)을 포함한다. 그것이 심오하든 피상적이든 간에 우리가 그것을 다른 사람들에게 가르치고자 할 때는 그들의 작업과정에 직접 참여할 수 있을 때 그들을 가장 잘 이해하게 될 것이라는 것이다.

그러나 처음에 지적했던 것처럼 예술치료를 학습하기 위해 가장 좋은 상황은 계속적으로 반영하면서 직접적으로 참여하는 것과 다양한 치료기관에서 실습하고 있는 참가자들의 작업에 대해서 듣는 것을 포함한다. 오직 말로만 교육하는 것은 예술치료의 가장 중요하고도 가치 있는 요소라고 할 수 있는 시각적 형상이 포함되지 않는다는 점에서 한계가 있다. 비록 대부분의 예술치료자들이 자신들의 발표에서 독창적인 예술품이나 슬라이드를 사용하지만 항상 그러한 것은 아니다. 때로 영사기나 특별한 예술작품을 이용할 수 없다는 실제적인 문제가 있지만, 예술치료자가 무엇이든 시각적인 이미지를 갖는 작품을 설명하기 위해 필수적이라고 확신한다면 적절한 기구나 관련 있는 미술작품들을 이용할 수 있도록 계획하고 준비해야 할 것이다.

예술치료자 교육자들이 갖기 쉬운 또 다른 문제는 그들이 사례를 소개하기 위해서 보여 주는 슬라이드나 실제적인 예술작품의 내용이 사례와는 전혀 상관없는 설명적인 논평과 함께 그냥 쭉 제시된다는 것이다.

만약 슬라이드가 말 그대로 언어적 표현의 예시를 들어주거나, 즉흥적인 이야기에서 슬라이드를 보는 것이 가장 적절하다고 생각되는 상황에서 제공된다면 청중들에게 매우 유용하다. 그러나 그것을 가능하게 하기 위해서는 세심한 계획이 필요하다. 사례와 실제적인 작품을 함께 보는 것은 예술치료자의 메시지를 완전하게 통합하는 청중의 이해능력을 촉진시킨다는 점에서 중요한 작업이라 할 것이다.

많은 예술치료자들이 예술작품을 보여 주는 반면, 몇몇 치료자들은 일반 사람들의 그림을 보여 주기도 한다. 그런데 경험이 없는 청중은 치료실이 어떻게 생겼는지, 환자가 어떻게 행동하는지, 그러한 창의적인 작품이 어떻게 실현되었는지 등을 궁금하게 생각할 것이다. 예술치료 상황의 슬라이드, VTR, 필름은 이런 것들이 아니더라도 청중에게 매우 다르게 보일 수도 있는 것에 구체적인 형태를 제공하는 것을 도울 수 있다. 누군가 환자의 그림을 보여 주는 것은 개인적인 권리의 침해라고 반대할 수 있다. 그러나 그것들이 교육적인 목적에만 사용될 것이라는 보장을 받게 되면 입원환자와 외래환자는 자신들의 그림이 공개되는 것에 대부분 동의한다. 물론 법적으로나 윤리적으로 보호자나 환자로부터 동의서를 받는 것은 필수적이다. 내가 이용하는 또 다른 보호수단은 같은 도시의 사람들이 알아볼 수 있는 사람들의 그림을 절대로 보여 주지 않는 것이다. 또 다른 방법은 사람들이 알아볼 가능성을 줄이기 위해 얼굴을 쉽게 알아볼 수 없도록 모자이크 처리를 하는 것이다.

이상적인 예술치료 학습상황에서 마지막으로 중요한 요소는 경험한 것을 보다 큰 시각으로 보게 하는 것이다. 큰 맥락이라 함은 일반적으로 그때 그 순간의 현장으로서 지역사회, 주 전체, 국가적 차원이라고 볼 수 있다. 혹은 아마도 논의되고 있는 특정 분야에서 예술치료의 역할에 대한 역사적인 시각일 수도 있다. 직접적인 참여와 성찰을 통하여 무엇을 할 수 있는가에 대한 확실한 임상적인 자료를 제공하는 것이 가장 좋은 것처럼, 경험된 것이 직접적이든 간접적이든 보다 넓고 큰 맥락에 포함될 수 있다면 이상적이다. 강의시간과 별도로 학습자들에게 독서나 프로젝트를 지정해 주는 것이 이러한 목표를 달성하기 위한 방법이 될 것이다.

　교육적으로 제시할 수 있는 이상적인 요소로서 주장한 이러한 세 가지 접근이 예술치료에만 독특한 것은 아니다. 그러나 가르치는 상황에서 계속 권유해 왔던 행함과 반영 그리고 언어 차원과의 통합은 예술치료의 본질이라 하겠다. 학습을 보다 넓은 시각에서 보는 마지막 요소 또한 예술치료의 중요한 일부분으로서, 여기서 환자는 미술치료사와 보내는 시간뿐만 아니라 자신의 삶을 이해하고 풍요롭게 할 수 있는 방식으로 창작적인 경험을 사용하도록 도움을 받게 된다. 만약 치료처럼 가르치는 것이 어떤 종류의 지속적인 효과를 갖게 하려면 학습자에 의해 내면화되고 궁극적으로는 보편화되어야 한다.

　이것은 예술치료를 가르치는 것에 대해, 특히 현장에서 훈련을 받는 학생들에게 또 다른 의미를 갖게 한다. 모든 강의식(didactic) 학습은 항상 관찰의 형태(현장 혹은 VTR)나 가능한 한 빨리 임상실습을 해 보는 방식의 직접적인 것으로 보완되어야 한다. 다른 사람과 개별적인 예술치료 인터뷰를 하는 모든 사람은 독서나 관찰을 통해서 아는 것보다 더 완전하게 여러 종류의 사건을 이해하고 있어야 한다. 만약 그러한 '실습' 활동들이 개별적으로 혹은 집단으로 자세하게 연구될 수 있다면 학습의 잠재성은 더욱더 넓어진다. 심지어 도입과정에서 학생들은 여러 개인 또는 가족과 함께(그들이 이미 알고 있는 사람은 제외) 미술평가를 해 보도록 권유받을 수도 있고, 그룹에서 그것들을 논의해 봄으로써 많은 것을 배울 수도 있다. 관련된 접근법으로서 역할놀이를 이용하거나, 주말 워크숍과 같은 단기간의 학습상황을 통해 학생들이 치료자나 환자가 되어 보거나(개인, 그룹, 가족), 예술치료에 수반되는 긴장 및 딜레마의 종류를 실용적으로 학습하면서 기쁨과 즐거움을 동시에 느낄 수 있다.

　사람들이 주제에 흥미가 있을 때 더 잘 배우는 것처럼 지적으로 매력적이고 정서적으로 몰입될 때 더 잘 배운다는 것은 이미 알려져 있는 사실이다. 자신의 그림을 그리는 것, 다른 사람들과 함께 역할놀이를 하는 것, 자원봉사자들에게 실습하는 것은 교육과정에 있는 학생들을 위한 좋은 교육방법이다. 중요한 것은 행함이 항상 그 순간의 학습경험을 통합한다는 것이다. 슬라이드가 강연의 내용과 관련되어서 상영될 때 가장 효과가 있는 것처럼, 학습과정의 활동요소들도 학습될 이론적, 기술적, 역사적 정보가 교사에 의해 연결될 때 가장 좋다. 어느 누구도 본능, 자아, 초자아를 본 적이 없으며, 어느 누구도 전이의 특성이나 치료동맹의 내용을 소상하게 묘사할 수 없다. 이러한 추상적인 개념들은 자신의 직접적인 경험에 의해서 의식될 때만이 이해되고 의미를 갖기 시작한다.

창의력이 풍부한 한 지도자가 학생들에게 추상적이며 이론적인 개념들을 예술매체를 이용해서 시각적으로 표현하도록 요구하는 놀라운 생각을 하였다(Allen & Wadeson, 1982). 나는 그러한 작업이 학생들로 하여금 추상적인 개념들을 더 잘 이해하게 했다고 확신한다. 비록 어떤 사람이 이를 이미 알고 있다고 생각할 수 있지만, 자신의 감정이나 생명선을 그려 보는 것도 사람들에게 특정한 주제에 대해 새로운 시각을 갖게 할 수 있다고 확신한다.

이 장의 전반부에서 나는 청중의 지적 수준과 그들의 가장 큰 흥미영역을 판단하는 것이 중요하다고 강조했다. 행함을 포함하는 학습에서는 전체 활동 동안 과제와 계속되는 토의에 대한 그 집단의 안정감 혹은 불안감의 수준을 계속해서 측정하는 것이 필수적이다. 이는 사람들이 예술작품을 만들고 또 그것을 반추해 볼 때 가장 중요하다. 그런 다음 작업의 적절성과 잠재적으로 다루기 힘든 분야들에 대해 얼마만큼 더 토론을 할 것인가에 대해 판단해야 한다.

집단치료 상황에서 과도한 노출로부터 개개인을 보호하고 모든 사람들이 자신이 만든 것에 대해 원하는 만큼 이야기할 기회를 갖도록 보장하는 한 가지 방법은 토의시간 동안 두 사람이 한 조가 되도록 구성하는 것이다. 각 파트너는 먼저 자신을 인터뷰하는 사람에게 자신의 작품을 보여 준다. 이때 우선 대부분 개방형 질문을 하도록 지도를 받는다. 그런 다음 역할을 바꾼다. 이용할 수 있는 시간이 끝날 때까지 모든 사람은 자신의 창조물에 대해 이야기할 때와 다른 사람이 자신의 작품에 대해 인터뷰할 때 기분이 어땠는지 발견할 기회를 갖는다. 그리고 시간이 허용되면 지도자는 원하는 사람에게 자신의 경험을 전체 그룹에게 이야기하도록 권유할 수 있다.

모든 학습상황에서 직접적인 참여를 장려하는 것이 유용한 것처럼, 학습자가 좋아하고 사용할 수 있는 것을 전달하는 것도 도움이 된다. 이것이 학습자의 흥미에 따라 표현방법을 가르치는 것이 더 많은 의미를 갖게 되는 이유다. 왜냐하면 그들은 그렇게 할 때 더 잘 참여하게 될 뿐만 아니라 자신들이 학습한 것을 앞으로 더 잘 이용할 수 있기 때문이다. 주어진 시간 내에서 전달될 수 있는 학습자의 흥미영역 중에서 선택하게 되면 학습자는 과연 그것을 자신의 실제 삶에서 가장 잘 이용할 수 있으며 또 가까운 미래에 활동할 수 있을까?

미래에 대해 생각하는 또 다른 방법은 새롭고 가치 있는 것을 받아들이는 것뿐만 아니라 특정한 주제에 대해 학습할 필요가 있는 것을 발굴하고 그에 도달할 수 있는 몇 가지 방법을 정의하는 것을 학습상황에서 목표로 설정하는 것이다. 어떤 그룹에서는 예술치료가 매우 복잡하며 많은 기술과 감독된 학습을 필요로 한다는 생각을 단순히 이해하게 하는 것이 중요한 목적이 될 수 있다. 우리 분야의 선구자 중 한 사람의 이야기를 인용하면, 많은 아마추어들과 몇몇 전문가들은 스스로를 예술치료자라고 부르기 위해서 필요한 것이 붓과 환자라고 생각한다(Howard, 1964). 나는 청중에게 이 작업의 복잡성과 정교함을 납득시켜서 환자들에게 무책임한 예술치료를 행하지 않게 하기 위해서 열심히 작업해 왔다.

물론 단 한 번의 강연을 하든, 2년여간의 석사학위 프로그램을 계획하든, 사람들을 위해 미술치료의 가르침에 대해 쓸 수 있는 것은 아주 많다. 확실히 후자는 훈련경험을 배열하는 문제와 주제영역의 선택을 포함한다. 이때 주제영역의 선택은 적어도 일부분은 담당 미술치료사의 견해에 관련된 문제다. 그러나 우리가 이론적 혹은 기술적으로 선호하는 것이 무엇이든지 모든 조직화된 훈련계획은 행함과 이해를 항상 연결시키면서 지식과 능력 모두를 점진적으로 가르쳐야 한다.

마지막으로 언급하고 싶은 것은 모든 종류의 가르치는 상황은 학습자에 의해 평가될 필요가 있다는 것이다. 짧은 강연이나 회의에서 이렇게 하는 것은 어렵고 곤란할 수 있으나 참석자들에게는 상당히 유용할 수 있다. 학생들에게 평가를 하게 하는 것은 실질적인 가르침에 참여했던 모든 예술치료자들의 책임이다. 나는 사람들로 하여금 자신들의 비평에 정직해지도록 격려하기 위해서 종종 그러한 평가를 타이프로 치거나 익명으로 할 것을 제안한다. 나는 또한 평가 형태나 질문지를 제공할 때 다른 사람과 마찬가지로 나도 칭찬을 좋아한다는 것을 강조해 왔다. 그러나 나의 성장과 개선을 위한 특별한 제안이 있다면 비판적인 피드백이다. 20년 동안 대학에서 가르쳐 오면서 서면으로 된 평가를 많이 받아 왔으며 그 시간만큼 많은 것을 배워 왔다. 물론 때때로 누군가가 나의 가르침을 부정적으로 비판한 글을 보면 충격을 받고 고통스러웠다. 그러나 좋은 미술치료사는 끊임없이 자신의 작업을 평가해야 하며 책임감 있는 교사이어야 한다는 점에서 감내해 왔다.

참고문헌

Allen, P., & Wadeson, H. Art making for conceptualization, integration, and self-awareness in art therapy training. In A. E. DiMaria, et al. (Eds.), *Art therapy: A bridge between worlds*. Falls Church, VA: American Art Therapy Association, 1982, pp. 83-85.

Davis, C. M. Self-selection of diet by newly-weaned infants. *American Journal of Diseases of Children*, 1928, *36*, 651-679.

Howard, M. An art therapist looks at her professional identity. *Bulletin of Art Therapy*, 1964, *4*, 153-156.

내담자와 임상감독을 맡고 있는 미술치료 학도가 그의 말을 기록하는 기술을 익히게 하기 위하여 아동의 작업을 관찰하고 있다.

제14장 임상감독에 대하여

나를 포함한 대다수의 미술치료의 선구자들은 임상감독(supervision, 이하 감독)을 받지 않았다. 그러한 제도가 그 당시에는 존재하지 않았기 때문이다. 감독의 과정과 그에 따르는 이슈들은 개념화하기 위한 문헌들과 관련 분야의 학습을 통하여 스스로 터득했다고 할 수 있다. 누군가의 임상작업을 감독하는 것은 행정상의 감독과는 확실히 다르다. 이 둘 중 하나만 수행하는 것이 더 용이하겠지만, 불행히도 미술치료사는 양쪽 역할 모두를 수행해야 하는 경우가 대부분이다. 그리고 대부분 두 역할이 분리되어 있지 않고 합쳐져 있기 때문에 미술치료사는 두 영역을 구분해서 생각해야 한다. 임상작업을 감독하는 것에 비해서 행정적인 감독은 더 확고하고 양자택일해야 하는 이슈를 포함한다는 것에서 이 두 영역은 구별된다. 그럼에도 불구하고 감독자(supervisor)가 가지는 두 가지 역할에는 어떤 일관성이 있다.

감독자의 가장 중요한 임무는 피감독자(supervisee)의 기술을 개발하는 것에 있다. 환자 스스로가 자신의 문제에 대한 해답을 찾도록 도와주기보다는 이런

저런 지시를 하는 것이 더 쉬운 것처럼, 감독자가 피감독자에게 스스로 해결하도록 도와주는 것보다는 그에 대한 해답을 주거나 때로는 당면한 문제를 직접 해결해 주는 것이 더 쉬울 수도 있다.

감독자의 목표는 치료자가 환자에게 기대하는 것과 같이 피감독자의 개인적인 성장을 위한 것이라 할 것이다. 비록 그들이 성인으로서 자연스럽게 스스로의 자율성을 증진시킨다고 생각할 수도 있지만, 그들이 진정으로 성장하기를 바란다면 스스로의 문제를 생각하고 해답을 찾도록 도와주어야 한다.

지나치게 의존적인 피감독자는 바람직하지 않기 때문에 그러한 피감독자들에게 전지전능한 것으로 보이게 되는 감독자가 가질 수 있는 어떤 만족감에 대해서 고려해야 한다. 이러한 경우는 마치 과다하게 치료자의 관심을 요구하는 심리적으로 불안정한 환자를 치료하는 것과 마찬가지라 할 것이다. 치료자로서 우리는 아마도 스스로 전지전능하다고 믿는 유아적인 측면을 약간 가지고 있고, 그러한 내면의 요구가 우리로 하여금 약하고 도움이 필요한 사람들에게 영웅적인 구조자가 되는 만족감으로 이 분야에 종사하게 하는지도 모른다. 대상이 환자든 피감독자든 이러한 위치에 있다는 것은 확실히 기분 좋은 일이다. 우리가 이러한 막강한 위치에 놓여 있다는 사실 때문에 스스로의 만족감을 충족시키기 위하여 감독상황을 악용하지 않아야 한다는 점을 명심해야 한다.

한편 감독자는 피감독자가 실제적인 환자가 아니라는 점에서 스스로의 행동에 대하여 윤리적인 책임을 느껴야 한다. 비록 감독자의 역할이 피감독자가 독립적으로 되어 가는 것에 있지만, 피감독자의 허락 없이 모든 문제에 대한 답을 주거나 임상감독을 이기적으로 이용해서는 안 된다는 등의 적절한 돌봄이 필수적이다.

이율배반적으로 감독자에 의하여 '떠먹여지고 싶어 하고' 강력하게 주도 당하는 것을 원하는 피감독자가 있는가 하면, 감독자가 제공하는 어떤 것도 받아들이지 않으려는 피감독자도 있다. 그들은 감독을 받으러 오기는 했어도 제공된 음식을 섭취하여 소화시키려고 하지 않고 뱉어 버림으로써 시간이 경과해도 어떤 학습적인 통합이 이루어지지 않는 것을 볼 수 있다.

감독자는 어떤 종류의 감독현장에서 있을 수 있는 발달, 역동, 치료에 관한 지식 등 지적인 이슈들뿐만 아니라 정서적인 이슈도 개입될 수 있다는 점에서 스스로의 기준에서 흔들림이 없어야 한다. 전이와 치료동맹에 관해 이해하는 것은 특히 중요하다. 비록 감독자와 피감독자 관계에 전이나 치료동맹이라는 용어가 엄밀한 의미에서는 적용되지 않지만, 임상감독은 치료자와 환자 간의 관계에서 진행되는 것의 내용과 은유적으로 유사한 점이 있다. '진정한' 관계 가 있음으로써 확신에 찬 자세로 목표를 향하여 성장하는 '학습적인 동맹'이 있을 수 있다. 각 개인의 일상적인 생활 속의 한 부분으로서 다른 사람에게 왜 곡된 반응을 나타내는 전이반응들도 여기에 개입될 수 있다. 한 사람이 다른 사람을 평가하는 입장이라는 것, 그리고 다른 사람들과 치료기관에서 자신의 임무를 수행하고 있는 피감독자들의 모든 행동에 책임을 지는 입장이라는 것 에서 이 고유한 학습의 장에서는 의존적인 관계이면서도 긴장과 팽팽한 줄다 리기가 있기 마련이다. 이것은 치료도 아니고 교육적이라는 것을 제외하고는 가르치는 것도 아니기 때문이다. 이러한 임상감독은 엄격하게 강의 형식이 아 닌 것이 더 이상적이다.

그렇다면 어떻게 도와야 하는가? 임상감독은 특정한 종류의 관계로서 한 개 인이 다른 사람이 임상적인 기술을 개발하도록 돕는 것이다. 그러나 직접적으 로 끌어준다거나 도제관계에서처럼 실제적으로 방법을 보여 주는 것은 아니 다. 그렇지만 보여주기, 지원하기, 말하기 등의 도움 형태 모두 적절한 상황에 서 효율적인 감독방법이 된다.

좋은 임상감독적인 개입을 한다는 것은 마치 환자를 치료할 때 그 순간에 적 절하게 무엇을 해야 하는가를 결정하는 것과 같이 어렵다. 테이블 위에 미술 매체가 없음에도 불구하고 여전히 어떻게 듣고 중단하고 말하고 질문하는지 를 결정해야 하며, 만일 개입한다면 어떻게 해야 할 것인지를 결정해야 한다. 그리고 환자와 치료상황에 있을 때처럼 감독자가 제공한 개입에 대하여 피감독자가 얼마나 받아들이고 있는가를 즉각적으로 평가할 수 있어야 한다.

피감독자와 함께 작업을 하는 경우 명확하게 학습곡선과 성장목표를 기억하기 위하여 매 순간 두 사람 사이의 전이적인 반응에 대하여 알고 있는 것이 도움이 된다. 또한 감독자는 피감독자의 임상작업을 보다 거리를 두고 객관적으로 볼 수 있기 때문에 피감독자가 경험하고 있는 다른 직원들과의 전이적인 문제나 환자와의 역전이적인 문제를 추적하기가 훨씬 용이하다. 이러한 문제를 쉽게 합리화하려는 강력한 반응이 있을 수 있기 때문에 항상 이러한 문제를 지켜보는 눈이 필요하다. 그렇게 함으로써 피감독자가 실제로 직면한 것을 이해할 수 있는 것이다.

감독자의 비합리적인 반응이 피감독자에게 지대한 영향을 미치기 때문에, 효율적인 감독을 한다는 것과 좋은 치료를 하는 것이 과연 같은 것일까 궁금하게 여길 수 있다. 앞서 언급한 것처럼 이 두 가지는 몇 가지 유사점이 있으면서도 다른 점이 많이 있다.

감독자가 피감독자에게 주는 도움은 정신건강을 향상시키는 것이 아니라 임상기술과 이해를 개발하는 것과 관련된다는 것이 다른 점이다. 한 사람이 이 두 가지를 동시에 할 수 있다고 보는 사람들의 입장에는 찬성하지 않는다. 이것은 다소 과장된 관념처럼 보이며, 나는 이제까지 좋은 치료자가 될 수 있으면서 충분히 중립적인 세심한 감독자의 역할을 동시에 할 수 있을 만큼 충분한 자질을 갖춘 사람을 보지 못했다. 두 가지 역할이 요구하는 것은 단순히 보완적인 것이 아니기 때문이다. 더 심각한 문제는 감독자를 교육자나 치료자로서의 갈등 없이 대할 수 있는 양쪽 영역의 작업에 타협이 필요한 피감독자에게 부당한 압력을 줄 수 있다는 것이다.

이러한 피감독자에게 좋은 감독자가 할 수 있는 것은 피감독자가 왜곡된 지각, 반응, 행동의 방식에서 일어나는 것을 매 순간 정확하게 보도록 하는 것이며, 그 자신을 위해 개인적인 정신치료를 제안하거나 소개하는 것이다. 많은 경우에 환자와 피감독자 간에 일어나는 현상이 감독적인 상황에서 재연되는 것을 본다. 이러한 상호작용에서 나타나는 현상을 성찰하는 것은 피감독자와 환자 사이에서 일어나는 것을 이해하는 데 도움이 될 수 있다. 만일 피감독자가 자신의 부분에서 어떠한 왜곡을 보거나 받아들이는 데 문제가 있다면 심리치료를 받아 보도록 권고하고 소개해 주는 것이 감독자로서의 책임일 것이다.

나는 미술치료사가 되기 위해서 개인적 심리치료 경험이 필수적이라고 볼 뿐만 아니라 일생에서 한 번 이상 자신에 관한 작업을 하는 것이 필수적이라고 느낀다. 개인에게 위협을 줄 수 있다는 것을 감안하여 그것을 서서히 준비하도록 하며, 연민을 가지고 그 아이디어를 실천에 옮기도록 해야 할 것이다. 만약 심리적 문제들이 피감독자의 임상작업을 잘못하게 하고 있다면 감독자가 심리치료자와 감독자의 역할을 할 수 없다는 것을 기억하는 것은 중요하다. 두 가지 역할을 병행하는 대신 그 피감독자에게 적절한 심리치료자를 소개해 주는 것이 바람직하다.

지금까지 다루어진 내용은 감독자-피감독자의 관계로서 그 목표들과 잠재적 복합성에 관한 다소 일반적인 이슈였다. 더 세부적인 이슈들로는 임상감독 세션을 어떻게 구조화할 것인가, 관찰하거나 관찰당해 보는 경험 그리고 피감독자와 함께 치료그룹을 운영하는 방법 등의 권장할 만한 부수적인 교육방법 등이 있다. 환자들과 함께 할 때 각 피감독자가 독특한 개인이며, 어떤 사람에게는 가장 적절한 방법이 다른 사람에게는 부적절할 수도 있다는 것을 기억하는 것은 중요하다. 그렇지만 예술치료 훈련과정에 있는 사람이나 그들을 감독하는 전문인들이 임상감독 상황에 적용해야 하는 몇 가지 일반적인 지침들이 있다. 임상감독에 있어서도 치료에서의 경우와 마찬가지로 개인의 능력이 어느 정도의 수준에 있는가를 파악하는 것부터 시작해야 한다. 여기에는 행동하는 방법뿐만 아니라 환자와 자신이 하고 있는 것을 얼마나 이해하고 있는가도 포함된다.

이러한 관점에서 그 시작으로 개방적 형태의 아트인터뷰를 통하여 환자의 상태를 평가하듯이 피감독자가 감독상황을 어떻게 받아들이는가를 평가해 보

는 것이 좋을 것 같다. 이런 관점에서 피감독자가 여러 가지 질문목록들을 작
성해 오는지, 한 치료 세션의 과정을 기록한 양식을 가져오는지, 한 명 혹은 여
러 명의 환자들의 그림을 가지고 오는지, 아니면 그냥 편안히 앉아서 감독자
가 감독 세션을 이끌어 가기를 기다리고 있는지, 그리고 자신의 능력을 과시
하고 싶어 하는지 혹은 지나치게 자신에 대하여 비판적이거나 비판적인 평가
에 대한 위협을 느끼고 있는지 등이 검토되어야 한다. 바꾸어 말하자면, 임상
적인 기술에 관한 평가뿐만 아니라 자신을 임상가로서 어떻게 여기고 있느냐
를 이해하는 것이 도움이 된다. 특히, 초기의 비구조화된 감독장면에서 피감
독자가 감독자로부터 무엇을 얼마만큼 원하고 기대하는지를 파악하는 것은
매우 중요하다.

   임상기술을 더 체계적으로 평가하기 위해서 피감독자로 하여금 정규적인
감독시간 사이에 일어나는 질문들을 적어 볼 것을 제안할 수도 있다. 서서히
나는 피감독자에게 한 치료 세션의 전 과정을 기록한 보고서를 요구하게 되
며, 그 내용으로 일정한 형식의 습득한 임상기술들을 심도 있게 다루도록 종
용한다. 나는 가능하다면 어떤 환자의 예술작업을 가지고 오라는 상황에서 각
작품의 순서와 기록한 것을 함께 가지고 오도록 요구한다. 나는 피감독자가
편안하다고 생각하는 한도 내에서 실제적인 치료장면을 관찰해야 한다고 본
다. 가능하다면 일방거울을 통해 같은 방에서 관찰하도록 한다(이 경우 개인치
료보다 그룹치료가 더 적절하다). 만일 생생한 관찰이 가능하지 않거나 치료자나
환자에게 너무 위협적으로 보인다면 다른 임상가가 장면을 비디오 녹화하도
록 하고, 그것이 가능하지 않다면 인터뷰 부분을 녹음하도록 한다. 직접적인
관찰이 때때로 적절하지 않음에도 불구하고 가능한 한 조기에 실시하는 것이
도움이 된다는 것을 알게 되었다. 어떠한 임상가에게도 맹점은 있기 마련인데
그러한 영역의 내용은 감독자에게 보고할 수 없으며, 따라서 자신의 문제를
인식할 수 없으므로 이러한 기회가 매우 귀중한 경험이 된다고 하겠다.

   관찰이나 보고 후에 피드백을 주는 데 있어서 감독자는 특히 임상가로서의

피감독자가 가지고 있을 수 있는 나르시시즘적인 이슈에 민감할 필요가 있다. 따라서 부정적인 면을 지적하기만 하지 말고 긍정적인 면도 찾아주는 것을 게을리하지 말아야 한다. 간단하게 들릴 수도 있으나, 내 경험으로는 부정적인 것들도 편안하게 받아들일 수 있을 만큼 안정되고 자신 있어 보이는 개인일지라도 항상 긍정적인 언급으로 시작하는 것이 좋다고 본다.

피감독자의 강점들과 탁월함에 대한 의도적인 강화는 적어도 그들이 자신의 작업을 정확하게 비평하면서 성장하도록 하는 데 중요하다. 코멘트나 질문들이 언어로 표현되는 방식, 말하는 목소리의 톤 그리고 감독자의 얼굴표정은 환자들과의 의사소통에서처럼 영향력이 매우 강하다. 역설적이게도 많은 감독자들은 환자들과 함께 있을 때는 민감할 수 있으나, 피감독자와 같이 있을 때는 굳어져 있는 것을 본다. 그들은 마치 감독상황이 자신의 숨겨진 문제들을 해결하는 허용된 장소로 알고 있는 듯 보인다.

나는 미술치료와 정신분석 양쪽에서 훈련을 받았기 때문에 다양한 감독자들을 만날 기회가 있었고, 그들 각자가 가지고 있는 특징적인 유형과 접근방법을 정할 기회가 있었다. 자신이 느낀 필요에 따라 임상상황을 구조화해 가도록 하는 다소 일상적이고 수동적인 감독자들, 환자들과 함께 한 작업을 보고하는 데 있어서 특별한 방식을 사용할 것에 강경한 입장을 취하는 감독자들, 너무 과제지향적이어서 시간을 임상적 자료만을 논의하는 데 사용하는 감독자들, 혹은 엄격한 경계가 없이 때때로 임상과 직접적인 연관은 없으나 서로 살아가는 방향에서 만나는 지점에 관련된 내용도 포함하는 자유로운 감독자들도 있었다.

미술치료에서 감독은 개인의 작업방식을 개발하는 것을 도와주는 활동으로서 각자에게 맞는 방법으로 접근하는 것이 바람직하다. 마치 특정한 환자에게 치료자가 특정한 방법으로 접근해야 하듯, 감독자는 개별적인 피감독자의 특별한 요구에 대해 적절한 스타일로 접근하는 것이 중요하다.

나는 수많은 동료직원들과 대학원생들을 감독하면서 모든 상황을 비교적 일관성 있게 이끌어 나가고 있다고 생각하는데도 최근 각 감독시간이 가지는 독특한 '묘미'에 대하여 특별히 관심을 가지게 되었다. 감독 세션의 사용을 다양한 방식으로 수년간 실험한 후 감독시간을 사려 깊게 자발적으로 이용하지 못하는 이들에게는 몇 가지 안내지침을 제시하는 것이 필요하다는 것을 알게 되었다. 어떤 피감독자들은 그들의 감독에서 다루어져야 할 내용의 우선권을 아주 잘 분류할 수 있으며, 감독자를 신뢰하여 적절한 순간에 가장 필요로 하는 감독을 받을 수 있다. 그렇지 못한 피감독자들은 감독을 효율적으로 잘 사용하는 방법을 배울 필요가 있다. 특히, 이전의 교육상황에서 감독이라 불리었던 것이 보다 행정적이었거나 표면적인 것을 다루었던 경우는 더욱 그렇다.

피감독자들이 한 주에 있었던 수많은 내용들을 한두 시간 동안 감독자와 함께 검토하고 그것에 대한 성찰을 하기에는 절대적으로 시간이 부족하다. 이 귀중한 시간을 실제로 있었던 일을 보고하는 형태로 보내는 것은 효율적이지 못하다고 할 수 있다. 이러한 경우 미술치료의 각 세션을 간단하게 요약하여 적은 내용을 제시하는 것이 시간을 보다 적절하게 사용할 수 있다. 어떤 사람은 주로 잘 진행되는 것에 관해서만 말하는 경우가 있는데, 이 역시 적절하지 못하다. 개인은 칭찬으로만 성장하지 않기 때문이다. 그래서 자발적으로 감독 시간을 생산적으로 이용하지 못하는 이들에게는 그들이 불편하거나 부적절하다고 생각하는 영역을 겨냥하여 그들이 성장하도록 돕는 방식을 함께 계획하는 것에 시간을 보내는 것이 도움이 된다. 이것은 전문적 발달에 대한 가능성 뿐만 아니라 감독 세션을 준비하는 특정한 방식을 포함한다.

임상감독이 감독 세션에서 중심적으로 다루어져야 하지만, 미술치료에서 가장 좋은 훈련을 위해서 감독자는 피감독자에게 관련되는 다른 활동도 추천할 수 있는 융통성이 있어야 한다. 피감독자에게 추천할 수 있는 것으로는 함께 일하는 다른 치료자들의 작업을 관찰하고 정해진 주제를 잘 이해할 수 있는 특정한 문헌이나 책을 읽을 것을 권하는 것이 포함된다.

미술치료를 포함한 대부분의 임상훈련 프로그램에서의 문제는 학습자에게 생생하게 살아 있는 모델이 제공되지 않는다는 것이다. 그들이 접하는 것은 저자가 무엇을 어떻게 했다는 내용이 대부분이며(이러한 내용이 때로는 그들이 실제적으로 하는 것과는 많이 다를 수 있다), 사례 세미나와 강의실에서 다른 사람들이 시행한 사례 보고를 듣는 정도에 그치고 있다. 따라서 보조자나 공동 치료자로서 작업하게 되는 예술치료 또는 과제물로 제시된 관찰작업을 제외하고는 학습자는 거의 다른 예술치료자의 작업을 관찰하지 못하고 있는 실정이다. 현재 미술치료사가 환자들과 작업하는 것을 보여 주는 교수 필름과 테이프들이 몇 개 있다 해도 편집을 한 것이기 때문에 사실과는 다른 내용이 되는 것이 불가피하다.

대부분의 임상가들의 경우 그 자신을 교육분석하는 심리치료자가 모델이 된다. 그러나 교육분석자가 미술치료사가 아닐 수 있기 때문에 분별의 유용성이 다소 제한된다. 그럼에도 많은 영역에서 그 사람이 역할에서 행하는 방식은 주로 양육이나 교육과 같은 과거에 관계를 가졌던 다른 사람들과의 경험에 기초한다고 하겠다.

한동안 나는 감독 세션의 반을 할애하여 피감독자들로 하여금 자신의 그림을 그리고 그에 대하여 논의하도록 해 보는 것을 실험하였다. 그러나 앞서 언급한 대로 치료자와 감독자 역할이 양립될 수 없다는 것을 알게 되었다. 이러한 상황은 심지어 '모의적(as if)인' 학습상황에서도 그러하다. 전이의 강도가 모든 구성원들에게 흩어져서 약화되기 때문에 예술치료에서는 집단교육이 더 성공적이다. 집단미술치료에서 집단이 가지는 강점이 있듯, 학생들은 그들 중에서 일어난 것과 예술치료에서 나타나는 치료현상을 관련시켜 논의하고 행함으로써 학습하게 된다.

내가 알고 있는 수많은 심리치료자와 마찬가지로, 나는 미술치료사로서의 자신의 스타일을 탐구하고 개발하기 위해서는 자신에 대한 지식이 가장 유용한 자산이라고 믿는다. 물론 피감독자의 감독자에 대한 관찰이 포함되는데,

이러한 경우에서는 특히 상호 간에 있을 수 있는 전이의 가능성에 대하여 경각심을 가져야 한다. 구출자로서의 전지전능한 환상이 어디에나 존재할 수 있는 것처럼, 예술가의 무의식 속의 힘의 원천인 자기과시적인 부분이 가지는 위력이 개입할 수 있다는 것을 염두에 두어야 한다.

미술치료 분야에 들어온 사람은 이런 종류의 작업에서 남을 훔쳐보는 것에 만족감을 느끼는 관음증(voyeurism)에 특별히 관심을 가진 사람들로서, 미술치료사로서 일한다는 것이 이러한 부분을 승화시킨 것이라고 볼 수도 있다. 그래서 '자기과시'와 '훔쳐보기'는 임상감독과 같이 동등한 관계자가 아닌 상황에서는 특별히 위험소지가 있다고 볼 수 있다. 그리고 피감독자가 감독자의 작업을 관찰하기에 앞서 이러한 부분이 이해가 잘 되어야 한다.

반대 상황 역시 부담으로 다가올 수 있으나, 다소 덜 위험한 반면 더 방어적이다. 이미 언급했듯이 치료과정에 대한 보고에서는 결코 실제적인 미술치료 상황을 그대로 전달할 수 없다. 그러므로 가능한 한도 내에서 환자들과 함께 작업하는 피감독자를 직접 관찰하는 것은 도움이 된다. 사전 준비에도 불구하고 피감독자는 남의 눈을 의식하여 긴장하는 것이 보통이기에 감독자는 최소한의 불안을 일으키는 방식으로 관찰하는 것이 중요하다. 예를 들어, 관찰실 이용이 가능하지 않아서 감독자가 같은 방에서 관찰해야 하는 경우 어떤 방법이든 피감독자에게 방해되지 않는 방법을 찾아야 한다. 이것은 미리 설정되기 어렵기 때문에 감독자는 어디에 앉는 것이 좋은지, 그리고 토론하는 데 참여하는 것이 환자들이나 치료자에게 힘이 드는지 편안한지를 시행착오를 통해 탐구할 필요가 있다. 만일 감독자로서 어떤 종류의 참여가 편안하다면 그 또는 그녀의 환자들을 돕고 인터뷰하는 방법의 모델로서 상호작용을 하고 유연하고 자연스러운 방식에서 자신을 사용할 수 있다.

학습내용이 다른 학습내용보다 더 융통성이 있음에도 불구하고 감독도 학습상황이기 때문에 피감독자와 함께 정기적으로 어디에 있는지, 지금 어디로 향하고 싶은지, 거기에 도달하기 위해서 어떻게 해야 하는지를 돌아보고 평가

해야 한다. 감독기간은 때로는 한 시간(한 학기, 인턴 수련기간)이나 환자와의 치료 마감 등의 다른 변인으로 인하여 제한된다. 이런 사건이 일어날 때 감독자로부터의 분리는 치료에서의 종결처럼 많은 요소가 개입될 수 있다. 여기서 포함된 느낌이 모두 설명되어야 하며, 이러한 부분들은 사려 깊게 다루어져야 한다. 함께 일하는 직장동료들을 감독하는 경우와 같이 임의적인 시간제한이 없는 경우, 피감독자와 함께 목표설정과 목표달성 방식을 정규적으로 재평가하는 것은 특히 더 중요하다.

어떤 상황에서는 집단감독 경험을 통해 학생들이나 직장동료들이 더 많이 배우게 된다. 그러나 이러한 배움은 결코 개별적인 감독의 대용이 될 수 없다. 왜냐하면 이는 대체할 수 있는 성격의 것이 아니기 때문이다. 그러나 두 방식 모두가 성장을 증진시키는 방식에서 상호 보완 및 보충할 수 있는 기능을 한다. 예를 들어, 우리 병원에서는 표현예술적인 치료 프로그램을 구성하는 데 있어서 직장동료 예술치료자들이 각자가 필요로 하는 개인감독을 자유롭게 하는 동시에, 매주 관련된 임상인들의 소모임을 소집하고 몇 주 동안 관련된 사례자료를 번갈아 발표하면서 다른 구성원들의 반응과 그에 대한 논의를 통하여 구성원들로 하여금 치료적인 처지에 보다 확장된 관점을 얻을 수 있도록 했다.

이러한 집단학습을 위한 모임에서 때로는 비디오테이프를 사용하여 개인과 가족 모두의 진단목적의 인터뷰를 검토해 오고 있다. 여기에는 때때로 구성원 중 한 명에 의해 추천되거나 쓰인 아이디어를 읽는 것과 집단에게 관심 있는 것을 읽는 등의 충분한 융통성이 주어졌으며, 이러한 방법을 통하여 많은 학습이 이루어지는 것을 경험했다. 소집단 내에서 환자들의 그림이나 행동이 의미하는 것을 이해하거나 행위에 대한 가능한 암시를 논의하는 것은 일대일 감독상황에서 같이 자료를 고려하는 것과는 질적으로 다르며, 이렇게 함께 작업을 하는 것은 분명히 가치가 있다. 가장 분명한 것은 다른 사람의 경험을 공유함으로써 개인의 경험이 확장된다는 것이며, 더욱 가치 있는 것은 그룹 내에서 경쟁적이고 협동적인 브레인스토밍에 의해 제공되는 자극이라 하겠다.

그렇다면 피감독자들이 스스로 성장하고 있는 상황에서 해야 할 감독자의 역할은 무엇인가? 치료나 교육과 같이 다른 사람들이 변화하도록 시도하는 상황에서 중요한 것은 돌보는 사람도 변화해야 하며, 특히 스스로의 작업을 항상 반성해야 한다는 것이다.

감독이라는 상황에는 독특한 어떤 것이 있기 때문에 도움이 될 만한 관련 문헌을 읽으면서 상이한 이론과 방법이 가지는 장단점 등을 검토해 보는 것이 좋다. 가능하다면 감독자 자신의 작업을 비평받는(또는 상담받는) 것도 도움이 된다. 내 경험 중에서 가장 도움이 되었던 것 중의 하나는 박사학위 과정에서 있었던 집단감독 모임에서 있었던 일로서 상담 프로그램에서 석사학위 학생들을 감독하고 그 장면들을 녹음하여 발표해야 했던 것이었다. 녹음된 내용이 다른 집단구성원에 의하여 청취된 다음, 같은 구성원이 감독자와 함께 다시 녹음내용을 듣고 질문 또는 비평을 하고 그에 대한 대안을 제시하였다. 이렇게 진행된 내용이 바로 전 학기에 다루어졌던 임상감독에 관련된 이론과 함께 집단감독 모임에서 토론되었다.

최근에 나는 예술치료 프로그램을 공동으로 시행하고 있는 동료들과 함께 일주일에 두 번의 만남을 가짐으로써 이러한 필요성에 부응하려 하고 있다. 우리 각각은 각자의 피감독자와 함께 작업을 한 문제나 질문에 관하여 함께 의논한다. 만일 내가 동료직원과 그렇게 솔직하게 접근할 수 없었다면 현재 치료자로서 당면한 문제를 다루는 것과 같은 방식으로 감독을 무난히 해낼 수 없었을 것이다. 어떤 개인이 임상적인 치료자 역할을 효율적으로 수행하기 위해서는 치료상황에 걸림돌이 되는 자신의 전이반응들이나 편견들 혹은 맹점들을 극복해야 한다. 그런 것이 해결되지 않은 채 효율적인 치료는 할 수 없다. 가장 중요한 것은 그러한 문제들에 대한 경각심과 아무리 많은 경험을 가진 사람이라도 치료에 있어서나 감독에 있어서 이러한 객관적인 사실이 보다 도움이 된다는 사실을 편안하게 받아들일 수 있어야 한다는 것이다. 내가 가장 존경하는 임상가들은 자신들에게 도움이 필요하다고 느낄 때 즉각적으로 도움을 요청하는 사람들이다. 치료자로서의 작업에서만큼 감독자로서의 작업에서도 이러한 자세는 그대로 적용되는 것 같다.

미술치료에서 우리의 치료양식인 그림을 사용하여 감독자인 자신과 피감독자를 도울 수 있는 몇 가지 방법들이 있다. 그중 한 가지 방법은 피감독자나 그 또는 그녀의 환자를 직접 그려 보게 하는 것인데, 이는 감독자로서 피감독자나 그 또는 그녀의 환자에게 가지고 있던 혼란스러운 느낌들을 명료화하는 것에 도움을 줄 수 있다. 다른 방법은 피감독자로 하여금 자신의 환자나 어려움을 경험하는 동료직원을 대변하게 하고 나서 치료상황에서 무엇이 일어나고 있는가를 공동으로 반영해 보는 것이다. 또 하나의 강력하면서도 효율적인 접근방법으로서 말을 하지 않는 상태에서 피감독자와 함께 같은 종이에 그림을 그리고 나서 진행되고 있는 감독관계와 그 과정에서 있었던 내용을 논의하는 방법이 있다.

집단감독에서 각 구성원에게 각자가 생각하고 있는 환자의 이미지를 그려 보게 하는 것도 치료상황에서 나타나는 이슈들을 풍부하게 이해하는 데 도움이 된다. 만일 집단감독에서 구성원 간의 긴장으로 인해 학습이 방해되는 것으로 보인다면 각자가 보는 그룹 자체를 표현해 보게 함으로써 집단 내부에서 진행되는 문제와 집단의 역동을 파악할 수 있다.

임상감독에서 미술을 이용하는 것에는 많은 방법이 있을 수 있다. 미술치료 상황에서 치료자의 역량에 따라 여러 가지 예술적인 활동이 동원되듯이, 감독의 경우에도 감독자의 상상력에 따라 예술활동이 많은 가능성을 가져다준다. 그러나 감독에 있어서 사용되는 예술활동은 치료적인 상황에서처럼 진단 및 치료의 강력한 도구가 될 수 있다는 점에서 활동의 타당성이 확실할 때에만 사용하는 것이 좋을 것이다.

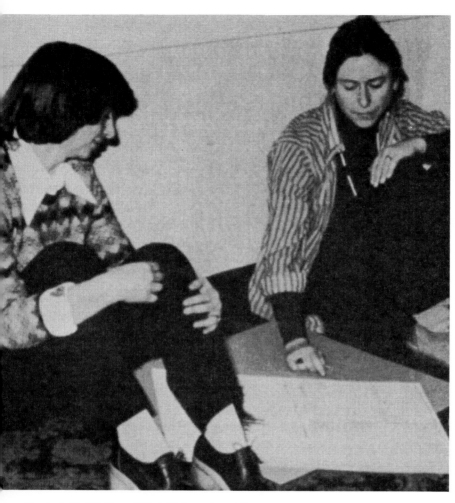

워크숍에 참여한 두 구성원이 함께 그린 그림을 놓고 각자가 경험한 것을 점검하고 있다.

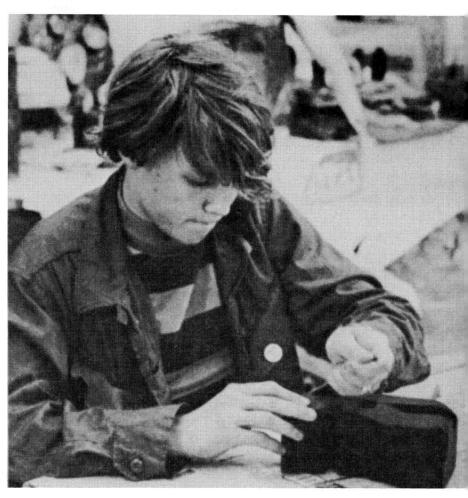

특수학교에서 일하는 미술치료 자문자가 적절한 미술치료 교육기관을 소개하기 위하여 한 소년의 작업을 관찰하고 창작에 대한 그의 경험에 대하여 토론하고 있다.

제15장 임상자문에 대해서

자문은 정규 교육과정에서 따로 배우지 않는 부분이다. 그러나 미술치료사는 개별적인 환자나 치료기관의 부탁으로 환자들을 적절한 기관으로 의뢰하는 자문자의 역할을 해야 하는 것이 현실이다. 자문은 치료도 아니고 교육이나 임상감독도 아니면서 이 모든 요소를 고루 갖추고 있다고 할 수 있다. 임상자문에 관련하여 출판된 문헌들은 일반적인 자문에 관한 것과 정신건강 분야에 관련된 특수한 문헌으로 나눌 수 있다. 후자의 경우 개인 환자를 다른 치료자 또는 적절한 치료 프로그램에 의뢰하는 것에 관련된 것들이 대부분이다. 전통적으로 개인 환자의 의뢰는 정신과 의사들이나 임상심리학자들의 역할이었고, 미술치료사의 역할은 치료 프로그램 개발과 운영에 중점을 두는 것이 보통이었다. 하지만 자신이 맡았던 환자들을 적절한 곳으로 의뢰해야 하는 임무 또한 종종 맡게된다. 이러한 임무를 적절하게 수행하기 위해서는 이에 대한 전문적인 지식이 필요하다.

자문자에게 요구되는 것은 무엇보다도 의뢰할 치료기관에 대해서 잘 알아야 한다는 것이다. 마치 개인을 적절하게 치료하기 위하여 치료자가 개인의 정신역동과 가족체계의 상호 소통의 형태를 이해해야 하듯, 치료기관을 잘 알기 위해서는 기관 자체의 체계를 알아야 적절한 자문을 할 수 있다. 기관의 체계를 이해하는 것에는 예술과 미술 치료에 관련된 현재의 상황을 파악하는 것과 더불어 기관 자체의 설립 뒷배경이 포함된다. 기관의 평가에는 현재 누가 영향력과 실제 권한을 가지고 있고 그것이 어떻게 기능하며, 기관 자체가 가지는 가치관이 어떤 형태로 나타나며 어떻게 시행되고 있는가를 파악해야 하는 것이 포함된다. 공식적으로 또는 외부적으로 드러난 가치체계가 실제적인 것일 수도 있지만 반드시 그렇지 않을 수도 있기 때문이다.

어떤 치료기관이 미술치료사에게 서비스를 의뢰했지만 그들의 기관이 평가받는 것을 원하지 않을 수도 있기 때문에 독자들은 이것이 이상적기는 해도 현실성이 있을까 하는 의구심을 가질 수도 있다. 이러한 이유 때문에 자문자의 역할은 치료자, 교사 또는 감독과는 달리 애매한 위치에 있다고 하겠다. 이외에도 잘 알지 못하고 있는 미술치료에 대한 막연한 불안감 및 저항이나 왜 개인의 과거를 알아야 하며 왜 기관 전반에 관한 이해를 해야 하는지 등의 보다 논리적인 질문도 예상해야 한다. 미술치료사로서 치료기관에 자문위원으로 위촉되었을 때 제일 먼저 대두되는 과제는 도움을 청하는 사람들에게 가장 덜 위협적인 방법으로 관련 정보를 수집하는 것이다. 만약 자문자가 적절한 도움을 주기 위하여 환자에 대한 보다 많은 실제적인 정보가 필요하다고 판단될 경우, 환자의 모습을 관찰하거나 치료기록을 읽거나 이해를 돕기 위한 인터뷰를 할 수 있다.

마치 심리치료에서 내담자들이 도움을 절실하게 필요로 하고 있으면서도 그것이 뭔지 모르는 상태에서 심리치료에 임하듯이, 미술치료사를 자문자로 초빙하는 치료기관의 경우도 그들이 확실히 원하고 있는 것이 무엇인지 모르는 상태가 많다. 그들이 실제로 요청하는 것은 핵심적인 것이 아닐 수도 있고 빙산의 일각에 불과한 내용일 수도 있다. 개인치료가 그러하듯이 자문의 경우도 치료기관이 요청하는 수준에서 치료가 시작되지만, 자문자의 평가 등을 통하여 보다 지대한 요구가 서서히 드러나게 되고 문제의 핵심을 파악하게 됨으로써 보다 장기적인 목표를 설정하게 된다. 적절하다고 판단되는 그 무엇을 제공하기 위하여 자문자가 갖추어야 할 자세 중 가장 중요한 것은 자문을 요청한 사람들의 말을 경청하는 것이다. 그들이 필요로 하는 그 무엇이 곧바로 제공될 수도 있고, 상황을 파악한 후 그들의 본래 요청과는 약간 다르지만 적절하다고 판단되는 다른 무엇이 제공될 수도 있다.

　자문을 요청한 치료기관 내에서 영향력을 행사하는 개인이나 소집단과 서서히 공감대를 이루어 나가는 것이 기관 내의 구조를 파악하는 것 못지않게 중요하다. 그러기 위해서 자문자는 마치 치료자가 내담자, 피교육자, 피감독자에게 조심스럽게 다가가듯 그들과 꾸준하게 신뢰감을 구축해 나가야 한다. 다시 말하지만, 이러한 목적을 달성하기 위해서 무엇보다도 중요한 것은 자문을 요청하는 자가 무엇을 느끼고 생각하고 소망하는가를 이해하기 위해 감정이입을 하면서 경청하는 것이다. 가끔 그들이 원한다고 말하는 것이 진정으로 원하지 않는 것일 수도 있기 때문이다. 한 개인이 다른 개인에게 도움을 요청하는 다양한 상황에서는 어떤 부적절한 요청을 하는 경우도 있다. 그러나 임상가의 제3의 귀는 그러한 내용에 객관성을 부여할 수 있다. 부적절한 요구의 형태는 항상 다른 모습으로 나타나지만, 자문자가 이러한 표면에 드러나지 않는 자문을 요청한 사람들에게 숨어 있는 요구를 읽어내고 그들이 진실로 무엇을 원하는가를 알아낸다면 매우 큰 도움이 될 것이다.

　연관되는 사람들을 만나고 관찰해 달라는 요청을 받게 되는 경우 대부분이 관심이 있다는 확실한 증거이기 때문에 자신 있게 접근해야 한다. 조심스러운 신뢰감 구축과 원만한 인간관계와 더불어 지혜롭게 잘 대처하면 첫 만남에서 그들이 요청하는 내용보다 자문자가 기관에 미칠 영향력은 보다 깊고 넓어질 것이다.

　자문자로 일해 온 지난 20여 년 동안 몇몇 상황에서 내가 투입한 노력이 얼마나 폭넓은 결실을 가져왔던가를 기억하면 경이롭다는 생각을 하게 된다. 마치 한 개인의 미술치료 과정에서 미술이 각 치료상황에 어떻게 적용될 것인가를 미리 예상하지 않고 모든 가능성을 허용하듯이, 모든 가능성에 대하여 개방되고 유연한 자세를 가진 자문자는 한 치료기관으로 하여금 신명나는 변화와 치료를 허용하게 함으로써 기관의 발달을 폭넓게 도울 수 있다.

미술치료를 의뢰해 오는 사람들의 대부분은 매우 구체적이고 특정한 것을 요청한다. 이러한 요청으로 시작한 치료 프로그램이 시간이 흘러감에 따라 서서히 다른 요구로 드러나는 것이 보통이고, 자문자는 그에 대한 도움을 줄 수 있다. 자문자가 제일 먼저 해야 하는 작업은 관계 직원들의 감수성을 촉구함으로써 미술치료의 필요성을 절감할 수 있도록 한 다음 기존의 체계 속에서 미술치료의 적용을 시도하는 것이다. 만약 자문자가 기관 내에서 영향력과 권력을 가진 사람들과 좋은 인간관계를 가지고 있게 되면 적당한 시간에 새로운 방향으로 이끌어 가도록 의견을 제시할 수 있어 여러 사람들을 거칠 필요가 없이 일을 추진할 수 있다.

자문자가 염두에 두어야 하는 것 중에서 가장 중요하다고 보는 것은 투자할 시간에 대한 경제성과 장기적으로 잠재적인 가능성이 있는가를 가늠하는 것이다. 이러한 내용은 대부분 계약서에는 명기되어 있지 않다. 영향력 있는 사람들과의 인간관계 구축과 함께 기관 내의 구조적인 체계를 바꾸는 것은 계약된 임용기간보다 길게 잡는 것이 좋다. 내가 자문자로서 1967년에 시작한 장애아동을 돕기 위한 프로그램이 아직도 계속되고 있는 것을 구체적인 예로 들 수 있다. 내가 거기에서 임상감독을 하면서 교육시킨 사람들은 오래 전에 물러났지만 프로그램이 계속되고 있을 뿐만 아니라 확장되었고, 그 기관을 알리기 위한 쇼케이스나 책자 등이 생기고 그곳에서 일하는 것을 열망하는 치료자들이 많아졌다. 지체아동들을 위한 프로그램에서 자문자로 일했을 때 그때까지 사용되지 않았던 미술놀이적인 자료 소개와 더불어 덜 구조화된 교육방법을 도입했던 것이 지금까지 지속되고 있다는 것도 비슷한 예라 하겠다. 그 후 많은 세월이 흐르고 직원들도 바뀌었지만 미술교사나 예술치료자들이 시각장애 아동 등의 장애아 교육을 위하여 투입되고 있다. 이러한 변화는 십여 년 동안 꾸준하게 시행되었던 자문을 통하여 서서히 정착된 제도에 의해서 가능했다.

내가 자문을 맡았던 여러 다른 아동연구소의 직원들은 아동의 정서적인 요구와 문제를 보는 시각이 많이 달라졌다. 이러한 변화가 모두 나의 공로라고 보지는 않는다. 여기에서 말하고자 하는 것은 주어진 자문에 최선을 다하기 위해서 나는 언제나 기관 자체가 영구적이고 구조적인 변화를 하게 할 수 있게끔 모색하는 것에 관심을 두었다는 것이다. 내가 자문을 했던 여러 기관에서 나에게 주어졌던 자문시간은 어떤 목적을 달성하기 위한 다양한 사람들과의 만남과 회의에 참석하는 것 외에도 개별적인 미술치료 임상감독에서 기금을 받아내기 위한 기획안을 작성하는 것 등 다양하게 사용되었다.

미술치료에 관련된 자문의 대부분은 어떤 재료를 주문할 것인가, 미술치료실을 어떻게 꾸미고 운영할 것인가, 직원들의 이해를 돕기 위한 보수교육, 아트인터뷰 시범 등 구체적이고 실용적인 차원이다. 특히, 아트인터뷰는 내가 만든 것으로 매우 유용하게 사용되어 오고 있다. 자문은 마치 임상감독처럼 남에게 변화를 하게끔 도움을 주는 것이지 직접 도와주는 것이 아니다. 미술을 치료적으로 사용한다는 아이디어는 일부 사람들에게는 비일상적인 것으로 여겨질 수가 있다. 그래서 나는 종종 치료기관에서 프로그램을 시작하기 전에 그들에게 적절한 치료방침을 세우기 위하여 대상들의 능력을 평가하는 파일럿 연구방법[6]을 도입했다.

자문을 요청하는 사람들이 대상이 가지고 있는 능력 이상의 것을 기대할 경우 적절한 미술치료가 시행되는 것에 걸림돌이 된다. 신체지체 아동에서 정신

---

6) 어떤 현상에 객관성을 부여하기 위한 목적으로 특정하게 선정된 대상에게 적절한 경험도구를 사용하여 일정한 시행과정을 거치는 연구방법이다. 여기에서의 '파일럿 연구'란 저자인 루빈 자신이 연구해서 개발한 한 방법을 의미하는 것이다.

지체 아동, 다중적인 장애와 함께 맹아, 농아, 다양한 성인 정신병 환자에 이
르는 대부분의 치료대상의 경우 자문을 요청하는 사람들의 기대와 현실은 다
를 수밖에 없다. 따라서 파일럿 연구를 통한 능력평가는 특정한 치료대상의
현실적인 능력 수준을 안다는 점에서 도움이 된다. 이러한 연구는 특히 담당
직원들의 미술치료에 대한 기대와 치료 세션에 들어와 관찰하는 자세에도 영
향을 미칠 수가 있다.

 미술치료사에게는 주로 집단을 계획하고 시행하는 일이 맡겨진 업무의 대
부분을 차지하는 것이 사실이지만 종종 개인환자를 의뢰받게 되는 경우도 있
다. 임상감독에서의 경우와 마찬가지로 이때의 치료목표는 특정한 개인과 인
간관계에 잘 대처할 수 있도록 이해의 폭을 넓히고 필요로 하는 기술을 증진
시키는 것이 핵심이 되어야 한다. 그러한 작업의 가능성은 상황에 따라서 다
양한 형태를 취한다. 미술치료의 경우 일련의 그림을 검토하는 등의 실제적인
관찰이나 아트인터뷰를 하는 것이 필요할 수도 있다. 정신병동에서 현재까지
개발된 표현예술치료 프로그램은 병동에서 가장 접근하기 어려운 환자들이나
저항이 강한 환자들이 의뢰되어 오는 것이 대부분이다. 때로는 그들이 환자들
이 가지고 있는 문제의 내용을 묻거나 환자에게 자살 소지가 있는가, 퇴원할
준비가 되었는가와 같이 물어오는 경우도 있다. 그들이 치료팀의 일원이고 환
자들의 상호소통 방법으로 가장 명쾌하다고 할 수 있는 작품을 중요하게 생각
하는 것을 존중하는 가운데 작품에만 의존해서는 안 된다는 것을 설명함으로
써 그들로 하여금 다른 사람들의 자문 역할을 하게 할 수 있다.

 미술치료 의뢰에서 가장 위험한 상황은 환자의 작품에만 의존해서 의뢰를
해 오는 경우다. 별로 전문적이지 않은 동료직원들이 환자의 그림들을 가지고
와서 그림의 의미를 해석해 달라고 할 뿐 아니라 어떻게 하면 환자로 하여금
보다 많은 그림을 그리게 할 수 있느냐는 자문을 종종 받게 된다. 이러한 피감
독자와 함께 함에 있어서 자문자는 작품이 만들어지는 동안 의미적으로 단서
가 되는 듯한 부분의 코멘트나 행동 전반적인 맥락에 대하여 많은 질문을 해

야 한다. 만약 단서가 빈약하다면 내담자가 매우 협조적인 자세로 어떤 해석이라도 받아들이겠다는 경우를 제외하고는 해석을 유보하는 것이 최선이라는 것을 이해시켜야 한다.

작품을 해석하는 것이 해독할 수 없는 코드를 푸는 열쇠라는 점에서 매우 매력적인 것일 수도 있지만 이러한 매력은 위험스러운 곳으로 인도하는 유혹일 수 있다. 나는 결코 내담자의 작품에 대한 개인의 생각을 이야기해서는 안 된다고 말하는 것은 아니다. 그러한 생각들이 추측인 경우 정확성이 결여될 수 있다는 것을 인정해야 한다는 것이다. 여러 작품을 접할수록 작품에 대한 잠재적인 가설을 설정할 수 있는 능력과 아이디어들이 성숙하게 될 것이다. 내가 가장 분노를 느끼는 것은 생각 없이 함부로 작품을 해석하는 것이다. 해석자에게는 신나고 만족스러울 수도 있겠지만 환자에게는 매우 위험할 수 있기 때문이다.

미술치료 자문을 의뢰한 사람들에게 자문자가 도움을 줄 수 있는 것은 그들이 작품을 어떻게 생각하며 어떻게 그 의미를 이해하느냐에 관한 것이다. 그들이 가지고 온 사례들을 사용하면서 자문자는 그들을 가르칠 수도 있다. 때로는 역할놀이 등을 도입하여 상징적인 의미를 이해할 수 있도록 도울 수 있다. 미술치료사들이 교육과 교육분석 등의 자기 작업을 통하여 다른 치료자들에 비해서 환자들의 그림에 자신들의 생각들을 투사하는 부분이 비교적 적다고 하더라도, 가끔은 전능해지고 싶으며 마술적이고 남의 세계를 들여다보는 것에 만족감을 느끼는 것에 연루될 수가 있다. 그리고 그들이 좋은 교육과정을 거치면서 표현의 발달단계, 상징에 대한 이해 그리고 작품의 제작과정과 제작자에 대한 종합적인 정보 등을 통하여 작품을 무난하게 이해할 수 있을 것이다. 나의 간절한 부탁은 피자문자가 해석이 가져다줄 수 있는 재미와 만족감의 유혹을 경계해야 할 것과 환자들의 작품을 겸허하고 사려 깊게 대해야 한다는 것이다. 자문자가 이 부분을 일깨워 주지 않을 경우 장기적인 안목에서 피자문자나 치료자를 도와주기보다는 해악을 끼칠 뿐만 아니라 그들의 내담자에게도 누를 끼치게 된다.

　최근에 경찰청으로부터 학대받고 있다고 추정되는 한 소녀에 대한 자문을 의뢰받은 일이 있다. 그때 나에게 소녀가 그린 그림들이 제시되었고 그것의 의미를 읽어내야 하는 상황이 벌어졌다. 그때 나는 그림 해석을 거절하고 대신 아트인터뷰를 제안했다. 소녀는 그림, 인형놀이 그리고 나에게 하는 이야기를 통해서 자신의 모습을 드러냈다. 추측대로 그녀는 의붓아버지로부터 성폭력을 당해 왔으며, 한편으로 의붓아버지를 사랑하는 마음도 있어서 그가 집을 떠나게 될 것을 두려워한 나머지 법정에서 사실대로 진술하지 못한 것이 드러났다. 표현예술치료 차원으로 진행되었던 한 시간 동안의 인터뷰에서 이 아동은 처음에는 상징적으로, 나중에는 마음속에 있는 것을 직접적으로 표현하게 되었다. 그녀의 그림들은 그저 혼란스러운 내면을 보여 주고 있었을 뿐이고, 법정에서 인정할 수 있는 또는 임상가인 나의 수준에서도 '증거'로서는 불충분하였다.

　나는 결코 그림이 가지는 가치를 절하하려는 것이 아니다. 많은 경우 그림이 천 마디의 말보다 더 가치가 있다는 것은 사실이다. 그러나 표현예술매체를 가지고 직접적으로 느끼는 개인의 표현이 그보다 더욱 설득력이 있다. 자문자는 이러한 유용성을 기관 내의 직원 보수교육 차원에서 시범을 보일 수 있다. 교육에 관한 장에서 논의한 대로 나는 언제나 직원들로 하여금 미술재료를 가지고 직접 체험해 보게 하도록 이끌어 간다. 그러나 언제나 이것이 가능한 것은 아니다. 또는 장기간 동안 작업을 한 미술치료 집단에서 그려진 그림들에 나타난 구성원들의 변화를 보여 주는 것은 결정권을 가지고 있는 직원들의 관심을 끌 만하다. 특히, 그들이 아는 환자들인 경우 그들이 작품을 통하여 이제까지 보지 못했던 환자의 부분을 보게 될 때 더욱 그러하다. 나는 이런 식의 인식을 할 때 연출되는 연극적인 장면을 다양한 환자와 다양한 치료현장에서 보아 오고 있고 그때마다 예술이 가지고 있는 강력한 힘에 감동을 받아 왔다. 매우 까다롭고 꼼꼼한 치료현장, 예를 들어서 내가 일하고 있는 의과대학 부속

병원 같은 곳에서 만난 전문적인 치료자들의 경우도 예외가 아니다.

그래서 나는 미술/아기를 맹목적인 분석/목욕물과 함께 버리는 것을 원하지 않는다. 나는 단지 미술치료사들에게 우리가 가지고 있는 미술이라는 도구가 강력한 교육적인 도구라는 것을 주지시키면서 남용 또는 오용되지 않기를 바라는 것이다. 과거에 자행되었던 남용 및 오용의 일부는 전문인들에 의해서, 때로는 미술을 통해서 자신의 문제가 드러날 것이 두려운 나머지 냉소적이었던 환자들에 의해서 자행되었다. 여기서 내가 강조하는 것은 환자들의 그림이 가지는 정보적인 가치를 진지하게 생각하고, 혼란스러울 수 있는 여지를 배제하고 책임감 있고 절제된 사려 깊은 자세로 임해야 한다는 것이다. 그렇게 함으로써 심리학자들이 개발한 투사적인 미술기법으로 잃어버린 미술치료 영역을 되찾을 수 있다. 이를 위해서 우리는 내담자들의 그림을 통하여 '읽어' 낼 수 있는 한계성을 인정하는 동시에 그림이 가지는 풍부한 가능성을 존중해야 한다.

자문자의 경우 치료자의 역할을 제외하고 이제까지 논의한 그 어떠한 역할보다도 이러한 차원에서 자제하는 강도가 높아야 한다. 전지전능에의 환상이 임상적인 작업에서 걸림돌이 되듯이 자문에서도 그런 경우를 종종 보기 때문이다. 치료상황에서 환자들이 쉽게 회복되기를 바라는 마음이 치료자에게 전지전능의 유혹을 가져다주듯이 교육과 임상감독에 있어서도 비슷한 위험요소가 있다. 자문의 경우도 피자문자의 획기적인 변화를 바라는 마음이 자문자로 하여금 전지전능의 유혹으로 다가올 수 있다. 이것은 어떤 개인이 미술치료사에게 돈을 지급하면서 도움을 받기 위하여 의도적으로 접근하는 경우로서, 교육에서는 이런 상황이 드물지만 임상감독에서는 종종 있을 수 있다. 자문은 의무적인 것이 아니기 때문에 미술치료사에게 자문을 의뢰하는 경우가 도움을 요청하는 측에서 할 수 있는 가장 자유로운 선택이다. 따라서 그들의 동기와 자문자에 대한 기대 수준은 높다고 하겠다. 자문자가 기억해야 할 것은 기관이 변화하는 것이 한 개인이나 가족이 변화하는 것만큼 복합적이며 서서히 이루어진다는 것이다. 기관 자체에서 바뀌어야 할 것에 대한 진지함이 있음에도 불구하고 그에 따르는 불안과 저항이 있게 마련이라는 것도 염두에 두어야 한다.

  그렇다고 자문을 의뢰받은 미술치료사가 만사를 경계하고 비관적으로 봐야한다는 것은 아니다. 다만 상황에 대한 평가가 현실성이 있어야 하고 서서히 최선으로 도와줄 수 있는 계획을 짜나가야 한다는 것이다. 이것은 한 주에 몇시간씩 만나서 한 사람 또는 그 이상의 직원들을 대상으로 미술치료를 가르치거나 감독을 의뢰받았을 때도 마찬가지다. 마치 잘 진행되고 있는 미술치료의 과정에서 치료자가 환자의 상태와 병인에 따라 계속적으로 평가하면서 치료를 이끌어 가듯이, 자문의 경우도 자문자가 진단한 기관의 체계에 개입한 처음부터 끝까지 적용되어야 한다. 환자나 피감독자와 그러하듯, 자문자는 실제적으로 치료적인 개입을 시행하기 훨씬 전에 알고 있다가 상대가 볼 수 있고 받아들일 수 있는 적당한 순간에 적용해야 한다. 임상감독의 경우와 같이 자문도 치료에 필요한 임상적인 각종 기술이 필요하다. 특히, 적절한 시간을 아는 것과 개입할 때 사용해야 하는 언어 등이 그것이다.

  기관 내의 어떤 개인이 기관이 성장할 가능성과 지향해야 할 방향에 대하여 개방적이 되면 간접적인 변화에 참여하게 되기 때문에 자문자에게는 자극제로서 작용하게 되며 큰 보람을 느끼게 된다. 교육이나 임상감독의 경우가 그러하듯이 자문도 예술적으로 시행되는 것이 최선이다. 그러면서도 간접적인 역할들에 대하여 파악하고 현재 하고 있는 역할이 그중 어느 것에 해당하는 것인지 그 경계를 명확하게 하는 것이 필요하다. 물론 자문자도 때로는 의뢰자 혹은 학생의 어려운 상황의 이야기를 들으면서 지원적인 치료자 역할을 할 수 있다. 이는 자문과 교육감독 교육적인 색채가 짙다. 이것은 물론 필요로 하는 사람의 요구의 다양성과 준비 정도에 따라 개입 정도가 달라질 것이다.

  그러나 어떤 차원에서 이러한 이슈는 치료자이자 임상감독자의 역할에 관한 장에서 논의한 내용과 은유적으로는 비슷하다고 하겠다. 만약 자문자의 생각에 의뢰인이 특정한 분야의 심도 있는 교육이 필요하다고 판단할 경우에는 자문하는 일에 교육적인 차원을 혼합하는 것이 적절하다고 생각하는 책이나 강좌 등을 소개하는 것이 바람직하다. 이렇게 적절한 사람으로 하여금 치료, 교육, 임상감독 또는 자문을 받게 함으로써 피자문자가 양적으로 뿐만 아니라 질적으로 적절한 도움을 받을 수 있을 것으로 보인다. 여러 다른 역할이 가질 수 있는 차이는 미미할 수 있지만, 각자의 코스에 충실하지 않고 경계를 불분명하게 하면 그 간격이 흐려지고 결국 궁지에 처하게 될 것이다.

그동안 나는 탁월한 지적인 능력을 갖추고 소신 있게 일해 오던 수많은 미술치료사들이 이러한 불분명한 역할경계로 인한 이슈에 연루되어 고생하는 것을 보았기 때문에 이에 관련하여 많은 시간과 공간을 할애하였다. 이러한 '부가적인' 부분을 이 책에 포함시킨 이유 중에는 미술치료 분야가 다른 분야의 사람들에 의하여 이해받지 못하였거나 역할경계가 불분명함에서 나타나는 여러 현상에 대하여 내가 느꼈던 불편한 마음도 한몫을 한 것 같다. 지금까지 논의한 내용이 자칫 혼란스러울 수 있는 이 영역의 명료화에 도움이 되었으면 한다.

중증 시각장애 소녀와 특수교사가 파이프크리너(역주: 여러 색상의 털이 나 있는 철사)로 작업을 하고 있다. 이러한 세팅에서 미술치료사는 자문자로서 이들에게 최선의 미술치료 프로그램이 무엇인지 추천해 줄 수 있다.

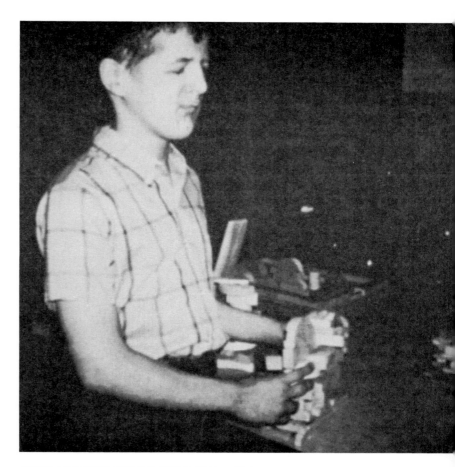

맹아가 나뭇조각을 이용하여 조각을 만들고 있다.

제16장 연구에 대하여

미술치료사가 과연 진지하게 연구하는 것에 흥미를 가질 수 있을까 하고 생각할 수도 있다. 그것은 교육방법, 임상감독, 상담의뢰와 같은 간접적인 서비스 영역을 소개한 장에서 논의했듯이 치료적인 작업 자체가 미술치료사에게 많은 만족을 가져다주기 때문일 것이다. 같은 미술치료 연구라도 자료수집을 위한 것이라면 미술치료사에게 돌아가는 임상적인 보람은 덜한 것 같다. 그것은 아마도 중요한 변인을 통제해야 하기 때문에 유연하지 못하다는 것과 디자인 및 분석이 개입된다는 점에서 연구작업에서는 창의성이 허락되지만 실제로 연구할 때는 그렇지 않다는 것이 그 이유일 것이다. 그러나 좋은 임상가이면서 연구를 디자인하고 실행하는 것을 즐기는 미술치료사들도 더러 있다.

연구에 대한 동기를 부여하는 것에의 호기심을 들 수 있는데, 이러한 호기심은 환자에 얽힌 문제를 풀고 환자의 비밀을 드러낼 수 있다는 것에서 만족하는 것으로 충족될 수 있다. 우리 안에서 환자의 그림을 이해하고 활용할 수 있는 승화된 관음증은 실제로 많은 실험적인 연구에서 숨어 있는 힘이 될 수 있다.

연구를 원하는 소수의 미술치료사들이 이론적이라는 용어에 대하여 확고한 개념이 없는 것을 흔히 본다. 그러나 연구와 이론적인 용어 두 가지 모두는 미술치료에서 기술에만 의존하기보다는 더 넓고 깊은 전망을 가지고 문제를 검토하고 한 걸음 뒤로 물러나서 상황을 관찰해야 하는 것이 더 요구된다. 나는 이 세 가지 요소가 밀접하게 연관되어 있다고 생각한다. 나는 예술과 치료에 대한 어떠한 이론적인 전제가 없이는 치료적인 기술이 조작되지 않는다고 믿는다. 또한 잘 고안된 실험적인 연구를 통한 적절한 도구 없이는 기술적인 진전이 가능하지 않다고 생각한다.

미술치료 분야에 대한 연구의 발전을 저지하는 하나의 심각한 문제는 이 두 영역 모두를 이해하는 사람들이 부족하다는 것이다. 미술치료와 연구방법론을 진정으로 이해했을 때만이 관련된 연구를 설계할 수 있다. 또한 무엇이 우선인가에 대한 명철한 판단력과 균형감 있게 바라볼 수 있는 중후함이 필요하다. 연구를 시행하기 전에 이 연구가 가치 있는 것인지, 그렇다면 어떻게 가치가 있는지가 제일 먼저 던져야 할 질문이다. 잠재적으로 풍부하고 중요한 연구 주제가 얼마든지 있는데 아무런 가치가 없는 주제에 시간과 에너지와 돈을 들이는 것은 어리석은 일이다. 이것은 직접적이고 임상적용과 관계없는 기본적이고 탐구적인 연구는 해서는 안 된다는 의미가 아니다. 오히려 그러한 연구는 우리의 영역에서 무엇보다도 필요로 하는 연구다. 여행자가 그 지역의 지형을 알면 여행하기가 쉽듯이, 이러한 연구는 아직도 확실한 안내가 되어 있지 않은 여러 지역을 왕래하고 있는 미술치료 분야에 확실한 지도를 만드는 작업이라 할 것이다.

연구의 필요를 느끼고 있는 주제 중에는 표상적인 작품뿐만 아니라 비표상적인 작품에서, 그리고 그림뿐만 아니라 다른 영역에서 예술표현의 발달을 세부적이고 구체적으로 연구할 필요성이 포함된다. 또한 환자의 작품을 통한 의미 있는 비교와 추론을 위해서 성인의 예술작품에 대한 기준을 규정할 필요가 있다. 심상에 대한 분야는 대부분 인지심리학자들에 의해서 설명되었으나, 그들의 연구와 개념정의는 표현적인 시각유형에 대한 유용성이 거의 없었다. 비슷한 예로서 뇌의 좌우반구에서 인식하는 이미지에 대한 중재적인 사고에 대한 부분의 문제도 주로 비시각적인 형태로 작업하는 연구자에 의하여 연구되었다. 그들의 작업은 창조적인 활동에 대한 산물인 작품을 이용하지 않고 시각적 자극에 반응하는 테스트 차원의 연구에 머물러 있다.

나는 이러한 서술적인 연구의 필요성이 있는 주제들을 얼마든지 나열할 수 있다. 이러한 연구들은 미술치료 분야가 어떤 사치스러운 장식품 같은 분야가 아니라 연구에 기반을 둔 확고한 사실에 근거를 두는 전문 분야로 정착하게 할 것이다.

또한 그림이냐 점토냐, 미술이냐 드라마냐 하는 접근 형태가 개인이 창조해 내는 형태나 내용물에 미치는 영향, 그리고 그 영향이 개인의 자아개념이나 통찰력의 획득에 미치는 영향에 대한 많은 연구들이 있다.[7] 또한 과제의 결과, 특성의 수준, 치료자의 개입 형태 등에 관련된 모든 것들을 아무도 체계적으로 연구하지 않은 상태에서 각자가 가지고 있는 견해 중심으로 시행되어 오고 있는 방법론적인 문제들 역시 연구과제 중의 하나다. 미술작품을 통한 진단에서조차 단순한 추측이 개입되어 왔다. 그리고 이것이 과연 교육적으로 얼마나 많은 도움이 되며 분석적으로 얼마나 많은 논의를 필요로 하는가에 대한 기술상의 문제가 대두될 때, 허황된 내용이 연구를 통하여 어렵게 발견한 사실들을 지배하는 것을 보게 된다. 그런 연구들이 단지 미술치료와 연구방법론을 동시에 훈련받은 사람들에 의해 제지되었는지, 혹은 좀 더 객관적인 연구가 테스트될 경우 잘못되어 버릴 수도 있다는 특별한 학과를 옹호하기 위한 비합리성이 초래한 결과인지는 확실치 않다.

원인이 무엇이든지 미술치료로 행해 온 많은 연구들은 질적인 면에서 보통

---

7) 이 부분에 대한 연구는 1980년 후반부터 존슨(Johnson)에 의하여 세부적으로 연구되었으며, 역자에 의하여 1990년대 후반에 한국에 소개되었다.

이며 양과 범주에서도 대체로 불충분하다는 비판적인 입장에 있다는 것을 솔직히 고백하면서, 내가 대학생 수준에서 미술교사를 훈련할 때 사용해 왔고 미술치료를 전공하는 대학원생 및 다른 전공자들과 함께 성공적으로 시도해 온 대안적인 연구모형을 제안하고자 한다. 이것은 미술치료 자체를 계획하는 것과 비슷한 교수-학습 모델(teaching-learning model)로서, 여기서는 어떤 종류의 강의를 통한 가르침과 실제적인 행함이 함께 한다. 만일 이것이 첫 단계로서 가능하다면 관찰과 같은 것을 통합하는 데 가장 좋은 방법이 된다. 한 예로 어떤 사람의 프로젝트의 연구보조자나 관찰자가 되어 보는 것을 들 수 있다. 그러나 그것들을 실제적인 것에 적용하지 않고 연구방법론이나 통계방법만을 연구하는 것은 지나치게 지적인 것으로 바람직하지 않다. 그리고 특히 수학과 관념상의 개념화로 불편해하는 경향이 있는 대부분의 미술치료사와 같이 연구방법에 대한 지식이 없는 연구자들에게 이 두 가지를 통합 하기란 매우 어렵다.

경험연구를 배경으로 한 미술치료를 하기 위하여 내가 알아낸 유일한 방법은 이 두 영역에서 경험이 많은 누군가의 자문과 안내를 받으면서 미술치료를 실제로 설계하고 시행해 보는 것이다. 내가 발견한 학생들이 연구에 대해서 진정으로 배우는 유일한 방법은 질문이나 가설을 선택하고 정의 내리고 세밀하게 다듬는 과정을 통해 진행하기, 안내와 관련된 독서와 관찰을 통하여 연구대상과 연구방법 등을 결정하는 과정, 통제된 변인의 복잡성을 경험하면서 실제적으로 자료를 모으는 것, 그리고 결과적으로 통계적으로 확실하고 의미 있는 방법으로 수집된 것을 다루는 것이다. 연구가 미술치료에 관련된 것이라면 현장에서의 문제점을 다루기 때문에 복합적인 양상의 연구에 있어서 이러한 방법은 더욱 이상적이라 할 것이다.

독자들은 이런 프로그램이 가능하려면 얼마나 많은 시간을 필요로 할까, 너무 야심찬 발상이 아닌가 하고 생각할 수도 있다. 실제로 이용할 수 있는 학습시간의 양에 따라서 이러한 작업의 정교함과 형식의 강도는 조절될 수 있다. 이것은 한 학기 동안의 단 하나의 숙제만큼 제한적일 수도 있고, 석·박사 학위논문만큼 광범위할 수도 있다. 그 범위는 학습자의 목표와 교육을 담당하는 사람들의 요구나 기대 수준에 달려 있다. 만일 미술치료사들이 이런 성격의 경험을 조금이라도 알고 있었더라면 실험적인 연구에 대한 그들의 태도는 아주 달랐을 것이다.

그들이 현존하는 작거나 큰 범위의 연구에 대해 다른 사람들과 공동으로 연구하면서 그들의 연구 및 통계 방법을 통하여 연구하는 것이 보다 생산적이라고 본다. 따라서 다른 분야에 조예가 깊은 사람들과 함께 연구하는 것을 통해 그들 자신의 연구 및 통계 기술을 상당히 성장시킬 수 있다. 이 문제에 있어서 나는 나 자신의 긍정적인 경험으로 인해 명백히 편향되어 있는 것 같다. 나는 지난 몇 년 동안 미술치료와 관련이 있는 연구를 함께 하는 것에 관심이 있는 사람과 공동연구를 해 왔다. 이는 나의 연구활동 중에 잦은 빈도로 있어 왔다. 공동연구자들(한 사람 또는 그 이상)은 내가 부족한 기술이나 이해력을 가지고 있는 관련 분야의 전문인들로서 나보다 통계학과 연구방법론을 훨씬 더 잘 아는 사람들이었다.

그들과 공동으로 연구하는 과정에서 이제까지 내가 읽었던 책들과 내가 실제로 택했던 학습과정의 내용이 생생하게 되살아나는 경험을 했다. 그것은 이전에는 느껴보지 못한 경험이었다. 나는 많은 미술치료사들이 교육과정을 거치거나 학위를 취득하지 않았지만, 서로의 분야에 관심을 가지고 있으면서 통계학을 잘 아는 동료들과 함께 연구할 수 있을 가능성이 있을 것이라는 가정하에 내 경험에서 나온 생각을 여기에 포함시켰다. 말할 것도 없이 미술치료사가 함께 연구하면서 배우고 싶어 하는 특정한 공동연구자를 흥분시키는 그 무엇에 일치하기 위해서는 어느 정도 자신이 원하는 연구의 주제를 수정해야 한다. 그러나 미술치료사가 공동연구자에게 합리적으로 광범위한 흥미 있는 미술치료에 관련된 질문들을 하게 되면 연구동료의 관심을 끌 수 있을 뿐만 아니라 그 자신의 연구주제가 더욱 흥미로워질 것이다. 공동연구를 하는 것은 공동치료나 공동교수를 하는 것과 같이 스트레스와 즐거움이 동시에 있을 수 있다.

그렇지만 그 활동이 주의 깊게 계획된다면 그로부터의 이점은 손실을 훨씬 능가할 것이다. 물론 약간 세련된 자문이나 환자 의뢰를 얻기 위해 관심이 없는 연구를 시행하는 것에 동의하는 것은 옳지 않다.

미술치료사들은 연구를 개념화하고 진행하는 직접적인 경험에 부가적으로 생각해야 할 것이 있는데, 그것은 애매하고 신비주의적인 용어 사용을 지양하는 것이다. 무엇보다 연구는 적절하게 주장되는 것들이 해결되어 가능하게 하는 방식으로 체계적으로 질문하는 것이기 때문이다. 하나의 질문이 가지고 있는 것을 확인하고, 그것들이 시간적으로 가치가 있는 것이며 진지한 연구노력을 기울일 만한 가치가 있는 것인지를 결정하는 것이 우선순위가 되어야 한다. 실제로 그것들에 어떻게 답하는 것이 가장 좋은 것인가를 결정하는 것은 미술치료를 시행하거나 가르치는 데 있어서 관련 과제나 활동의 발달만큼 어떤 면에서는 연구를 행하는 사람들이 경험하는 도전적이고 창조적인 부분이라 하겠다. 내가 몇 년 전에 미술작품 속에 나타나는 개인 내면의 변이성을 연구하려고 결정했던 것을 예로 들 수 있다. 이런 결정은 대부분의 연구질문이 그렇듯이 특정한 현상을 반복적으로 목격한 이후에 나타나는 것이 보통이다. 이 연구의 결과는 사람들은 상황에 따라서 쉽게 변한다는 사실이었다. 그러나 미술작품을 진단에 이용하는 사람들은 이런 인간의 변화성을 염두에 두지 않고 있는 것 같다. 연구에서 알려지지 않았던 사실은 그런 변화성이 연령이나 성과 어떤 관계에 놓여 있는지를 규명하지 못했다는 것이었다.

여러 전문 분야에 걸친 연구모임의 구성원들과 많은 브레인스토밍을 한 이후에 기준을 세운 연구를 공동으로 착수할 것과 8일 이내에 사람을 네 번 그리게 하는 것을 작업방법으로 사용할 것이 결정되었다. 여러 연령 수준에서 최소한 20명의 피험자들(반은 남자, 반은 여자)은 연구모임의 추천에 따라 학교 등을 중심으로 선발된 정상인들로 구성되었다. 20명의 대상을 선발한 것은 통계 문제에 의한 결정이었다. 그리고 사람 그림을 작업방법으로 선택한 이유는 그것이 이제까지 지적 수준(Harris, 1963)과 성격(Machover, 1949)을 판단하는 데 보편적으로 사용되어 왔고, 최소한 한 종류의 변화성을 점수로 비교하는 데 사용될 수 있는 믿을 만한 방법이었기 때문이다. 실제적인 연구를 행하기 이전에 착수했던 또 다른 활동은 사람 그림과 관련된 연구를 한 켈로그(Kellogg, 1969), 코피츠(Koppitz, 1969), 해리스(Harris, 1963) 등의 전문가들에게 비교할 만한 선행연구가 존재하는지를 물어보는 편지를 쓰는 것이었다. 이는 순전히 실용성에 기초를 둔 것으로, 만일 비슷한 조사가 이미 행해졌다면 시간, 에너지, 돈을 소비할 필요가 없다는 생각에서 비롯된 것이었다. 그러한 작업을 통하여 적어도 우리는 선행된 연구의 어떤 관점을 그대로 따를 수 있다는 점에서 알 필요가 있다고 생각했다. 우리가 의뢰했던 전문가 모두가 그런 연구는 아직 한 일이 없다고 했고, 우리로 하여금 연구를 수행하게끔 독려해 주었다.

교실에서 교사에 의해 그림들을 수집한 후 훈련된 판단자에 의해 그것들에 대한 점수를 매긴 다음, 거기에서 나온 수적인 자료를 어떻게 다룰 것인가를 결정해야 했다. 우리는 하나의 통계적 기술에 의해(반복된 분석이 가지는 변량의 측정) 각 아동에게서 4개의 점수를 다룰 것을 고려했다. 그러다가 결국 훨씬 더 적절한 점수 변화성 측정으로서 가장 낮은 점수범위에서 가장 높은 점수범위보다 훨씬 더 세밀한 다른 것(4개의 점수 사이의 표준편차)을 사용하기로 결정했다. 그러고 나서 우리가 직면한 또 다른 도전은 시각적으로는 명백하지만 본질적으로는 그 점수와 관련이 없는 (주로 세부묘사를 반영하는) 그림 간의 변화성을 측정하는 법 등 창조성에 관한 것이었다. 몇 개의 측정 세트로 실험을 한 후 마지막으로 4개 그림의 각 세트에 단 한 번으로 전체적 평가를 내리게 하는 시각적 변화성의 4점척도를 개발했다. 똑같은 척도라도 각 개인에 의한 4개의 그림이 남자, 여자, 소년, 소녀에게서 서로 잠재적으로 달랐다는 점에서 다른 차원의 다른 점의 평가라는 데 유용하다는 것이 입증되었다. 이렇게 이 연구 프로젝트를 시행하는 과정에서 처음 직면한 몇 가지 문제에 대해 다소 상세하게 기술한 것은 관심 있는 미술치료사의 연구를 단념시키려는 의도라기보다는 오히려 체계적 연구를 통한 질문에 포함된 풍부한 상상력이 가지는 각자의 취향에 맞는 도전의식을 자극할 것이라는 믿음에서 비롯된 것이다(Rubin et al., 1983).

물론 미술치료 연구에서는 미술작품의 어떤 측면을 측정하거나 점수 매기는 것, 정상 및 병리적인 기준을 판단하는 것, 기타 다른 방법으로 미술품을 평가하는 것 등 미술작품에 초점을 두는 것이 가장 흔히 볼 수 있는 연구주제다. 그러나 미술작품들이 임상적으로는 뛰어나게 구체적이고 영속성을 가지는 가치 있는 자료이지만 불행하게도 그것들을 믿을 만하게 점수화하는 방법은 아직 보지 못했다. 예를 들어, 많은 사람들이 치료적인 결과로 기대하는 자존감 영역은 미술치료의 결과로서 현저하게 나아지는 것은 사실이지만 그러한 차원으로 그림을 점수화하는 개발된 척도는 없다는 것이다. 얼마 안 되는 연구들에서 연필로 사람을 그리는 기법이 이에 해당되는데, 다른 심리검사 지수와 관련이 별로 없는 것 같고 자존감 영역과 연관시키는 것에는 한계가 있어 보인다. 비록 그들의 연구가 타당하다고 하더라도 내가 검토한 일부 연구에서는 그들이 윤리적인 것에 신경을 쓰지 않고 있다는 것을 입증할 수 있었다. 여기에서 제기되는 문제는 미술작품을 해석·판단한 전문가들이 예술가나 미술치료사가 아니고 실험적인 작업에 관심이 많은 심리학자일 가능성이 높다는 점에서 이론영역에서 확인한 것과 유사하다.

아마도 수량적인 측정방법은 미술치료사로서 환자의 미술 속에서 의미 있는 특징을 얻기 위한 방법이 아닐 수도 있다. 나는 내가 가지고 있는 해답을 제시하지는 않겠다. 다만 미술이 가지는 타당성과 신뢰성을 이해하고 있는 특징을 얻기 위한 방법이 아닐 수도 있다. 미술치료사가 그런 문제연구에 전념했더라면 환자를 객관적으로 기술하는 보다 타당하고 신뢰할 수 있는 방법이 개발되었을 것이다. 별다른 방법이 없다면 우리는 단호하게 연필로 사람 그리는 방법의 영역을 뛰어넘어 색상, 형태, 뉘앙스가 있는 미술이라는 영역 속으로 가끔 옮겨가 보는 것도 좋을 것 같다.

창작과정을 측정하거나 기술하기 위한 어떤 시도에도 비슷한 문제들이 따른다. 이러한 작업에서조차 우리는 주관적인 창조적 경험의 본질을 현상학적으로 인정하지 못하고 경험주의자의 수적인 그물망에 사로잡혀 있는지도 모른다. 미술치료 과정 동안 행동을 평가하기 위해 적절하게 안내받은 관찰을 통하여 상대적으로 객관성이 높은 척도의 개발이 가능하다는 점에서 이 분야의 연구가 필요하다. 미술치료에 참가할 아동을 프로그램 실시 전과 후에 인터뷰해 줄 것을 요청받았던 일이 여러 번 있었던 것이 객관적 자료의 한 예가 될 것 같다. 그때 내가 발견했던 것은 미술 프로그램을 거친 이후 아동들에게 통계학적으로 괄목할 만한 변화가 있었다는 것이다. 그러나 아이의 눈빛, 애걸하는 듯한 목소리 그리고 요청할 때 불안해하는 표정들은 측정될 수 없는 것이다. 이러한 모든 요소들은 아이의 독립성/의존성과 중요한 관련이 있는 것으로서 이에 대한 변인도 측정되어야 할 중요한 부분이라고 생각하게 되었다.

인간의 창조적 과제에의 개입 강도와 같은 추론의 지표를 기술하는 것은 가능한 한 질적인 방법으로 연구하되, 눈으로 확인할 수 있는 양적인 연구방법도 찾아야 할 필요가 있다. 화가가 이젤에서 물러서서 자신의 그림을 얼마나 자주 바라보느냐는 것은 작업 후에 집단에서 그림을 논의할 수 있는 능력에 해당하는 관찰하는 자아의 강도와 일치한다고 하겠다.

미술과정을 이해하고 평가하는 것은 만만치 않은 도전이다. 그리고 이것은 미술교육 연구가인 케네스 바이텔(Kenneth Beittel, 1973)에 의해 제안되어 왔듯이 좀 더 현상학적이어야 하고 질적인 방법으로 다루어질 필요가 있다.

그러나 측정하는 데 가장 힘든 것, 그러면서도 가장 측정이 요구되는 것이 미술치료의 '치료성'이다. 그 지침이 처음과 마지막에 그린 그림 같은 내적인 부분이든, 자존감을 측정하기 위한 테스트의 점수 같은 외적인 부분이든, 다른 연구의 결과처럼 각 부분이 미치는 영향을 분리하는 것에는 항상 어려움이 따른다. 그럼에도 불구하고 모든 미술치료사들이 분명 일어난다고 느끼지만 편향되지 않은 증거 없이는 쉽게 말할 수 없는 변화를 상세히 보도하기 위한 연구에 부단한 노력을 기울여야 한다. 연구가 필요한 두 번째 영역은 특별히 대상의 치료를 시작할 때 치료자의 개입 정도나 치료과정을 얼마만큼 그리고 어떻게 구조화하는 것이 효율적인가의 방법론을 제시할 수 있는 내용이다. 개념화하지 않고는 통제할 수 없다는 사실에 관련된 변인들을 포함한 끊임없는 질문과 그에 대한 답을 찾으려고 한다면, 그리고 우리 자신을 좀 더 객관적으로 보려고 한다면 미술치료 분야는 훨씬 더 확고한 위치에 설 수 있을 것이고 다른 전문인들로부터 존경받게 될 것이다.

미술치료에 대한 연구는 너무 개발되지 않아서 그 가능성이 끝이 없다는 것과 여러 방향으로 뻗어 나갈 수 있다는 사실이 연구자를 흥분시키기에 충분하다. 미래의 임상미술치료사들은 경험적인 연구 아이디어의 도움을 받아 편안하게 연구할 수 있고, 다른 분야의 관심에 대한 반응에 머물지 않고 주도적으로 연구를 할 수 있게 되기를 바란다. 공통의 관심을 가지고 있는 연구주제를 다른 정신건강 전문인들과 협력하여 연구하는 것은 확실히 미술치료사 홀로 하는 방법보다 훨씬 더 효율적이며 연구에 대한 치료자의 이해를 높일 수 있다. 이러한 작업은 주로 지적인 가교를 구축하는 하나의 방법이라 하겠다. 만일 우리가 다른 정신건강 전문인들에게 중요한 연구를 하는 방법을 습득하여 잠재적으로 가치 있는 연구협력자로서 보일 수 있다면, 우리의 위상은 높아질 것이고 미술치료사로서 어려움을 겪고 있는 사람들을 직접 치료하는 것뿐만 아니라 다른 정신건강의 영역에 공헌할 수 있을 것이다. 이미 밝혔듯이 미술작품을 만드는 것이 인간의 마음에 어떤 기능을 하는가에 대한 좀 더 자세하고 심도 있는 이해를 촉구하는 연구는 아직 미비하다.

미술치료에 관한 잘 설계된 연구를 시행하는 것의 중요성과 그에 따르는 어려움에 덧붙여 말하고 싶은 것은 미술치료사가 관련 분야의 연구를 이해할 수 있고 평가할 수 있어야 한다는 것이다. 실험설계와 나타난 자료를 처리하는 데 무엇이 포함되어 있는지에 대한 이해 없이는 다른 사람의 연구보고의 의미를 이해하기란 불가능하기 때문이다. 이것은 몇 가지 이유에서 중요하다. 첫째, 관련 학문으로부터의 연구에는 우리에게 가치 있고 우리의 활동과 관련이 있는 많은 것들이 있다. 하지만 그것을 이용하기 위해서는 그 특성을 평가하고 그 암시를 이해할 수 있는 능력이 필요하다.

예를 들어, *Studies in Art Education*이라는 잡지의 최근판에 '미술학습에서 동기적인 힘으로서의 학생들의 동인(agency)과 자기 결단력(self-determination)에 미치는 효과'(King, 1983)라는 연구조사가 보고되었는데, 성취와 태도를 고려한 모든 측정결과들은 학생들로 하여금 스스로 선택하게 한 것이 높게 나타났다고 했다. 이것이 의미하는 것은 최소한 이 연구에 참여한 208명의 6학년 학생들인 피험자에게 3개월 동안 기존의 미술교육과 전혀 다르게 자신의 미술 활동을 스스로 선택할 수 있게 한 것이 미술에 대한 태도를 변화시키고 자아개념을 확고하게 한 것으로 볼 수 있다는 것이다. 이 연구의 적절성은 미술치료에서의 연구방법론에 관한 이슈를 잘 다루었다는 것에 있다. 이 연구가 이룬 성과 중에 괄목할 만한 것은 아주 주의 깊게 디자인했기 때문에 다른 연구의 경우보다 훨씬 효율적으로 선택한 독립변인을 격리시키고 통제할 수 있었으며, 그 때문에 발견한 모든 것이 훨씬 더 정밀할 수 있었다는 것이다.

이 연구가 게재되었던 같은 학술지에서 같은 이슈를 다룬 관련 논문을 소개한 내용이 있었다. 그것은 미술작품(또한 미술비평)에 대한 인지 스타일의 연구에 관한 것으로서 이러한 연구 역시 우리의 분야에 적절하다(Lovano-Kerr, 1983). 그 논문은 주로 연구에 대한 문헌과 적용에 관해서 논의하고 있지만, 그것은 또한 특정한 대상과 미술을 통한 작업을 할 때는 인지적인 양식이 중요하다는 것을 잘 고려한 조언이라 할 것이다. 관련 분야, 특히 어떤 면에서 미술치료 분야와 중복되는 모든 학문 분야의 연구를 읽고 평가할 수 있는 것은 분명히 유용하다. 그런 분야와 유사하고 심지어 아주 일치하고 있는 많은 영역이 있기 때문에 우리 자신의 연구와 관련이 있을지도 모르는 발달을 인식하는 것이 현실을 직시하는 것 같다. 통계에 전문적 지식을 가지고 있는 사람들과 공동으로 연구를 하는 것이 미술치료의 가치를 드높일 수 있듯이, 특수교육과 임상심리학과 같은 분야의 전문화된 동료들과 함께 깊이 있는 연구를 설계한다면 우리의 학문 분야는 넓어질 것이다.

이러한 문제와 관련해서 교육자적인 위치에 있는 미술치료사들이나 미술치료학술지를 편찬하는 사람까지 지나치게 협소한 지평을 가지고 있다는 것에 대한 반응이 논쟁으로 나타났다. 이것은 전문적 집단, 특히 아직도 확고한 정체성이 뿌리 내리지 않은 새로운 분야의 집단일수록 위험하다. 우리는 너무 편협한 나머지 미술치료의 발전과정에서 너무 자주 다른 바퀴로 바꾸어 달지 않도록 해야 한다. 그리고 앞으로의 연구에 필요하고 요구되는 우리의 힘과 함께 다른 사람의 힘을 사용하는 것이 바람직하다. 이 분야를 진정으로 이해하는 사람들에 의하여 훨씬 더 잘 설계된 연구를 즐기는 미술치료사들이 많이 배출되기를 바라는 마음 간절하다.

참고문헌

Beittel, K. E. *Alternatives for art education research.* Dubuque, IA: William C Brown, 1973.

Harris, D. B. *Children's drawings as measures of intellectual maturity.* New York: Harcourt, Brace, & World, 1963.

Kellogg, R. *Analyzing children's art.* Palo Alto: National Press Book, 1969.

King, A. Agency, achievement, and self-concept of young adolescent art students. *Studies in Art Education*, 1983, *24*, 187-194.

Koppitz, E. M. *Psychological evaluation of children's human figure drawings.* New York: Grune & Strtton, 1968.

Lovano-Kerr, J. Cognitive style revisited: Implications for research in art production and art criticism. *Studies in Art Education*, 1983, *24*, 195-205.

Machover, K. *Personality projection in the drawing of the human figure.* Springfield, IL: Charles C Thomas, 1949.

Rubin, J. A., Schachter, J., & Ragins, N. Intraindividual variability in human figure drawings: A developmental study. *American Journal of Orthopsychiatry*, 1983, *53*, 654-667.

젊은 아내의 예기치 않은 죽음을 맞이한 한 시골 근로자는 나무 몸통을
이용하여 자신보다 더 큰 조각품을 만들면서 그 과정에서 큰 위로와 도
움을 받았다고 했다.

제17장 이론에 대하여

앞장이 미술치료의 전문화를 위한 연구작업이 다른 인접 분야의 전문인들과 함께 협력해야 할 필요성을 강조한 것이었다면, 이 장은 미술치료 분야 자체의 이론정립의 필요성을 강조하는 것으로서 상반된 입장이라 볼 수 있다.

나는 미술치료 교육과정에서 다루어지지 않고 있는 부분을 보충하기 위하여 미술치료사들이 다른 인접 분야의 전문교육을 받는 것을 바람직하다고 생각한다. 그러한 과정을 거치면서 체계적으로 정착된 그들의 학문적인 시각을 통하여 미술치료사로서의 임상경험이 풍부해진다는 점에서 신이 나기도 하지만, 미술치료 자체에 그러한 체계가 없다는 것에서 우울한 경험을 하기도 한다. 우리를 가장 슬프게 하는 것은 아마도 환자들의 창작과정을 설명하기 위하여 종종 다른 분야 사람들의 이론을 빌려와야 한다는 사실이다. 우리가 보다 확고하게 정착된 다른 인접 분야의 박사학위를 받았을 때 그 분야에 자신의 정체감을 두려고 하는 것 역시 우리를 우울하게 만드는 현상이라 하겠다.

우리는 창작과정과 정신건강의 관계에 대한 이론을 연구해 온 사람들이 예술가가 아니었다는 사실을 기억해야 한다. 프로이트(Freud, 1900), 아리에티 (Arieti, 1976), 매슬로(Maslow, 1968)와 같은 심리학자들은 무엇이 인간으로 하여 금 창조적인 행동을 유발하게 하는지와 그것을 통하여 각 개인들이 성취할 수 있는 것에 관한 이해를 돕기 위해 많은 일을 해 왔다. 그러나 그들이 예술영역 에 대하여 창조적인 사고를 해 왔다고 하더라도 그들의 관심이 이론에 경도된 나머지 관찰이나 인터뷰 또는 다른 사람들의 직접적인 창작경험에 대한 추측 에 기초하여 그 내용들을 지식화하려는 경향이 있다는 것 또한 기억해야 한다. 이와는 반대의 경우로서 자신의 창작작업에 관해 세부적으로 글을 써온 몇몇 예술가들을 들 수 있다. 그렇지만 그들 중 대부분은 심리학이나 정신병리학적 인 훈련이 없었기 때문에 창작에 관한 그들의 개념은 그들 차원의 직관적인 진 리의 잉태 수준에 머물게 된다.

　미술치료는 그 자체가 창작과정의 복잡한 이해와 함께 다양한 심리학의 이 해를 이성적으로 엮어 주는 분야다. 미술의 치유적인 관점에 관한 이론이 미술 과 심리치료 모두를 이해하는 사람에 의해서 발전되었을 가능성이 있다는 점 에서, 미술치료의 '선구자' 들은 처음으로 미술을 이용하여 환자들과 작업했던 사람들은 아니다. 하지만 미술치료의 선구자들은 그들의 작업에 관해 진지하 게 글을 썼던 사람들이다. 그들은 설명적으로 쓰지도 않았고 그렇다고 분석적 으로 쓰지도 않았으며, 그들이 관찰한 미술의 영향력을 이해하려 애쓰면서 글 을 썼다. 바꾸어 말하자면, 그들은 미술과 심리학 양쪽의 지식을 통합하려고 노력하면서 치료로서의 미술 사용에 관한 이론을 발달시켰다.

　나움부르크, 크레머, 울먼(Naumburg, Kramer, Ulman, 1961, 1971)과 라인 (Rhyne)의 저술은 미술의 묘사 차원뿐만 아니라 이해하려는 시도로서 괄목할 만하다. 그들은 우리에게 좋은 모형을 제시했고, 그 모형이 설득력을 가지고 있 다고 본 베텐스키(Betensky)나 로빈스(Robbins) 등의 다른 미술치료사에 의해 계 승되었다(구체적인 내용은 부록 미술치료 관련 문헌과 제3부의 참고문헌을 참고하 라). 이들 모두는 다른 분야의 학자들의 이론을 상당히 차용해 왔다. 그 내용이 심미적인 것을 구조적으로 본 수잔 랭거(Suzanne Langer, 1953)의 이론이든, 미술활동이 자아 강화기능을 가지고 있다는 에른스트 크리스(Ernst Kris, 1952)의 이론이든, 지금 미술치료 분야가 필요로 하는 것은 미술치료 자체에 중심을 두는 이론적인 작업이다.

미술은 미술이고 사람은 사람이기에 둘 사이에는 관계가 없다고 보는 이들도 있겠지만, 어느 정도는 창조성 혹은 인간에 관하여 심도 있게 연구해 온 사람들의 내용을 적법한 차원에서 차용하거나 배워야 한다. 나는 다른 분야로부터 차용한 이론을 미술치료에 관련시킬 수밖에 없다는 사실과 우리가 그들의 이론 적용을 부정하지 못하는 입장을 취하는 이 시점에서 자칫 미술치료 이론이 '적절하게 짜여지지 않은' 그 어떤 비합리적이고 개념적인 틀로 대치될 수 있다는 가능성에 불안감을 느낀다.

이러한 나의 불안감이 미술치료라는 수레를 이끌어 가기 위한 바퀴를 재발명하여 바꾸었다는 것과 같은 의구심으로서, 앞 장에서 주장한 미술치료의 연구활동을 다른 분야와 더불어 해야 한다고 했던 것과는 일치하지 않는 것처럼 들릴 수 있다. 그러나 미술치료 자체의 이론정립 차원에서는 그 질과 격이 다르다고 믿기 때문에 이것이 문제가 되지 않는다. 물론 다른 심리치료 학생들이나 임상전문가들과 대화하고 의사소통하기 위해서 형태심리학과 행동치료법 혹은 전통적인 정신분석학적 욕동이론과 대상관계심리학적인 발달 사이의 유사성과 차이점을 이해하는 것이 필요하다. 그리고 어떤 이유로 어떻게 사람들이 반응하는지, 특히 어떻게 미술에 반응하는지에 대한 다른 이론들에 친숙해짐으로써 우리가 다루는 현상들에 대한 이해를 증진시켜야 한다. 가급적이면 번역이 아닌 원본을 읽는 것이 유용하다. 예를 들어, 프로이트의 꿈 형성에 관한 이론과 그것의 적용(Altman, 1975; Freud, 1900)은 이러한 작업의 초반에 필요하다.

우리의 목표는 미술치료 실무에서 어떻게 적절한 수준으로 개입하고, 임상 감독을 해야 하는 상황에서 어떤 식으로 생각하며, 거기에서 나타나는 현상을 어떻게 이해할 것인지 창작의 전 과정이 치료의 전 과정에 미치는 영향에 대해서 설명할 수 있게 되는 것이다. 미술치료 기법이 이론으로부터 파생됐다고 보는 일부 미술치료사의 경우, 인간의 창조적 기능이 인간정신에 미치는 영향을 다르게 보기 때문에 상이한 이론에 입각한 미술치료의 양상이 다르다는 반론을 제시할 수도 있다. 그들의 주장에도 일리가 있다. 하지만 대부분의 미술치료사들이 치료과정에서 이론에 치중한 나머지 자기도 모르게 허구적인 구조를 만들어 가고 있다는 것을 명쾌하게 의식하지 못하고 있다는 것 역시 사실이다. 나는 미술치료사들의 노력이 바로 이런 것을 의식해야 하는 것이 아닌가 말하고 싶다.

또한 만일 우리가 그들에게 다른 사람의 이론을 진실로 이해하고 더 나아가서 그들 자신의 이론을 개발하게 할 수 있다면, 그들은 이 분야에서 편안함을 느끼기 위해서 얼마간의 도움과 지도하에 실시되는 실습이 필요할 것이다. 이런 관점에서 이론적인 사고는 연구와 매우 유사하다고 하겠으며, 이러한 식의 사고는 보통 미술치료사에게는 생소하고 심오하고 너무 난해하게 여겨질 것이다. 미술치료에서 연구되어야 하는 사고내용은 보통 임상전문인들이 직관으로 감지할 수 있는 그 무엇인 것이 보통이다. 불행히도 우리의 교육체계는 철학을 등한시한 나머지 이런 능력을 키우거나 훈련하는 것을 전혀 하지 못하고 있지만, 미술매체를 통한 창의적인 작업이 이 부분을 보완하고 있다.

이러한 능력의 개발을 촉구하는 방법으로서 연구활동의 촉진을 위해서 제시되는 것과 유사하게 훈련과 임상감독이 실시되어야 한다. 이것은 미술치료사들이 모든 맥락의 발달단계와 개인 및 집단 치료의 순간과 연결하여 이해하도록 함으로써 특정한 순간에 기대되는 특정한 행동을 이해하는 것이 포함된다.

말하는 것을 포함한 글 쓰는 차원의 언어적인 반영작업이 미술치료사로 하여금 기존의 다른 심리치료 이론들과 편안하게 연결할 수 있게 한다. 이론은 보다 전문적인 치료를 위하여 어떤 정신적인 현상을 이해하는 데에 도움이 되어야만 그 의미가 있다. 성격발달, 심리치료, 창조성에 대한 이론을 배우고 발달시키는 것이 실제 삶의 현장에 연결되지 못하면 아무 쓸모가 없다. 이론과 기법은 손을 잡고 나란히 가야 한다. 이 둘은 서로 다른 것을 기저 삼아 정립된 것으로 시간이 지남에 따라 계속적으로 서로 보완해 가야 된다.

대부분의 미술치료사에게 이러한 관점이 어쩌면 지나치게 학문적이라 들릴 수 있겠지만 우리 분야의 기초를 다지기 위해서는 필수적이다. 이론적으로 생각한다는 것에서 순수예술보다 더 추상적인 창조적인 문제해결을 필요로 한다. 그러나 예술이라는 것은 그 형태가 구상이든 비구상이든 현실 속의 추상적인 한 형태다. 이론은 보통 언어로 표현되지만 언어 차원의 형태로 개념화되는 것이 언제나 최선은 아니다.

우리는 자연과학계의 연구에서 시각적인 이미지에 자극을 받은 직관적인 이해력에 의하여 몇몇 중요한 이론이 정립되었다는 사실에 주목해야 한다. 그 예로서 아른하임(Arnheim, 1969)의 설득력 있는 시각적인 사고론을 들 수 있으며, 그 이론의 배경에는 벤젠의 고리를 발견한 케쿨레(Kekule)의 연구와 아인슈타인의 상대성 원리가 깔려 있다. 그것이 2차원이든, 3차원이든 시각적인 이미지는 보이지 않는 힘에 대한 영향을 파악하기 위한 이론의 개념화와 확장에 강력한 힘을 발휘한다.

전통적인 정신분석 교육과정을 거치는 동안 추상적인 인간정신의 요소라 알 수 있는 본능, 자아, 초자아를 소리, 형태, 질감, 동작을 통하여 더 쉽게 감지할 수 있었다는 나의 경험이 한 예가 될 것이다. 또한 역동적인 본능, 억압, 타협이 개입되는 심리적인 방어기제와 증상 형성 등 갈등에 관련된 이론에 대하여 생각할 때 종종 3차원적인 이미지 또는 동작을 떠올리는 나 자신을 발견하였다. 이러한 아이디어는 내면화 갈등의 실상이나 인간정신이 스스로 문제해결을 발견하려는 현상을 어떤 언어나 선상의 도표 차원으로는 대변할 수 없다는 점에서 애니메이션 영화가 가져다주는 극적인 효과가 좋은 예가 될 수 있다.

여러 분야의 사람들과 함께 한 비공식적인 연구에서 정신이 말보다는 미술 형태와 자유로운 관계를 갖는다는 것에 대한 객관적인 아이디어를 얻기 위해서 다양한 개인에게 다양한 매체를 사용하여 창작해 가는 각자의 과정을 탐구했던 일이 있었다. 거의 정의되거나 도표화되지 않은 영역일지라도 '미술매체를 통한 이미지의 창출은 우리가 하는 작업에 대한 이론적인 사고를 포함하여 통상적인 사고에도 적용된다.'는 것이 밝혀졌다. 나는 제시할 만큼 확고한 이론을 아직 갖고 있지는 못하지만 모든 미술치료사들이 그러한 목표를 향해 일하기를 바라며, 가능하다면 우리 작업 자체의 범위 안에서 만들어지기를 바란다. 그렇다고 다른 여러 이론들을 필요 없다고 내팽개치라는 것은 아니다. 다만 우리가 필요로 하는 것과 보고 싶어 하는 것을 다른 이론들 안에서 찾으려 애쓰지 않기를 제안하고 싶다. 왜냐하면 보기에 따라서는 미술과 우리 자신이 경험한 치료 안에서의 미술 중 하나를 일그러뜨리기 때문이다.

우리 분야에 가장 '적합'하다고 보이는 개념적인 틀의 경우 더욱 위험스러울 수 있다. 랭거(Langer, 1953)의 인간감정 형태로서의 미술 개념, 상징화에 대한 정신분석학자의 개념(Jones, 1916) 혹은 승화(Hartmann, 1955), 매슬로(Maslow, 1968)의 절정경험 개념, 아리에티(Arieti, 1976)의 제3의 과정 개념 등이 그 예가 된다. 이러한 개념들은 확실히 적절하고 관계가 있지만 우리가 바라는 것과 완전히 일치하진 않는다. 랭거가 말하는 '느낌'이 미술치료자들이 통상 이해하고 있고 의미하는 것보다 훨씬 광범위하게 사용되는 것을 그 예로 들 수 있다.

'승화'는 아직도 정신분석학에서 뜨거운 논쟁의 대상이 되는 개념이지만, 이것은 과도하게 제한된 사회학적인 방법으로서 창작이 이루어지는 과정에 무엇이 개입되는지에 대해 언급하는 정도에 머물고 있는 듯하다. 심미적 형태를 욕동적인 에너지 차원에 연관시키는 것이 확실히 적절하고 어느 정도 긴장을 완화시켜 주는 것은 사실이지만 각 개인들의 지속적인 문제해결에는 별 도움이 되지 못하는 것 같다. 더 중요한 것은 그것이 여러 가지 창조적 과정의 한 요소인 것처럼 보이면서도 항상 명백히 존재하지도 않으며, 그 사건의 모든 것이 결코 아니라는 점이다. 바꾸어 말한다면, 우리는 우리가 하는 작업의 의미를 찾기 위한 노력으로 티끌에서부터 시작하지 않고 매력적인 아이디어를 붙잡기 위하여 최선을 다해 왔다. 이러한 소화되지 않은 형태의 작업은 다른 분야의 전문인들과 의미 있는 교류를 가능하게 했다. 이는 미술치료의 초창기에는 필요했던 작업이었다. 하지만 이제는 다음 단계, 즉 미술치료 자체의 정수, 성질, 존재로부터 자라나오는 미술치료 이론에 대해서 생각해야 할 때다.

이제까지 다른 사람들의 이론에 대해 비판적이었던 만큼 장차 미술치료의 유용한 이론을 유도해 갈 수 있는 부분적이나마 형태를 갖춘 개념을 공표해야 하는 의무감을 느낀다. 그렇게 해서 다른 사람들도 오랫동안 그들 나름대로 연마해 온 철학, 심리학, 기타 다른 학문영역에서의 경험을 공유함으로써 일종의 공동이론 구축작업에 참여하는 것을 촉구하게 되기를 바란다. 나는 이 책의 순서와 같이 미술 분야부터 시작할 것이다. 그 이유는 심리치료에 있어서 반영과 인식을 더 중요하게 생각함에도 불구하고 미술이 미술치료의 핵심이 되어야 한다고 믿기 때문이다.

창작과정은 그 자체의 내적인 리듬과 에센스를 갖고 있는데, 개인의 내적인 리듬과 에센스는 작가의 매체에 대한 능숙함과 관계없이 작가로 하여금 심리적으로 일시적인 융합을 경험하게 하기도 한다. 또한 작품을 만든다는 것은 개인이 구체적인 형태로 외부세계에 자아를 표현하는 것으로, 그 의미는 새로운 방식으로 'me' 또는 'I'라고 말하는 것이며, 아마도 더 중요하게는 새로운 방식으로 'I do' 또는 'I can do'라고 말하는 것이다.

어떤 매체를 사용하든 창작활동은 거울을 비춰 보는 것과 같이 예술가에게 새로운 종류의 자아반사가 된다. 이러한 속성을 가지고 있는 창작활동은 인간에게 나와 나 아닌 것과의 중요한 경험을 모든 발달단계 수준으로 제공한다. 역설적으로 이러한 나 아니면서도 나라는 차원의 창조 또한 가능하게 된다. 여기서 내가 말하고 있는 것은 1953년 위니콧(Winnicott)이 만든 개념인 '중간대상(transitional object)'에 관련되는 것이지만 동일한 개념은 아니다. (내가 믿기에

이 개념은 우리가 관련하는 개념 중 가장 적절한 이론적인 틀을 제시한다고 생각한다. 그러나 미술치료사들이 통합할 수 있는 부분을 선택하지 않고 너무 급하게 섭취한 나머지 체해 버린 듯하다는 것이 나의 느낌이다.)

이러한 일상적이지 않은 이중적인 경험을 하는 상황에서 개인은 창작과정이 다른 대상(그러면서 역설적이게도 아직 자아의, 자아에 의한 것이기도 한)으로부터 분리된다는 경험이 고양되면서도 일시적으로 심리적인 융합과 자아경계를 상실하는 경험을 하게 된다. 이러한 경험은 아마도 시각미술에서 나타나는 독특한 현상으로서 몇몇 학자들이 말하는 자아표상(self-representation)이라는 심리 내적 구조를 이해하는 것에 매우 중요한 의미를 가진다. 신체 차원의 이미지가 실제적인 심상을 그대로 대변하는 것이 아닌 것과 같이, 시각적인 차원의 이미지도 명백히 정의되거나 확고한 이미지로 항상 나타나지는 않는다. 하지만 거기에는 환경, 인간, 비인간에 관한 일련의 감정이 함축되어 있다고 볼 수 있으며, 그 감정은 작품을 창조하는 과정에서의 경험과 밀접하게 관련된다고 할 것이다. 물론 미술작품은 그저 대상일 뿐 전적으로 작가의 내면세계와 무관하다고 볼 수 있다. 그러나 작품은 개인이 정신적 평정을 유지할 때까지 내면이 필요로 하는 방식으로 격려되거나 공격받을 수 있다. 어떤 구체적인 대상물을 만들거나 다른 개인들이 개입되는 경우 창작과정에서 누리는 완전한 자유는 허용되지 않는다.

사실 작가가 작품을 구상하면서 경험하는 절대적이고 완전한 자유는 아마도 인간이 할 수 있는 경험 중 유일한 것이라 하겠다. 우리는 이러한 경험을 창조자에 의해 궁극적으로 보존되거나 파괴될 수 있는 마지막 산물이라는 것으로 연장해서 생각해 볼 수 있다. 이것이 너무 광범위하다면 여러 미술매체들을 비구조적인 접근방법으로 다룰 때 나타나는 그 무한한 가능성을 상상해 보라. 각 매체가 그 자체의 한계를 가지고 있다는 사실에도 불구하고 이러한 한계 내에서 상상할 수 있고 실행할 수 있는 그 무엇을 하는 것이 창조자에게는 가능하다. 다른 분야에서는 수용하거나 허용할 수 없는 거의 완전에 가까운 자유의 가치를 숙련된 미술가들은 가장 잘 알고 있을 것이다. 그것은 미술치료에 있어서도 대단한 가치가 있는 것이다. 말할 필요도 없이 환자의 자유는 미술치료사가 어떤 매체로 무엇을 하라는 차원에 국한되지만, 그것을 사용하는 그의 능력은 능력 있는 치료자의 적절한 도움으로 보다 창조적이 될 수 있다.

정신적인 문제를 가지고 있는 대부분의 사람은 그들의 자원을 잘 사용할 수 없거나 필요로 하는 방법으로 사용하는 것에 자유롭지 못하다. 만일 그들이 과도하게 규제되지 않는다면 건설적인 방법으로 그들의 에너지를 조절하거나 표출할 수 있을 것이다. 어떤 경우든 (예술)미술은 그 활동이 일어날 수 있는 공간(지점)을 제공하는 것이다. 즉, 미술치료에 있어서 창조적 상황은 자유의 경험을 제공하며, 자유의 경험은 결코 측정될 수 없는 방법으로 인간정신을 해방시킬 수 있다. 하지만 미술에 있어서 창조는 훈련, 통제, 결정 그리고 형식을 필요로 하기 때문에 건설적이면서 잠재적으로 응집력 있는 형태로 에너지를 표출하는 경험을 사람들에게 제공하기도 한다.

또한 창작적인 경험은 인간정신의 모든 부분들을 이끌어 낸다는 점에 의의가 있다. 꿈이나 깨어 있는 동안에 보는 환상을 창출하는 것을 우리가 심리학적인 용어로 무엇이라 부르든 간에, 우리는 잠을 자거나 변화된 의식상태에서 우리의 이미지가 보다 빈번하며 우리의 사고도 유희적이고 덜 논리적이라는 것을 알고 있다. 완벽한 창작경험에서 작가는 종종 일차적인 사고과정이라 부르는 이런 차원의 시각적 사고를 끌어낼 수 있고 접할 수 있다.

일부 학자들은 이러한 차원의 사고 형태가 발달 초기단계로 덜 분화되었다는 점에서 원시적인 사고 형태라고 보기도 한다. 그러나 최근 뇌의 좌우반구의 기능적인 특성을 중요하게 보는 연구나 정신분석에서의 작업은 이러한 차원의 사고가 열등한 것이 아니라 사고의 또 다른 형태라는 것을 보여 주고 있다. 심지어 이러한 사고 형태가 논리적인 이차적 사고과정에서 생성되는 하위적인 사고과정이 아니라 그 자체의 발달적인 흐름을 가지고 있을 가능성에 대해 많은 증거를 제시하는 학자들도 있다. 통합적(wholistic)이자 회화적이고 환상적인 사고를 보는 이러한 새로운 관점은 시공을 초월하여 수많은 미술가들이 접했을 경험과도 상당히 비슷하다고 하겠으며, 초자연적이고 비이성적인 것에 가치를 두는 문화권에서 존중되어 오고 있는 부분이라고 하겠다.

우리가 작품이 창조자의 내면으로부터 오고 그 자체의 에너지를 갖고 있다는 것을 부정하지 않는다면 의식적인 마음속 깊이 묻혀 있는 심상의 저장고에서 나온 것임을 인정하게 된다. 여기에서 인정해야 하는 또 하나의 요소는 무의식적이거나 전의식적인 아이디어가 작품이 되기 위해서는 형태를 갖춰야 한다는 것이다.

꿈은 작품을 구성하는 요소일 수는 있지만 그 자체가 작품은 아니다. 그것은 마치 두서없이 써놓은 글이 시가 아닌 것과 같다. 이런 거친 재료는 선택되고 다듬어지고 빼고 더하거나 확장되어야만 한다. 그러므로 작품의 창작에서 용어를 무엇이라고 부르든지 조직적이고 형태를 제공하는 다른 어떤 부분이 포함되어야 한다. 아리에티(Arieti, 1976)가 주장한 환상과 논리의 중간 부분으로서 미술적 형태를 창출하는 제3의 사고과정이 아마도 여기에 해당될 것이다.

다양한 맥락의 미술적 발달단계의 이해와 더불어 이 부분이 보다 정교하게 변별될 수 있을 것이기 때문에 인간의 마음속의 다양한 구성에 대한 이론화는 우리에게는 별로 중요하지 않다. 우리에게 가장 중요한 것은 인간사고의 형태가 하나 이상이라는 것과 미술을 통한 창작작업은 연령의 고하를 막론하고 누구나 참여할 수 있는 고유한 인간활동인 동시에 인간능력을 표출하는 모든 표현양식이 개입된다는 것이다. 작품을 완성시키기 위해서는 이러한 모든 방식의 인간기능이 통합되고 재종합되어야 한다. 바로 미술이 가지는 이러한 점이 치료에서 가장 가치 있는 부분이다.

보통 분리되어 있고 고립되어 있는 다양한 인간경험들과 쪼개져 있는 마음의 부분들은 통합을 필요로 한다. 내적 세계와 외적 세계, 자기와 비자기, 좋은 것과 나쁜 것, 일차적 사고과정과 이차적 사고과정, 물질과 마음, 그 밖의 반대되는 성질이라면 어느 것이건 미술치료에서의 미술은 이러한 여러 차원의 통합을 가능하게 한다.

　지금까지 인간정신의 치료이자 성장을 강화하는 듯 보이는 미술경험이 가지는 본질적인 가치에 초점을 맞추어 왔다. 그 외에도 치료에서의 미술활동은 치료자라는 제3자가 존재하는 상황에서 이루어진다는 점에서 부가적인 치료성이 더해진다. 치료자는 내담자들이 창조적으로 미술작업을 할 수 있기 위하여 필요로 하는 지지자의 역할뿐 아니라 내담자들이 가지고 있는 인간관계에 관련된 문제에 대해 다양하고 중요한 기능들을 창출하게 된다.

　지지자, 교육자, 적절한 도움을 주는 자, 반영자, 관찰자, 분석자 등의 독특한 역할들의 조합과 작품에서 상징적으로 나타나는 부정적, 긍정적 전이의 내용에 대한 작업을 하는 것이 미술교육자라면 어느 정도 도움은 줄 수 있으나, 예술가, 교육자, 치료자 등의 역할이 겸해진 미술치료사에 비하면 적절한 도움을 줄 수 있는 확률은 떨어진다.

　미술치료의 속성상 미술치료사는 예술가, 교육자, 치료자의 세 가지 역할을 해야 한다. 여기서 치료자가 가장 첫 번째 역할이고 다른 역할들은 부수적이 될 것이다. 미술치료사에 있어 이 흔하지 않은 역할(예술가, 교육자, 치료자)의 결합이 대부분의 환자들로 하여금 미술의 창조적인 만남을 진정으로 가능하게 한다. 미해결된 이슈와 상충되는 욕망을 가진 환자들에게 유용한 것은 작품을 통해 전이의 경험을 하게 되고 그것을 작업하고 이해하게 된다는 것이다. 미술치료사는 모든 심리치료에서 제공되는 마음으로의 여행뿐 아니라 흥미진진하고 새롭고 잠재적으로 놀라운 세계, 즉 창조적인 미술세계로의 여행 안내자이며 도움을 주는 자다. 그러므로 미술치료사와 함께 하는 모험은 구체적인 방법에 의해 자기 안과 밖의 세상을 동시에 경험하는 이중적인 경험이라 하겠다.

　대부분의 환자들은 자신과 세상을 편안하게 받아들이는 것에 어려움을 가지고 있다. 미술치료사는 환자의 다양한 차원(건설적인 차원뿐만 아니라 파괴적인 차원까지)의 문제들을 다루기 때문에 미술을 통한 시각화를 통하여 공유하는 경험을 보다 넓게 만들어 감으로써 환자 자신이 원하지 않은 부분까지도 받아들이게 해야 한다. 미술작업은 실제적이고 신체적인 세계의 표현과 행위가 포함되기 때문에 현실적으로 감지하기 어려웠던 차원과 만나게 한다. 따라서 미술치료사는 환자가 왜곡된 심리적 현실을 보다 진정한 현실로 안심하고 받아들이도록 도울 수 있다.

후반부에서 언급한 것이 어쩌면 지나치게 과장된 것처럼 들릴 수도 있다. 그러나 우리가 보통 언어적 또는 지적 자기의 이미지와 신체적, 구체적, 동적 차원의 자기가 통합된 표현의 중요성을 경시하고 있다는 점에서 이 사실은 매우 중요하다. 미술치료는 어떤 미술매체를 가지고 작업을 한다는 점에서 신체를 참여시키면서도 정신의 부분을 나타내고 활성화한다.

시각적 사고의 부산물은 창작과정의 경험과 작품에 대해 언어화하는 데 도움이 되고, 이는 하나의 사고를 통한 것보다 훨씬 통합된 방식으로서 환자들로 하여금 자기 표현과 인식을 유도하고 수용하도록 한다. 특히 아동들에게 미술활동은 인지적, 감성적 활동일 뿐 아니라 신체적인 활동을 하게 한다는 점에서 중요하다. 말없이 미술치료 세션의 녹화테이프를 보는 것은 우리로 하여금 고정관념적인 시각-언어의 축으로부터 벗어나는 경험을 하게 하는 좋은 방법이다. 이러한 여러 활동들은 다중매체로서의 미술치료 경험을 통합하는 데 유용하다.

창작작업 후 휴식을 하면서 무엇을 만들었는지 바라보면서 창작에 몰두하는 동안 의식하지 못했던 작업과정의 경험이 현실적인 상황과 어떻게 연관되는지를 반영하는 것에 중점을 두어야 하며, 완성된 작품 자체가 가지는 유용성에 얽매이는 강조는 하지 않아야 한다. 그러므로 우리는 활동하고 행동하고 경험하는 그 자체뿐 아니라 동일한 방식으로 이어지는 미술작업에서 다시 관찰하고 반영할 수 있게 된다. 이 두 방식은 연관성이 있지만 앞에서 논의했던 두 가지의 사고과정과 같이 구별되지는 않는다. 이러한 맥락에서 이루어지는 미술활동은 1차원적 선상과 전체적인 마음의 두 가지 차원이 미술치료의 유용성에 의하여 통합되는 것을 돕는다.

창작품을 바라보는 관찰자의 입장과는 달리, 창작에 몰두하는 입장은 자신의 사고가 자극된다는 차원에서 다르다. 관찰자의 상태가 창작자보다 창작과정 동안 신체적으로는 편안하지만 정신적으로는 더 활발하다는 점에서 연상은 논리적인 동시에 비논리적이다. 두 가지 방식의 존재 모두 건강한 삶과 성장에 필수적이다.

한 개인이 그림을 그리거나, 춤을 추거나, 테니스를 치거나, 사랑의 행위 등 활동에 몰두하기 위해서는 평소에 받아 오던 통제와 억제를 흘어 버리고 동작적, 리듬적 부분을 자신에게 내맡겨야 한다. 마치 창조된 작품을 바라보듯이 행위의 결과물을 적절하게 반영할 수 있게 되기 위해서는 보다 사려 깊으면서도 의식적인 사고의 상태가 되어야 하는 동시에 자유연상이 용이한 논리적 통제의 느슨한 상태가 요구된다.

반면에 연상이 논리에 의해 강하게 구속받지 않은 느슨한 경우에 미술치료사는 개인이 지각하고 사고된 질서와 의미들을 표현하게 하는 사고하는 마음에 적응시켜야 할 필요성이 있다는 결론을 내릴 수 있다. 작품에 대한 사고의 순서는 작품의 구성요소가 가지는 순서와 은유적으로 유사하다. 그러면서도 작품에 대하여 자유롭게 이야기를 하는 것과 형태를 찾으려는 시도 모두 계획하는 것과 능동적인 활동이 서로 다른 언어로 표현되는 사고의 세계에서 일어난다.

미술치료에서 가장 유용하게 작업을 하기 위해서는 하나의 구성에 보다 집중해야 할 필요가 있지만, 능동적인 창작작업과 편안하게 작품을 반영하는 것 모두 가능해야 한다. 물론 치료 당시 이것이 가능하지 않거나, 아마도 영원히 가능하지 않거나, 또는 최소한의 개입이 가능한 환자들도 있을 것이다. 그러나 우리가 이 두 가지 차원 모두들 환자에게 제공할 때 그들에게 통합되고 또 통합되어 가는 경험을 가져다주게 된다. 이러한 치유성은 다른 심리치료 분야가 가지고 있지 않은 부분이다. 미술치료 분야 자체의 명쾌한 이론과 함께 정교한 연구가 쌓이게 되면 이제까지 불확실한 가설로서 논란의 대상이 되었던 부분들이 확실하게 검증받을 수 있게 될 것이다.

참고문헌

Altman, L. L. *The dream in psychoanalysis* (2nd ed.). New York: International
   Univesities Press, 1975.

Arieti, S. *Creativity: The magic synthesis.* New York: Basic Books, 1976.

Arnheim, R. *Visual thinking.* Berkeley: University of California Press, 1969.

Freud, S. *The interpretation of dreams* (1900). *Standard Edition,* Vols. 4–5, London:
   Hogarth, 1955.

Hartmann, H. Notes on the theory of sublimation. *Psychoanalytic Study of the Child,*
   1955, *10,* 9–29.

Jones, E. The theory of symbolism (1916). *In Papers on psycho-analysis* (5th ed.).
   Baltimore: Williams & Wilkins, 1948, pp. 87–144.

Kris, E. *Psychoanalytic explorations in art.* New York: Schocken, 1952.

Langer, S. K. *Feeling and form.* New York: Scribner's, 1953.

Maslow, A. H. *Toward a psychology of being* (2nd ed.). New York: Van Nostrand,
   1968.

Ulman, E. Art therapy: Problems of definition. *Bulletin of Art Therapy,* 1961, *1*(2),
   10–20.

Ulman, E. The power of art in therapy. In I. Jakab (Ed.). *Psychiatry and art, Vol. 3.*
   New York: S. Karger, 1971, pp. 93–102.

Winnicott, D. W. Transitional objects and transitional phenomena. *International
   Journal of Psycho-Analysis,* 1953, *34,* 89–97.

제5부 미술치료에서의 임상적 적용

이 책에서 미술치료 전반을 상세하게 다룰 의도는 없지만 상이한 치료대상이나 치료환경에서 미술치료를 적용할 때 알아야 할 주요한 논제들이 포함되는 것은 중요하다. 미술이 가지는 치료적인 잠재성과 방향이 상이한 치료대상들에 따라 차이가 있기는 하지만, 미술치료가 도움을 필요로 하는 사람들에게 적용될 수 있다는 것은 다행스러운 일이다. 제18장에서는 미술치료에 있어서 특정한 이슈가 되는 상이한 발달 수준과 정신병리학 그리고 상이한 종류의 장애를 가진 '치료대상'을 다룰 때 고려되어야 할 논제들이 다루어진다.

제19장 '다양한 치료환경'에서는 온갖 상황에서도 미술치료가 매우 적절하게 실시될 수 있다는 점이 포함되어 있다. 현재 미술치료는 거의 모든 종류의 사람들을 도와주는 업무를 맡고 있는 기관에서 사용되고 있지만, 병원, 외래진료소, 재활센터 그리고 학교에서 가장 많이 적용되고 있다. 그 외에도 지역사회 건강센터와 미술교육기관들에서 감호소와 호스피스에 이르는 여러 치료환경들이 있는데, 여기에서도 미술치료의 유효함이 속속 드러나고 있다. 그러나 이 장은 특정 장소뿐만 아니라 일반적인 치료환경에서 일할 때 미술치료사가 알아야 할 주요 내용을 다루고 있다. 가장 중심적인 내용은 미술치료사의 역할정의와 기관 내에서 미술치료사의 위치가 될 것이다.

제20장에서 다루는 '치료방식'이란 오늘날 미술치료에 사용되는 상이한 가능성을 가진 치료매체들의 윤곽을 의미하는 것으로 개인미술치료, 부부미술치료, 가족미술치료 같은 구분이 그 예가 된다. 다른 가능성으로는 부부들과 다수의 가족들의 모임 등 다양한 형태의 가능성과 미술 제작 자체보다는 오히려 토론을 이끌어 내는 방법으로서 미술작품들을 사용하는 것과 같이 잠재적으로 변형된 미술치료 방식들을 들 수 있다. 치료 세

션의 빈도와 길이 그리고 실현 가능한 목표설정, 작업방식의 적합한 선택과 같은 주요한 문제들 또한 논의될 것이다. 또 다른 작업방식으로서 개인이나 가족이나 집단을 다른 임상학자와 공동으로 치료하는 것을 들 수 있다. 공동치료자는 다른 미술치료사일 수도 있고, 전통적인 정신건강 분야 또는 표현예술 치료기법들을 결합하는 방식들에 특히 중점을 두고 공동제작과 공동치료에 관련된 특정 논제 일부를 언급할 것이다. 기본적인 치료환경뿐만 아니라 특수한 환경에서 미술과 치료법을 적용하기 위해서는 치료대상, 치료환경, 작업방식을 실질적으로 잘 이해해야 한다.

이러한 영역들에 대한 확실한 이해가 없으면 미술치료라는 씨앗을 심으려는 특정한 토양에 관해서 충분히 알지 못하는 것이라고 볼 수 있기 때문에 스스로 수준급에 있다고 생각하는 미술치료사라도 성공적으로 치료적인 목적을 달성할 수 없을 것이다. 내가 제시했듯이 미술치료사가 '예술적'이려면 특정한 치료기관들, 다른 전문직업인들 그리고 특정한 연령의 환자들이나 특정 병명의 진단을 받은 환자들을 취급할 때 어떤 방식의 미술치료를 사용해야 할 것인가에 대한 창의성을 발휘하고 또 이에 민감해야 한다. 그러나 앞서 밝혔듯이 이러한 차원의 예술성을 가능하게 하기 위해서는 지식이라는 기초가 있어야 하며, 특정한 환경과 치료대상과 작업하는 데 필요한 방식의 학습이 어느 정도 필요하다.

그렇지만 이러한 학습이 필요하다는 것을 아는 것은 단지 기초단계에 불과하다. 어디에서 그것을 얻을 것인가를 알아내는 것이 다음 단계로서, 그것은 결코 요리접시같이 만들어져 있는 것을 그냥 받아서 먹을 수 있는 것이 아니고 '특정한 규칙이나 도움보다 자기 경험에 의거'해서 조합되어야 한다. 특정한 치료환경에서 가장 효과적으로 기능하기 위해서 어디에서 어떻게 학습할 수 있는지를 알아내는 것이 미술치료사의 전문적 성장을 돕는다. 이용 가능하고 접근 가능한 최선의 학습에 대한 탐색은 현실적인 제약이 따른다. 그러나 뜻이 있고 유연한 사고방식으로 접근한다면 방법은 있을 것이다.

이 책의 마지막 부분에 '우리가 모르고 있다는 것을 아는 것'이라는 부록을 첨부했다. 아마도 그것은 미술치료사로서 갖출 수 있는 최고의 경지일 것이다. 여기에서 핵심적인 것은 미술치료의 치료성을 확신하는 마음과 인간, 예술 그리고 심리치료가 통합된 미술치료를 시행하는 데 있어서 인간정신이 간단하게 파악할 수 있는 그 무엇이 아니라는 것과 간단하게 처리하려고 하는 것이 무지의 소치라는 것을 알아야 한다는 것이다.

이러한 겸손함과 더불어 적당히 회의적인 마음 또한 매우 중요하다. 한 개인과 개인의 학문 분야에 대한 전반적인 신뢰감의 기저에는 이 두 가지 모두가 존재할 필요가 있다. 나는 종종 나 자신의 능력에 관해서 의문을 제기해 본 적은 있지만 미술치료의 잠재력과 그 위력에 의구심을 가진 적은 없다.

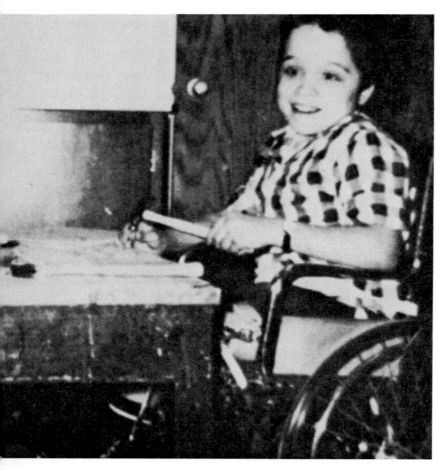

신체장애를 가진 환자에게 미술치료를 시행해야 하는 경우 약간 낮은 작업대가 필요하다.

제18장 상이한 치료대상

상이한 치료대상들을 다루는 데 있어서 명심해야 할 것은 모든 사람들이 연령이나 장애의 유무에 관계없이 미술재료를 통해 창의적인 작업을 할 수 있다는 것이다. 특정 집단의 사람들이 미술매체를 사용할 수 있는 능력에 부정적 또는 회의적 태도를 가지고 있는 것이 가장 흔하게 나타나는 심리적인 장벽이다. 나는 관련 전문인들이, 때로는 일부 미술치료사들이 특정 연령이나 수준의 장애를 가진 사람들에 대해 의미 있는 미술작업을 할 수 없다고 말하는 것에 동의하지 않는다. 그들이 제시하는 부정적인 경험이나 문헌은 부정적인 기대들에 기초하고 있고 언제나 적법하고 합리적인 듯이 보인다. 그러나 치료대상들의 창작작업의 수행능력에 대한 치료자의 기대가 강력한 영향을 미칠 수 있다는 것을 감안할 때, 특정한 유형의 환자에게서 실패한 보고가 사전에 포기해야 할 만큼 확고한 자료는 아니라 하겠다.

극히 소수의 경우를 제외하고 누구라도 창의적인 표현을 할 수 있다. 창의적인 표현에 있어서 중요한 변수가 되는 것은 치료자의 창조성과 치료대상의 창조성을 보는 낙관적인 관점이다. 긍정적 기대만이 모든 사람들이 창작작업에서 가지게 될 문제들을 해결하는 것은 아닌 것처럼 부정적인 기대 또한 그러하다. 이러한 문제들은 주로 감각적, 신체적, 정신적 또는 행동적 문제들을 해결하는 데 대한 창의적인 접근방법으로, 특히 그 결과에 대한 낙관적인 태도와 결합될 때 성공적이라고 보는 것이 보통이다. 부정적 기대는 종종 전체 집단보다는 오히려 하위 집단들이나 개인들에게 적용되는 것을 볼 수 있으나 그에 대처하는 원칙은 동일하다. 미술치료사가 당면해야 하는 것은 각 환자의 신체적, 심리적 조건을 감안하여 창작할 수 있게 하는 방법을 발견하는 것이다. 자신이 치료에 필요한 장치를 고안하든, 그 자신의 자아를 사용하여 도와주는 방법을 사용하든, 긍정적이고 창의적으로 접근한다면 그의 치료적인 도전이 만족할 만한 결과를 가져다줄 것이다.

창의적인 행동을 할 수 없는 것같이 보이는 일부 개인들에게 미술치료를 가질 기회를 박탈해서는 안 된다는 전제하에서 상이한 치료대상들이 가질 수 있는 변수들을 보다 면밀하게 고찰해 보자. 미술치료사들이 걸음마하는 아이부터 노인 환자들에 이르는 치료대상들과 성공적으로 작업할 수 있다는 것에서 가장 명백한 변수는 연령이다. 그러나 그들 각자가 가지는 상이한 발달 수준에 따라 접근방법은 달라져야 한다. 생활연령과 정신연령은 모두 중요하다. 생활연령은 적절한 신체적 성숙과 관심 때문이며, 정신연령은 가능한 정서적 성숙과 발달능력 때문이다. 정신지체에서처럼 이 둘 사이에 많은 차이가 있을 때는 이를 주목해야 한다. 정상적인 발달을 잘 아는 것은 분명히 상이한 발달 단계에 있는 사람들을 이해하고 의미 있는 방법으로 대할 수 있다는 점에서 중요하다.

초기 아동기부터 청소년기까지의 기간 동안에 가능해진 확대된 기술과 이해 범위 이외에 각 발달단계에 따르는 일차적인 성장과업들의 변화 또한 포함되어야 한다. 이 기간에 해당되는 환자를 치료하는 경우 치료자는 지원과 한계의 상황을 줄곧 유지할 필요가 있으면서도 서서히 양육자의 역할을 줄여가야 한다. 물론 10세 아동과 3세 아동에게는 다른 언어를, 또 청소년과 성인에게도 다른 언어를 사용해야 할 것이다. 발달에 관해 아는 것은 상이한 연령의 환자들에게 성공적인 미술치료를 하는 데 필요한 것의 일부분에 불과하다.

다양한 삶의 단계에 있는 사람들에게 안정감과 즐거움을 가져다주는 것이 무엇인지 아는 것 역시 필요하다. 그리고 모든 사람이 똑같이 거기에 적용된다고 할 수도 없다. 나는 성인보다는 아동들과 작업할 때 특정한 자질이 요구된다고 강조하였다(Rubin, 1982). 아이들과의 놀이를 진정 즐기며 조용하고 신뢰 있는 방법으로 파괴적인 행동에 제한을 가할 수 있는 능력이 그 예가 된다. 각기 다른 삶의 단계에 있는 사람들은 각 단계들에서 자신의 과거 경험에 따라서뿐만 아니라 부분적으로 치료자 자신의 발달단계에 따라서 임상적 반응을 하기 마련이다. 조부모와 긴밀한 관계를 가진 치료자의 경우 나이 든 환자들에게 더 편안하게 다가갈 수 있을 것이다. 자녀를 가지고 있는 치료자인 경우 미혼의 치료자와 달리 아이에 대한 아버지와 어머니의 문제에 중점을 둘 수 있을 것이다.

가장 중요한 것은 미술치료사가 스스로의 발달 수준들에 관해서 가능한 한 정직해야 한다는 것과 그것을 가장 매력적으로 사용해야 한다는 것이며, 가능하다면 자신이 가장 편안한 연령의 대상들과 작업해야 한다는 것이다. 그것이 불가능해서 자신이 불편하게 느끼는 연령의 대상들과 작업하고 있음을 발견할 때 치료자가 해야 하는 작업은 치료대상의 특정한 발달 수준에 관한 보다 충분한 정보를 획득하는 것 외에도, 지적인 요인보다는 정서적 요인에 보다 많은 영향을 받는다고 보는 심리적인 혐오감을 극복하기 위해서 스스로에 대한 분석을 받는 것이다.

상이한 발달 수준에 있는 개인들에게서 드러나는 암시 및 그들의 암시적인 요구의 차이는 엄청나다. 의존적인 어린 아동이나 정신지체 성인들은 자신감이 없는 미술치료사에게 매우 위협적일 수 있고 양육적인 미술치료사에게 매우 보상적일 수 있다. 마찬가지로 성인들과 친밀한 관계를 갖는 것에 양가적

인 감정을 가지고 기피하는 청소년의 경우, 그들의 치료자를 멀리하려는 태도
와 자주 대두되는 언쟁이 일부 치료자들에게는 흥미진진하게 느껴지는 반면
일부 임상학자들에게는 매우 힘들게 느껴질 수 있다. 청소년들에 대한 치료자
의 내재된 관념이나 정서적인 반응에 따라서 활동적인 아이들이 즐거움이나
골칫거리로 경험될 수 있다.

　자신 속에서 나타나는 반응들을 검토하는 것이 임상감독(그리고 필요할 때는
분석까지)의 일부분이어야 하며, 관련된 발달수준에 관해 더 많이 학습하는 것
이 치료자로 하여금 어떻게 환자에게 반응할 것인가에 많은 도움을 줄 수 있
다. 다른 학습의 경우와 마찬가지로 이러한 차원의 학습은 실생활에서 검증하
고 확증하는 것이 가장 좋다. 그래서 임상감독에서 상이한 발달 수준들에 관
한 도서들이나 논문들을 추천하는 것이 적합한 것 같다. 그러한 연령범위의
환자들과 함께 작업하는 사람들에게 관련 있는 것 이외에도, 지식은 자신의
환자들이 더 나이 들었지만 보다 조기의 발달 수준들과 관련 있는 어려움에
처한 경우에 도와줄 수 있다. 예컨대, 분리-개별화는 유치원생들과 함께 작업
하는 사람들에게뿐만 아니라 경계선장애를 가진 성인들을 치료하는 미술치료
사들에게 유용할 수 있다(Mahler et al., 1975).

　여기에서 미술치료사에 대한 훈련에 관하여 의견을 제시하려 한다. 즉, 대
학원 수준의 교육과정에 있는 피교육자는 초기 아동기부터 노령의 환자까지
관찰자나 치료자로서 모든 연령 수준의 사람들과 미술치료를 경험해야 한다
는 것이다. 물론 각 단계에 대한 심층적인 경험은 불가능하지만 보는 것이나
간결한 실습과목은 어느 중대한 훈련 프로그램의 목적일 수 있다. 다양한 유
형의 장애에 관해서 다루는 것도 추천한다. 가능한 한 많은 형태의 장애들, 예
를 들어 정신적 장애(지체와 뇌손상)부터 신체적 장애(신체마비, 맹인, 농아) 그
리고 심리적 장애(신경증과 정신병)에 이르기까지 적어도 관찰을 통한 경험은
최소한 해야 하는 과업이다. 진단분류법이나 예외에 관한 많은 양의 독서도
그 기술에 적합한 사람과의 간결하지만 생생한 상호작용에서 얻는 경험과는

비교될 수 없다.

　나는 정상적인 발달과업과 능력에 관해 알 필요성뿐만 아니라 상이한 연령 수준에 대하여 미술치료사가 편안한지 불편한지에 관해서 강조해 왔다. 다양한 장애인들을 접하는 경우도 이런 관점이 동일하게 적용된다. 그들과 작업할 미술치료사는 주요한 장애의 유형들을 전부 알아야 하고, 각 장애를 가진 사람들과 작업을 해 보는 경험을 가지는 것이 중요하다. 더불어 상이한 범주의 진단을 받은 환자들에 대한 자신의 주관적 반응을 인식하는 것도 이에 못지않게 중요하다. 이상적인 치료작업은 집단에 관해서 학습하는 것과 그 자신의 그들에 대한 반응의 정서적 근원을 검토하는 것을 병행하는 데서 온다. 이 두 가지 행위는 압도적으로 나타나는 연민이나 지나친 끌림뿐만 아니라 혐오, 무기력함, 지루함 등의 감정을 극복하는 데 도움이 될 수 있다.

　지금쯤 독자들은 언제 상이한 연령 수준들 또는 상이한 진단을 받은 집단들에게 무엇을 어떻게 해야 할지를 말해야 하나 조바심을 느끼고 있을지 모른다. 미술치료에서 발달 수준이나 질환에 따라서 접근방법을 분류하는 방법이 있다면 얼마나 좋겠는가? 물론 발달적인 맥락의 접근방법의 경우(William & Wood, 1977)처럼 미술매체로 순차적으로 적용하여 실시해 보는 치료 프로그램을 구축해 보는 것은 가능하다. 또한 병리학의 상이한 진단적 분류나 유형을 가진 환자의 미술에 있어서의 이런저런 형식적 또는 주제적 특징의 빈도에 관해 최소한 통계적으로 일반화하는 것은 가능하다.

　그러나 행동과 미술 창작물들이 한 개인의 발달 수준, 정신역동과 정상에서 벗어났음을 반영하기는 하지만, 이것이 상이한 연령 수준, 특수한 장애나 병리(病理)의 유형에 대해 일반화할 수 있는 유익하게 명백하고 예측 가능한 접근방법이 있다는 것을 의미하는 것은 아니다. 미술행동에는 너무나 많은 개인 내적 차원뿐만 아니라 개인과 개인 사이의 가변 또한 있기 때문에 어떤 치료대상의 경우에도 일반화할 수 있는 방법을 나는 아직도 찾지 못했다. 다만 이치에 맞는 유일한 것은 연령, 지능지수, 진단받은 질환에 관한 정확한 정보를 가지고 있을지라도 언제나 시행착오라는 과정을 통하여 적극적 지원이 따르는 개방적 선택을 하는 것이 모든 대상으로 하여금 미술활동에 전념하게 할 수 있게 하는 최선의 방법이라는 것이다.

특정 치료대상이 달성해야 하는 그 무엇에 대한 확고한 정의를 내리고 그에 대한 일률적인 기대를 하는 태도 역시 특수한 대상에 대한 부정적인 생각만큼 부정적인 영향을 미친다. 상징적 의미를 지나칠 만큼 단순하게 일반화 하는 경우에서처럼, 통상적으로 수용되는 모든 금언들에는 어떤 타당성이 있을 것이다. 예를 들어, 주제중심적 접근방법을 사용할 때는 특정 연령 수준의 발달과업에 초점을 맞추는 것이 이치에 맞는다. 그래서 노인들에게 지난날을 회상해 보게 하는 것은 청소년들에 대해 자아정체성에 초점을 두는 것처럼 적합하다. 물론 적응적 노력에도 불구하고 신체적으로 관리할 수 없는 개인에게 도구나 매체를 사용하도록 권유하는 것은 좌절하는 경험을 가져다줄 것이다. 그러나 통상적으로 그들이 할 수 있는 협동이나 정신집중 능력이나 반영의 정도에 있어서 그들의 능력을 과소평가해 오는 것 같다.

급성 정신분열증 환자들에 대한 나의 최근 경험이 좋은 예가 될 것이다. 아무도 그들이 2시간 이상 창작과정에 집중하거나 몰입하고 1시간 이상 자신의 작품을 관조하면서 그에 대한 반영을 서로에게 요구하며 집단토론에 참여하는 그들의 능력을 예측하지 못했을 것이다. 그러나 3시간 이상 소요되는 미술 집단치료가 1개월 이상 지속되고 있다. 이런 현상을 아직도 설명할 수 없지만 (특정 치료자의 카리스마와 기술의 반영 말고는), 그 사실을 부인할 수도 없고 이러한 놀라운 현상이 어떻게 논리적인 가정을 거친 연구결과를 뒤엎는지를 설명할 능력도 아직은 없다.

나의 공정성와 낙관적인 관점에도 불구하고 내가 경험한 여러 가지 놀라운 사실을 고백한다면, 최소한의 구조를 가진 미술 소집단에서 기대했던 것보다 훨씬 더 협동적으로 기능할 수 있는 능력이 있던 품행장애 아동들, 특별히 교육을 받은 적이 없는 한 여성의 유도에 의해서 자발적으로 자신의 창조성에 부응하는 그림을 그리고 그에 관한 시를 쓸 수 있었던 일부 노인환자들, 정신적 질환을 가진 사람들이 우울증 환자들과 같은 방식으로 그림을 그리기를 거부하는 것 등이 있다.

종종 치료자에 대해서도 놀라운 경험을 하게 되는데, 수줍은 중년의 백인여성 미술치료사가 그녀가 속한 사회경제적 집단과 긍정적인 관계를 가지고 있지 못한 분노하는 흑인남성들로부터 괄목할 만한 창작활동을 불러일으키는 능력을 들 수 있다. 그러나 그녀는 미술치료집단들에서 흑인남성 환자들에게 숨겨진 재능을 발견할 수 있었고, 그들로 하여금 철저하고 민감한 그들의 심상과 생각의 일부를 방출할 수 있게 하였던 것이다. 이는 환자들과 치료자에 관한 나의 모든 일상적인 기대를 떨쳐 버리게 만드는 계기가 되었다.

그렇다면 내가 여기서 말하고 있는 것이 상이한 환자들을 치료할 때는 무엇을 제공해야 하며 어떻게 대처해야 할지에 관한 지침들이 전혀 없다는 것을 의미하는가? 그것은 전혀 아니다. 내가 발견한 것은 많은 미술치료사들이 집단 A와 무엇을 할 것인지 또는 집단 B의 의미가 무엇인지에만 관심을 가진다는 것은 뒤떨어진 내용의 문헌을 보는 것 같은 차원에 머문다는 것이다. 이론에서 언급했던 것처럼, 해야 하는 작업은 보다 일차적인 문헌을 통하여 상이한 발달 수준에 있는 사람들, 상이한 사회경제적, 문화적 집단들의 사람들 그리고 상이한 진단을 받은 사람들의 특성과 욕구에 관해서 학습하는 것이다. 청소년기의 심리적, 생물학적 성격을 보다 많이 이해함에 따라 청소년들과의 미술치료에서 더 잘 작업할 수 있다. 정신분열증에 관해서 더 많이 이해함에 따라 정신분열증 환자들과의 미술치료에서 더 잘 작업할 수 있다. 그러면 특정 방법론이나 대상에서의 연구결과에 관한 다른 미술치료사의 보고와 같은 이용 가능한 임상자료를 보다 잘 평가할 수 있는 위치를 확보할 수 있게 될 것이다.

정신의학에서 예외적인 유형을 파악하는 방법들(APA, 1980; Levy, 1982)은 대부분이 서술적이며 명쾌하지는 않다. 치료대상과 의미 있는 작업을 할 수 있

기 위해서 미술치료사가 해야 하는 것은 한 집단이 어떻게 기능하는지 또는
왜 그들이 그렇게 보이는지에 대해서 이해하는 어떤 확고한 개념의 틀을 넘어
서는 것이다. 그들의 문제가 달라질 수 없는 그 무엇이라고 할지라도 그것에
대한 치료자의 주관적인 태도와 경험은 달라질 수 있다. 이것은 분류나 범주
가 없는 커뮤니케이션은 지나치게 원시적이거나 구체적인 수준에 머물 것이
기 때문에 우리가 그러한 분류나 범주를 제거하거나 경시한다는 것을 의미하
는 것이 아니다. 간단하게 말한다면, 서술적인 수준에서 정신병적인 유형을
파악하는 것은 치료의 첫 단계에 불과하며, 대상이 누구든지 심오한(역동적)
수준을 아는 것이 치료작업에 필수적이라는 것이다.

　진단명을 붙이는 것을 주저하는 나의 생각은 가끔 실패하는 경험을 가져다
준다. 최근에 나에게 오랫동안 지도받아서 내가 쓴 저서에 대해서 잘 알고 있
던 미술치료사가 박사과정을 하는 동안 논문지도를 했던 일이 있다. 능력심사
논문에서 그녀는 정신지체인들에 대한 미술치료에 관한 보고서들이 부족하다
고 기술했던 일이 있었다. 나는 그녀가 내 책에서 논의된 많은 아동들의 사례
를 포함하지 않는 것에 놀랐고 약간 화가 났다. 그러면서 나는 내가 언급했던
모든 사례들에서 그들의 지체 사실은 누락시키거나 최소화해 왔다는 것을 깨
닫게 되었고, 이에 어느 누구도 그들이 그러한 범주에 속한다고 간주하지 않
았다는 결론을 얻게 되었다. 평균 지능의 아이들처럼 치료적으로 미술을 이용
하는 그들의 역량과 능력을 강조하는 데 있어서 나는 그들의 정신지체의 현실
성을 부인했다. 이것은 나에게는 유용한 학습경험이었다. 왜냐하면 나는 결핍
보다 오히려 역량(능력)에 (아마도 방어적으로) 초점을 두는 경향이 있었기 때문
이다. 그것이 사람들이 창작하는 데는 도움을 주는 중요한 태도일지도 모르지
만 정신지체, 뇌손상 또는 정신병과 같은 질환이 존재할 때 그 질환의 존재를
부인하는 것은 학도들에게 도움이 되지 않는다고 생각했다.

　진단명을 붙이는 것은 많은 면에서 환자에 관해 생각하는 데 매우 유용한 동
시에 방해가 될 수 있다. 부분적으로 그것은 지원금을 받기 위해서 필요하기

때문에 대부분의 정신병 및 특수 교육상황들에서 행해진다. 나는 DSM-Ⅲ에 사용된 조심스러운 의사결정 체계에서처럼 진단명에 관해서 더 많이 알수록 더 회의적이 되었던 경험을 했다. 진단명을 붙인다는 것은 마치 통계학처럼 명백하게 상이한 인상을 줄 수 있다는 점에서 다양한 '법적인' 면에서 세련된 임상의학자들에게는 적절하게 사용될 수 있다. 현행 진단방법에 지각 있게 접근하기 위해서는 일차적 진단과 이차적 진단을 구별할 수 있고, 환자의 증상이 인성의 문제와 발달과정의 문제 중 어디에 해당되는지 알아야 할 뿐만 아니라 그 이면에 있는 부분까지도 이해할 수 있는 식견이 필요하다. 객관적 시험들에 대한 많은 진지한 노력에도 불구하고 결국 어느 종류의 평가에도 많은 주관성이 개입된다고 하겠다. 한 사람이 다른 사람을 이해하는 예술적인 이 단계에서 불가피한 현상으로서 치료자는 그런 것이 그렇게 존재한다는 것을 알 필요가 있다.

동전의 다른 면과 같이 진단명을 붙이는 것은 치료자로 하여금 환자의 질환을 보다 잘 이해하게 하고 적합한 치료의 형태들과 방법들을 찾는 것에 도움을 준다. 앞서 말한 대로 미술치료는 다소 구조화되고 다소 강렬할 수 있기 때문에 바람직한 심리구조를 구축하고 방어기제들을 허무는 것을 도울 수 있다. 그 진단명보다 환자 문제의 성격에 관한 분명한 이해는 미술치료의 적합성과 도움이 될 것 같은 일반적 및 특수한 접근방법에 관한 의사결정에 엄청난 도움을 줄 수 있다. 평가는 치료의 가장 중요한 일부분으로서 (가족체계의 분석뿐만 아니라) 발달 및 정신역동적인 평가는 특수한 질병분류학적 진단명만큼 상당히 관련을 가지고 있는 것 같다. 그러나 병인론과 기본적인 정신역동적 기제들에 주목하여 양쪽을 적절하게 연관시킬 수 있다면 혼란스러울 소지가 있는 미술을 통한 심리치료에 많은 도움이 될 수 있다. (이러한 맥락에서 미술품은 차별적인 진단이 어려운 과업에 매우 유용할 수 있다.)

앞서 암시한 것처럼 치료대상을 이해하는 또 하나의 중요한 측면은 상이한 연령집단에 대한 미술치료사의 과거 대상관계성에 기인된다는 것과 이것은 치료자의 감정이입 능력에 유익한 영향을 미친다는 것이다. 우리 모두가 아이였고 우리 중의 일부는 부모이지만 정신분열증 환자이거나 맹인이거나 정신지체자였던 적은 거의 없다는 것이 사실이다. 우리 모두가 '정상적인 신경증 환자'로 불안에서 오는 대부분의 감정상태들에 감정이입할 수 있어야 하지만, 대다수의 질환과 장애들은 우리의 개인적인 경험에 매우 생소한 것이고 또 그럴 수밖에 없는 것이 현실이다. 그러므로 우리는 고통받는 사람들의 인생에 관해 이해하기 위해서 심각한 정신질환이나 신체적 장애와 더불어 살아온 개인들의 책을 읽는 것이 유용하다(Beers, 1908; Cutforth, 1951; DeLoach, 1981; Green, 1964; Hunt, 1967; Sechehaye, 1951). 아마도 우리 모두에게는 청각장애자나 편집증 환자의 관점에서 그들의 생활을 경험해야 한다는 것에 대한 저항이 있을 것이다. 정상적인 인간의 반응으로 그것은 생각하기조차 두려운 것이며, 그러한 부담이 자신에게는 없다는 것에 대한 안도감으로 나타날 것이다. 그러나 좋은 치료자가 되려면 이러한 저항을 극복해야 한다. 왜냐하면 다른 사람을 위한 감정이입을 위해서 치료자는 자신이 환자와 공통적으로 가지고 있는 인간적인 경험과 연결시킬 필요가 있을 뿐만 아니라 자신이 다른 사람의 입장이 결코 될 수 없다는 인식하에 그 사람이 보고 느끼고 생각하는 것이 어떤 것인지를 상상할 필요가 있기 때문이다. 이러한 학습의 일차적인 방식은 상상력을 동원하는 것이다. 이러한 상상적인 영역은 보통 미술치료사가 편안하게 생각하는 부분이라 여겨진다. 때때로 치료자는 잘 아는 장소에서 눈을 가리고 당분간 장님이 되어서 일상생활을 해 보는 구체적인 학습을 할 수도 있다.

어렵고 때때로 고통스럽지만 '함께 느끼고' '감정이입하려는' 시도들은 많은 양의 책이나 교실학습보다 상이한 치료대상들을 이해하고 관련시키는 데 있어 더 중요할 것이다. 미술치료 경험이 그들에게 어떻게 느껴지는지, 특정 개인이나 집단구성원의 공간 사용이 어떻게 보이고 느껴지는지, 어떻게 다른 사람들이나 치료자에게 반응하는지, 그리고 창작하라는 요청에 관해서 어떻게 이해하고 느끼며 창작과업이 그에게 어떻게 다가가는지에 대해 상상하는 것은 특히 중요하다. 이것은 자명한 것 같지만 일부 미술치료사들이 많은 다른 임상학자들처럼 장애인이나 '미친' 환자와 너무 긴밀하게 관여하는 것으로부터 그들 자신을 방어하기 위하여 거리를 두고 작업하고 있는 것을 종종 본다.

　다루기 힘든 환자들과 작업하는 데서 나타나는 소진(burnout)현상은 간과할 수 없다. 그러나 다른 정신건강 전문인들보다 미술치료사들 사이에서 소진(burnout)현상이 덜하다는 것이 내가 받은 인상이다. 아마도 그것은 우리 일정들의 결과이며, 어느 단일한 환자나 집단과의 계속적인 접촉보다는 오히려 주기적인 접촉을 요구하는 경향이 있기 때문일 것이다. 그것은 사람들한테 있는 장점들과 창의성을 개발하는 우리의 능력과 관련이 있을 수도 있는데, 이는 그들에게뿐만 아니라 우리에게도 흥미로운 것이다. 아마도 그것은 상상력과 환상에 대한 우리의 편안함과 모든 광기와 혼동 속에서 환자들과 함께 흐르는 능력 때문에 감정이입이 용이하기 때문일 것이다. 나는 미술치료사들 대부분이 임상학자들보다 일차적인 사고과정에 훨씬 더 편안함을 느끼며 작업과정에서 종종 호소력 있고 심지어 매력적인 정신이상적인 생각이 자유롭게 흐르는 환상적인 측면들을 발견하곤 한다고 확신하다. 그리고 상이한 치료대상들과 함께 작업하는 데 있어 가장 중요한 것으로서 이상하게 느끼는 사람들을 두려워해서는 안 된다는 것이다. 우리가 미술작업을 통하여 그러한 상태와 친근하기 때문이다. 우리는 비논리적이고 일차적인 사고과정의 방식에 편안해하기 때문에 정신지체자나 뇌손상 환자들에게서도 볼 수 있는 논리의 결여와 상대적으로 동질적인 경험을 하고 있다고 볼 수 있다.

　나는 생소한 정신 및 지각 세계에 들어가기 위한 우리의 능력에 관한 나의 낙관적인 관점으로 인해 미술치료사들이 순진한 상황에 머물지 않기를 바란다. 미술치료사는 감정이입에 대한 이러한 고양된 능력 때문에 치료에 대해 보통 잘 반응하지 못하는 집단들에서 종종 성공적이다. 우리는 저항하거나 비언어적인 환자들이 자기 자신을 표현하기 위해서 사용할 수 있는 방식을 제공하기 때문에 성공한다고 보통 생각하고 말한다. 그것이 사실이지만 우리가 개인이 자기표현을 하기 위해서 노력하는 것을 지원하고 이해하기 위해서 우리 자신을 제공해야 하는 것 또한 사실이다.

우리의 작업이 가지는 이러한 측면에서, 또 표현된 것을 반영한다는 측면에서 우리는 감정이입에 호소해야 한다. 그리고 실질적으로 효율적이려면 우리의 감정이입을 상대방이 느끼도록 해야 한다. 특정 대상에 관한 얼마나 많은 책 또는 전문강좌들을 섭렵하느냐는 중요하지 않다. 환자의 내면적인 경험이 어떤 것인지를 상상할 수 있게 되면 미술치료 전문인이 되어가는 과정에 있다고 봐도 좋을 것이다.

참고문헌

American Psychiatric Association. *Diagnostic and Statistical Manual of Mental Disorders* (3rd ed.). Washington: American Psychiatric Association, 1980.

Beers, C. W. *A mind that found itself: An autobiography* (1908) (5th ed.). Pittsburgh: University of Pittsburgh Press, 1981.

Cutsforth, T. D. *The blind in school and society: A psychological study* (rev. ed.). New York: American Foundation for the Blind, 1951.

DeLoach, C. *A metamorphosis: Adjustment to severe disability*. New York: MacGraw−Hill, 1981.

Green, H. *I never promised you a rose garden*. New York: Holt, Rinehart & Winston, 1964.

Hunt, N. *The world of Nigel Hunt: The diary of a mongoloid*. New York: Garrett, 1967.

Levy, R. *The new language of psychiatry: Learning and using DSM−III*. Boston: Little, Brown, 1982.

Mahler, M. S., et al. *The psychological birth of the human infant*. New York: Basic

Books, 1975.

Rubin, J. A. Special personality traits of child therapists. In I. Jakab (Ed.), *The personality of the therapist.* Pittsburgh: American Society of Psycho-pathology of Expression, 1982, pp. 111-116.

Sechehaye, M., & Renee (pseud.). *Autobiography of a schizophrenic girl.* New York: Grune & Statton, 1951.

Williams, G. H., & Wood, M. M. *Developmental art therapy.* Baltimore: University Park Press, 1977.

양로원의 노인들이 미술치료시간에 자신의 작업에 몰두하고 있다.

제19장 다양한 치료환경

다른 치료환경에서 일하는 것은 다른 치료대상을 상대로 일하는 것만큼 다를 수 있다. 따라서 미술치료사는 다른 치료대상과 일할 때와 같이 자신이 처한 치료환경이 가지고 있는 특성을 잘 알고 있어야 한다. 상이한 치료환경을 이해하는 것이 복합적인 작업이 요구되는 여러 치료대상을 이해하는 것보다 쉽고 간단할 것이라고 생각할 수도 있다. 그러나 치료환경이나 치료기관도 깊이 들여다보면 그 이면에 숨겨진 다른 모습이 있다는 것을 알게 된다. 이러한 측면에서 치료기관도 나름대로의 개성을 가지고 있다고 할 수 있다. '임상자문'에 대해서 논의한 장에서 언급한 바와 같이 어떤 치료기관의 체계를 분석하는 것은 이러한 성격적인 측면을 분석하는 것이고, 이는 가족치료에서 가족역동을 분석하는 것만큼이나 복잡하고도 인내심이 요구되는 작업이다. 치료기관은 수많은 사람이 개입되어 있고 여러 하위체계가 있다는 점에서 어쩌면 더 힘든 작업이라 하겠다.

어쨌든 학교에서 일하는 미술치료사와 임상 클리닉에서 일하는 미술치료사의 치료환경은 매우 다르며, 학교나 클리닉은 정신병동이나 낮병원과도 많이 다를 것이다. 대부분의 미술치료사의 경우 다양한 치료환경에서 처음으로 고용되어 혼자 개척해 나가야 하는 상황에 놓여 있는 것이 현실이다. 따라서 미술치료사는 스스로 치료환경을 이해해 가면서 처음부터 자신의 역할을 설정해 가야 한다. 그 작업은 물론 소속기관의 미술치료사에 대한 기대에 따라 크게 좌우될 것이며, 그 내용은 경우에 따라 매우 다를 것이다. 자신의 역할을 어떻게 극대화할 것인가에 대한 미술치료사의 자세 또한 중요한 변수로서, 특정한 치료환경의 요구를 얼마나 잘 이해하는가 하는 것이 중요한 부분을 차지한다고 하겠다.

미술치료사들이 현장에서 일하게 될 때는 '임상 감독 및 자문'에 관하여 논의한 장들에서 언급한 것과 같이 선택의 권한이 없고 치료기관이 원하는 방향으로 그냥 시작해야 하는 것이 보통이다. 새로 시작하는 미술치료사는 그 기관에서 이미 미술치료사(실습생이든 직원이든)들이 일하고 있는 경우를 포함해서 치료 부분의 책임자와 스스로 해야 하는 역할에 대해서 융통성 있게 정의해야 한다. 스스로의 능력을 최대한 발휘하는 방법을 찾아내는 데에는 상당한 시간이 소요될 것이다. 그러나 치료자가 처음부터 창의적으로 대처하지 않는다면 이상적인 프로그램을 개발하는 것은 힘들 것이다. 미술치료사가 해야 하는 다른 여러 역할들에서와 마찬가지로 인내심을 가지고 기관의 요구는 물론 각 치료환경이 가지고 있는 장단점과 역학관계를 잘 평가하여야 하며, 주어진 특정한 상황에서 어떻게 하면 미술치료를 잘 활용할 것인가에 관한 아이디어 개발에 힘써야 한다. 그렇게 개발한 아이디어를 언제 누구에게 말할 것인가는 그것을 받아들이는 사람들이 얼마나 준비되었고 수용적인가에 달려 있다. 적절하다고 생각되는 조정을 단행하는 데 힘이 될 수 있는 사람을 발견하는 것 또한 중요하며, 이는 전적으로 미술치료사 자신의 판단에 달려 있다.

치료기관의 가치관과 명령체계의 드러난 부분과 드러나지 않은 부분을 이해해야 할 필요성은 아무리 강조해도 지나치지 않다. 많은 좋은 아이디어들이 실행되어 보지도 못한 채 묻혀 버리고 마는 것은 사람들의 관심을 끌지 못해서가 아니라 치료자가 사람들을 설득하는 방법이 부적절했기 때문이다. 아마도 설득할 사람을 잘못 골랐거나, 시기상으로 좋지 않았거나, 그것도 아니라면 전달하는 방법이 서툴렀을 것이다. 미술치료사들은 적어도 치료기관의 행정체계를 보여 주는 도표상에서 적절하다고 판단한 담당자들을 찾아가기도 하지만, 종종 그들이 미술치료에 대한 이해가 부족하거나 거부감을 가지고 있어서 지원받는 것에 실패하게 된다.

어떤 환경에서든 미술치료사는 자신의 능력을 극대화하기 위해서 새로운 서비스나 연구 및 기타 다른 역할의 가능성을 발견하기 위해 항상 노력해야 하며, 기회가 생겼을 때 그것을 활용하기 위한 명쾌한 대안을 가지고 있어야 한다. 그렇게 할 때 기회를 포착할 가능성이 훨씬 높아지고 행정적인 변호나 새로운 프로그램 등을 창조적으로 활용할 수 있다. 충분한 시간을 두고 발아되고 숙성된 구상 없이는 기회가 활용되기는커녕 알아채지도 못한 채 지나갈 것이다.

치료자의 역할과 프로그램 개발의 중요성을 강조하는 것으로 '다양한 치료환경'에서의 작업에 관한 이 장을 시작하는 것이 이상하게 보일 수도 있다. 그러나 대개의 환경조건 속에서 치료자가 이러한 국면에 능동적·창조적으로 개입하지 않는다면 그들은 행정부서가 바라는 대로 한쪽 구석에 얌전히 처박히는 신세가 될 것이고, 이것은 결국 그들의 능력을 사장시키는 결과를 낳을 것이다. 결정권을 가진 사람으로부터 프로그램 개설에 대한 승인을 얻어내기 위해서는 자신이 제안한 것과 유사한 프로그램이 이미 성공적으로 실행되고 있는 유명한 관련 기관의 사례를 제시하는 것이 좋다. 유사 기관의 미술치료 프로그램에 대한 정보에 밝다면 거기에서 장래의 개발방향에 대한 힌트를 얻는 기회도 많아진다. 이런 정보는 학회지 등의 출판물에서 쉽게 구할 수 있다. 전국 또는 지역 수준의 미술치료 관련 기관의 소식지나 학술대회의 참여를 통하여 더 많은 정보들을 입수할 수도 있다. 건강 관련 프로그램의 개발에 있어서 특정한 종류의 작업환경에 대한 지식은 자신이 근무하는 기관의 치료대상에 대한 지식만큼이나 중요하다.

무언가를 이해하고자 할 때 언제나 그렇듯이 치료기관의 역사를 안다는 것은 특정 지역의 역사를 아는 것만큼 도움이 된다. 치료기관의 스타일을 알게 되면 그 설립 취지와 목표를 이해하기가 수월해진다. 항상 그런 것은 아니지만, 이러한 지식은 어떤 치료기관에서 미술치료사의 역할을 구체화시키는 것에 상상 이상으로 도움이 된다. 미술치료사가 일하게 되는 모든 종류의 작업환경은 스타일이나 특징적인 사례로서 자체의 고유하고 흥미로운 역사를 가지고 있다. 만약 소속기관에 통합된 구성원이 되고자 한다면 그 길잡이로서 그 기관 자체의 '가족사적 배경'을 알아야 한다.

그 기관에 융합되어야 하는 입장에 놓인 경우 존중받는 구성원이 되는 방법을 찾아낸다는 것은 쉽지 않다. 기존의 집단에 새로 들어가는 사람은 다른 사람의 영역을 침범하지 않도록 주의해야 하고 또 그들에게 도움이 되는 존재가 되도록 노력해야 한다. 연구든 봉사든 직원연수교육이든 홍보업무든 간에, 그들과의 공동작업은 개인적인 유대를 형성해 가는 좋은 방법이다. 그것이 미술치료에 관한 공동작업이라면 가장 좋겠지만 회의나 기타 모임에 참여하는 것도 도움이 될 수 있다. 그곳에서 미술치료사로서의 재능을 발휘하기 위한 구상이 개발되기 시작하면 목표달성에 도움이 되는 조언과 조력을 이전에 다져 놓은 인간관계로부터 얻을 수 있을 것이다.

미술치료사가 치료기관에 원만하게 통합되는 것이 항상 쉽지만은 않다. 그 기관이나 이전에 미술치료사를 고용한 적이 없는 경우라면 더욱 그렇다. 치료기관의 정책을 결정하는 사람들이 처음으로 미술치료사는 고용하는 만큼, 미술치료에 대하여 회의적이거나 두려움을 느낄 수도 있고 제한된 자원을 그런 쪽에 투입하는 것에 대하여 비판적일 수도 있다.

미술치료사는 '예술을' 하는 사람들이 비예술인들에게는 위협적인 존재로 비춰질 수 있다는 것을 감안하여, 옷차림을 평범하게 하고 소속기관의 규칙을 준수하는 등의 행동으로 미술치료에 대한 경계심을 완화시킬 수 있을 것이다. 미술치료사가 환자들을 지나치게 자극한다거나, 지저분하게 한다거나, 참기 어려운 소란의 원인이 된다거나, 뭔가 실질적인 성과도 내놓지 못한다거나 하는 등의 우려는 어떤 치료상황에서도 언제나 예상되는 것이며 또 피하기 어려울 것이다.

치료기관의 일원으로 받아들여지려면 이러한 예상되는 저항과 우려들을 파악하고 그것을 불식시킬 방법을 찾아내야 한다. 이와 관련하여 나는 예전에 아동들을 위한 치료센터에서 일할 때 유용한 방법 하나를 발견했다. 그것은 다른 치료자들로 하여금 개별적인 미술평가 또는 치료장면에 참관하도록 하는 것과 집단이나 가족들과 함께 미술작업에 참여해 보도록 제안하는 것이었다. 이런 방법을 통하여 많은 동료직원들이 미술치료란 어떤 것이지를 직접 살펴보는 기회가 마련되었고, 작업 후에는 관련된 토론을 하기도 했다. 그렇게 함으로써 그들이 가지고 있던 미술치료에 대한 왜곡된 인식을 바로잡을 수 있었고, 그들이 내가 상상하지 못했던 미술치료에 대한 오해와 우려하는 마음을 가지고 있다는 것을 파악하게 되었다.

또 하나의 좋은 방법은 관심 있는 치료자들을 대상으로 장기간 또는 단기간 동안 직원들을 위한 교육 또는 자문에 응하는 것이다. 사람들에게 미술치료에 관한 교육을 하거나 자신의 환자가 그린 그림을 가지고 오는 임상인들과 상담하는 일 등은 초창기에 사람들과의 긴장을 푸는 데 큰 도움이 되었다. 현재 나는 한 정신병원에서 세 명의 미술치료사를 감독하고 있는데, 우리는 미술치료 프로그램을 소개하고 치료팀원들의 우려를 해소하기 위하여 부서별로 조금씩 방법을 바꿔가면서 같은 방법들을 이용하여 동료 치료자에게 접근하게 했다.

병원 내의 어느 부서로부터도 회의에 참석해 달라는 요구를 받은 적이 전혀 없었지만, 나는 처음부터 그들에게 그런 회의에 가능한 많이 참석하도록 권고했다. 또 토론의 대상이 될 환자의 미술작품을 가져오게 하여 그것을 다른 사람들에게 보여 주고 설명하도록 지도했다.

이것은 상당히 효과가 있어서 임시치료자로 채용된 지 반 년도 안 되어서 정식직원으로 채용되었고, 개인 또는 가족에 대한 진단적 평가나 실적이 부진한 그룹에 대한 지도와 언어장애 환자와의 개별치료 등을 맡아 달라는 요청까지도 받게 되었다. 이 모든 요청들에 힘입어 새 프로그램이 개시될 수 있었지만, 각 부서에서 결정권을 가진 사람들이 미술치료사 개개인을 그들의 작업을 통해 인정하고 존경하게 된 연후에야 가능한 일이었다. 이 병원에서는 기존의 프로그램들도 활발하게 진전되고 있어 성장의 가능성을 향한 씨앗이 부단히 뿌려지고 있다. 어떤 아이디어가 싹을 틔우기까지는 수개월의 시간이 걸리기도 하지만, 일단 제대로 뿌려만 놓으면 언젠가 놀라운 결실을 가져오며 종종 예상보다 훨씬 더 빨리 이루어지기도 한다.

스스로의 역할 규명과 개발은 인접 분야의 업무를 담당하는 사람들과의 관계 속에서 설정되는 것으로서 미술치료사로서 감당해야 하는 가장 어려운 작업의 한 부분이다. 치료기관의 체계 속에서 피상적으로나마 누군가가 미술치료사의 직무와 유사한 일을 하고 있는 경우, 경쟁관계 또는 영역구분 같은 것들이 중요한 문제로 떠오르고 긴장이 유발될 가능성도 높다. 이런 종류의 문제들을 최소화하는 방법은 먼저 그들의 유사성을 인식하고 처음부터 공식적·비공식적으로 그들과의 연계성을 강화하는 것이다. 만약 양측이 상호 양해하에 각자의 역할을 규정 또는 수정함으로써 충돌의 여지를 없앤다면 문제는 순조롭게 해결되어 갈 것이다. 그러나 상호 협조하기를 거부한다면 어느 한쪽에게 혹은 양쪽 모두에게 불행한 정면충돌 상황이 예상된다.

내가 처음 아동심리센터에서 일하게 되었을 때 임상심리학자들은 진단 및 평가를 위한 그림을 그리게 하고 있었고, 대부분의 치료자들은 아동들의 놀이 치료에서 미술재료를 사용하고 있었으며, 사회복지사들은 각종 공작재료를 활용하고 있었다. 나는 그림분석 연구를 위해 심리치료자들과 함께 작업했고, 아동치료에 미술을 이용하는 방법, 아이의 작품이 가지는 의미의 해석, 아이들이 자신의 작품에 관하여 말하도록 돕는 방법 등에 관하여 원하는 사람들 누구와도 토론했다.

이런 활동들은 우리와 영역을 공유해야 하는 모든 이들을 안심시켜 주었다. 사회복지사들에게는 미술재료의 주문이나 재료 이용방법 등을 도왔는데, 그러한 노력은 1년 정도 지속된 정규적인 연구모임으로 정착되었다. 그리고 그들은 나의 안내에 따라 다양한 재료들을 이용하게 되었고, 아동집단을 대상으로 어떻게 그것들을 이용할 것인지를 함께 토론하게 되었다.

한 심리분석가와 내가 협력하여 가족미술평가 프로그램을 개발했을 때 일부 전문인들은 신기하다고 생각했고, 일부 전문인들은 약간 시기하는 마음으로 우리 두 사람이 그 영역을 독점하는 바람에 자기들은 소외되어 버렸다고 말하기도 했다. 이러한 상황에서 우리는 모든 직원들을 초대하여 한 가족미술평가의 장면이 수록된 비디오를 보여 주었는데, 그것을 본 사람들은 더 자세하게 알고 싶다는 의사를 표명했다. 우리는 가족미술 연구모임을 제안했고, 거기에서 구성원들은 다른 구성원들이 참관하는 가운데 가족미술평가를 진행하고 그 다음주에는 그 내용을 중심으로 토론했다. 이 모임은 거의 일 년간 지속되었고, 여러 분야를 전공한 구성원들은 가족의 평가와 치료에서 미술을 계속 이용하게 되었다.

일반적으로 다른 전문인들이 환자 또는 학생들과 함께 미술이나 공작 재료를 이용할 때 배타적인 태도를 가져서는 안 된다. 그들이 자신의 직무와 관련하여 사용하는 경우는 특히 그렇다. 정신병원의 노인병동에서 간호사들이 일주일에 서너 번 정도 환자들에게 공예를 가르치고 있는 경우가 그 예가 될 수 있다. 이 책이 출판될 무렵에는 미술치료사들이 이런 환자들을 상대로 미술재료를 가지고 집단을 지도하는 간호사들 옆에서 함께 일하면서 재료, 활동 등에 대한 자문을 해 주거나 스스로 공작반을 시행하게 되는 변화가 있었다. 만약 그 병원에 작업치료라는 전문 분야가 없었더라면 미술치료사들은 미술 또는 공작 재료들을 이용하는 그들과 틀림없이 갈등을 겪어야 했을 것이다. 만약 그런 사태가 발생했더라면 효과적인 의사소통 방법을 구축하는 한편, 환자들을 의뢰하는 다른 치료자들에게 비슷해 보이는 두 활동들이 실제로는 얼마나 다른가를 이해시키는 방법을 강구해야 했을 것이다.

　이러한 문제는 영재 혹은 장애아동을 위한 작업을 하는 학교나 재활센터에서 미술치료사와 미술교사가 함께 임무를 수행하는 경우에도 나타날 수 있다. 이 경우 대상집단이나 환경조건은 양자에게 동일하지만 활동내용은 다르다고 할 수 있다. 따라서 각자의 주된 목표가 무엇인가에 따라 업무를 분담해야 한다. 주된 목표가 교육(즉, 미술에 대하여 배우는 것)이라면 미술교육자를 선택하는 것이 당연하다. 그러나 주된 목표가 심리학적인 것(즉, 아동의 문제점을 찾아내거나 신경증적인 장애 부분을 치료하는 것)이라면 선택은 미술치료사 쪽이 될 것이다. 대부분의 장애아동들은 교육과 치료 모두를 필요로 하기 때문에 둘 중에 하나를 선택해야 하는 상황은 아니다. 이는 대부분의 정신병 환자들이 미술치료와 작업치료 모두를 필요로 하는 것과 마찬가지다.

　극심한 박탈감이나 정신지체장애를 가지고 있는 아동이나 환자처럼 미술 또는 일반적인 치료의 수단으로 접근이 불가능한 대상들이 미술치료의 적절한 대상이 된다. 예를 들어, 심각하게 지체된 아이라면 일반 미술교사로서는 가르치거나 의사소통하기가 어렵거나 불가능할 수도 있다. 이런 경우 장애인과 관련된 특수한 훈련과 경험을 갖춘 미술치료사가 성공적으로 작업을 할 수 있다. 미술교육 부분에 있어서도 목표 자체가 예술적 테크닉에 대하여 배운다기보다는 나와 남을 구별하기 위한 훈련이 필요한 예술 이전단계이거나 감각개발 수준이라면 더욱 그러하다. 대화가 불가능하거나 간호사 또는 다른 치료자들과 대화를 거부하는 환자를 미술치료사에게 의뢰하는 것도 유사한 경우다. 이러한 경우 미술치료사의 목표가 미술교사 또는 타치료자들과 다른 것은 아니다. 다른 점이 있다면 미술치료사는 그런 환자들이 반응할 수 있는 양식을 알고 이용하는 반면, 미술교사는 환자에게 접근할 수 있는 수단을 가지고 있지 못하다는 것이다.

　서로 다른 치료환경은 미술치료사의 역할규정과 다른 치료자들과의 관계에 있어서 서로 다른 문제로 나타난다. 미술치료사가 당면하는 가장 중요한 과제는 학교의 미술교사건, 병원의 작업치료자건, 재활훈련센터의 활동 중심의 치료자건 간에 자신과 다른 전문 분야 사람들의 역할의 다른 점을 명확하게 아는 것이다. 혼동이나 경쟁을 유발할 수도 있는 유사성이 있다는 점에서 협력과 상호 발전의 여지는 오히려 크다고 볼 수 있다. 연구모임이나 기타 인접 분야 집단에서처럼 동맹관계는 신뢰를 구축하고 의심을 최소화함으로써 문제 발생을 사전에 방지할 수 있다.

만약 소속기관에 예술치료 전문가가 한 명 또는 그 이상 이미 존재하는 상황이라면 파괴적 경쟁과 질시 또는 건설적 협력과 상호 발전이라는 두 가지 가능성이(내가 근무하는 병원에서처럼) 열려 있다. 그들이 항상 같은 부서에 소속되는 것은 아니지만 미술치료사로서 음악, 무용, 연극 치료자들과의 협동작업을 간헐적으로라도 시도하는 것이 좋다. 평가, 치료, 연수교육, 연구 등에 있어서의 협동작업은 부정적이 아닌 건전한 자극을 주는 경쟁관계를 형성시킬 수 있다. 그러한 동반자관계를 만들어 내는 일에 신경이 곤두서거나 부담을 느끼는 사람들에게는 상급책임자의 격려와 지원이 필요하다. 물론 다른 영역 전문가들과의 공동작업은 많은 새로운 것을 배우는 기회가 될 것이다. 게다가 이런 협동적인 활동은 과도한 질시와 경쟁으로 정력을 소모시키는 것을 미연에 방지할 수도 있다.

무용, 연극, 음악 치료와 비교했을 때 미술치료의 '선호도'가 명백하게 드러나고 있다. 병원 임직원들은 일반적으로 미술 외에 다른 예술 형태에 대하여는 약간 불편하게 생각하는 경향이 있다. 이는 프로그램이 시작되기 전부터 나타나고 이후에도 확장시키는 것에 소극적인 태도로 나타난다. 담당치료자의 능력이 미술치료사에 못지않다 할지라도 사정은 마찬가지다. 미술은 무용이나 연극처럼 이곳저곳으로 이동하지 않아도 되고 다른 사람들 앞에서 공연을 할 필요도 없으므로 상대적으로 부담이 적다. 게다가 음악 같은 것은 환자와 치료진 모두에게 기술과 재능을 요구하는 것으로 인식되어 사람들이 선뜻 원하지 않는다. 여기에 결과물의 가시성이라는 특성이 더해져서 미술치료는 상대적으로 급속히 보급되고 있다. 환자의 그림은 언어보다 더 많은 것을 보여 줌으로써 미술이 의사전달을 촉진할 수 있다는 가능성을 드라마틱하고 생생하게 보여 주는 경우가 종종 있다. 가끔은 의사의 진단을 명료화하고 특정한 환자의 불안의 근원을 밝혀내는 데 도움이 되기도 한다.

어쨌든 미술작품의 구체성은 치료기관에서 미술치료 프로그램의 확장에 도움을 주며, 미술치료사는 이러한 특성을 충분히 활용할 필요가 있다. 그 예로 우리가 각 층에 아주 커다란 게시판을 요구한 것을 들 수 있다. 그 크기는 비품 구입 부서직원들은 물론 그것을 어디에 설치할지를 결정하는 수간호사들 모두를 놀라게 할 정도로 컸다. 큰 게시판 덕분에 더 많은 환자작품과 주석을 잘 보이게 그리고 효과적으로 전시할 수 있었다. 전시된 작품들은 환자들을 위하여 활용되었을 뿐만 아니라 치료진들과 환자 가족들에게 미술치료의 가치를 홍보하는 수단이 되었다. 시설 내의 다른 전문가들과의 의사소통에 환자작품을 이용하지 않거나 환자 자신이 동의하는 데도 작품을 전시하지 않는다면 그것은 미술치료의 주요 자산 중의 하나를 충분히 활용하지 못하는 결과가 되었을 것이다. 작품전시는 미술치료를 소속기관에 물리적으로 그리고 심리적으로 완전히 정착시키는 가장 좋은 방법이다.

지금까지 미술치료사가 알아야 할 것, 고려할 사항, 할 일 같은 것들을 일반적인 차원에서 논의했다. 독자들은 당연히 특수한 문제들, 예를 들어 입원환자 대 외래환자, 학교 대 병원, 치료센터 대 재활센터 등의 조건 속에서 미술치료사가 알아두어야 할 사항들도 있지 않겠느냐는 의문을 가질 수 있다. 물론 그렇다. 조울증 환자와 강박증 환자 간 또는 산만한 아이와 자폐아 간의 경우도 이에 해당된다. 그러나 특정한 진단 또는 장애집단에 대하여 상세하게 다루는 것이 이 책의 주제에 맞지 않는 것처럼, 특정한 환경조건에 대하여 구체적으로 논하는 것도 이 책의 범주를 넘어선다. 대상집단들이 그런 것처럼 환경조건도 천차만별이다. 집단이 있으면 유형이 있고 개별 환자들이 존재하는 것처럼 특정한 장소 또한 존재한다. 두 영역 모두에서 총론(사람 또는 환경의 유형성)과 각론(사람 또는 장소의 특수성)을 모두 잘 알아두어야 한다.

두 경우 모두 미술치료의 유용성에 관한 타인들의 의견에 귀 기울여야 한다. 진단의 단계에서 대상집단에 대한 특정한 미술활동이 어떤 의미가 있는지를 관계 문헌에서 찾아보는 한편, 치료의 단계에서 효과가 있는 것으로 판명된 접근방법이 무엇인지를 알아보아야 한다. 환경조건에 관해서는 특정 시설의 장소적인 특성과 그곳에서의 미술치료사의 역할에 대한 다른 전문가의 의견을 들어보아야 하고 어떤 방법이 가능하고 유용한지를 알아내야 한다. 모든 것들을 정보를 입수한다는 차원에 머물지 말고, 어떤 치료대상의 집단이나 환경조건에서 독자적인 미술치료 프로그램을 개발함에 있어서 알아두어야 하는 것과 다른 사람에게 전달해야 할 유용한 지침이나 참고사항으로 활용하도록 해야 할 것이다.

환경조건에 관한 사고의 기본틀과 미술치료사가 알아둘 필요가 있는 일반적으로 적용 가능한 사항들 외에도 몇 가지가 더 있다. 그것은 공감 또는 감정이입에 관한 것인데, 다시 말하자면 나 자신과는 전혀 다른 누군가의 입장이 되어 보는 것, 특히 미술창작에의 초대에 직면한 사람들이 받을 느낌 등을 상상해 보는 것이다. 환경조건과 관련해서 책임감과 노고로부터 발생하는 업무상의 스트레스와 긴장 등을 감안하는 것과 같이 공동작업자들의 시각과 입장을 이해해야 한다.

장애 또는 신경정신질환이 있는 사람들과 함께 일할 때는 소속 치료기관이 외부에 어떻게 비춰질 것인가에 유의해야 한다. 어떤 사람이 타인에게 불쾌감을 유발하는 경우가 있는 것처럼 치료기관도 거부감을 줄 수 있다는 점에서 다소 과민해질 수 있으며, 재단 이사회나 지역사회로부터 정당한 평가를 받지 못하고 있다고 느낄 수도 있다.

반대로 최근에 성공사례가 많은 시설은 자신감에 차 있을 수도 있다. 지역사회가 그 치료기관을 어떻게 생각하든 치료기관 자체가 실제로 어떤 이미지를 갖추고 있는지 알아야 한다. 이러한 요소가 미술치료사로 하여금 프로그램 개발에의 참여나 지원하는 직원들에게 많은 영향을 주기 때문이다. 정책 결정권자들이 생각하는 치료기관의 지역사회 내에서의 역할에 프로그램을 연계·조정하는 것도 미술치료의 성공을 가져올 수 있는 또 하나의 방법이다.

치료기관을 의도적으로 의인화하려는 것은 아니지만, 치료기관 나름의 성격과 선호하는 것과 정체감이 있다고 생각하는 것은 도움이 될 수 있다. 어쨌거나 개별 직원에 관하여도 그러하듯이 치료기관이 받는 중압감을 공감할 정도로 깊이 들어가는 것은 중요하다. 그런 공감 없이는 미술치료를 성공적으로 정착시키는 것이 불가능하다. 개인적인 목표 또는 프로그램의 추진을 위해 어떤 행동을 취하기 위한 적당한 시기를 잘 선택하는 것도 의사결정권자들의 압박감을 민감하게 감지할 수 있어야만 가능하다.

입원환자 또는 특수학교 학생의 입장이 되어 본다는 것은 정신분열증 환자가 되어 보는 것만큼 쉽지 않은 일이다. 미술치료사는 그런 경험이 없을 것이기 때문이다. 장기든 단기든, 입원이든 외래든 간에 재활센터에서 치료를 받는다는 것이 어떤 느낌인지를 상상하는 것도 역시 쉽지 않다. 같은 환자들을 상대로 8시간씩 근무하고 교대하는 간호사들의 입장 또한 보통 한두 시간 집단으로 작업을 하는 미술치료사로서는 쉽게 이해가 되지 않는다.

같은 진료대기실이나 사무실, 회의실, 집단작업실 등을 이용한다 해도 입원환자 환경과 외래환자 환경에는 미묘한 차이가 있다. 한 번에 수일, 수주 또는 수개월까지를 문자 그대로 외부세계로부터 격리된 채로 지내야 한다면 환자든 직원이든 뭔가 달라질 수밖에 없다. 이런 생각을 하게 된 것은 내가 최근에 외래에서 병동으로 옮긴 것에 따른 반응일 수도 있다. 그러나 확실히 같은 장소라도 분위기가 다르고, 직원과 환자의 태도도 다르고, 두 가지 조건에 대한 나 자신의 내적 반응도 다르다. 환경조건의 유형과 환자에 대한 치료의 유형(이 유형들이 각 부분의 대표적인 유형은 물론 아니겠지만)에 따라 차이가 드러나는 것으로 보인다. 두 건물에 근무하는 직원들은 서로 다른 사람들이지만, 모두 한 대학의 정신과에 소속된 부서이므로 모두 서로 얼굴은 알고 있는 경우가 많다. 그러나 엘리베이터에서 마주치는 얼굴이 같은 얼굴이라고 해도 분위기는 두 건물에서 일하는 사람들이 다르다. 생각하면 할수록 이런 차이점들은 두 환경의 본래적 성질상의 차이에서 유래하는 것이 아닌가 느껴진다.

서로 다른 환자집단을 대할 때 미술치료사는 자신이 어느 한쪽에 대하여서만 특히 불편함을 느끼고 있음을 발견하기도 한다. 이럴 때는 자신이 무엇에 대하여 예민하게 반응하는지를 정확하게 집어내고, 편안하게 작업하기 위하여 어떤 변화가 필요한가를 생각해야 한다. 민감한 반응의 원인을 이해한다고 해서 그것이 없어지지는 않겠지만, 그렇게 함으로써 주어진 환경조건에 대하여 다르게 생각해 볼 수 있을 것이다.

지금까지는 주로 프로그램과 서비스의 개발에 대하여 논의하였지만, 치료기관의 발전이 치료자 자신의 개인적 발전과 함께 가는 것이 이상적이라는 것을 덧붙이고 싶다. 연구, 서비스, 훈련에서의 협동작업 같은 것들을 통해서 양자가 동시에 발전할 수 있다면 이상적이다. 실제로 미술치료사의 직무수행에 만족하는 소속기관은 그의 개인적인 성장을 위한 요청에 대하여도 더욱 관대하고 유연하기 마련이다. 소속기관에서의 직무와 직접 관계가 있는 경우라면 개인적인 연구 또는 연수는 소속기관에게도 이익이 될 것이다. 직무수행에 질적으로나 양적으로 지장이 없고 충격을 최소화할 수 있는 방법이라면 그러한 자기개발을 위한 활동을 얼마든지 고려해 볼 수 있을 것이다.

그러므로 시기와 대상을 잘 선택하기만 한다면 고용주는 이를 지원하거나 시간조정을 허용할 것이며 비용의 일부를 지불할 용의도 있을 것이다. 소속된 치료기관뿐 아니라 치료자 개인 또한 미술치료 프로그램과 함께 발전해야 한다는 것이 내가 말하는 요점이다. 만약 개인적 발전을 도모할 만한 시간이나 공간이 전혀 없다면 사기가 저하됨은 물론 직무수행에도 영향을 미칠 것이다. 미술치료사는 단지 그가 특정한 연령이나 환자유형을 선호한다는 이유로 어떤 환경조건이 더 맞는다고 생각할 수도 있다. 그러나 환자의 유형에 대한 논의에서 이미 언급했듯이, 어떤 환경조건에서든 좋은 미술치료를 만드는 데 중요한 것은 무엇보다도 미술치료사의 '이해하기'와 '공감하기' 능력이다.

큰 종이에 공동작업하고 있는 모습으로서 구성원들은 서로 이야기를 할 수 있고 안 할 수도 있다.

제20장 다양한 치료방식

진단에 중점을 두든 치료 자체에 중점을 두든 미술치료에서는 여러 가능한 치료방식들이 있다. 집단으로 이루어지는 미술치료가 여러 사람들을 동시에 치료할 수 있다는 경제성 때문에 인기를 얻고 있기는 하지만, 개인미술치료가 가장 일반적인 치료방식이라고 할 수 있다. 대부분의 미술치료는 다양한 치료 환경에서 다양한 구성원으로 실시되고 있으며, 한 명의 치료자와 한 명의 환자가 작업하는 개인미술치료도 이에 포함된다고 하겠다. 치료 세션의 빈도와 시간의 길이는 환자가 요구하는 필요성의 정도와 참여능력을 포함한 많은 요인들에 의해 결정되어야 한다. 외래치료실의 경우 한 시간의 세션을 일주일에 한 번 갖는 것이 일반적이지만 그것이 반드시 최선이라고 할 수는 없다.

개인적으로 외래환자들을 보기 시작한 이후로 나는 다양한 빈도와 다양한 형식의 만남을 시도해 왔다. 일반적인 생각과는 달리 환자가 멀리 여행을 해야 하거나, 부모나 환자가 증가하는 치료 횟수에 대해서 저항하거나, 혹은 환자를 다른 형태의 치료에 보내야 하는 외부적인 이유가 있는 경우 외에는 일주일에

1회의 만남이 충분하지 않다고 생각했던 경우가 대부분이었다. 개인 미술치료가 일차적인 치료방식으로 실시될 경우 일주일에 2회의 만남이 훨씬 더 합리적이고 최소한의 중재라는 것이 나의 경험을 통해서 밝혀졌다. 빈번한 만남은 치료의 진행뿐 아니라 환자가 창조적이 되는 것을 가속화하며, 치료 세션 간의 연속성을 증진시키고 친밀감과 전이현상을 증강시키는 것으로 보인다. 실험한 것은 아니지만(그리고 아마도 실험이 불가능하겠지만), 일반적인 주 1회의 만남에서 할 수 있는 작업과 비교할 때 일주일에 두 번 만나는 경우 환자들이 보다 짧은 기간 동안 자신의 문제를 작업할 수 있는 것 같다는 것이 내가 받은 인상이었다.

나의 이러한 관점은 성인환자들과 일주일에 다섯 번의 세션을 해야 했던 정신분석 수련과정의 영향에서 온 듯하다. 나는 정신분석을 하고 있던 아동환자들과 적어도 일주일에 네 번 만났는데, 그렇게 함으로써 금방 그러한 형태의 치료방식에 익숙해질 수 있었고, 일반적인 외래에서 시행하는 형태를 따르던 아동치료센터에서 치료했을 때보다 효율적으로 치료할 수 있었다. 내가 아동과 일반 외래에서 일주일에 한 번 만나다가 두 번으로 바꾼 유일한 경우는 아동의 증상이 나빠져서 치료의 양이 증가할 필요가 있다는 느낌에 부응했을 때뿐이었다. 보다 최근에 일했던 정신병동 환자와의 경험에서 나는 입원환자들이 비교적 단기간(일주일 이내에서 3~4개월까지) 머문다는 것에서 치료 세션의 빈도에 있어서 무엇이 최선인지에 대한 나의 관점을 수정하게 되었다. 미술치료에 보내진 사람들이 정해진 목표에 도달하도록 하기 위해서는 적어도 일주일에 두 번, 때로는 더 자주 보는 것이 필수적인 것이라는 것을 깨닫게 된 것이다. 후자의 경우가 더 자주 일어났는데, 그 이유는 환자들이 처음에는 긴 치료 세션을 견딜 능력이 없으므로 아마도 15분으로 시작해서 30분이나 한 시간까지 만나는 시간을 단계적으로 늘리는 것이 필요했기 때문이다.

만나는 시간의 길이가 일단 결정되면 그것을 일관되게 지키는 것이 환자를 위해서 가장 좋기는 하지만, 나는 개별적인 작업에서 한 세션의 시간에 대해서

도 좀 더 융통성 있게 시행하였다. 예를 들어, 기능이 낮은 환자처럼 예외적인
경우나 미술치료의 목표가 보다 오래 작업할 수 있게 하는 능력을 증진시키는
데 있는 환자의 경우가 그러하다.

어떠한 경우든 좀 더 나이 든 아동들이 한 시간이나 그 이상을 견딜 수 있는
데 비해 몇몇 아주 어린 아동들은 30분 혹은 45분의 치료 세션에서 아주 잘할
수 있다. 아주 드문 경우를 제외하고는 개별적인 작업에서 한 시간을 넘기는
것은 대부분의 치료자들에게는 불가능할 것이다.

미술치료사들은 치료 세션의 빈도에 대해서와 마찬가지로 세션에 소요되는
시간에 대해서도 가능한 한 신축성 있게 생각해야 한다. 50분이라는 치료시간
이 마술적인 힘을 가지는 것은 아니다. 치료시간이 마술적일 수가 있는 것은
소요되는 시간이 얼마가 되든지 그 한정된 시간 내에서 치료자가 환자가 가지
고 있는 이슈들에 관련된 작업을 효율적으로 할 수 있는지에 관한 것일 것이
다. 끝나는 시간을 정해 놓지 않는 치료 세션(오전시간을 한 환자의 치료에 할애
하는 등)을 운영해 보는 경험이 흥미로울 수 있지만, 이러한 경우는 환자가 돌
조각이나 애니메이션 영화제작과 같이 많은 시간을 요구하는 매체를 통한 작
업에 몰두하고 있을 때에만 치료적인 감각을 형성할 수 있다. 치료에서 시간제
한이 아주 큰 힘과 유용성을 제공하는 것은 사실이지만 몇 분 더 계속된 시간
이 진료를 가치 없게 만든다고 할 수는 없다. 나는 매주 혹은 매 치료 세션 시
간이 바뀔 수 있어야 한다는 의견을 지지하지는 않지만, 어떠한 개인을 위한
최선의 형식을 결정하는 데 있어서 열린 마음이 되는 것을 지지하며 약간의 수
정이 필요할 수 있다는 가능성을 인정한다.

이와 관련된 나의 경험으로 일주일에 두 번을 하면서 한 번은 수업 도중에
하고 다른 한번은 수업 후에 실시했던 한 남자 아동의 예가 있다. 5학년인 그
아이는 자주 수업에 빠지게 될 것을 걱정하였고, 화요일 오전시간이 인문과목
시간이 아니었으므로 우리는 그 시간을 치료시간으로 선택하기로 하였다. 화
요일 오전과 잘 맞는다고 생각한 목요일 오후시간에 우리가 만나기로 했으나,

시간표상의 문제가 생겨 더 이상 그 시간에 만날 수 없게 되었다. 그는 내가 제안한 금요일보다는 수요일 오후를 선택하였고, 화요일 오전작업은 그대로 하는 것이 좋다고 했다. 나는 일주일에 두 번의 만남을 이틀 연속해서 만나는 것에 대해 회의적이었으나, 그의 주장을 시험해 보기로 하고 동의하였다. 놀랍게도 새로운 시간표는 그의 치료과정에 있었던 상당한 저항을 저하시키는 것에 많은 도움을 주었고, 이틀 반의 간격으로 작업할 때보다도 화요일에 시작한 것을 그 다음날 더 잘 계속할 수 있었다. 그런 일이 자주 일어났으므로 나는 어떤 특별한 경우들에는 맞지 않을 수 있는 고정관념의 영향을 받아 왔다는 것을 깨닫게 되었다.

물론 개별적인 치료작업은 스케줄과 관련된 문제 이상의 것이다. 환자와 치료자 사이의 일대일 상황에서 일어나는 일은 필연적으로 집단상담이나 가족상담보다 더 집중적이고 강렬하다. 집단상담에 비해 친밀감과 전이가 빠르게 일어나고, 그럼으로써 잠재적인 전이저항의 관리가 더 협동적인 관계로 된다. 개인을 치료하는 경우 미술은 나에게 가장 매력적인 형식이며, 다른 사람들을 훈련시키기 위한 기능적인 관점에서도 가장 유용한 방법이다. 미술치료는 대상에게 적절한 지지의 수준과 내면통찰의 수준을 조절할 수 있으며, 가족이나 집단 상담과 같은 다양한 진로로 연결될 수 있다는 것이 강점이다. 어떤 특수한 상황에서라도 환자의 필요에 따라 접근을 신축성 있게 바꾸는 것이 미술치료에서 내가 선호하는 치료방식이다.

예술가로서 그리고 좀 더 안정된 인간으로서 치료를 통하여 어떤 사람의 발달을 돕는 것은 매우 보람 있는 일인 동시에 곤경에 처하는 순간에는 혼란스럽고 괴로울 수 있다. 치료자의 목표와 환자의 목표에 따라 개인치료는 아주 짧을 수도 있고(4~6회), 상당히 길어질 수도 있다(4~6년). 가끔 어린 아동은 한 발달단계(잠복기)에서 종결을 원하고, 다른 단계(청소년기나 성인 초기)에 후속상담을 위해 다시 오기도 한다. 물론 성인들의 경우도 비슷할 수 있다.

만족한 결과를 얻고 종결하는 사람들도 있지만, 어떤 사람들은 더 이상 치료

비를 충당하지 못해 종결하기도 한다. 그리고 그들은 나중에 스스로 미술치료를 통해서 자기발달을 위해 추구해야 할 그 무엇이 있다고 판단할 경우 작업을 재개할 수도 있다.

　미술치료에서, 특히 개별적인 치료에서 결정하기 어려운 것 중의 하나는 치료자의 신체적인 위치다. 환자로 하여금 치료자가 방해한다거나 무관심하게 있다고 느끼지 않도록 하기 위해서 이 문제는 매우 중요하다. 어떤 미술치료사들은 환자로부터 멀리 떨어져(이젤이나 책상 앞에) 앉아 있는데, 그것은 환자의 창작과정에 말려들어 간섭하는 일이 없기 때문이다. 다른 치료자들은 작업 테이블의 한쪽 옆이나 환자의 맞은편(나 자신이 좋아하는 위치) 등 아주 가까이 앉는다. 물론 작업하는 것을 보고 있는 것이 환자의 작업에 방해가 된다고 느낄 때 나는 재료를 가지고 나 자신의 작업을 시작하거나 적당히 가까운 거리에 있는 내 의자로 이동하기도 한다. 나는 환자의 맞은편에 있는 것을 좋아하는데, 그것은 쉽게 환자의 얼굴표정과 미묘한 몸동작을 관찰할 수 있고, 조용히 말하거나 중얼거리는 소리를 들을 수 있기 때문이다.

　한편 환자의 작품들을 모아두는 것은 중요하며, 깊고 넓은 열린 선반이 있는 높은 장에 각자의 공간을 가지는 것이 좋다. 대부분의 아동들은 자기 이름이나 암호를 선반에 있는 테이프에 붙이기도 한다. 대부분의 어른들은 개별적인 마분지로 만든 서랍이 있는 것을 더 좋아한다. 이는 내 사무실에도 구비되어 있다. 이러한 방법으로 환자의 작품을 보관함으로써 환자가 그것을 만든 이후에도 자주 자진해서 찾아볼 수 있게 된다. 좀 더 구조적인 방법으로 종결단계에서 환자 스스로 작품들을 보는 것을 원하지 않을 경우, 나는 치료과정을 회고하는 방법으로 보관해 둔 작품들을 '순서대로' 훑어 보는 것을 제안한다.

　작품전시 문제에 관해서 언급하고 싶은 것은 수년에 걸친 장단점(항상 단점이겠지만)에 대한 논쟁 후에 나는 마침내 사무실의 한 벽을 전시를 위한 게시판으로 사용해도 좋다는 허락을 받았다. 그것은 충분히 커서 내가 만나고 있는 모든 사람들이 언제든지 원한다면 전시할 수 있는 공간을 가질 수 있었다. 그리고 환자들에게는 언제든지 원한다면 그곳에 전시할 수 있다고 말해 주었다. 사람들이 전시를 원하는지 아닌지, 그들이 다른 사람들에게 보이기 위해서 어떤 작품을 선택하는지, 그들이 다른 사람들의 작품에 어떻게 반응하는지 등은 가장 유용한 정보로서 치료에 '득'이 되었다. 종종 환자들은 다른 사람들의 작품에 대해 경쟁심, 우월감 혹은 질투심을 느낀다.

지금까지의 내 경험은 어떤 환자라도 스스로 특별해지기를 원하며 보다 많은 공간을 가질 권리가 있다고 생각한다는 것이다. 물론 어떤 환자들(어른들과 마찬가지로 아이들도)은 전시하기를 원하지 않는다. 이러한 그들의 결정 역시 그들을 이해하는 데 유용하다. 어떠한 경우라도 나 자신의 방어적인 자세만 이겨낼 수만 있다면 그들의 저항은 오히려 매력적이고 임상적으로 매우 유용하며 확실히 치료현상을 향상시킨다.

개인 미술치료라는 주제를 마감하기 전에 강조해야 할 중요한 점은 미술치료사가 환자를 치료하는 유일한 사람인지 혹은 다른 사람이 함께 치료에 참여하는지에 따라 미술치료사의 책임과 역할 및 미술치료의 본질 등에 크게 영향을 미친다는 것이다. 만일 어떤 사람이 보조자로 일한다면(특히 개인치료인 경우), 심리치료의 일차적인 책임은 한 사람이나 그 이상의 다른 사람들이 맡기 때문에 그는 마음 편히 창작과정에 주의를 집중할 수 있을 것이다. 반대로 어떤 사람이 혼자서 환자를 치료한다면 환자의 문제들에 대한 모든 국면이 한 치료자의 몫이 된다. 그 내용에는 미술치료를 환자의 실제 생활과 연결하는 것이 포함되고, 그 사람과 연계된 다른 사람들(학교, 병원, 의사들)과의 접촉을 도모하는 것도 포함되는 등 범위가 넓어진다. 예를 들어, 학교에서 품행장애아동을 치료한다면 미술치료사는 다른 임상치료자들과 마찬가지로 학교를 방문하고 교사와 의논하는 것이 필요할지도 모른다. 만일 마약 상용자인 성인을 치료할 경우 미술치료사는 다른 임상의와 마찬가지로 해독에 관련된 작업뿐만 아니라 사회복귀를 돕기 위하여 관련 분야의 중개자를 만나는 것과 더불어 환자의 주치의와도 접촉할 필요가 있을지도 모른다.

이러한 책임은 집단이나 가족구성원들과 연계된 치료를 미술치료사가 단독으로 시행할 때도 마찬가지로 적용된다. 이 경우에는 특별한 유형(미술)의 치료일지라도 책임치료자라는 사실이 더 분명해진다. 그러나 개인치료든 집단이나 가족 치료든, 독립적으로 치료하든 보조적으로 치료하든 관계없이 존재하는 상이한 점들이 있다. 개인 미술치료에 관해서 논의된 몇몇의 논쟁 역시 고찰되어야 할 필요가 있으나, 더 많은 개인들에게 편의를 제공할 필요가 있다는 것에서 변수들이 더 복잡해진다. 더 높은 빈도의 치료 세션이 가지는 치료적인 우월성은 아마도 집단이나 가족 치료에서는 사실이지만, 적어도 외래치료실에서는 주 1회가 통상적인 스케줄이기 때문에 더 자주 만나도록 시간표를 짜려는 노력이 그에 따르는 저항으로 좌절되는 것이 보통이다.

병원에 장기 입원해 있는 환자나 단기 입원해서 치료를 받고 있는 환자의 경우, 그들의 환경이 거의 감금된 생활과 같기 때문에 치료적인 접근은 달라져야 한다. 단기적인 치료의 경우 치료기간에 여러 번 만남의 기회를 갖는 것이 보다 효율적이다. 특히, 치료의 초반에 심리적으로 저항하는 성인환자들의 경우는 더욱 그러하다. 내가 일하고 있는 정신병원에서는 약물중독 환자들의 경우 하루에 2시간 정도의 표현예술치료가 매일 시행되고 있는데, 미술치료집단뿐 아니라 무용치료, 음악치료, 연극치료 집단도 동시에 시행되고 있다. 정신적인 기능이 낮은 다른 환자들 역시 말로 하는 치료보다 미술이나 동작을 통한 심리치료에 매일 참여하게 된다. 다른 종류의 집단치료는 흥미를 느끼는 환자라면 누구든지 포함하는 집단으로, 일주일에 2~3일 정도 지속적으로 만나서 복합적인 매체를 가지고 보다 긴 시간을 소요하게 한다.

미술을 통한 집단치료는 다른 여러 가지 심리치료집단과 같이 치료자와 환자의 관계를 통한 치료보다는 집단 내의 전반적인 역동에 더 관심을 둔다. 작업의 대부분이 개인적인 작업이 되지만 집단의 치료목표, 구성원인 환자들의 상태, 치료자의 취향에 따라서 공동작업이 될 수도 있다. 제6장에서 다룬 바 있는 집단치료 과정은 개인치료와 집단치료가 약간 다르지만 전반적인 흐름은 동일하다. 여기서 일어나는 현상으로 집단 자체가 진행적으로 변화되어 가는 것을 볼 수 있다. 그 내용으로서 고립되어 있던 몇몇 구성원들이 치료자와 관계를 가지게 되고 집단이 보다 복합적인 단위로서 통합되며, 집단 내에서 짝이 생기고 하위 집단이 형성된다는 것이다. 이러한 집단치료 상황에서 표출되는 저항이나 불안의 표현은 매우 경이로운 측면이 있다. 이를 이해하기 위해 집단치료 과정의 발달적인 맥락과 역동적인 맥락을 이해한다면 매우 도움이 될 것이다.

특히, 영속성이 없는 단기적인 정신병동에서 실시되는 집단의 경우 치료과정에 대한 추적은 더욱 어렵다. 집단치료 상황에서 적어도 두 가지 무리들 또는 차원을 생각할 수 있다. 이전에 미술치료사와 작업을 해 본 경험이 있는 환자들과 그런 경험이 없는 환자들이 그중 한 가지 예인데, 이런 두 가지 무리로 구성된 집단은 매 세션이 새로운 시작이 될 소지가 있다.

가족치료는 오랜 세월 동안 가족구성원들이 쌓아 온 내력이 있다는 점에서 특별한 경우의 집단치료라 하겠다. 그들은 다른 치료자와 환자의 경우와는 달리 치료가 끝나고도 서로를 떠나지 않고, 치료가 끝나고 집으로 가서도 미술치료 세션에서 있었던 일들이 연장되기 때문에 특수한 상황에 처해 있다고 할 수 있다. 이러한 특수성은 정신병동의 환자의 경우도 정도의 차이는 있지만 비슷하다. 함께 산다는 사실이 가져다주는 압박감과 구속감이 가족치료에 부담으로 작용한다. 이는 집단구성원들이 핵가족 전부든 부부나 확대가족 또는 여러 가족들의 모임의 경우든 마찬가지다. 미술치료를 유일한 매체로 사용하여 장기간 가족치료를 시행할 경우 특별히 가족치료 훈련을 받지 않은 일반 미술치료사는 감당하기 어려운 문제에 직면하게 될 소지가 많다는 것이 내가 받은 인상이다. 가족미술치료는 경이롭고 박진감 넘치는 치료방식인 만큼 전문적이고 강력한 임상적인 기술이 요구된다. 특히, 초보자나 공동치료자로 일하게 되는 경우는 더욱 그러하다.

경험이 많은 동료 치료자와 같이 공동연구 작업을 하는 것은 더 깊고 넓은 경험을 할 것이기 때문에 추천하고 싶은 연구방식이다. 다른 전문인 동료들과 공동전선을 펼 수 있는 또 다른 방식은 같은 환자들을 그들과 함께 치료하는 것이다. 입원환자를 치료하는 병동의 경우 미술치료사들은 다른 분야의 전문인들과 한 팀이 되어서 작업하면서 그들 각자가 가지고 있는 기술을 가지고 개인, 집단, 때로는 가족을 위한 작업을 하는 것이 보통이다. 학교의 경우도 외래치료센터와 같이 팀작업이 원활하지 못하다. 따라서 이러한 환경에서 일하는 미술치료사의 대부분이 다른 곳에서 치료적인 도움을 받고 있는 개인을 치료하는 경우가 많고, 두 치료자들 사이에 충분한 의사소통이 없거나 전혀 안 되는 경우도 있다.

내가 처음으로 소아정신병동에서 일하기 시작했던 때의 실제로 있었던 일이다. 병동장이 소아정신병 환자를 맡고 있던 레지던트들에게 내가 실시하고 있던 미술치료집단에 참여할 것을 지시하였으나, 그들 중 일부는 실행했고 일부는 실행하지 않았다. 이에 관련되는 당혹스러운 일이 저명한 정신분석가 에릭슨(E. Erikson)과 인근지역의 정신건강 전문인들을 포함한 많은 관중이 모인 석상에서 일어났다. 그곳에서 나와 나의 치료집단에 참여하지 않았던 한 레지던트가 공동으로 치료했던 환자의 치료사례를 함께 보고해야 했고, 소아정신병 환자가 언어 차원의 치료보다 미술 차원의 치료에서 보다 조리 있는 자기표현을 하였다는 것이 명백하게 드러났다. 그때 좌장을 맡았던 에릭슨은 그 두 가지 차원의 작업을 비교할 수밖에 없는 처지에 있었다.

그 문제에 대한 에릭슨의 언급이 나에게 불편하게 다가왔고, 아마도 그 레지던트도 그랬으리라고 짐작된다. 이 경험을 통하여 나는 스스로 수줍음을 극복하고 나의 치료 프로그램에 참여하는 환자들을 돌보는 레지던트로 하여금 그들의 환자들이 미술을 통하여 무엇을 했는지를 봐야 한다는 능동적인 자기주장을 하였다.

독자들은 내가 창피하고 무안한 일을 당한 후 많은 것을 배웠다고 생각할지는 모르지만, 그 후 몇 년이 지나서 일하기 시작했던 아동치료센터에서도 여전히 나는 올바른 방법이 무엇인지 모르는 순진한 치료자였다. 아동치료센터에 3명의 정신과 레지던트가 있었는데, 나는 그들에게 그들이 맡은 환자들을 치료하는 부차적인 방법으로 미술치료를 실시할 것을 권하고 정기적으로 만나서 횟수와 내용 등을 점검하기로 했다. 그들의 관점에 따라 환자의 요구를 보는 관점이 약간씩 달랐으나, 나는 우리의 공동연구가 아주 잘 되고 있다고 생각하고 있었다. 그러나 젊은 정신과 레지던트들이 가질 수 있는, 자신의 환자를 다른 분야의 전문인이 다른 치료방식을 가지고 치료하고 있다는 것에 대한 경쟁심이나 위협감에 대하여 미처 생각하지 못했던 것이 실수였다. 셋 중의 한 명은 공동작업을 통하여 자신이 예민하게 느꼈던 점을 자신 있게 개방적으로 이야기할 수 있었고, 우리가 공동으로 치료했던 한 어머니와 아이의 치료에서 언어 차원이나 놀이치료에서 드러나지 않던 부분이 미술치료에서 표출됐다고 말했다. 나머지 두 레지던트는 그들 나름대로의 방법으로 아동심리치료에서 미술치료의 적합성을 나에게 피력했다. 그중 한 명은 자신이 환자를 치료할 것이 아니고 내가 치료를 해야 한다는 결정을 했고, 다른 한 명은 환자를 개인적으로 치료하는 것을 중단하고 집단미술치료에 참여할 것을 요청했다. 그 당시 나는 자신감의 결여로 상황을 객관적으로 볼 수 있는 능력이 없었기 때문에 그들의 요청에 대해서 매우 혼란스러워했고, 그 사실들을 수줍어하면서 받아들였던 것 같다.

그러나 그때의 경험은 아주 중요했다. 그 일로 나는 보조적인 차원의 미술치료를 시행하고 있는 미술치료사 모두에게 이러한 현상이 적용될 수 있다고 생각하게 되었다. 앞서 기술했듯이 경쟁이라는 것은 외래치료실에서 가장 강하게 대두되는 사안이라는 현실성도 있지만 다른 치료자가 치료하지 못하는 사례를 미술치료사가 해냈을 때 항상 나타날 소지가 있는 현상이다. 환자가 다른 치료자에 의하여 치료된 것을 진정으로 기뻐할 수 있는 치료자의 능력은 스스로 가지고 있는 심리적인 안정감과 전문적인 자신감과 비례하는 것 같다.

더 많은 환자 의뢰가 오는 것으로 보아 정신병동에서 미술치료는 빠르게 자리를 잡아가고 있으며, 상대적으로 인정받지 못하고 있는 무용, 음악, 연극 치료자들의 질시와 부러움을 받고 있다. 비슷한 맥락으로 같이 일하는 동료 치료자로부터 그들의 노력에도 불구하고 실패한 환자들이 이런저런 이유로 미술치료에 적절하게 반응하는 것을 원망스럽게 생각하는 나머지 질투심을 유발하기도 한다.

미술이 가지는 치료성이 잠재적으로 적개심과 경쟁심을 유발할 수 있다는 것을 미술치료사들은 알고 있어야 한다. 그러한 조짐이 보인다고 생각될 때 동료들과의 유대를 더욱 공고하게 함으로써 부정적인 느낌이 덜 불편하게 느껴지도록 할 수 있을 것이기 때문이다.

동료 치료자들과 우호적인 관계를 유지하는 방법 중 하나는 함께 가족이나 집단 치료를 시행하는 것으로, 두 가지의 치료방식을 알고 있는 만큼 보다 치료적으로 역동적일 수 있다. 그러나 공동치료가 쉬운 것이 아니다. 이는 매우 복잡하고 많은 것을 요구하며, 적절하게 계획하거나 시행하지 못할 경우 잠재적으로 서로에게 불편할 소지가 있다. 그러므로 처음부터 다른 동료 치료자의 스타일과 관점을 이해하고 존중하는 것이 핵심적인 작업이 되어야 한다. 이러한 차원에서 할 수 있는 작업방법은 가급적이면 같은 치료대상을 치료하면서 각자의 작업을 관찰하는 것이다. 그런 후에 각 세션을 함께 계획하고 치료 세션 사이에 상호 토론의 시간을 마련한다. 내가 청소년을 대상으로 하여 미술-연극 치료집단을 연극치료자와 소아정신과 의사와 공동으로 시행했을 때, 우리는 세 사람이 발견한 것에 대해 일주일에 1회 시행되는 두 시간의 치료집단을 공동으로 진행하기 위하여 매주 2시간 이상의 준비모임이 필요했다. 첫 한 시간 동안은 집단치료 과정과 구성원들의 변화에 초점을 두고 어떤 일이 일어났는지를 자문을 맡은 정신과 의사가 합석한 가운데 논의하고, 나머지 시간은 상대방이 지도했을 때 받은 자극에 관한 각자의 느낌이나 생각들을 나누는 것에 사용되었다. 우리가 불편한 심리와 동의하지 않는 부분에 대한 것을 말할 수 없었다면, 우리 각자에게 강하게 나타났던 전이와 역전이 부분을 대처하면서 2년 이상 함께 작업할 수 없었을 것이다.

같은 스타일로 작업하는 사람들이 없기 때문에 공동치료는 미묘하고 예민한 데가 있다. 또한 환자들이 각 치료자에게 드러내는 정서적인 차이 등에서 경쟁심을 유발할 수도 있어서, 치료자들은 스스로를 관찰하는 것과 피치 못하게 나타나는 부작용을 조정하는 것이 쉽지 않다. 성공적으로 공동치료를 시행하려면 두 사람의 전문적인 수준이 비슷한 것이 바람직하다. 만약 한 사람의 수준이 월등하게 높으면 평등한 관계가 되지 못하기 때문에 한 사람이 보조치료자의 역할을 하게 된다. 그것은 별 문제가 되지는 않는다. 특히, 수련과정에 있는 경우는 더욱 그러하다. 중요한 것은 보조치료에 나타나는 현상과 진정한 공동치료를 시행하는 경우에서 공유하는 것은 다르다는 것을 인정하는 것이다. 두 치료자가 공동치료를 하는 목표에 동의하였다면 치료 세션 전부터 또는 치료 전 과정에서 서로의 관점을 이해하고 개방적인 관계를 유지하는 것에 세심하게 신경을 써야 한다. 가장 중요한 것은 서로에 대한 느낌을 거리낌없이 이야기할 수 있어야 한다는 것이다. 환자와 일할 때도 그렇지만 함께 준비하는 기간에서는 특히 중요하다. 만약 두 치료자가 피치 못하게 등장하게 되는 긴장이나 상이한 관점에 대해서 지속적인 대화를 나누지 못한다면 그들은 환자와의 작업이 고통스러울 것이다.

수준이 비슷한 두 사람의 미술치료사가 공동 작업하는 것을 선택하는 일은 매우 드문 경우인 만큼 이러한 강한 경쟁심을 유발하는 일은 없다. 그러나 각자의 틀린 관점들, 어떻게 집단을 소개하며 어떻게 환자들과 연관할 것인가 하는 것들이 미술치료사들 사이에 긴장을 유발한 적이 있었다. 종종 미술치료사는 치료팀에서 미술치료 전공자라고 소개되고, 동료 치료자는 특정한 심리치료(예: 게슈탈트 치료 등)나 다른 표현예술치료인 무용, 연극, 음악 치료자라고 소개된다. 이렇듯 각자의 역할이 정의됨으로써 각자의 영역이 지정되고 이러한 다양성이 함께 할 수 있다는 것은 대단한 자산이자 기회라 할 것이다. 그럼에도 불구하고 두 사람이 함께 일할 때 피치 못하게 대두될 수 있는 긴장과 갈등은 특수 분야가 지정되었다고 해도 모든 문제점을 제거하지는 못한다. 미술치료사가 시각예술에 대한 주권을 잡고 다른 치료자는 그에 관련된 토론이나 다른 활동에 참여한다는 것에서 업무를 경감시킬 가능성이 있다. 그러므로 두 치료자는 서로에게 곧 익숙해질 것이고 각자의 치료방식에 편안해지게 되고 각자의 치료방식에 대하여 보다 많은 견해를 제시할 수 있게 될 것이다.

공동치료에서 나타날 수 있는 위험성을 지적하는 것이 시도를 주저하게 하는 계기가 되지 않기를 바라는 마음이다. 공동치료는 흥미진진할 수 있고 상상을 초월하는 배움의 기회가 될 수 있을 뿐만 아니라 적절하게 접근되었을 경우 두 사람의 훈련된 치료자가 제공하는 두 가지 전이대상과 치료방식의 혜택을 받는다는 점에서 환자들에게 훨씬 도움이 될 수 있다. 각 치료자는 가능하다면 치료작업에 동일한 에너지를 제공하고 다른 치료자에 대해서 환자들과 가끔 토론하는 것도 좋다. 이런 작업은 상황이 힘들 때 특히 유용하다. 공동치료는 혼자서 개인이나 가족 또는 집단을 치료하는 것보다 훨씬 풍부한 치료경험을 가져다준다.

개인, 부부, 가족 또는 다른 배열을 가진 치료양상으로 특정한 치료환경과 치료방식을 통하여 치료를 시작하는 미술치료사의 경우, 다른 가벼운 심리치료에서와 같이 다른 치료자들이 같은 부류의 대상들을 어떻게 치료했는지 알아보아야 한다. 개별적인 치료를 한 문헌이 집단이나 가족 치료보다 압도적으로 많기는 하지만, 후자에 관련된 문헌도 빠른 속도로 늘어나고 있다. 만약 선택을 해야 한다면 이 세 차원이 가지고 있는 동일성 모두를 포함하는 것이 적절한 선택일 것이다. 제6장에서 다룬 심리치료에서 권했던 관련된 문헌들이 주로 개인치료에 관계된 것들이었다는 것을 감안하여, 이 장에서는 집단 및 가족 치료 그리고 시간제한을 요하는 치료에 국한하려고 한다. 그럼에도 불구하고 그 원칙은 중요한 것으로서 치료자가 아무리 상상력이 풍부하다고 해도 다른 사람들이 어떻게 작업했는가를 아는 것은 나쁘지 않을 것이다. 대부분의 관련 문헌이 이론과 기법을 다루는 것에서, 동일한 치료방식으로 일하는 다른 미술치료사들의 보고서를 읽음으로써 자신이 치료상황에서 일어나는 현상을 이해하는 데 도움이 될 수 있다.

최선의 치료방식을 결정하는 것은 쉽지 않다. 적절한 방식을 선택하기 위해서는 여러 가지 방식에 대한 오랜 임상경험이 필요하다. 미술치료의 각 치료방식에는 좋은 점도 있고 한계점도 있는 것이 사실이다. 그렇다고 어떨 때 어떤 방식을 써야 한다고 정해 놓은 규칙도 없다. 가족미술치료의 사례 중에서 내가 가장 좋아했던 방식으로 개별적으로 치료를 받고 있던 두 아동의 치료 후 그들의 부모들도 따로 부부치료를 받게 했던 것을 들 수 있다. 지나치게 단순화한다는 느낌이 없지는 않지만, 환자의 문제가 이미 내면화되었을 때(즉, 문제가 환자의 기초적인 성격구조의 부분으로 정착했을 때)는 개별적인 치료가 유용하다고 말할 수 있다. 집단미술치료는 어떤 이유든지 환자가 개별적인 치료를 받는 것이 불가능할 때나 그들의 외부적인 문제가 심리내적인 문제와 별로 관계가 없어 보이는 경우에 할 수 있다.

한 개인이 동료들과 잘 어울리지 못한다고 집단치료에 참여하게 하고 그 과정을 통하여 그의 문제 자체를 직시하게 하려는 것은 순진한 발상일 수 있다. 만약 그가 '자신의 독창성에 대한 망상'에 시달리는 환자였다면 다른 구성원들도 다른 비슷한 문제를 가지고 있다는 점에서 도움을 받을 수 있을 것이고, 그가 집단구성원을 통하여 그들이 분리된 한 개체라는 것을 인식하게 된 경우 집단은 그로 하여금 평소의 그의 행동이 다른 사람들에게 어떤 영향을 미쳤는가를 알게 하는 장소가 될 것이다. 집단치료가 일차적인 치료방식이 되는 경우와 부차적인 치료방식이 되는 경우 그 작업양상이 매우 다를 것이라는 것은 미술치료나 다른 심리치료 모두 자명한 일이다. 이는 가족미술치료의 경우에도 마찬가지로, 가족 내의 갈등으로 긴장된 상태의 경우 가족치료만이 유일하며 가장 적절한 치료선택이라고 할 수는 없다. 여러 요소들이 저울에 달아져야 하고, 어떤 것이 환자의 요구와 적절하며 환자가 그러한 치료방식에 얼마나 준비되어 있어 보이는지가 그 속에 포함되어야 한다. 미술치료사가 환자에게 치료

방식을 선정해 주는 경우는 드물다. 만약 결정을 해 주어야 하는 입장에 놓인 미술치료사의 경우 다른 여러 가지 치료방식에 대해서 알고 있어야 할 뿐 아니라 각 환자의 특성상 어떤 방식이 좋을 것인가를 선택할 수 있어야 한다.

집단미술치료에 도저히 참여할 수 없는 환자들은 지나치게 자기 세계 속으로 도피하거나 끊임없이 요구하거나 산만한 환자로서 외부적으로 금방 드러난다. 치료가 원만하게 진행되지 않은 원인이 치료방식의 문제보다는 치료 세션의 길이나 구성원 수, 후속 대책 등에 문제가 있을 경우가 있다. 이런 경우 잘못된 부분을 수정해서 다시 시행하면 무난하게 이루어질 수 있다. 소아정신과 병동 아동들의 경우 품행장애를 가진 아동들이 다른 질환의 아동들의 수보다 많을 때(왜냐하면 그 당시 연구가 시행 중이었기 때문에) 계획했던 구성원 6명은 다루기 힘든 수였음이 드러났다. 그보다 4명의 구성원이 그들에게 더 현실성 있는 숫자였고, 시간도 다소 짧게 하고 횟수를 늘리는 것이 더 효율적이라는 것이 드러났다. 마지막으로 발견한 것은 집단을 시작하기 전에 구성원 각자에게 개별적인 아트인터뷰를 시행했던 것이 보다 집단의 기능을 높였다는 것이다. 그중 다른 아동들과 공간, 재료, 치료자를 공유하는 것에 어려움을 가지고 있는 몇몇 아동들은 개인미술치료를 받도록 했다.

성인정신병동에서 시행되는 집단미술치료의 경우 일부 치료자는 동질적인 구성원이 치료자의 능력을 발휘하는 데에 더 좋다고 하고, 일부 치료자는 이질적인 구성원을 가진 집단이 더 유익하다고 한다. 물론 이 두 가지의 스타일에는 장단점이 있고, 치료자는 언제나 이 둘 중 선택하여 거기에서 오는 득과 실이 무엇인지를 알아야 하며, 주어진 특정한 대상과 치료환경에서 최선의 서비스를 하는 것을 게을리하지 않아야 한다.

미술치료가 실시되는 공간과 치료 세션의 길이에서도 같은 논리가 적용된다. 때로는 작은 공간이 환자들에게 상호 소통을 하는 것에 도움을 주지만, 환자들이 편안하게 느끼기에 신체적으로 너무 가깝다거나 불편한 느낌을 줄 수도 있다. 그리고 지나치게 큰 공간은 환자들에게 서로 간의 거리를 선택할 수 있다는 점에서 작업하기가 더 수월하다고 볼 수 있지만, 어떤 환자들에게는 감당할 수 없다는 느낌이나 혼란스러움 그리고 넓은 공간 속에서 자신을 잃어버리는 듯한 경험을 하게 할 수 있다. 특히, 자신이 내면으로부터 극심한 자극을 받고 있는 환자의 경우가 그러하다.

각기 다른 방식의 미술치료를 알아야 하는 중요성은 미술치료사가 돌봐야할 대상에게 필요한 방식에 대한 지식이 쌓여 가게 한다는 것에 있다. 강의를 듣거나 관련 문헌을 읽거나 자문 또는 임상감독을 받는 것, 혹은 그 자신이 교육분석 과정을 거치는 것도 좋은 학습경험이 될 수 있다. 평행관계든 협조관계든 공동작업은 치료자로 하여금 한 기관 내에서 확고한 위치를 확보하는 배움을 창출하는 작업이 될 것이다. 앞서 언급한 바대로 공동치료는 가장 어려운 작업인 동시에 성장과 배움의 경험을 통하여 가장 보람을 느끼게 하는 작업이다. 비슷한 수준에 있는 동료 치료자와 함께 할 경우는 특히 그렇다. 연구모임역시 공동 관심사에 초점을 맞추면 더욱 흥미진진하다. 미술치료사에게는 끊임없는 노력이 요구된다. 바꾸어 말해서, 스스로의 진정한 독창성을 가진 미술치료사로 성장하려면 평생이 걸린다고 하겠다.

미술치료 관련 문헌

덧붙이는 말−우리가 모르고 있다는 것을 아는 것

이 책은 전문 미술치료사가 되기 위해서 알아야 할 전반적인 것들에 관해서 다룬 것이다. 미술, 심리치료 그리고 미술과 심리치료가 만나는 부분으로 집약할 수 있는 미술치료의 '기초'와 함께 직·간접적으로 치료에 임하는 치료사들에게 필요한 '부차적인' 내용도 다루고 있다.

나는 또한 치료사로서 어떤 상황에서 일하든지 알아야 할 상이한 치료대상, 치료환경, 다양한 미술치료의 방식과 미술치료에 필요한 지식과 경험, 소신과 자세 등에 관해서도 다루었다. 경험이 쌓여갈수록 나에게 확실하게 다가오는 것은 나 자신이 모르고 있는 부분이 많다는 것을 알게 된다는 것이다. 우리가 모르고 있다는 것을 아는 것이 아마도 미술치료사로서 알아야 할 가장 마지막이자 가장 중요한 대목이 아닌가 생각한다. 그리고 모르고 있는 것을 알기 위해서 특히 그 작업이 개인의 치료작업을 적절하게 수행하기 위한 것이라면 주저함 없이 정진을 해야 하는 것도 중요하다.

이 시점에서 우리 분야 전문인들에게 무엇보다도 절실히 요구되는 것은 겸손한 자세다. 미술치료는 아직 어리고 모든 것이 이해된 상태도 아니며, 아직도 대부분이 확고하게 정의되거나 남들이 요구하는 것만큼 환자의 작품의 의미에 대해서 정확하거나 확고한 대답을 가지고 있지 않다. 또한 우리는 우리가 원하는 만큼 창작활동에 대해서 명쾌한 해답을 제시하지 못하고 있다. 우리는 아직도 전문 심리치료사로서 다른 전문인들이나 환자들에게 확신을 가지고 스스로를 드러내지 못하고 있다. 미술치료를 소개하는 데 있어서 수줍어하는 자세나 신뢰감이 가지 않는 자신만만한 자세는 미술치료의 장래에 해를 끼친다. 우리는 미술이 가지는 치유의 위력과 시각적인 이미지가 상징적인 웅변이라는 것을 의심 없이 받아들여야 하며, 우리가 가지고 있지 않은 것을 가지고 있는 척하는 자세를 지양해야 한다.

미술치료사 개인적으로나 집단적으로 필요한 것은 유연하고 개방적인 마음과 끊임없는 모르는 것에 대한 도전과 실패를 두려워하지 않고 정진하는 자세와 겸손한 자세라 하겠다. 이러한 마음가짐으로 우리는 고통을 받고 있는 모든 이들을 이해하고 도와줄 수 있는 잠재력을 가지고 있으면서도 아직은 확고하게 정의되지 않은 이 분야를 함께 개척해 나가야 한다. 언젠가는 우리의 분야가 활짝 꽃을 피울 것이고 그 감동에 동참하게 될 날이 있을 것을 믿어 의심치 않는다.

제1부 미술

제1장 미술재료에 대한 이해

Alschuler, R. H., & Hattwick, L. W. *Painting and personality: A study of young children* (rev. ed). Chicago: University of Chicago Press, 1969. (보다 세부적인 정보는 두 권으로 나왔던 초판(1947)에 있음.)

Berensohn, P. *Finding one's way with clay.* New York: Simon & Schuster, 1972.

Cherry, C. *Creative art for the developing child.* Belmont, CA: Fearon Publishers, 1972.

D'Amico, V., et al. *Art for the family.* Garden City, New York: Doubleday, 1954.

Foley, D. E. *Art recipes.* Dansville, NY: F. A. Owen, 1966.

Grözinger, W. *Scribbling, drawing, painting: The early form of the child's pictorial creativeness.* New York: Humanities Press, 1955.

Hartley, R., Frank, L., & Goldenson, R. *Understanding children's play.* New York: Columbia University Press, 1952, Chapters 6, 7, 8.

Heberholz. D., & Hebelholz, B. A *child's pursuit of art: 110 motivations for drawing, painting, and modeling.* Dubuque, IA: William C Brown, 1967.

Johnston, M. F. *Visual workouts: A collection of art-making problems.* Englewood Cliffs, NJ: Prentice-Hall, 1983.

Langstaff, N., & Sproul, A. *Exploring with clay.* Washington, D. C.: Association for Childhood Education International, 1979.

Linderman, E. W. *Invitation to vision: Ideas and imaginations for art.* Dubuque, IA: William C Brown, 1967.

Linderman, E. W., & Heberholz, D. *Developing artistic and perceptual awareness* (3rd ed.). Dubuque, IA: William C Brown, 1974.

Lord, L. *Collage and construction in elementary and junior high schools* (2nd ed.). Worcester, MA: Davis Publications, 1958.

Lüthe, W. *Creativity mobilization the technique.* New York: Grune & Stratton, 1976.

Mattil, E. L. *Meaning in crafts* (3rd ed.). Englewood Cliffs, NJ: Prentice-Hall, 1971.

Mayer, R. *The artist's handbook of material and techniques* (4th ed.). New York:

Viking Press, 1981.

Montgomery, C. *Art for teachers of children* (2nd ed.). Columbus, OH: Charles E. Merrill, 1973.

Morman, J. M. *Art: Of wonder and a world* (rev. ed.). New York: Art Education, 1978.

_____. *Art: Tempo of today* (rev. ed.). New York: Art Education, 1978.

Nicolaides, K. *The natural way to draw*. Boston: Houghton–Mifflin, 1975.

Petrie, M. *Modeling*. Peoria, IL: Charles A. Bennett, 1955.

Richards, M. C. *Centering: In pottery, poetry, and the person*. Middletown, CT: Wesleyan University Press, 1962.

Robertson, S. *Creative crafts in education*. London: Routledge & Kegan Paul, 1967.

Shaw, R. F. *Finder painting*. Boston: Little, Brown & Company, 1938.

Sproul, A. *With a free hand: Painting, drawing, graphics, ceramics, and sculpture for children*. New York: Reinhold, 1968.

_____. *Teaching art: Sources and resources* (with photographs by John Urban). New York: Van Nostrand Reinhold, 1971.

Wanklemann, W. E., & Wigg, P. *A handbook of arts and crafts* (5th ed.). Dubuque, IA: William C Broom, 1982.

Wilkinson. V. C., & Heater, S. L. *Therapeutic media and techniques of application: A guide for activities therapists*. New York: Van Nostrand Reinhold, 1979.

제2장 창작과정에 대한 이해

Anderson, H. H. (Ed.). *Creativity and cultivation*. New York: Harper & Row, 1959.

Arieti, S. *Creativity: The magic synthesis*. New York: Basic Books, 1976.

Arnheim, R. *Art and visual perception: A psychology of the creative eye*. Berkeley: University of California Press, 1954.

_____. *Towards a psychology of art*. Berkely: University of California Press, 1967.

_____. *Visual thinking*. Berkely: University of California Press, 1969.

Beittel, K. R. *Mind and context in the art of drawing*. New York: Holt, Rinehart, &

Winston, 1972.

Brittain, W. L. *Creativity, art, and the young child.* New York: Macmillan, 1979.

Edwards, B. *Drawing on the right side of the brain.* Los Angeles: J. P. Tarcher, 1979.

Ehrenzweig, A. *The psycho-analysis of artistic vision and hearing.* New York: George Braziller, 1965.

_____. *The hidden order of art: A study in the psychology of artistic imagination.* London: Weidenfeld & Nicholson, 1967.

Freeman, K. H. *Strategies of representation in young children: Analysis of spatial skills and drawing processes.* New York: Academic Press, 1980.

Gardner, H. *Art, mind and brain: A cognitive approach to creativity.* New York: Basic books, 1982.

Getzels, J. W., & Cziksentmihalyi, M. *The creative vision: A longitudinal study of problem finding in art.* New York: Wiley, 1976.

Ghiselin, B. (Ed.). *The creative process. Berkely: University of California* Press, 1952.

Golomb, C. *Young children's sculpture and drawing.* Cambridge: Harvard University Press, 1974.

Goodnow, J. *Children drawing.* Cambridge: Harvard University Press, 1977.

Havelka, J. *The nature of the creative process in art.* The Hague: Martinus Nijhoff, 1968.

Horowitz, M. J. *Image formation and cognition* (2nd ed.). New York: Appleton-Century-Crofts, 1978.

Kubie, L. *Neurotic distortion of the creative process.* New York: Noonday Press, 1958.

Lowenfeld, V. *The nature of creative activity* (2nd ed.). London: Routledge & Kegan Paul, 1952.

McKim, R. H. *Experiences in visual thinking* (2nd ed.). Belmont, CA: Brooks/Cole, 1980.

May, R. *The courage to create.* New York: W. W. Norton, 1975.

Meares, A. *Hypnography.* Springfield, IL: Charles C Thomas, 1957.

_____. *Shapes of sanity.* Spring field, IL: Charles C Thomas, 1960.

Milner, M. *On not being able to paint* (2nd ed.). New York: International Universities Press, 1967.

Parnes, S. J., & Harding, H, S. (Eds.). *A sourcebook for creative thinking.* New York: Scribner' s, 1962.

Rothenberg, A., & Hausman, C. R. (Eds.). *The creativity question.* Durham, NC: University of North California Press, 1976.

Torrance, E. P. *Rewarding creative behavior.* Englewood Cliffs, NJ: Prentice−Hall, 1965.

제3장 작품에 대한 이해

Billig. O., & Burton−Bradley, B.G. *The painted message.* Cambridge, MA: Schenkman Publishing Company, 1978.

Burns, R. C., & Kaufman, S. H. *Kinetic family drawings.* New York: Brunner/Mazel, 1970.

_____. *Actions, styles, and symbols in kinetic family drawings.* New York: Brunner/Mazel, 1972.

Campbell, J. *The mythic image.* Princeton: Princeton University Press, 1974.

Cardinal, R. *Outsider art.* New York: Praeger, 1972.

Delacroix, H, & Tansey, R. G. *Art through the ages,* 2 Vols. (7th ed.). New York: Harcourt, Brace, 1980.

Dileo, J. H. *Young children and their drawings.* New York: Brunner/Mazel, 1970.

_____. *Children' s drawings as diagnostic aids.* New York: Brunner/Mazel, 1974.

_____. *Interpreting children' s drawings.* New York: Brunner/Mazel, 1983.

Eissler, K. *Leonardo da Vinci: Psychoanalytic notes on the enigma.* New York: W. W. Norton, 1964.

Freud, S. *Leonardo da Vinci and a memory of his childhood* (1910). New York: W. W. Norton, 1964.

Gardner, H. *Artful scribbles.* New York: Basic Books, 1980.

Gedo, M. *Picasso: Art as autobiography.* Chicago: University of Chicago Press, 1980.

Gombrich, E. *Art and illusion: A study in the Psychology of pictorial representation.* Princeton: Princeton University Press, 1960.

Hammer, E. F. (Ed.). *The clinical application of projective drawings.* Springfield, IL: Charles C Thomas, 1958.

Harris, D. B. *Children's drawings as measures of intellectual maturity.* New York: Harcourt, Brace & World, 1963.

Janson, H. W. *History of art* (2nd ed.). New York: Abrams, 1977.

Jung, C. G. *Man and his symbols.* New York: Doubleday, 1964.

_____. *Mandala symbolism.* Princeton: Princeton University Press, 1972.

Klepsch, M., & Logie, L. *Children draw and tell: An introduction to the projective uses of children's human figure drawings.* New York: Branner/Mazel, 1982.

Koppitz, E. M. *Psychological evaluation of children's human figure drawings.* New York: Grune & Stratton, 1968.

Kris, E. *Psychoanalytic explorations in art.* New York: Schocken, 1952.

Lark—Horovitz, B., Lewis, H. P., & Luca, M. *Understanding children's art for better teaching.* Columbus, OH: Charles E. Merrill, 1967.

Levick, M. F. *They could not talk and so they drew: Children's styles of coping and thinking.* Springfield, IL: Charles C Thomas. 1983.

Liebert, R. S. *Michelangelo: A psychoanalytic study of his life and images.* New Haven: Yale University Press, 1933.

Machover, K. *Personality projection in the drawing of the human figure.* Springfield, IL: Charles C Thomas, 1949.

Malraux, A. *The voices of silence.* New York: Doubleday, 1953.

Masters, R. E., & Hoston, J. *Psychedelic art.* New York: Grove Press, 1968.

Nagera, H. *Vincent van Gogh: A psychological study.* New York: International Universities Press, 1967.

Neumann, E. *Art and creative unconscious.* Princeton: Princeton University Press, 1971.

_____. *The archetypal world of Henry Moore.* New York: Pantheon Books, 1959.

Pasto, T. A. *The space—frame experience in art.* New York: A. S. Barnes, 1964.

Plokker, J. H. *Art from the mentally disturbed*. Boston: Little Brown, 1965.

Prinzhorn, H. *Artistry of the mentally ill*. New York: Springer—Verlag, 1972.

Reitman, F. *Psychotic art*. London: Routledge & Kegan Paul, 1950.

_____. *Insanity, art and culture*. New York: Philosophical Library, 1954.

Rose, G. *The power of form*. New York: International Universities Press, 1980.

Schildkrout, M. S., Shrnker, I. R., & Sonnenblick, M. *Human figure drawings in adolescence*. New York: Brunner/Mazel, 1972.

Schmidt, G., Steck, H., & Bader, A. *Though this be madness*. London: Thames & Hudson, 1961.

Stokes, A. *The image in form*. New York: Harper & Row, 1972.

Thevoz, M. *Art brut*. New York: Rizzoli, 1976.

Volmat, R., & Wiart, C. (Eds.). *Art and psychopathology*. Amsterdam: Excerpta Medica Foundation, 1969.

Waelder, R. *Psychoanalytic avenues to art*. New York: International Universities Press, 1965.

Winner, E. *Invented worlds: The psychology of the arts*. Cambridge: Harvard University Press, 1982.

제2부 심리치료

제4장 정신심리발달에 대한 이해

Baldwin, A. L. *Theories of child development* (2nd ed.). New York: Wiley, 1980.

Blos, P. *On adolescence: A psychoanalytic interpretation*. New York: The Free Press, 1962.

Brim. O. G., & Kagan, J. (Eds.). *Constancy and change in human development*. Cambridge: Harvard University Press, 1980.

Bronfenbrenner, U. *The ecology of development: Experiments by nature and design*. Cambridge: Harvard University Press, 1979.

Butler, R. N. *Why survive? Growing old in America.* New York: Harper & Row, 1975.

Carter, E. A., & McGoldrick, M. (Eds.). *The family life cycle: A frame work for family therapy.* New York: Gardner Press, 1980.

Cath, S. H., Gurwitt, A. R., & Ross, J. M. (Eds.). *Father and child: Developmental perspectives.* Boston: Little, Brown, 1982.

Dohrenwend, B. S., & Dohrenwend, B. P. *Stressful life events: Their nature and effects.* New York: Wiley, 1974.

Elkind, D. *A sympathetic understanding of the child six to sixteen* (2nd ed.). Boston: Allyn & Baston, 1978.

Erikson, E. H. *Childhood and* society (2nd ed.). New York: W. W. Norton, 1963.

_____. *The life cycle completed: A review.* New York: W. W. Norton, 1982.

Esman, A. H. (Ed.). *The psychology of adolescence.* New York: International Universities Press, 1975.

Fraiberg, S. M. *The magic years: Understanding and handling the problems of early childhood.* New York: Scribner's, 1959.

Freud, A. *Normality and pathology in childhood:* Assessments of development. New York: International Universities Press, 1965.

Gallinsky, E. *Between generations: The six stages of parenthood.* New York: Times Books, 1981.

Garmezy, N., & Rutter, M. (Eds). *Stress, coping, and development in children.* New York: McGraw-Hill, 1983.

Gould, R. *Transformations: Growth and change in adult life.* New York: Simon & Schuster, 1978.

Greenspan, S., & Pollock, G. H. (Eds.). *The course of life: Psychoanalytic contributions toward understanding personality development* (3 vols.). Adelphi, MD: National Institute of Mental Health, 1980-81.

Josselyn, I. M. *The happy child: A psychoanalytic guide to emotional and social growth.* New York: Random House, 1955.

_____. *The psychosocial development of children* (2nd ed.). New York: Family

Service Association, 1977.

Kagan, J., & Coles, R. J. *Twelve to sixteen: Early adolescence.* New York: W. W. Norton, 1973.

Knobloch, H., & Passamanick, B. (Eds.). *Gesell and Amaturuda's develop mental diagnosis* (3rd ed.). New York: Harper & Row, 1974.

Kubler–Ross, E. *Death: The final stage of growth.* Englewood Cliffs, NJ: Prentice–Hall, 1975.

Lerner, R. M., & Busch–Rossnagel, N. A. (Eds.). *Individuals as producer of their own development: A life–span perspective.* New York: Academic Press, 1981.

Levinson, D. J., et al. *The seasons of a man's life.* New York: Knopf, 1978.

Lewis, M. *Clinical aspects of child development: An introductory synthesis of developmental concepts and clinical experience* (2nd ed.). Philadelphia: Lea & Febiger, 1982.

Lidz, T. *The person: His and her development throughout the life cycle* (rev. ed.). New York: Basic Books, 1976.

Mahler, M. S., Pine, F., & Bergman, A. *The psychological birth of the human in fant: Symbiosis and individuation.* New York: Basic Book, 1975.

Maier, H. W. *Three theories of child development* (2nd ed.). New York: Harper & Row, 1978.

Mussen, P. *The psychological development of the child* (3rd ed.). Englewood Cliffs, NJ: Prentice–Hall, 1979.

Neugarten, B., et al. *Personality in middle and late life: Empirical studies.* Salem, NY: Ayer & Company, 1980.

Osofsky, J. D. (Ed.). *Handbook of infant development.* New York: Wiley, 1979.

Piaget, J. *Play, dreams and imitation in childhood.* New York: W. W. Norton, 1962.

Piaget, J., & Inhelder, B. *A child's conception of space.* New York: W. W. Norton, 1967.

Pulaski, M. A. S. *Understanding Piaget: An introduction to children's cognitive development* (rev. ed.). New York: Harper & Row, 1980.

Sarnoff, C. *Latency*. New York: Jason Aronson, 1976.

Scarf, M. *Unfinished business: Pressure points in the lives of woman*. New York: Doubleday, 1980.

Sheehy, G. *Passages: Predictable crises of adult life*. New York: E. P. Dutton, 1976.

Signer, D. G., & Revenson, T. A. *A Piaget primer: How a child thinks*. New York: International Universities Press, 1978.

Smelser, N. J., & Erikson, E. H. (Eds.). *Themes of work and love in adulthood*. Cambridge: Harvard University Press, 1980.

Smith, N. R., & Franklin, M. P. (Eds.). *Symbolic functioning in childhood*. Hillsdale, NJ: Laurence Erlbaum Associates, 1979.

Stern, D. *The first relationship: Infant and mother*. Cambridge: Harvard University Press, 1977.

Stone, L. J., & Church, J. *Childhood and adolescence* (5th ed.). New York: Random House, 1984.

Walsh, P. B. *Growing through time: An introduction to the psychology of adult life*. Belmont, CA: Brooks−Cole, 1982.

Werner, H. *Comparative psychology of mental development* (rev. ed.). New York: International Universities Press, 1970.

White, B. L. *The first three years of life*. Englewood Cliffs, NJ: Prentice−Hall, 1975.

제5장 정신역동과 이상심리에 대한 이해

Achenbach, T. M. *Developmental psychopathology* (2nd ed.). New York: Wiley, 1982.

American Psychiatric Association. *A psychiatric glossary* (4th ed.). New York: Basic books, 1975.

American Psychoanalytic Association. *A glossary of psychoanalytic terms and concepts* (3rd ed.). New York: American Psychoanalytic Association, 1984.

Anthony, E. J., & Benedek, T. (Eds.). *Parenthood: Its psychology and psychopathology*. New York: Basic Books, 1972.

Bemporad, J. R. (Ed.). *Child development in normality and psychopathology*. New

York: Brunner/Mazel, 1980.

Blanck, G., & Blanck, R. *Ego psychology*. New York: Columbia Universities Press. Vol. 1, 1974; Vol. 2, 1979.

Brenner, C. *The mind in conflict*. New York: International University Press, 1980.

Burton, A. (Ed.). *Operational Theories of personality*. New York: Brunner/Mazel, 1974.

Coleman, J. *Abnormal psychology and modern life* (6th ed.). Glenview, IL: Scott, Foresman, 1980.

Cruikshank, W. *Psychology of exceptional children and youth* (4th ed.). Englewood Cliffs, NJ: Prentice−Hall, 1980.

_____(Ed.). *Concepts in special education: Selected writings*. Syracuse: Syracuse University Press, 1981.

Erickson, M. T. *Child psycho−pathology: Behavior disorders and developmental disabilities* (2nd ed.). Englewood Cliffs, NJ: Prentice−Hall, 1982.

Fenichel, O. *The psychoanalytic theory of neurosis*. New York: W. W. Norton, 1945.

Freud, A. *The ego and the mechanism of defense*. New York: International Universities Press, 1946.

Freud, S. *The interpretation of dreams* (1900). London: Hogarth, 1953.

_____. *The ego and the id* (1923). London: Hogarth, 1947.

_____. *The complete introductory lectures in psychoanalysis* (1916/17 & 1933). New York: W. W. Norton, 1966.

_____. *An outline of psychoanalysis* (1939). New York: W. W. Norton, 1949.

Gedo, G., & Goldberg, A. *Models of the mind*. New York: International Universities Press, 1973.

Hall, C. S., & Lindzey, G. *Theories of personality* (3rd ed.). New York: Wiley, 1978.

Harrison, S. I., & MacDermott, J. F. (Eds.). *Childhood psychopathology: An anthology of basic readings*. New York: International Universities Press, 1972.

Kaplan, H. I., & Sadock, B. J. *Modern synopsis of comprehensive textbook of psychiatry* (3rd ed.). Baltimore: Williams & Wilkins, 1981.

Kessler, J. W. *Psychopathology of childhood.* Englewood Cliffs, NJ: Prentice−Hall, 1966.

Lindzey, G., Hall, C. S., & Manosevitz, M. *Theories of personality: Primary sources and research* (2nd ed.). New York: Wiley, 1973.

Millon, T. *Modern psychopathology: A biosocial approach to maladaptive learning and functioning.* Philadelphia: Saunders, 1969.

＿＿＿＿＿ (Ed.). *Theories of psychopathology and personality: essays and critiques* (2nd ed.). Philadelphia: Saunders, 1973.

＿＿＿＿＿. *Disorders of personality: DSM III: Axis II.* New York: Wiley, 1981.

Mordock, J. B. *The other children: An introduction to exceptionality.* New York: Harper & Row, 1975.

Nagera, H. *The developmental approach to childhood psychopathology.* New York: Jason Aronson, 1981.

Offer, D., & Sabshin, M. *Normality: Theoretical and clinical concepts of mental health* (rev. ed.). New York: Basic Books, 1974.

Pruyser, P. W. (Ed.). *Diagnosis and difference it makes.* New York: Jason Aronson, 1977.

Rychlak, J. F. *Introduction personality and psychotherapy: A theory construction approach* (2nd ed.). Boston: Houghton−Mifflin, 1981.

Shepherd, M., & Zangwill, O. L. (Eds.). *Handbook of psychiatry I. General psychopathology.* New York: Cambridge University Press, 1983.

Thomas, A., & Chess, S. *The dynamics of psychological development.* New York: Brunner/Mazel, 1980.

Walker, C. E., & Roberts, M. C. *Handbook of clinical child psychology.* New York: Wiley, 1983.

Walsh, F. (Ed.). *Normal family process.* New York: The Guilford Press, 1982.

Wenar, C. *Developmental psychopathology: From infancy to adulthood.* New York: Random House, 1983.

제6장 심리치료에 대한 이해

Auvenshine, C. D., & Noffsinger, A. L. *Counseling: Issues and procedures in the human services*. Baltimore: University Park Press, 1983.

Basch, M. F. *Doing psychotherapy*. New York: Basic Books, 1980.

Beck, A. T. *Cognitive therapy and the emotional disorders*. New York: International Universities Press, 1976.

Belkin, G. S. (Ed.). *Contemporary psychotherapies*. Chicago: Rand McNally, 1980.

Bellack, A. S., & Hersen, M. *Behavior modification: An introductory textbook*. Baltimore: Williams & Wilkins, 1977.

Benjamin, A. D. *The helping interview* (3rd ed.). Boston: Houghton–Mifflin, 1981.

Brenner, C. *An elementary textbook of psychoanalysis* (rev. ed.). New York: International Universities Press, 1973.

Bruch, H. *Learning psychotherapy: Rationale and ground rules*. Cambridge: Harvard University Press, 1974.

Chessick, R. D. *How psychotherapy heals: The process of intensive psychotherapy*. New York: Science House, 1969.

Fromm–Reichman, F. *Principles of intensive psychotherapy*. Chicago: University of Chicago Press, 1950.

Garrett, A. *Interviewing: Its principles and methods* (3rd ed.). New York: Family Service Association, 1982.

Goldfried, M. R. (Ed.). *Changing themes in psychotherapy: Trends in psychodynamic, humanistic, and behavioral practice*. New York: Springer, 1982.

Greenspa, S. I. *The clinical interview of the child*. New York: McGraw–Hill, 1981.

Hammer, E. (Ed.). *Use of interpretation in treatment: Technique and art*. New York: Grune & Stratton, 1968.

Hedges, L. F. *Listening perspectives in psychotherapy*. New York: Jason Aronson, 1983.

Horner, A. J. *Object relations and the developing ego in therapy* (2nd ed.). New York: Jason Aronson, 1984.

Kell, B. L., & Mueller, W. J. *Impact and change: A study of counseling relationships.* Englewood Cliffs, NJ: Prentice-Hall, 1966.

Lacoursiere, R. *The life cycle of groups: Group developmental stage theory.* New York: Human Sciences Press, 1980.

Langs, R. J. *The therapeutic interaction: A synthesis.* New York: Jason Aronson, 1977.

May, R., Angel, E., & Ellenberger, H. F. (Ed.). *Existence: A new dimension in psychiatry and psychology.* New York: Basic Books, 1958.

Paul, I. H. *The form and technique of psychotherapy.* Chicago: University of Chicago Press, 1978.

Perls, F., Hefferline, R. F., & Goodman, P. *Gestalt therapy.* New York: Julian Press, 1951.

Racker, H. *Transference and counter-transference.* New York: International Universities Press, 1968.

Rogers, C. *Client-centered therapy: Its current practice, implications, and theory.* Boston: Houghton-Mifflin, 1971.

Sampson, E. E., & Matthas, M. K. *Group process for mental health.* New York: Wiley, 1977.

Shaw, M. E. *Group dynamics: The psychology of small group behavior.* New York: McGraw-Hill, 1971.

Singer, E. *Key concepts in psychotherapy.* New York: Basic Books, 1970.

Singer, J. *Boundaries of the soul: The practice of Jung's psychology.* New York: Doubleday, 1973.

Slipp, S. (Ed.). *Curative factors in dynamic psychotherapy.* New York: McGraw-Hill, 1982.

Sullivan, H. S. *The interpersonal theory of psychiatry.* New York: W. W. Norton, 1970.

Weiner, I. B. *Principles of psychotherapy.* New York: Wiley, 1975.

제7장 미술치료에 대한 이해(관련 분야)

American Psychiatric Association. *The use of the creative arts in therapy.* Washington, D. C., 1980.

Anderson, W. (Ed.). *Therapy and the arts: Tools of consciousness.* New York: Harpers & Row, 1977.

Avedon, E. M. *Therapeutic recreation service: An applied behavioral science approach.* Englewood Cliffs, NJ: Prentice-Hall, 1974.

Axline, V. M. *Play therapy.* New York: Basic Books, 1947.

Bernstein, P. L. *Theory and methods in dance-movement therapy: A Manual for therapists, students, and educators* (2nd ed.). Dubuque: Kendall Hunt, 1975.

_____. *Eight theoretical approaches in dance-movement therapy.* Dubuque: Kendall Hunt, 1979.

Erikson, J. M. *Activity, recovery, and growth: The communal role of planned activities.* New York: W. W. Norton, 1976.

Feder, B., & Feder, E. *The expressive arts in therapies.* Englewood Cliffs, NJ: Prentice-Hall, 1981.

Fleshman, B., & Fryrear, J. L. *The arts in therapy.* Chicago: Nelson-Hall, 1981.

Frye, V., & Peters, M. *Therapeutic recreation: Its theory, philosophy, and practice.* Harrisburg: Stockpole Books, 1972.

Gardner, R. A. *Therapeutic communication with children: The mutual storytelling technique.* New York: Science House, 1971.

Gaston, E. T. (Ed.). *Music in therapy.* New York: Macmillan, 1968.

Hopkins, H. D., & Smith, H. L. *Willard & Spackman's occupational therapy* (6th ed.). Philadelphia: Lippincott, 1983.

Kraus, R. *Therapeutic recreation service.* Philadelphia: Saunders, 1973.

Kuauss, D. A., & Fryrear, J. L. (Ed.). *Phototherapy in mental health.* Springfield, IL: Charles C Thomas, 1983.

Leedy, J. J. *Poetry therapy.* Philadelphia: Lippincott, 1969.

_____. *Poetry therapy.* Philadelphia: Lippincott, 1973.

Lerner, A. (Ed.). *Poetry in the therapeutic experience.* New York: Pergamon, 1978.

McNiff, S. *The arts and psychotherapy.* Springfield, IL: Charles C Thomas, 1981.

Mosey, A. C. *Activities therapy.* New York: Raven Press, 1973.

Moustakas, C. E. *Children in play therapy.* New York: Ballantine Books, 1953.

Nickerson, E. T., & O' Laughlin, K. (Eds.). *Helping through action: Action−oriented therapies.* Amherst, MA: Human Resources Development Press, 1982.

Nordoff, P., & Robbins, C. *Creative music therapy: Individualized treatment for the handicapped child.* New York: T. Y. Crowell, 1977.

Plach, T. *The creative use of music in group therapy.* Springfield, IL: Charles C Thomas, 1980.

Reed, K. L. *Models of practice in occupational therapy.* Baltimore: Williams & Wilkins, 1983

Reed, K. L., & Sanderson, S. *Concepts of occupational therapy* (2nd ed.). Baltimore: Williams & Wilkins, 1983.

Schaefer, C. E (Ed.). *Therapeutic use of child' s play.* New York: Jason Aronson, 1976.

Schattner, G., & Courtney, R. (Eds.). *Drama in therapy. Vol. I. Children, Vol. II. Adults.* New York: Drama Book Specialists, 1981.

Shivers, J. S., & Fait, H. F. *Therapeutic and adapted recreational services.* Philadelphia: Lea & Febiger, 1975.

Shorr, J. E., et al. (Eds.). *Imagery, Vol. 3.* New York: Plenum, 1983.

Singer, J. L., & Pope, K. S. (Eds.). *The power of human imagination: New methods in psychotherapy.* New York: Plenum, 1978.

Tyson, F. *Psychiatric music therapy: Origins and development.* New York: Creative Arts Rehabiltaion Center, 1981.

Winnicott, D. W. *Therapeutic consultants in child psychiatry.* New York: Basic Books, 1971.

제3부 미술과 치료의 만남(미술치료의 실제)

미국미술치료협회(American Art Therapy Association) 학술대회 내용을 수록한 자료집과 기타 관련 논문들 모음

1976: *Creativity and the art therapist's identity* (Ed. R. H. Shoremaker & S. E. Gonick-Barris)

1977: *The dynamics of creativity* (Ed. B. K. Mandel, R. H. Shoremaker, & R. E. Hays)

1978: *Art therapy: Expanding horizons* (Ed. L. Gantt, G. Forrest, D. Silverman, & R. H. Shoremaker)

1979: *Focus on the future: The next ten years* (Ed. L. Gantt & A. Evans)

1980: *The fine are of therapy* (Ed. L. Gantt & S. Whitman)

1981: *Art therapy: A bridge between worlds* (Ed. A. E. DiMaria, E. S. Kramer, & I. Rosner)

1982: *Art therapy: Still growing* (Ed. A. E. DiMaria, E. S. Kramer, & E. A. Roth)

Jakab, I. (Ed.). *Psychiatry and art.* New York: S. Karger. Vol. I, 1968; Vol. II, 1970; Vol. III, 1971; Vol. IV, 1975.

_____(Ed.). *The personality of the therapist.* Pittsburgh, PA: American Society of Psychopathology of Expression, 1981.

Roth, E. A., & Rubin, J. A. (Eds.). *Perspectives an art therapy.* Pittsburgh: Western Psychiatric Institute and Clinics, 1978.

Ulman, E., & Dachinger, P. (Eds.). *Art therapy in theory and practice.* New York: Schocken Press, 1975.

Ulman, E., & Levy, C. (Eds.). *Art therapy viewpoints.* New York: Schocken Press, 1980.

미술치료에 관련된 일반적인 서적들

Capacchione, L. *The creative journal: The art of finding yourself.* Chicago: Swallow Press, 1979.

Hill, A. *Art versus illness*. London: George Allen & Unwin, 1945.

―――――. *Painting out illness*. London: George Allen & Unwin, 1951.

Keyes, M. F. *The inward journey*. Millbrae, CA: Celestial Arts, 1974.

Kwiatkowska, H. Y. *Family therapy and evaluation through art*. Springfield, IL: Charles C Thomas, 1978.

Landgarten, H. *Clinical art therapy*. New York: Brunner/Mazel, 1981.

Lucas, X. *Artists in group psychotherapy*. New York: Brunner/Mazel, 1982.

Lyddiatt, E. M. *Spontaneous painting and modeling*. London: Constable & Co., 1971.

Naumburg, M. *Dynamically oriented art therapy: Its principles and practice*. New York: Grune & Stratton, 1966.

Paraskevas, C. B. *A structural approach to art therapy methods*. New York: Collegium, 1979.

Pickford, R. W. *Studies in psychiatric art*. Springfield, IL: Charles C Thomas, 1967.

Rhyne, J. *The gestalt art experience*. Monterey, CA: Brooks/Cole, 1974.

Robbins, A., & Sibley, L. B. *Creative art therapy*. New York: Brunner/Mazel, 1976.

Robbins, A., et al. *Expressive therapy: A creative arts approach to deptoriented therpapy*. New York: Human Sciences press, 1980.

Virshup, E. *Right-brain people in a left-brain world*. Los Angeles: Art Therapy West, 1978.

Wadeson, H. *Art psychotherapy*. New York: Wiley, 1980.

아동미술 및 치료 관련 문헌

Andeson, F. *Art for all the children*. *Springfield*, IL: Charles C Thomas, 1978.

Anderson, F, Colchado, J., & McAnnaly, P. *Art for the handicapped*. Normal, IL: Illinois State University, 1979.

Bender, L. (Ed.). *Child psychiatric techniques*. Springfield, IL: Charles C Thomas, 1952.

Cane, F. *The artist in each of us*. New York: Pantheon Books, 1951.

Clements, C. B., & Clements, R. D. *Art and mainstreaming*. Springfield, IL: Charles C

Thomas, 1984.

Fukurai, S. *How can I make what I cannot see?* New York: Van Nostrand Reingold, 1974.

Kearns, L. H., Ditson, M. T., & Roehner, B. G. (Eds.). *Readings: Developing arts programs for handicapped students.* Harrisburg: Arts in Special Education Project of Pennsylvania, 1981.

Kramer, E. *Art therapy in a chileren' s community.* Springfield, IL: Charles C Thomas, 1958.

_____. *Art as therapy with children.* New York: Schocken Press, 1971.

_____. *Childhood and art therapy.* New York: Schocken Press, 1979.

Lowenfeld, V. *The narure of creative activity.* London: Routledge & Kegan Paul, 1952.

_____. *Creative and mental growth* (3rd ed.). New York: Macmillan, 1957.

_____. *The Lowenfeld lectures* (Ed. J. A. Michael). University Park: Pennsylvania State University Press, 1982.

Petrie, M. *Art and regeneration.* London: Paul Elek, 1946.

Read, H. *Education through art* (3rd ed.). New York: Pantheon Books, 1958.

Robertson, S. *Rosegarden and labyrynth: A study in art education.* New York: Barnes & Noble, 1963.

Rubin, J. A. *Child and therapy: Understanding and helping children grow through art* (2nd ed.). New York: Van Nostrand Reinhold, 1984.

Schaeffer-Simmern, H. *The unfolding of artistic activity.* Berkeley: University of California Press, 1948.

Silver, R. A. *Developing Cognitive and creative skills in art.* Baltimore: University Park Press, 1978.

Singer, F. *Structuring child behavior through visual art.* Springfield, IL: Charles C Thomas, 1980.

Uhlin, D. M. *Art for exceptioanl children* (2nd ed.). Dubuque, IA: Williams C Brown, 1979.

Williams, G. H., & Wood, M. M. *Developmental art therapy.* Baltimore: University

Park Press, 1977.

미술과 치료에 관련된 사례들

Axline, V. M. *Dibs: In search of self.* New York: Ballentine Books, 1964.

Barnes, M., & Berke, J. *Mary Barnes: Two accounts of a journey through madness.* New York: Harcourt Brace Jovanovich, 1973.

Baruch, D.W. *One little boy.* New York: Dell Paperback, 1983.

Betensky, M. *Self-discovery through self-expression.* Springfield, IL: Charles C Thomas, 1973.

Eng, H. *The psychology of children's drawings: From the first stroke to the coloured drawing.* (2nd ed.). London: Routledge & Kegan Paul, 1954.

_____. *The psychology of child and youth drawing: From the ninth to the 24th year.* New York: Humanities Press, 1957.

Fein, S. *Heidi's horse.* Pleasant Hill. CA: Exelrod Press, 1976.

Harris, J., & Joseph, C. *Murals of the mind.* New York: International Universities Press, 1973.

Klein, M. *Narrative of a child analysis.* London: Hogarth, 1961.

McDougall, J., & Lebovici, S. *Dialogue with Sammy: A psycho-analytical contribution to the understanding of child psychosis.* New York: International Universities Press, 1969.

Meares, A. *The door of serenity.* London: Faber & Faber, 1958.

Milner, M. *The hands of the living God.* New York: International Universities Press, 1969.

Naevestad, M. *The colors of rage and love: A picture book of internal events.* London: Whitefriars Press, 1979.

Naumburg, M. *Studies of the "free" art expression of behavior problem children and adolescents as a means of diagnosis and therapy.* Nervous & Mental Disease Monograph No.71, 1947 (*Introduction to art therapy.* New York: Teachers College Press, 1973)

_____. *Schizophrenic art: Its meaning in psychotherapy.* New York: Grune & Stratton, 1950.

_____. *Psychoneurotic art: Its function in psychotherapy.* New York: Grune & Stratton, 1950.

Schreiber, F. R. *Sybil.* New York: Warner Books, 1974.

Sechehaye, M. *Symbolic realization.* New York: International Universities Press, 1953.

Selfe, L. *Nadia: A case of the extraordinary drawing ability in an autistic child.* New York: Academics Press, 1978.

Ude-Pestel, A. *Betty: History and art of a child in therapy.* Palo Alto, CA: Science & Behavior Books, 1977.

Wysuph, C. L. *Jackson Pollack: Psychoanalytic drawings.* New York: Horizon Press, 1970.

참고서적

Gantt, L., & Schmail, M. *Art therapy: A bibliography.* Washington, D. C.: National Institutes of Mental Health, 1974.

Hanes, K. M. *Art therapy and group work: An annotated Bibliography.* Westport, CT: Greenwood Press, 1982.

Kiell, N. *Psychiatry and psychology in the visual arts and aesthetics: A bibliography.* Madison: University of Wisconsin Press, 1965.

Moore, R. W. *Art therapy in mental health.* Washington, D. C.: National Institutes of Mental Health, 1981.

학술지

American Journal of Art Therapy (formerly *Bulletin of Art Therapy*). Published and edited by Elinor Ulman (Box 4918, Washington, D. C. 20008).

The Arts in Psychotherapy(formerly *Art Psychotherapy*). Published by Ankho International, New York City.

Confinia Psychiatrica. Published from 1958 to 1980 by S. Karger, Switzerland.

제4부 미술치료에서의 간접적인 서비스

제13장 교육에 대하여

Abels, P. *The new practice of supervision and staff development.* New York: Association Press, 1977.

Benjamin, H. *The saber-tooth curriculum.* New York: McGraw-Hill, 1939.

Bibring, G. L. (Ed.). *The teaching of dynamic psychiatry.* New York: International Universities Press, 1968.

Bruner, J. *The process of education.* Cambridge: Harvard University Press, 1961.

_____. *On knowing: Essays for the left hand* (rev.ed.). Cambridge: Harvard Universities Press, 1979.

Ford, C., & Morgan, M. (Eds.). *Teaching in the health professions.* St. Louis: C. V. Mosby, 1976.

Knopke, H. J., & Diekelmann, N. L. (Eds.). *Approaches to teaching in the health sciences.* Reading, MA: Addison-Wesley, 1981.

Lauffer, A,. & Sturdevant, C. *Doing continuing education and staff development.* New York: McGraw-Hill, *1978*

Lewin, B., & Ross, H. *Psychoanalytic education in the United States.* New York: W. W. Norton, 1960.

Lowy, L., et al. *Integrative learning and teaching in shools of social work.* New York: Association Press, 1971.

Mager, R. F. *Preparing instructional objectives* (2nd ed.). Belmont, CA: Fearon Publishers, 1975.

Miller, G. E., et al. *Teaching and learning in medical school.* Cambridge: Harvard University Press, 1961.

Smith, R. A. (Ed.). *Aesthetic concepts and education.* Urbana, IL: University of

Illinois Press, 1970.

_____. *Aesthetics and problems of education*. Urbana, IL: Universty of Illinois Press, 1971.

Towle, C. *The learner in education for the professions*. Chicago: University of Chicago Press, 1954.

Tyler, R. W. *Basic principles of curriculum and instruction*. Chicago: University of Chicago Press, 1950.

Ulich, R. (Ed.). *Three thousand years of educational wisdom: Selections from great documents* (2nd ed.). Cambridge: Harvard University Press, 1954.

Whitehead, A. N. *The aims of education*. New York: New American Library, 1957.

Zabarenko, R. N., & Zabarenko, L. M. *The doctor tree: Developmental stages in the growth of physicians*. Pittsburgh: University of Pittsburgh Press, 1978.

Ziegfeld, E. (Ed.). *Education and art: A symposium*. Paris: UNESCO, 1953.

제14장 임상감독에 대하여

Austin, M. J. *Supervisory management in the human services*. Englewood Cliffs, NJ: Prentice-Hall, 1981.

Boyd, J., et al. *Counselor supervision: Approaches, preparation, practices*. Muncie, IN: Accelerated Development, 1978.

Cogan, M. L. *Clinical supervision*. New York: Houghton-Mifflin, 1973.

Ekstein, R., & Wallerstein, R. S. *The teaching and learning of psychotherapy* (rev. ed.). New York: International Universities Press, 1972.

Fleming, J., & Benedek, T. *Psychoanalytic supervision: A method of clinical teaching*. New York: Grune & Stratton, 1966.

Goldhammer, R., Anderson, R. H., & Krajewski, R. J. *Clinical supervision* (2nd ed.). New York: Holt, Rinehart & Winston, 1980.

Hess, A. K. (ED.). *Psychotherapy supervision: Theory, research and practice*. New York: Wiley, 1980.

Kadushin, A. *Supervision in social work*. New York: Columbia University press,

1976.

Kaslow, F. W., et al. *Supervision, consultation, and staff training in the helping professions.* San Francisco: Jossey−Bass, 1977.

Mueller, W. J., & Kell, B. L. *Coping with conflict: Supervising counselors and psychotherapists.* New York: Meredith Corporation, 1972.

Munson, C. E. (Ed.). *Social work supervision.* New York: Free Press, 1979.

_____. *An introduction to clinical social work supervision.* New York: Haworth, 1983.

Pettes, D. E. *Staff and student supervision: A task−centered approach.* London: George Allen & Unwin, 1979.

Schuster, D. B., Sandt, J. J., & Thaler, O. F. *Clinical supervision of the psychiatric resident.* New York: Brunner/Mazel, 1972.

Semrad, E. V., et al. *Teaching psychotherapy of psychotic patients.* New York: Grune & Stratton, 1969.

Shulman, L. *Skills of supervision and staff development.* Itasca, IL: F. E. Peacock, 1982.

Wallerstein, R. S. (Ed.). *Becomming a psychoanalyst: A study of psychoanalytic supervision.* New York: International Universities Press, 1981.

Whiffen, R., & Byng−Hall, J. (Eds.). *Family therapy supervision: Recent developments in practice.* New York: Grune & Stratton, 1982.

Wilson, S. *Field instruction: Techniques of supervisors.* New York: Free Press, 1981.

제15장 임상자문에 대하여

Argyris, C. *Intervention theory and method: A behavioral science view.* Reading, MA: Addison−Wesley, 1970.

Beisser, A. R. *Mental health consultation and education.* Santa Monica, CA: Institute Press, 1972.

Bennis. W. G., Benne, K. D., & Chin, R. (Eds.). *The planning of change: Readings in the applied behavioral sciences* (3rd ed.). New York: Holt, Rinehart &

Winston, 1976.

Caplan, G. *The theory and practice of mental health consultation.* New York: Basic Books, 1970.

Cooper, S., & Hodges, W. F. (Eds.). *The mental health consultation field.* New York: Human Sciences Press, 1983.

Fairweather, G. W., et al. *Creating change in mental health organizations.* New York: Pergamon Press, 1974.

Gallesick, J. *The profession and practice of consultation.* San Francisco: Jossey–Bass, 1982.

Goodstein, L. D. Consulting with human service systems. Reading, MA: Addison–Wesley, 1978.

Greenblatt, M., Sharaf, M. R., & Stone, E. M. *Dynamics of institutional change: The hospital in transition.* Pittsburgh: University of Pittsburgh Press, 1971.

Ketterer, R. F. *Consultation and education in mental health: Patterns and prospects.* Beverly Hills: Sage Publications, 1981.

Mannino, F. V., et al. (Eds.). *The practice of mental health consultation.* New York: Gardner Press, 1975.

Newman, R. G. *Psychological consultation in the schools.* New York: Basic Books, 1967.

제16장 연구에 대하여

Anderson, F. *A review of the published research literature on arts and the handicapped, 1971–1981.* Washington, D. C.: National Committee, Arts for the Handicapped, 1982.

Barron, F. *Artists in the making.* New York: Seminar Press, 1972.

Beittel, K. *Alternatives for art education research.* Dubuque, IA: William C Brown, 1973.

Berlyne, D. E. *Aesthetics and psychobiology.* New York: Meredith Corporation, 1971.

_____ (Ed.). *Studies in the new experimental aesthetics.* New York: Wiley, 1974.

Best, J. *Research in education* (4th ed.). Englewood Cliffs, NJ: Prentice–Hall, 1981.

Borg, W. R. *Applying educational research: A practical guide for teachers.* New York: Longman, 1981.

Borg, W. R., & Gall, M. D. *Educational research: An introduction* (4th ed.). New York: Longman, 1983.

Burns, R.C. *Self–growth in families: Kinetic family drawings (KFD): Research and application.* New York: Brunner/Mazel, 1982.

Butterworth, G. E. (Ed.). *The child's representation of the world.* New York: Plenum, 1977.

Cartwright, D., & Zander, A. (Ed.). *Group dynamics: Research and theory* (3rd ed.). New York: Harper & Row, 1981.

Cox, R. C., & West, W. L. *Foundations of research for health professionals.* Laurel, MD: Ramsco Publishers, 1982.

Davis, D. J. (Ed.). *Behavioral emphasis in art education.* Reston, VA: National Art Education Association, 1976.

Fried, E. *Artistic productivity and mental health.* Springfield, IL: Charles C Thomas, 1964.

Gardner, H. *The arts and human development.* New York: Wiley, 1973.

Goldman, L. (Ed.). *Research methods for counselors: Practical approaches in field settings.* New York: Wiley, 1978.

Gurman, A. S., & Razin, A. M. (Eds.). *Effective psychotherapy: A handbook of research.* New York: Pergamon, 1977.

Hardyck, C. D., & Petrinovich, L. F. *Introduction to statistics for the beavioral sciences* (2nd ed.). Philadelphia: Saunders, 1976.

_____. *Understanding research in the social sciences.* Philadelphia: Saunders, 1976.

Hare, A. P. *Handbook of small group research* (2nd ed.). New York: Free Press, 1976.

Hatterer, L. J. *The artist in society.* New York: Grove Press, 1965.

Hersen, M., & Barlow, D. H. *Single case experimental designs: Strategies for studying behavior change.* New York: Pergamon Press, 1976.

Kazdin, A. E. *Research design in clinical psychology.* New York: Harper & Row, 1980.

Kensler, G. (Ed.). *Observation: A technique for art educators.* Washington, D. C.: National Art Education Association, 1971.

Machotka, P. *The nude: Perception and personality.* New York: Irvington, 1979.

Mattil, E. L. (Ed.). *A seminar in art education for research and curriculum development.* University Park: Pennsylvania State University, 1966.

Morris, D. *The biology of art: A study of the picture—making behavior of the great apes and its relationship to human art.* New York: Alfred A. Knopf, 1962.

O' Hare, D. (Ed.). *Psychology and the arts.* New Jersey: Humanities Press, 1981.

Perkins, D., & Leondar, B. (Eds.). *The arts and cognition.* Baltimore: Johns Hopkins University Press, 1977.

Pickford, R. W. *Psychology and visual aesthetics.* London: Hutchinson, 1972.

Polit, D. F., & Hungler, B. P. *Nursing research: Principles and methods* (2nd ed.). Philadelphia: Lippincott, 1982.

Pope, K. S., & Singer, J. L. (Eds.). *The steam of consciousness: Scienific investigations into the flow of human experience.* New York: Plenum Press, 1978.

Selife, L. *Normal and anomalous representational drawing ability in children.* New York: Academic Press, 1983.

관련 학술지

Empirical Studies of the Arts. Published by Baywood Publishing Company, New York.

Imagination, Cognition, and Personality. Published by Baywood Publishing Company, New York.

Journal of Mental Imagery. Published by the International Imagery Association, New York.

Scientific Aesthetics (Sciences de I' Art). Published by Plenum Press, New York.

Studies in Art Education. Published by the National Art Education Association, Reston, Virginia.

Visual Arts Research. Published by the University of Illinois Press, Urbana, Illinois.

제17장 이론에 대하여

Blatt, S. J., & Blatt, E. S. *Continuity and change in art: The development of modes of representation.* New York: Analytic Press, 1984.

Erikson, E. H. *Toys and reasons: Stages in the ritualization of experience.* New York: W. W. Norton, 1977.

Freud, S. *On creativity and the unconscious: Papers on the psychlolgy of art, literature, love, reilgion.* New York: Harper & Row, 1958.

Gedo, J. E. *Portraits of the artist: Psychoanalysis of creativity and its vicissitudes.* New York: Guilford, 1983.

Goodman, N. *Languages of art* (2nd ed.). Indianapolis: Hackett, 1976.

Grolnick, S. A., & Barkin, L. (Eds.). *Between reality and fantasy: Transitional objects and phenomena.* New York: Jason Aronson, 1978.

Kreitler, H., & Kreitler, S. *Psychology of the arts.* Durham, NC: Duke University Press, 1972.

Kris, E. *Psychoanalytic explorations in art.* New York: Schocken Press, 1952.

Kuhns, R. *Psychoanalytic theory of art.* New York: Columbia University Press, 1983.

Langer, S. K. *Philosophy in a new key.* Cambridge: Harvard University Press, 1942.

＿＿＿. *Feeling and form.* New York: Scribner' s, 1953.

＿＿＿. *Problems of art.* New York: Scribner' s, 1957.

Lewin, B. D. *The image and the past.* New York: International Universities Press, 1968.

Meerloo, J. A. M. *Creativity and eternization.* New York: Humanities Press, 1968.

Peckham, M. *Man's rage for chaos: Biology, behavior, and the arts.* New York: Schocken Press, 1965.

Pruyser, P. W. *The play of the imagination: Toward a psychoanalysis of culture.* New York: International Universities Press, 1983.

Schneider, D. E. *The psychoanalyst and the artist.* New York: International Universities Press, 1950.

Winnicott, D. W. *Playing and reality.* New York: Basic Books, 1972.

제5부 미술치료에서의 임상적 적용

제18장 상이한 치료대상

아동과 청소년 대상

Esman, A. H. (Ed.). *The psychiatric treatment of adolescents.* New York: International Universities Press, 1983.

Foster, G. W., et al. *Child care work with emotionally disturbed children.* Pittsburgh: University of Pittsburgh Press, 1971.

Ginott, H. G. *Group psychotherapy with children.* New York: McGraw-Hill, 1961.

Haworth, M. (Ed.). *Child psychotherapy: Practive and theory.* New York: Basic Books, 1964.

Meeks, J. E. *The fragile alliance: An orientation to the psychiatric treatment of the adolescent* (2nd ed.). New York: Krieger, 1980.

Mishne, J. *Clinical work with children.* New York: The Free Press, 1983.

Morris, R. J., & Kratochwill, T. R. (Eds.). *The practice of child therapy.* New York: Pergamon Press, 1983.

Moustakas, C. E. *Psychotherapy with children.* New York: Ballantine Books, 1959.

Ross, A. O. *Child behavior therapy: Principles, practices, and empirical basis.* New York: Wiley, 1981.

Slavson, S. R., & Schiffer, M. *Group psychotherapies for children.* New York: international Universities Press, 1974.

Speers, R. W., & Lansing, C. *Group therapy in childhood psychosis.* Chapel Hill:

University of Noth Carolina Press, 1965.

Steinberg, D. *The clinical psychiatry of adolescence: Clinical work from a social and developmental perspective*. New York: Wiley, 1983.

성인과 노인 대상

Anthony, E. J., & Benedek, T. (Eds.). *Depression and human existence*. Boston: Little, Brown, 1975.

Arieti, S. *Interpretation of schizophrenia* (2nd ed.). New York: Basic Books, 1974.

Bellak, L. (Ed.). *Disorders of the schizophrenic syndrome*. New York: Basic Books, 1979.

Brink, T. L. *Geriatric psychotherapy*. New York: Human Sciences Press, 1979.

Butler, R. N., & Lewis, M. I. *Aging and mental health: Positive psychosocial approaches* (3rd ed.). St. Louis: C. V. Mosby, 1983.

Freeman, T. A. *Psychoanalytic study of the psychoses*. New York: International Universities Press, 1973.

Frosch, J. *The psychotic process*. New York: International Universities Press, 1983.

Giovacchini, P. L., & Boyer, L. B. (Eds.). *Technical factors in the treatment of the severly disturbed patient*. New York: Jason Aronson, 1982.

Hartocollis, P. (Ed.). *Borderline personality disorders: The concept, the syndrome, the patient*. New York: Jason Aronson, 1982.

Kernberg, O. *Borderline conditions and pathological naricissism*. New York: Aronson, 1975.

Kohut, H. *The analysis of the self*. New York: International Universities Press, 1971.

McNeil, E. B. *Neuroses and personality disorders*. Englewood Cliffs, NJ: Prentice-Hall, 1970.

————. *The psychoses*. Englewood Cliffs, NJ: Prentice-Hall, 1970.

Masterson, J. E. *The narcissistic and borderline disorders: An integrated developmental approach*. New York: Brunner/Mazel, 1981.

Pao, P-N. *Schizophrenic disorders: Theory and treatment from a psychodynamic point of view*. New York: International Universities Press, 1979.

Paykel, E. S. (Ed.). *Handbook affective disorders*. New York: Guilford Press, 1982.

Scheflen, A. *Levels of schizophrenia.* New York: Brunner/Mazel, 1981.

Schlossberg, N. A. *Counseling adults in transition: Linking practice and theory.* New York: Springer, 1984.

Searles, H. F. *Collected papers on schizophrenia and related subjects.* New York: International Universities Press, 1966.

Sheehan, S. *Is there no place on earth for me?* Boston: Houghton–Mifflin, 1982.

Whitehead, J. A. *Psychiatiric disroders in old age: A handbook for the clinical team.* New York: Springer, 1979.

장애와 지체 대상

Buck, P. *The child who never grew.* New York: John Day, 1950.

Burlingham, D. *Psychoanalytic studies of the sighted and the blind.* New York: International Universities Press, 1972.

Cutsforth, T. D. *The blind in school and society: A psychological study.* New York: American Fondation for the Blind, 1951.

Eissler, K. R., Kris, M., & Solnit, A. J. (Eds.). *Physical illness and handicap in childhood.* New Haven: Yale University Press, 1977.

Evans, D. P. *The lives of mentally retarded people.* Boulder, CO: Westview Press, 1983.

Fraiberg, S. *Insights from the blind: Comparative studies of blind and sighted subjects.* New York: Basic Books, 1977.

Gardner, H. *The shattered mind: The person after brain–damage.* New York: Vintage Books, 1974.

Garrett, J. E., & Levine, E. S. (Eds.). *Psychological practices with the physically disabled.* New York: Columbia University Press, 1962.

Gliedman, J., & Roth, W. *The unexpected minority: Handicapped children in America.* New York: Harcourt Brace Jovanovich, 1980.

Goffman, E. *Stigman: Notes on the management of spoiled identity.* Englewood Cliffs, NJ: Prentice–Hall, 1963.

Hunt, P. (Ed.). *Stigma: The experience of disability.* London: Geoffrey Chapman, 1966.

Lindemann, J. E. *Psychological and behavioral aspects of physical disability: A manual for health practitioners.* New York: Plenum Press, 1981.

Marinelli, R. P., & Dell Orto, A. E. (Eds.). *The psychological and social impact of physical disability.* New York: Springer, 1977.

Samuells, S. *Disturbed exceptional children: An integrated approach.* New York: Human Sciences Press, 1981.

Seligman, M. *The family with a handicapped child: Understanding and intervention.* New York: Grune & Stratton, 1983.

_____. *Gruop psychotherapy and counseling with special populations.* Baltimore: University Park Press, 1982.

Stubbins, J. *Social and psychological aspects of disability.* Baltimore: University Park Press, 1977.

Wright, B. A. *Physical disability: A psychological approach* (2nd ed.). New York: Harper & Row, 1984.

제19장 다양한 치료환경

Bayes, K. *The therapeutic effect of environment on emotionally disturbed and mentally subnormal children.* London: Unwin Brothers, 1967.

Beigel, A., & Levenson, R. I. (Eds.). *The community mental health center.* New York: Basic Books, 1972.

Bettelheim, B. *Love is not enough.* New York: The Free Press, 1950.

_____. *A home for the heart.* New York: Alfred A. Knopf, 1974.

Brendtro, L., & Ness, A. *Re-education troubled youth: Environments for teaching and treatments.* New York: Aldine Press, 1983.

Canter, D., & Canter, S. (Eds.). *Designing for therapeutic environments: A review of research.* New York: Wiley, 1979.

Cumming, J., & Cumming, E. *Ego and milieu.* New York: Atherton Press, 1962.

Goffman, E. *Asylums.* New York: Anchor Books, 1961.

Heacock, D. R. (Ed.). *A psychodynamic approach to adolescent psychiatry: The*

Mount Sinai experience. New York: Marcel Dekker, 1980.

Holahan, C. J. *Environmental behavior: A dynamic perspective.* New York: Plenum Press, 1978.

Langsley, D. G., Berlin, I. N., & Yarvis, R. M. *Handbook of community mental health.* New York: Excerpta Medica, 1981.

Luber, R. F., & Anderson, C. M. (Eds.). *Family intervention with psychiatric patients.* New York: Human Sciences Press, 1983.

Mahlmann, J., & Jungels, G. (Eds.). *Art in the lives of persons with special needs.* Reston, VA: National Art Education Association, 1981.

Moos, R. H., et al. *The human context: Environmental determinants of behavior.* New York: Wiley, 1976.

Ostroff, E. *Humnanizing environments: A primer.* Cambridge, MA: The Word Guild, 1978.

Ostroff, E., & Tamahiro, R. *Transforming institutions with play, the arts, and environmental design.* Boston: Massachusetts Department of Mental Health, 1975.

Polsky, H., Claster, D. S., & Goldberg, C. (Eds.). *Social systems perspectives in residential institutions.* East Lansing: Michigan State University Press, 1970.

Proshansky, H. M., Ittelson, W. H., & Rivlin, L. G. (Eds.). *Environmental psychology: Man and his physical setting.* New York: Holt, Rinehart & Winston, 1970.

Rossi, J., & Filstead, W. (Eds.). *The therapeutic community: A sourcebook of readings.* New York: Behavioral Publications, 1973.

Schulberg, H. C., & Baker, F. *The mental hospital and human services.* New York: Behavioral publications, 1974.

Sederer, L. I. (Ed.). *Inpatient psychiatry: Diagnosis and treatment.* Baltimore: Williams & Wilkins, 1983.

Yalom, I. D. *Inpatient group psychotherapy.* New York: Basic Books, 1983.

제20장 다양한 치료방식

Baruth, L. G., & Huber, C. H. *An introduction to marital theory and therapy.* Monterey, CA: Brooks/Cole, 1983.

Bellak, L., & Small, L. S. *Emergency psychotherapy and brief psychotherapy* (2nd ed.). New York: Grune & Stratton, 1978.

Cohen, R. G., & Lipkin, G. B. *Therapeutic group work for health professionals.* New York: Springer, 1979.

Erickson, G. D., & Hogan, T. P. (Eds.). *Family theray: An introduction to theory and technique* (2nd ed.). Monterey, CA: Brooks/Cole, 1981.

Goldenberg, I., & Goldenberg, H. *Family therapy: An overview.* Monterey, CA: Brooks/Cole, 1980.

Gurman, A. S., & Kniskern, D. P. (Eds.). *Handbook of family therapy.* New York: Brunner/Mazel, 1981.

Haveliwala, Y. A., Scheflen, A. E., & Ashcraft, N. *Common sense in therapy: A handbook for the mental health worker.* New York: Brunner/Mazel, 1979.

Hoffman, L. *Foundations of family therapy.* New York: Basic Books, 1981.

Jones, S. L. *Family therapy: A comparison of approaches.* Bowie, MD: Robert J. Barady Company, 1980.

Lambert, M. J. (Ed.). *Psychotherapy and patient relationships.* Homewood, IL: Dow Jones−Irwin, 1982.

Mullen, H., & Rosenbaum, M. *Group psychotherapy: Theory* & practice (rev. ed.). New York: The Free Press, 1978.

Naar, R. *A primer of group psychotherapy.* New York: Human Sciences Press, 1982.

Satir, V. M., et al. *Helping families to change.* New York: Aronson, 1976.

Small, L. S. *The briefer psychotherapies* (rev. ed.). New York: Brunner/Mazel, 1979.

Wolberg, L. R. *Handbook of short−term psychotherapy.* New York: Thieme−Stratton, 1980.

Yalom, I. D. *The theory and practice of group psychotherapy* (2nd ed.). New York: Basic Books, 1975.

정신분석적 미술치료의 거목
루빈(Judith A. Rubin) 박사와의 만남

대담: 박희선, 황숙현(본 협회 회원, 뉴욕 거주)

미국 피츠버그의 대학가에 있는 연구실에서 루빈 박사를 만났습니다. 오랜 시간 치료사, 교육자, 임상감독자로 왕성한 활동을 하며 예술치료 분야의 발전을 위해 노력한 권위자라기보다 오히려 편안한 선생님 같은 모습으로 한국에서 온 두 학생을 맞아 주셨습니다.

오랜 기간이 지났지만 생생히 기억하고 계신 것처럼, 처음 시작할 때의 열정을 지닌 모습 그대로 여전히 자신을 아직은 반은퇴(semiretire)라고 표현하며 예술치료에 대한 애정을 보여 주셨습니다. 풍부한 경험을 바탕으로 한 자신감과 여유 있는 모습을 볼 수 있었고, 9시간 버스 여행의 피곤이 가실 만큼 무척 인상적인 만남이었습니다. 인터뷰가 끝난 후에도 치료실을 보여 주시고, 두 학생의 개인적인 계획과 관심사까지 물어보시는 등 따뜻하게 맞아 주신 루빈 박사와의 인터뷰 내용이 회원들에게 도움이 되길 바랍니다. 이 글은 1시간이 넘는 시간 동안 편안하게 대화하듯 말씀하신 것을 바탕으로 정리한 것입니다.

한국표현예술심리치료협회의 인터뷰에 응해 주셔서 감사합니다. 이번에 *The Art of Art Therapy*가 한국어로 번역·출판될 예정인데, 이에 대한 소감을 말씀해 주셨으면 합니다.

매우 기쁘게 생각합니다. 좀 부끄럽긴 하지만 사실 지금까지 제 저서들이 몇

개 국어로 번역·출간되었는지 다 기억하진 못합니다만, 매번 이런 소식을 접할 때마다 매우 기쁩니다. 제가 책을 쓴 이유는 치료사가 되려는 사람들을 돕기 위한 것이었습니다. 제가 치료사로서, 선생으로서, 또 임상감독자로서 직접적으로 접하게 되는 사람들의 수는 한정적일 수밖에 없다는 것을 깨달았습니다. 상당히 오래 전 일이긴 합니다만. (웃음) 벌써 35년 전이군요. 'Mr. Rogers Neighbohood'라는 어린이들을 위한 공영 텔레비전 프로그램(한국의 교육방송에 해당)이 있었습니다.

제가 약 3년간 그 프로그램에 출연한 일이 있었는데, 그때 의사소통 방법으로서 대중매체의 파급력이 저를 놀라게 했습니다. 로저스 씨는 아동발달학자였는데, 그의 이러한 매체를 통한 방법이 얼마나 많은 사람들에게 다가갈 수 있는지 알게 된 것이 책을 쓰게 된 동기 중 하나가 되었습니다. 제가 쓴 글을 읽은 어떤 분이 책을 한번 내지 않겠느냐고 이야기를 하셨습니다. 1970년경 미국 미술심리치료협회가 활동을 막 시작하려고 할 때였기 때문에 보다 많은 사람들에게 미술치료에 대해 알리는 것들이 매우 중요한 때이기도 했지요. 그래서 저의 첫 번째 저서 *Mother Child Art Therapy*를 내게 되었습니다. 어머니와 아이의 미술치료 그룹에 관한 책이었습니다. 그 후 학술대회에서 만난 치료사들이 저에게 그 책을 통해 많은 도움을 받았고, 자신들의 클리닉에서 그러한 치료 그룹을 시작하게 되었다는 이야기를 해 주었습니다. 또 학생들이 치료사가 되기 위한 훈련을 받는 과정에서 그 책을 읽고 공부한다는 소식을 접하게 되었지요. 그러한 경험이 저에게 동기를 부여했고, 보다 많은 사람들에게 다가가기 위해 제가 미술치료에 있어서 중요하다고 생각되는 것들을 책으로 쓰게 되었습니다. 이렇게 다른 언어로도 출판이 된다는 이야기를 들으면 무척 기쁘지요. 더 많은 사람들에게 다가가려 했던 저의 동기가 바로 책을 쓴 목적이기 때문입니다.

동아시아에는 한 번도 가본 적이 없지만 언젠가 꼭 한 번 가보고 싶습니다. 그 이유 중 하나는 우선 그들의 미술이 무척 아름답기 때문입니다. 또한 그들의 종교적, 정신적 수행이 무척 심오하고 저에게는 그런 것들이 창작예술같이 느껴집니다. 동아시아 문화에 많은 관심을 가지고 있는데, 아직까지는 세계 속으로 널리 알려지지 않은 부분들이 많은 것 같습니다. 이번에 제 책이 한국에서 출판된다니 무척 기쁩니다.

구체적으로 이 책을 쓰게 된 경위에 대해서 좀 더 알고 싶습니다.

1983년 당시는 예술심리치료 교육과정이 많지 않았고, 치료사들은 제대로 훈련받지 못한 채 활동하고 있었습니다. 물론 그들은 열정적으로 임하고 있었고 스스로는 미술치료라 부르고 있었지만 많은 사람들이 자신들이 무엇을 하고 있는지 잘 모르고 있는 경우가 많았습니다. 미국미술심리치료협회가 설립될 때부터 많은 사람들과 이 새로운 분야에 대해서 많은 이야기를 나누었습니다. 1977년부터 1979년까지 미국미술치료협회의 회장을 맡았고, 2년간 대변인을 하는 동안 많은 공식적인 모임들에 참여하여 미술치료에 대해 전혀 알지 못하는 관계자들에게 미술치료가 무엇인지를 설명해야 하는 기회가 많았습니다. 그 4년간의 경험을 통해 사람들이 가지고 있는 잘못된 개념들과 오해들을 알게 되었지요. 이러한 현상은 무언가를 처음 알리기 시작하는 과정에서는 어디서든지 일어납니다. 한국에서도 마찬가지일거라 생각하고, 다른 예술치료 부분들도 다 이러한 과정을 겪었습니다.

1983년 학술대회를 다녀오고 비행기 안에서 이런 생각을 했습니다. 사람들이 많은 혼란을 겪고 있고, 심지어 미술치료사들도 서로 다르게 생각하고 있구나……. 그래서 미술과 치료에 관한 가장 기본적이고 단순한 것들 그리고 이 둘을 함께 하는 것에 관한 책을 써야겠다고 마음먹었습니다. 왜냐하면 미술과 치료 그리고 이 둘을 통합하는 것이 바로 미술치료이기 때문입니다. 첫째는 예술적 창작의 형태를 취하는 것입니다. 때로는 한 가지 이상의 예술활동이 이루어지기도 하구요. 둘째는 심리적 발달과 역동 그리고 심리치료에 관한 이해로 이 둘을 통합하는 것이 바로 예술치료입니다. 중요한 것은 이 둘의 본질을 잃지 않는 채 통합을 이루는 것이겠지요. 아무튼 많은 사람들이 서로 다른 배경, 경험, 위치에서 예술치료를 이해하고 시작합니다. 그들 중 상당수는 적절한 훈련의 과정을 거치지 않고 활동하고 있었고, 예술치료 분야는 급속도로 발전·팽창하고 있었습니다. 이런 과정에서 오는 혼란을 지켜보면서 가장 기본적인 것에 관한 책을 써야겠다는 강한 느낌이 들었습니다. 이 책은 굉장히 빠르게 또 쉽게 쓴 책입니다. 학술대회를 마치고 돌아오는 비행기 안에서 기본틀을 잡기 시작했으니까요. 이 책에 있는 내용들은 기본적이면서도 사람들이 자신들이 무엇을 하고 있는지 모르는 부분에 대한 도움을 주기 위해 쓰인 것입니다. 이 책을 집필하는 동안 사람들의 이해를 돕기 위한 것이라면 쉽고 명료하게 써야겠다고 생각해서인지, 이 책을 마치고 나서는 의심스럽기까지 했습니다. 그래서 저의 절친한 친구인 미술치료사와 연극치료사에게 보여 주면서 솔직한 의견을 구했습니다. 그들은 모두 뛰어난 지식과 현명한 판단을 가지고 있는 치료사였기에 이 책이 과연 사람들에게 도움이 될 것인지, 아니면 누구나 아는 것들을 늘어놓은 쓰레기인지 말해 주기를 바랐던 것이지요. 두 명 모두 아주 만족스럽다고 말해 주었기에 조금은 덜 떨리는 마음으로 출간할 수 있었습니다. 이 책은 저의 다른 어떤 책보다 쉽고 빠르게 쓰긴 했지만 열정을 가지고 쓰인 책입니다. 당시엔 미술치료에 관한 책이 별로 없었기에 그러한 필요성에 의해 출간이 되면서 더 많이 보급될 수 있었던 것 같습니다. 운이 좋았던 것이지요.

처음에 어떤 계기로 미술치료사가 되셨는지 말씀해 주십시오.

상당히 긴 이야기가 될 텐데, 우리에게 충분한 시간이 있나요? (웃음) 학생 시절 제 열정은 미술에서 시작되었습니다. 전 웨슬리 대학에서 미술을 전공했습니다. 여름 캠프 때마다 어린 학생(Boston)들과 같이 미술을 하는 시간이 참

즐거웠고, 상업미술보다는 제가 하고 싶은 것을 해야겠다는 생각이 들면서 미술교사가 되는 것이 좋은 길인 것 같았습니다. 결혼을 하게 되면서 남편이 다니던 하버드 대학에서 저는 교육학 석사학위를 받았습니다. 그런 저에게 중요한 전환점이 된 것은 석사과정 중의 한 수업이었습니다. 인간발달 고급세미나 수업이었는데, 무엇이든 상관없이 자신의 관심 분야에 관해 하나의 주제를 정하고 조사와 연구를 해서 발표하라는 것이었습니다. 물론 요즘은 이러한 수업 방식이 많이 보편적이긴 하지만 당시 저에게는 아주 중요한 도전과 기회가 되었습니다. 그때 부분적으로 접했던 미술과 심리학의 만남에 관해 흥미가 있었기에 아동미술의 심리학적 연구를 하게 되었습니다. 그렇게 시작된 저의 관심은 그 후에도 계속되었습니다.

1950년대 말 당시에도 이미 상당수의 심리학자, 정신과 의사들이 발달적·진단적 측면에서 환자의 미술작품을 이용하고 있었고, 치료적으로 사용하는 것에 관한 글들도 찾아볼 수가 있었지요. 아동들이 미술활동을 할 때 일어나는 내면의 심리적인 변화에 대해서 흥미롭게 느꼈지만, 전 심리학자가 아니었기 때문에 처음에는 제가 할 수 있는 일이 아니라고 생각했습니다.

졸업을 하고 심리학을 전공한 남편이 피츠버그 대학에서 가르치게 되었습니다. 저도 그곳에서 미술을 가르치기 시작했고, 그 일을 아주 좋아했습니다. 하지만 임신을 하면서 그만두어야 했고(당시엔 임신 3개월 이상이 되면 선생님을 할 수가 없었습니다), 또 둘째 아이를 낳게 되어 두 아이를 키우는 엄마가 되었지요. 어느 날 친구와 이야기를 하던 중 그 친구의 자녀가 다니는 유치원에서 아이들의 그림을 수집해서 연구한다는 이야기를 들었습니다. 전 그 프로젝트를 담당하고 있던 심리학자를 만나게 되었고, 대학의 아동연구센터에서 진행 중인 정상 아동들의 미술그룹을 담당했습니다. 그 센터의 책임자는 저에게 연구조사원보다는 아동정신병원에서 미술치료 그룹을 운영해 보지 않겠느냐는 제의를 했습니다. 저는 관심이 있는 부분이긴 하지만 제가 심리치료사가 아닌 미술교사인데 할 수 있을지 모르겠다고 했더니, 자신이 임상감독을 할 테니

한번 해 보라고 하더군요. 그렇게 우연한 기회에서 시작하게 된 것입니다.

저명한 발달심리학자인 에릭슨이 방문했을 때 전 사례를 발표하게 되었고, 그는 저에게 큰 지지와 격려를 보냈습니다. 저는 아동들이 미술을 통해 제게 무언가 말하려 하고 변화가 일고 있다는 것을 느낄 수 있었지만, 제가 하고 있는 일이 무엇인지 정확히 알 수 없다는 이야기를 했습니다. 에릭슨은 저에게 모든 것을 너무 지식으로서 이해하려고 하면 창조성을 잃게 될지도 모른다면서, 제가 아동들과 함께 미술을 통해 연결되어 있는 그 무엇인가가 지속되기를 바란다고 격려해 주었습니다. 이것은 1964년에 있었던 일입니다. 존경하던 심리학자가 제가 하고 있는 일에 큰 용기를 북돋워 주었고, 저는 그곳에서 어린이 환자들과 셋째 아이를 출산하기 전까지 몇 년 더 일을 하면서 경험을 쌓았습니다.

1967년 장애아동을 위한 재활센터에서 처음으로 아트프로그램을 만드는 데 도움을 달라는 제의를 받았습니다. 많은 사람들이 장애아동들이 예술창작 활동을 하는 것이 과연 가능한가에 대해서 의문을 가지고 있었지요.

그것은 또 하나의 귀중한 경험이었습니다. 크레머의 저서 *Art Therapy in a Children's Community*에서 제시한 모델을 바탕으로 그곳에서 미술활동을 가르치면서 치료적인 효과를 함께 할 수 있는 방향으로 프로그램을 만들었습니다.

그 후 저는 아동치료센터에서 열리는 스터디 그룹에 초대를 받았습니다. 거기서 미술에 관심이 많은 아동 정신과 의사 겸 사회사업가, 연극치료사, 음악치료사 그리고 무용치료사인 자넷 애들러(Janet Adler)를 만나게 되었습니다. 1968년이었는데 우리는 일주일에 한 번씩 만나 성장하고 있는 예술치료 분야에 대해 이야기를 나누었습니다. 그때 저는 대학의 아동정신과센터에 나가게 되었습니다. 다양한 분야의 치료사들이 일하는 그곳이 저에겐 훌륭한 배움의 장소였고, 그곳에서 진정한 미술치료사로서 훈련과 훌륭한 임상감독을 받을 수 있게 되었습니다. 정신과 의사, 사회사업가, 심리학자들도 미술재료들을 이용하고 있는데, 미술치료사가 그들과 다르게 할 수 있는 것을 보여 달라는 요청을 받았습니다. 저는 미술치료가 무엇을 하는지 알리는 목적으로 처음엔 일주일에 한 번씩만 나갔습니다. 그러다 연구와 조사까지 맡으면서 점차 풀타임으로 일하게 되었고, 임상감독을 받으면서 많은 것을 배웠으며, 저에게 필요한 서적과 자료들을 읽어 나갔습니다.

　이런 과정을 겪으면서 전 더 깊은 공부의 필요성을 느끼게 되었죠. 하지만 심리학 박사과정의 대부분은 실험심리학에 중점을 두고 있었습니다. 저에게 가장 많은 영향과 도움을 주었던 임상감독자가 정신분석자이기도 했고, 그래서 저는 정신분석 분야가 저의 공부에 도움이 될 것이라 판단하고 정신분석 인스티튜트에서 미술을 이용한 아동 및 성인 정신분석에 관해 공부했습니다. 당시 미국의 정신의학은 정신분석이론이 주류를 이루고 있었고, 예술치료에 큰 영향을 주었습니다. 거의 10년에 걸친 정신분석 공부를 하면서 그간 취득한 학점과 연구를 바탕으로 논문을 쓰고 박사학위를 취득했습니다. 현실적으로 좀 더 세상 속으로 목소리를 내기 위해서는 박사라는 타이틀의 필요함을 느꼈기 때문입니다. 어떻게 보면 우스운 이유처럼 들릴 수도 있겠지요. 하지만 결과적으로 박사학위를 위해 공부를 하면서 얻은 다른 심리학이론들, 융 심리학, 현상학 등도 역시 좋은 경험이 되었습니다.

치료사뿐만 아니라 강단에서 학생들을 가르치시기도 하는데, 예술치료 분야의 교육에 관한 생각을 듣고 싶습니다.

　저의 동료들과 함께 피츠버그 대학에 예술심리치료 석사과정을 만들기 위해 오랜 기간 많은 노력을 했고 근접해 가고 있다고 생각합니다. 하지만 우리 분야의 특성상 정치적인 이유들이 영향을 주기도 하고 장애가 되기도 하지요. 의대 정신과에서, 예술대학원에서, 또 교육대학원에서 모두 이 프로그램을 그들의 단과대학 안에 두고 싶어 합니다. 저와 동료들이 원하는 방향으로 과정이 생겼다면 음악, 미술, 연극, 무용이 함께 하는 다양한 매체가 함께 어우러지는 다중모드적(multi-modal) 접근을 시행하면서 학생들에게 다양한 매체 중 자신의 전공을 연마하는 방향으로 이상적인 프로그램이 되었을 것입니다. 하지만 현재는 기본 과정들이 표현예술치료로 개설되고 있고, 학생들은 임상감독을 계속 받으면서 독립적인 연구(independence study)로 자신이 속한 프로그램에서 학위를 얻고 있습니다. 저는 학생들을 가르치는 것을 무척 좋아합니다. 그런데 솔직히 저 스스로는 치료자로서의 제가 선생으로서의 저보다 더 좋고 즐기면서 일을 했던 것 같습니다.

예술치료사로서 자신의 고유한 특징이 있다면 어떤 것이라 생각하십니까?

글쎄요. 저는 현재 미술치료 장면을 담은 비디오테이프를 모으고 있는 중입니다. 한국의 김진숙 회장도 저를 도와주고 있는데요. 이것을 진행시키면서 흥미로운 사실을 알았습니다. 현재까지 약 200명이 넘는 미술치료사들의 비디오테이프를 봤는데, 가끔씩 그들은 자신이 어떻게 미술치료를 하고 있는지에 대해 글이나 말을 통해 표현하는 것과는 사뭇 다른 모습을 보여 주는 경우가 있다는 거지요. 자신이 하고 있는 것에 대해 말하는 것과 실제로 하는 것은 다른 것 같습니다.

미술치료사들이 가지고 있는 서로 다른 접근방법에서 나오는 자신만의 스타일이란 자신의 성격이 반영되기 때문이 아닌가 생각합니다. 물론 자신이 지향하는 이론적 배경에 의해 달라지겠지만, 어떠한 이론을 선택하게 되는 이유도 자신과 잘 맞기 때문이 아닐까요?

저 자신의 스타일을 스스로 생각하라 할 때 저는 개방적인 방식의 치료를 더 선호하는 것 같습니다. 환자들에게 가능한 한 모든 재료들을 보이는 곳에 두고 하고 싶은 것을 선택하게 하는 경우가 많으니까요. 하지만 때에 따라서는, 예를 들어 가족미술평가 같은 경우나 그룹에 따라서, 혹은 특별한 이슈를 가지고 있다거나 할 때는 좀 더 지시적인 방법을 사용하게 되지요. 합당한 이유와 상황에 따라서 변해야 하는 것이 당연합니다. 저의 개인적인 성향은 가능한 한 환자들에게 그들이 원하는 것을 찾을 수 있도록 기회의 폭을 넓혀 주는 것입니다. 미술치료사라고 해서 미술만을 해야 한다고는 생각하지 않습니다. 음악, 연극, 무용 등이 함께 나올 수 있는 것이지요. 그러한 열린 접근을 통해 환자들이 무엇을 원하는지, 환자 자신과 잘 맞는 스타일이 무엇인지, 자신이 누구인지를 찾아가는 데 도움이 되어야 합니다. 그것은 자신의 목소리를 찾아 가는 것과 같습니다. 언어 중심의 심리치료에서 환자가 자신이 진정으로 하고 싶은 말을 할 수 있게 해야 하듯이, 예술치료도 그러한 다양함 속에서 환자들이 자기 자신을 찾아갈 수 있다고 봅니다.

바로 이러한 이유가 제가 치료자로서의 자신을 교수나 임상감독자의 역할보다 더 좋아하는 까닭입니다. 왜냐하면 치료과정에서 무엇이 일어나고 있는가를 바라보는 것, 또 치료자로서 그것을 지켜보며 반응할 수 있어야 하는 것은 매우 창조적이면서도 쉽지 않은 도전이기 때문입니다. 많은 환자들에게 자기 자신을 찾아간다는 것은 결코 쉽지 않은 일입니다. 그들은 치료자로부터의 지지를, 때로는 심리적 경계를 필요로 합니다. 치료자가 이에 반응할 수 있기 위해서는 자신이 무엇을 하고 있는지 알아야 합니다.

공식적으로 저는 정신분석자지만 치료과정에서는 그것이 유일한 방법이라고 생각하지는 않습니다. 전에는 제 치료방식이 미술작품을 하나의 도구로 여기고 그 과정에서 환자와의 대화를 중요하게 생각하는 치료사라고 생각하고 있었는데, 제가 최근 쓴 글들을 살펴보면 나움부르크(Naumburg)보다는 크레머(Kramer)의 글들을 더 많이 인용함을 발견하였습니다. 뉴욕 대학의 한 친구는 저에게 제가 치료의 지시적 이해에 있어서는 정신분석적이지만 실제로는 오히려 인본주의 치료자라고 하기도 합니다. 이러한 이름 붙이기는 단지 제한적인 쓸모만이 있다고 생각합니다. 예전의 전통적 정신분석에서는 환자에게 웃으면서 이야기하는 것 등이 바람직하지 못하다고 보았지만, 전 치료관계의 적정성이 무너지지 않는 수준에서 반갑게 인사를 건네는 등의 친절함도 필요하다고 봅니다. 중요한 것은 그 사람을 돕기 위해서 치료사로서 무엇이 필요한가를 알고 반응하는 것이지, 규칙이라는 것이 언제나 반드시 맞는 것은 아니라고 봅니다. 그래서 유연성이 정해진 규칙보다 더 중요하다고 생각합니다.

현재 구상 중이신 계획에 대해 좀 더 말씀해 주십시오.

개인적으로 제가 현재 하고 있는 비디오 프로젝트는 제가 생각했던 것 이상으로 많은 시간과 비용과 노력을 요하고 있습니다만, 저는 이 방법보다 많은 사람들에게 이 분야를 알리는 데 도움이 되기를 바라고 있습니다. 예술치료사가 되기 위해 책을 읽고 공부하는 것도 중요하지만, 어떤 것인지를 자신이 직접 해 보는 것과 눈으로 보는 것도 필요하니까요. 그런데 막상 시작해 보니, 현실적인 문제들과 기술적인 문제가 쉽지 않습니다. 내년까지는 마무리되어서 공개할 수 있기를 바라고 있는데, 확실히 언제 끝날지는 알 수가 없네요.

처음 미술치료라는 생소한 분야가 시작되었을 때부터 지금까지 활동해 오셨는데, 어떤 부분이 변화되었다고 생각하십니까?

무엇보다도 미국 내에서 예술치료 분야는 우선 양적으로 엄청난 성장을 이뤘습니다. 1970년의 첫 번째 미술치료학술대회에는 100명의 사람들이 있었는데, 이제는 5천 명에 달한다고 합니다. 예술심리치료 과정을 시행하는 학교들이 늘어나고 발전하면서 더 많은 프로그램들과 일자리가 생기고 활성화되었습니다. 예를 들면, 뉴욕의 경우 많은 예술심리치료 교육과정이 있기 때문에 이곳 피츠버그 같은 지역보다 더 폭넓고 많은 움직임들이 계속 있을 수 있는 겁니다. 양적 성장뿐만 아니라 이 분야에 종사하는 사람들의 이해 수준과 활동의 깊이 또한 30년 전에 비해 큰 발전을 거듭하고 있습니다. 또한 세상 속으로 예술치료가 점점 많이 알려지고 있습니다. 이와 함께 창조적 활동에 대한 중요성과 그 가치를 알리는 것은 지금까지 그래왔듯 앞으로도 계속 노력해야 합니다.

21세기에 예술치료 분야가 어떻게 발전하리라고 보십니까?

더 많은 부분에서, 예를 들어 정신과 의사, 심리학자, 사회사업가, 특수교육자들이 그들의 활동에 예술창작활동을 이용하기를 바랍니다. 예술치료사들은 그들을 도울 수 있어야 할 것입니다. 예술치료는 특별한 훈련의 과정이 필요합니다. 예를 들면, 자신이 몸을 움직이는 것이 편하지 않으면서 환자에게 춤을 추라고 할 수 없는 것입니다. 제가 바라는 것은 예술창작활동을 통해 얻을 수 있는 가치들이 폭넓게 알려지고 확대되는 것입니다.

예술치료의 전망에 대해 질문하면서 어떤 사람들은 예술과 치료 중 어떤 부분이 더 중요한지, 예술치료가 단지 이상적인지 혹은 전문적인 직업인지 묻는다고 하는데, 그건 우스운 질문이라고 생각합니다. 예술치료는 이상적이면서 동시에 치료적 목적을 가진 예술창작활동이라는 전문적인 분야로 발전하고 있습니다. 많은 예술치료사들이 충분하지 못한 보수를 받으면서도 보람과 열정으로 이 일에 종사하고 있는 만큼, 자격증이나 의료보험 등의 제도적 문제점들을 개선해 가야 할 것입니다. 이는 미국뿐 아니라 다른 나라의 경우도 마찬가지입니다. 또한 예술치료뿐만 아니라 교사들도 충분한 보수를 받고 있지 못하듯, 예술치료사들도 그들의 합당한 처우 개선을 위해 노력하고 있습니다.

한 가지 주목할 점은 보험 혜택이 아직 주어지지 않는데도 개인 개업이 급격히 늘어나고 있다는 것입니다. 미술치료협회에서는 정부를 상대로 미술치료사들이 심리학자나 사회사업가처럼 보험 혜택을 받으며 개업을 할 수 있도록 그 필요성을 알리는 데 많은 노력을 하였고, 이미 펜실베이니아 주에서는 석사학위를 갖춘 예술치료사에게 상담자격증을 발부하는 것을 승인하였습니다. 이러한 성과들이 예술치료 분야에서 매우 중요한 진전이라고 볼 수 있습니다. 이는 병원이나 기관을 찾아가고 싶지 않은 많은 사람들이 예술치료를 받을 수 있는 기회를 넓히는 것이기도 합니다. 미술치료협회에서는 이러한 변화를 준비하면서 미술치료사 자격을 갖추기 위한 기준들을 높이고, 늘어나는 교육기관의 내용과 질을 높이도록 요구하고 있습니다. 이는 충분한 자격이 되는 치료사들이 개인 개업에 종사할 수 있도록 하기 위함입니다. 한국의 경우는 어떤지 모르겠으나, 이러한 변화를 일구어 내고 바람직한 치료행위가 이루어지기 위해 자격기준을 높이는 노력들은 매우 중요하다고 봅니다. 또한 미술뿐만 아니라 음악, 무용, 연극 치료도 함께 발전을 하고 있으며, 전국적인 조직을 통해 서로의 발전을 도모하고 있습니다.

미국의 경우 Arts Medicine이라는 분야가 있는데, 이는 예술가들이 병원에서 레지던트로 환자들을 만나는 것입니다. 정신과 병동에선 많지 않지만 많은 재활기관 같은 곳에서는 이들을 활용하고 있습니다. 예술치료사들은 이들이 특별한 트레이닝 없이 투입되는 것을 우려하고 있고, 예술치료사 고유의 영역을 침해하는 것이 아닌가 걱정하고 있지만 저는 그렇게 생각하지 않습니다. 그보다는 사회의 각 영역에서 예술활동에 대한 이해와 수요가 늘어나고 있는 것을 보여 주고 있는 것이고, 예술치료 분야의 전문적인 발전에 도움이 되는 방향으로 저는 받아들이고 있습니다.

전에는 대부분의 예술치료사들이 정신병원을 중심으로만 활동했지만 이제는 교도소, 호스피스 병동, 홈리스 쉼터 등 다양한 부문으로 넓혀 가고 있습니다. 또한 예술치료 프로그램이 실시된 후 나타난 궁극적인 변화들이 사회적으로 알려지고 있고, 많은 연구조사들의 결과가 발표되면서 예술치료는 더 많은 부분으로 확대되고 발전할 것입니다. 또한 사회적 관심과 수요가 늘고 있는 대안의학 치료들에 많은 환자들이 관심을 가지고 찾아가고 있습니다. 의료계에서도 이런 변화를 인지하고 있고, 이 또한 예술치료 프로그램의 확산에 영향을 주리라 생각합니다. 제가 너무 낙관주의자인가요? 영국에서 시작된 오픈 스튜디오 접근이 많은 환자들의 관심과 참여를 이끌어 냈다는 사실은 미술치료 분야에 영향을 주었습니다. 예술치료가 점차 전문적으로 발전하게 되면서 일부는 너무 임상 쪽으로만 치우쳤기 때문에 예술의 본질적 중요성이 때로는 경감되기도 합니다. 시카고에서 한 미술치료사가 거리의 행인들도 자유롭게 드나들 수 있는 오픈 스튜디오를 열었는데 매우 성공적이었습니다. 다른 도시들에서도 비슷한 스튜디오들이 만들어졌고, 피츠버그에는 미술치료뿐만 아니라 다른 예술치료 부분까지 포함한 오픈 스튜디오가 있습니다.

피츠버그에선 오래 전부터 다중모드 접근이 중심을 이루었습니다. PAAET(Pittsburgh Association for the Arts and Education and Therapy)에서 도시중심가에 오픈 스튜디오를 열었고, 많은 치료사들과 자원봉사자들이 참여하게 될 것입니다. 저는 이러한 병원, 기관 외에서의 활동을 아주 긍정적으로 생각합니다.

마지막으로 예술치료사, 교수로서 오랜 기간 활동을 하신 분으로서 한국에서 예술치료사가 되고자 공부하는 학생들에게 해 주고 싶으신 말씀을 부탁드립니다.

만약 예술치료사가 당신에게 맞는 일이라면 하세요.
It's wonderful work!!!
저는 언제나 관심이 있다고 찾아오는 사람들에게 말합니다. 예술심리치료 기초수업을 한번 들어보고 자원봉사를 하면서 관찰하고 살펴보십시오. 그래서 정말 당신에게 맞는다고 느끼게 되면 시작하세요. 보람 있는 일이고, 돈을 많이 벌진 못할지 몰라도 그 외에 얻게 되는 것들이 많이 있습니다. 창조적 예술활동 자체가 기쁨을 주고 언제나 새롭고 변화하는 작업입니다. 예술창작활동을 통해 환자들이 변화하고 도움을 얻고 자기 자신을 찾아가는 것을 보게 될 것입니다. 나는 내가 예술치료사가 된 것이 굉장한 행운이었다고 느낍니다. 미술교사로서의 시간도 무척 좋았지만, 그것과는 다른 예술치료사로서 느끼게 되는 도전은 저에게 큰 만족과 보람을 주었습니다.

동화 미운 오리 새끼 아시지요? 제가 미술치료를 처음 알게 되었을 때 전 마치 그 동화에 나오는 백조를 만난 것 같았습니다. 미술교사로서 지내는 동안 저에게 제대로 맞는 일일까 하는 의문이 있었습니다. 언제가 평가를 해야 하고, 간혹 학생의 작품이나 부모를 불평하는 동료교사를 보면 뭔가 맞지 않는

곳에 있는 기분이 들었지요. 몇 군데의 학교에서 미술을 가르치는 동안 제 방식으로 뭔가를 바꾸었을 때 그것이 교육적인 시스템 안에서 제대로 맞지 않는다는 말을 들어야 했습니다. 아이들과의 시간은 즐거웠지만, 그 안에서 미리 수업을 계획하고 해야 할 것과 하지 말아야 할 것 등을 구별해야 하는 것이 답답했던 것 같습니다. 미술치료사로 활동하면서부터는 마치 미운 오리 새끼가 백조를 찾은 것 같은 기분을 느꼈습니다. 정신분석자인 저는 기관에서 가르치기도 하고 모임과 스터디 그룹에서 사람들과 어울리지만, 또 심리학자로서 모임들에 참석하지만, 여전히 제가 가장 편안한 곳은 예술치료사들과 함께 있을 때입니다. 열심히 하십시오.

내가 아는 루빈 박사

　역자가 뉴욕 프랫 예술치료대학원 학도시절이었던 1980년도 초반이 루빈 박사에게는 가장 왕성한 시기였다. 그녀의 중요한 저서들이 이때 출판되었고, 이미 명실공히 정신분석학적인 미술치료의 지도자급 자리를 굳힌 상태였다. 주로 학술대회 같은 곳에서 정신분석학적인 미술치료를 대표하는 발표자 및 토론자로서 활동하던 모습을 보며, 소박한 모습으로 단상에서도 청중에 신경 쓰지 않고 자기 거실처럼 편안하게 이리저리 자세를 바꾸기도 하던 것이 기억에 남아 있다. 그러면서도 스스로의 위치를 밝힘에 있어서 명쾌했고, 더불어 다른 견해에 대해서도 수용적인 태도였던 것이 인상적이었다.

　그녀는 미국에서 명문으로 알려져 있는 웨슬리 대학과 하버드 대학에서 수학했고, 오랜 수련을 요구하는 정신분석학자가 되었으며, 피츠버그 의과대학 교수, 피츠버그 정신분석연구소 교육담당 및 여러 임상기관에서 대표 및 자문을 맡아 온 엘리트이면서도 한결같이 자신의 일차적인 정체감을 미술치료사에 두고 있다. 그녀는 경험과 지식이 더해 갈수록 예술이 심리치료에 가지는 중요성을 더욱 절감하게 되었다고 말하면서, 다른 전문인들이 미술치료를 잘못 인식하고 있는 것을 안타깝게 여긴 나머지 이 책을 집필하게 되었다고 할 만큼 미술치료의 위상을 높이는 데에 많은 노력을 하였다.

　역자와 다른 지역에서 활동했기 때문에 주로 문헌을 통하여 알고 있던 루빈 박사와 이 책의 번역 문제로 이메일(E-mail)을 주고받으면서 지금은 서로의 관심사를 이야기 할 정도로 가까워졌다. 최근 루빈 박사가 제작하고 있는 비디오 교재에는 한국예술심리치료협회 회원들의 업상도 포함될 것이다. 이 책은 장님이 코끼리 몸 만지는 격이 되기 십상인 미술 및 기타 예술치료 분야에 전체 그림을 보여 주고 체계적으로 이해하게 하는 데에 도움이 될 것이다.

한국표현예술심리치료학회장

김진숙

* '루빈 박사와의 만남'과 '내가 아는 루빈 박사'는 한국표현예술심리치료협회 뉴스레터 3호에서 발췌하였음.

역자 후기

역자는 지난 25년 동안 미술치료사로서 일하면서 하나 이상의 예술매체를 통한 심리치료를 표방하는 표현예술심리치료의 타당성을 느껴서 한국에서 관련 교육과정과 협회 및 학회를 발족했고, 대학원 과정의 관련 학과를 설립하여 전문 예술치료사의 훈련에 힘쓰고 있다.

지난 15년 동안 국내에서 예술치료를 가르쳐 오면서 국내에 새로운 정신보건 분야로 정착되어 가고 있는 미술치료를 체계적이면서도 전문적으로 소개하기 위한 기초자료의 부족함을 절감하여 루빈(Judith A. Rubin) 박사의 *The Art of Art Therapy*(Brunner/Mazel Publishers, 1984)를 번역하게 되었다.

표현예술심리치료를 효율적으로 시행하기 위해서는 먼저 한 장르의 예술치료에 대한 확실한 이해가 있어야 한다. 이러한 관점에서 미술치료를 체계적으로 정리한 이 책은 다른 장르의 예술치료 학도들에게도 유익한 개념적인 틀을 제공할 것이라 사료된다.

저자 루빈은 미술치료사, 정신분석학자 그리고 명쾌한 이론가이자 실무자로서 미국의 미술치료학계에서 존경받고 있으며, 그녀가 집필한 여러 권의 책 중 특히 이 책은 미술치료 학도들의 필독서로 사용되고 있다.

이 책의 번역은 수많은 도움의 손길이 있었기에 가능했다. 1990년대 중반부터 역자가 가르쳤던 여러 대학원에서 세미나 자료로 다루어지면서 초벌번역이 이루어졌고, 그 후 계속 교정을 해 오면서 2000년도부터 한국표현예술심리치료협회 회원들의 교육을 위한 교재로 사용되어 왔다. 이번에 루빈의 최근 저서 『미술치료학 개론』을 출판한 학지사에서 『예술로서의 미술치료』로 이 책이 출판되는 것은 시대적으로 매우 적절하다고 사료된다. 이를 가능하게 주선해 주신 학지사의 김진환 사장님과 편집부 직원 여러분에게 감사드린다. 서문을 써 주시고 출판을 허락해 주신 루빈 박사에게 감사드린다.

명지대학교 연구실에서
2007년 10월
역자 김진숙

389

찾아보기

Alexander, F. 65
Allen, P. 218
Altman, L. L. 269
Arieti, S. 268, 272, 276
Arnheim, R. 200, 271
Ault, R. 194

Beers, C. W. 296
Burns, R. C. 138

Cane, F. 141
Cutforth, T. D. 296

Davis, C. M. 213
DeLoach, C. A. 296

Eissler, R. S. 70

Freud, A. 67
Freud, S. 67, 268, 269

Getzels, J. W. 69
Green, H. 296
Greenspan, S. I. 67
Gruber, H. E. 67

Harris, D. B. 258, 259
Hartmann, H. 43, 272
Heberholz, D. W. 149
Howard, M. 219
Hunt, D. 296

Jackson, P. W. 69
Jones, E. 187, 272

Kaufman, S. H. 139
Kellogg, R. 259
Keyes, M. F. 139
King, A. 263
Klein, D. F. 75
Koppitz, E. M. 259
Kramer, E. 163, 268
Kris, E. 269
Kwiatowska, H. Y. 138

Lachman-Chapin, M. 166
Langer, S. K. 198, 269, 272
Levy, P. 141
Levy, R. 293
Lewis, M. 68
Linderman, E. W. 149
Lovano-Kerr, J. 263
Lowenfeld, V. 165

Machover, K. 258
Mahler, M. S. 290
Maslow, A. H. 268, 272

Naumburg, M. 96, 268

Piaget, J. 67

Reamer, F. G. 111
Reik, T. 177
Ribin, J. A. 91, 96, 97, 289
Robbins, A. 268
Rosenblum, L. A. 68

Sechehaye, M. 296

Ulman, E. 268

Vonèhe, J. J. 67

Wadeson, H. S. 144, 218
Wender, P. H. 75
William, G. H. 291
Winnicott, D. W. 167, 273
Wolberg, L. 79
Wood, M. M. 291

저자 소개

Judith Aron Rubin(Ph.D., A.T.R.)
피츠버그 의과대학 정신과 부교수이자 동 대학의 부설기관인 Western Psychiatric Institute and Clinic 의 표현예술치료 연구소(Expressive Arts Therapy Program) 공동소장으로 재직했다. *Child Art Therapy, Approaches to Arts Therapies, Art Therapy* 등의 저서와 그와 관련된 많은 논문이 있다. 최근에는 미술치료 비디오 교재를 만드는 작업을 하고 있다.

역자 소개

김진숙(Ph.D., A.T.R.)
뉴욕프랫대학원과 뉴욕대학원에서 각각 미술치료, 연극치료 석, 박사 학위를 취득하고, 1994년부터 한국에서 활동하고 있다. 명지대학교 특수대학원 예술치료학과 전임 교수로서 초대 한국 표현예술 심리치료협회장 및 학회장, 미술치료단체 협의회장, 세계표현정신병리 및 예술치료(SIPE)학회의 부회장을 역임하고 있다. 저서로는『예술심리치료의 이론과 실제』, 역서로는『살아 있는 심혼』『만다라를 통한 미술치료』『여성심리치료』『미술치료학 개론』『가족미술심리치료』등이 있다.

예술로서의 미술치료
The Art of Art Therapy

2008년 1월 10일 1판 1쇄 발행
2020년 4월 10일 1판 6쇄 발행

지은이 • Judith A. Rubin
옮긴이 • 김진숙
펴낸이 • 김진환
펴낸곳 • (주) 학지사
　　　　04031 서울특별시 마포구 양화로 15길 20 마인드월드빌딩
대표전화 • 02) 330-5114　　　　팩스 • 02) 324-2345
등록번호 • 제313-2006-000265호

홈페이지 • http://www.hakjisa.co.kr
페이스북 • https://www.facebook.com/hakjisabook

ISBN 978-89-5891-569-0 93180

정가 17,000원

출판 · 교육 · 미디어기업 학지사

간호보건의학출판 **학지사메디컬** www.hakjisamd.co.kr
심리검사연구소 **인싸이트** www.inpsyt.co.kr
학술논문서비스 **뉴논문** www.newnonmun.com
원격교육연수원 **카운피아** www.counpia.com